# 中国典当史

曲彦斌 | 著

九 州 出 版 社
JIUZHOUPRESS

图书在版编目（CIP）数据

中国典当史／曲彦斌著. --北京：九州出版社，2022.9

ISBN 978-7-5225-1115-3

Ⅰ. ①中… Ⅱ. ①曲… Ⅲ. ①典当业-经济史-中国

Ⅳ. ①F832.38

中国版本图书馆 CIP 数据核字（2022）第 152996 号

**中国典当史**

| | | |
|---|---|---|
| 作　　者 | 曲彦斌　著 |
| 责任编辑 | 王　宇 |
| 出版发行 | 九州出版社 |
| 地　　址 | 北京市西城区阜外大街甲 35 号（100037） |
| 发行电话 | （010）68992190/3/5/6 |
| 网　　址 | www.jiuzhoupress.com |
| 印　　刷 | 三河市兴博印务有限公司 |
| 开　　本 | 880 毫米 × 1230 毫米　32 开 |
| 印　　张 | 15.625 |
| 字　　数 | 350 千字 |
| 版　　次 | 2023 年 3 月第 1 版 |
| 印　　次 | 2023 年 3 月第 1 次印刷 |
| 书　　号 | ISBN 978-7-5225-1115-3 |
| 定　　价 | 98.00 元 |

# 目　录

## 卷上　中国典当史说

**第一章　从《红楼梦》的"当事"说起 / 3**

**第二章　典当源流考 / 21**

第一节　"典当"考 / 25

第二节　南北朝佛寺质贷：中国典当业的源头 / 29

第三节　唐五代质贷业之兴 / 34

第四节　宋金元典当业 / 48

第五节　明代典当业 / 63

第六节　清代典当业 / 74

第七节　民国以来典当业说略 / 97

〔附〕　历史上的各地典当业掠影 / 119

**第三章　典当行事与典当文化 / 149**

第一节　典当类型 / 153

第二节　典当设施 / 157

第三节　典当招幌 / 172

〔附〕　典当楹联选辑 / 178

第四节　经营管理 / 182

第五节　当字、当票与隐语行话 / 194

第六节　行规与行会 / 207

第七节　其他行业习俗 / 232

［附］　典当竹枝词选辑 / 239


# 卷下　中国典当史论


## 第四章　典当与佛教文化 / 247

第一节　魏晋南北朝的"兴佛"制度与佛经中的
　　　　"无尽财"思想 / 250

第二节　慈善救世与高利贷 / 259


## 第五章　典当与政治生活 / 267

第一节　典当与宦海沉浮 / 269

第二节　典当与官僚资本 / 274

第三节　典当兴衰与政治风云 / 279


## 第六章　典当与社会生活 / 285

第一节　典当业与国民经济 / 288

第二节　典当业与平民生计 / 298

第三节　典当业与市井杂流 / 307

［附］　外国人视野下的中国旧典当 / 331


## 第七章　典当与社会风尚 / 337

第一节　典商的行业传承与乡俗 / 339

第二节　典当与奢俭之风 / 351

第三节　典当人口与陋俗 / 356

# 第八章　文学艺术中的典当 / 363

第一节　元明戏曲中的典当 / 365

第二节　明清小说中的典当 / 377

第三节　《金瓶梅》的"当铺故事" / 390

第四节　民间文学中的典当 / 398

# 主要参考文献 / 407

# 附　录

## 一、论"典当"与"典当学" / 415

（一）中国典当业史及典当研究史的简略回顾 / 415

（二）典当的性质与市场定位 / 420

（三）典当学的形成及其基本原理 / 424

## 二、港澳台三地典当业掠影

——《中国典当史话》书摘 / 430

（一）从《第八号当铺》说起 / 431

（二）香港开埠之先就有了典当业 / 432

（三）"富辉押"风波 / 433

（四）典当业危机与脱颖而出的"当铺大王" / 436

（五）环绕麻雀学校和投注站当铺 / 437

（六）稳定发展着的香港典当业 / 439

（七）伴随博彩业而繁荣的澳门典当 / 441

（八）"德成按"：澳门近代典当业的缩影 / 444

（九）台湾典当业及其五花八门的广告词 / 447

三、略议东北亚典当业的现状和发展态势

　　——以中、日、俄和蒙古为例 / **450**

　　（一）中国典当业的历史、现状与发展态势 / 450

　　（二）日本典当业的历史、现状与发展态势 / 451

　　（三）俄罗斯典当业的历史、现状与发展态势 / 456

　　（四）蒙古典当业的现状与发展态势 / 458

　　（五）关于东北亚典当业现状与发展态势的总体评价 / 459

　　（六）一项倡议：适时举行"世界典当论坛" / 460

**四、几种辞书有关"典当"词条选辑 / 462**

**初版跋/ 483**

**增订版后记/ 488**

# 卷上 中国典当史说

# 第一章

# 从《红楼梦》的"当事"说起

18 世纪中叶，适值清朝乾隆年间，资本主义生产关系已在中国这块具有古老文明史的土地上出现，而国家仍处于封建王朝的桎梏之下。就在如此历史背景下，产生了一部具有反封建意识的伟大现实主义小说，即曹雪芹的《红楼梦》。二百多年来，《红楼梦》中的宝、黛爱情故事曾使无数男女青年痴醉；其卓越的艺术性和所展示的历史文化风貌不仅赢得了本土多层次的广泛读者，甚至还倾倒了海外的许多读者。一般说来，人们往往是将之作为历史与人生教科书来读的。除文学家而外，许多人文科学、社会科学乃至自然科学领域的专家、学者，均以其独有的慧眼从书中发现一些与本领域相关的有用信息。多视点的研究，让人们益感作者知识的渊博、艺术的成功，已有形成"红学"之势。这些，当然不是一般读者所能体验到的。

　　写至此，或有读者会问，一部讲典当史的专书怎么开篇竟说起《红楼梦》来了？岂非咄咄怪事。其实，并不怪哉。笔者少年时代亦曾为红楼故事所倾倒，而今作为从文化史角度考察、研究中国典当史的学者，则尤其注意书中有关贵族生活与典当业关系的情节，以及由此展示的社会生活风貌。当然，这也使我格外增加几分对曹氏这位大手笔的钦佩。毋庸讳言，我如此开篇的意向，是在于期望读这本小书者，不至于翻开首页就陷于传统史书所推崇的那种"庄严"却枯燥沉闷的风格气氛之中，试图在紧密围绕正题又不浪费笔墨的情况下，略增一点活泼情趣。其情趣，则在于一般读者往往沉湎于人情故事之际所忽略之处。

旧时民间流传有这么两句俗语，一说"当当抵当当还在"，一说"当当取当当抵当"①，体现了典当者出入当铺时的基本心态。按其字面的意思，大致是说，为调剂缓急或一时拮据而典当，尽管有所耗费，但当本还在。典当业主们也借当户这种心态来招徕生意，旧时当铺门面的楹联即可为证。试看下例：

> 以其所有，易其所无，四海之内，万物皆备于我；
> 或曰取之，或曰勿取，三年无改，一介不以与人。②
> 缓急人常有；
> 权衡我岂无。③
> 攘攘熙熙，有无相济；
> 生生息息，尔我平安。④

凡此，典当应是社会生活中一种便民而互利的钱物调剂商业设置。但是，历来当商唯利是图，乃至重利盘剥当户，使得这种

---

① 采自中国民间文艺出版社编辑、出版的《俗谚》（中国谚语总汇·汉族卷上册第159—160页，全三册，1983年出版）。
② 采自成都市群众艺术馆编《对联选》第196页，四川人民出版社1981年出版。
③ 采自裴国昌编《三百六十行对联选注》第216页，中国民间文艺出版社1988年出版。
④ 采自裴国昌编《三百六十行对联选注》第216页，中国民间文艺出版社1988年出版。

以往一向与人们日常生活有着普遍而密切联系的行业形象颇为恶劣。清以来，皇室、贵族、官宦经营典当成风，甚至皇帝还时将典业作为赏赐品赐予王侯或命官。如此，官与商竞相以典业牟利，其形象岂还能好！只是更加重其铜臭味而已。虽然这样，清代的典当业仍繁荣一时，恰又可说明其与当时社会经济生活相联系的密切性与普遍性。如无市场需求，也就不会出现皇当、官当与民当并举竞争局面了。值得注意的是，典当业的这种社会功利性，竟然在着重描写清代贵族生活的《红楼梦》中得以多处反映，并成为其铺叙情节、刻画人物的有机组成部分。而且，十数处写及典当活动、物事之中，绝大多数均在曹雪芹原著的前八十回之内；在传为高鹗续作的后四十回里，则极少出现有关字样。或许，这也是情节发展所致。① 说来有趣，《红楼梦》第四回"护官符"上所谓"丰年好大雪，珍珠如土金如铁"的薛家，就在"鼓楼西大街"开着一座以"恒舒"为铺号的当铺②，这是在第五十七回借邢岫烟之口说明的。

邢岫烟本系贫寒家女儿，但因是荣国公长孙贾赦的妻侄女而得以跻身于贾府，与姨娘所生的贾迎春同住，后由贾母作保许给了贾政妻妹薛姨妈之侄薛蝌为妻。尽管如此，仍然未改其经济拮据状况，不时接受探春赠送的首饰或薛宝钗的暗中接济，又不得不时与当铺打交道，以缓解客寓荣府间身边应酬费用的窘困。书中这段是这么写的：

---

① 我不是"红学"专家，未便断言，仅"或许"言之罢。

② 贺海《燕京琐谈》第 106 页载："当时鼓楼西大街有一'典当王'开设的'天顺当'，即开业于清代康熙年间，据说，这个当铺可能就是《红楼梦》第五十七回里面所说的那个'恒舒当'。"人民日报出版社 1983 年出版。

　　这日宝钗因来瞧黛玉，恰值岫烟也来瞧黛玉，二人在半路相遇。宝钗含笑唤到跟前，二人同走至一块石壁后，宝钗笑问他：“这天还冷的很，你怎么倒全换了夹的了？”岫烟见问，低头不答。宝钗便知道又有了原故，因又笑问道：“必定是这个月的月钱又没得。凤丫头如今也这样没心没计了。”岫烟道：“他倒想着不错日子给，因姑妈打发人和我说：一个月用不了二两银子，叫我省一两给爹妈送出去，要使什么，横竖有二姐姐的东西，能着些儿搭着就使了。姐姐想，二姐姐也是个老实人，也不大留心。我使他的东西，他虽不说什么，他那些妈妈丫头，那一个是省事的，那一个是嘴里不尖的？我虽在那屋里，却不敢很使他们。过三天五天，我倒得拿些钱出来给他们打酒买点心吃才好。因一月二两银子还不够使，如今又去了一两。前儿我悄悄的把棉衣服叫人当了几吊钱盘缠。”宝钗听了，愁眉叹道：“偏梅家又合家在任上，后年才进来。若是在这里，琴儿过去了，好再商议你的事。离了这里就完了。如今不先定了他妹妹的事，也断不敢先娶亲的。如今倒是一件难事。再迟两年，又怕你熬煎出病来。等我和妈再商议，有人欺负你，你只管耐些烦儿，千万别自己熬煎出病来。不如把那一两银子明儿也越性给了他们，倒都歇心。你以后也不用白给那些人东西吃，他尖刺让他们去尖刺，很听不过了，各人走开。倘或短了什么，你别存那小家儿女气，只管找我去。并不是作亲后方如此，你一来时咱们就好的。便怕人闲话，你打发小丫头悄悄的和我说去就是了。”岫烟低头答应了。……宝钗道：“我去潇湘馆去。你且回去把那当票叫丫头送来，我那里悄悄的取出来，晚上再悄悄的送给你去，早晚穿好，不然风闪了事大。但不知当在那里了？"岫烟道："叫作'恒舒典'，是鼓楼西大街的。"宝钗笑道："这闹在一家去了。伙计们倘或知道了，好说'人没过来，衣裳先过来了'。"岫烟听说，便知是他家的本钱，也不觉红了脸一笑，二人走开。①

原来，薛家这位尚未过门的媳妇，因一时手头拮据而将御寒棉衣当进了由未婚夫本家堂兄薛蟠开的"恒舒典"，无怪乎薛宝钗戏言"闹到一家去了"。据《护官符》"丰年好大雪，珍珠如土金如铁"之注称："紫薇舍人薛公之后，现领内府帑银行商，共八房分。"② 年幼丧父的薛蟠，"虽是皇商，一应经纪世事，全然不知，不过赖祖父之旧情分，户部挂虚名，支领钱粮，其余事体，自有伙计老家人等措办"③。可知，"恒舒典"系其承继的祖上产业之一。他虽无经营本事，却是典东，因而不仅说了算，铺中从业者亦唯东家是从。对此，书中间或有例可证。如第三十七回，湘云与宝钗灯下计议设东拟题开诗社时，宝钗说："这个我已经有个主意。我们当铺里有个伙计，他家田上出的很好的肥螃蟹，前儿送了几斤来。……我和我哥哥说，要几篓极肥极大的螃蟹来，再往铺子里取上几坛好酒，再备上四五桌果碟，岂不又省事又大家热闹了。"随即便叫过一个婆子来吩咐道："出去和大爷说，依前日的大螃蟹要几篓来，明日饭后请老太太姨娘赏桂花。

---

① 见中国艺术研究院红楼梦研究所校注本第810—811页，人民文学出版社1982年3月第1版。以下凡引《红楼梦》除专有说明者外，悉据此本，径注书名与回次、页码。

② 《红楼梦》第四回，第60页。

③ 同上，第64页。

你说大爷好歹别忘了，我今儿已请下人了。"若不是自家当铺的伙计，如何这般随意应手！又如第七十九回，先被买入给薛姨妈当使女而后被收为薛蟠之妾的香菱，向宝玉谈到即过门的薛妻夏金桂时说："谁知这姑娘出落得花朵似的了，在家里也读书写字，所以你哥哥当时就一心看准了。连当铺里老朝奉伙计们一群人糟扰了人家三四日，他们还留多住几日，好容易苦辞才放回家。"是知金桂过门前，恒舒典的朝奉、伙计曾随同典主薛蟠受到夏家的盛情款待。

在清代，"一切皇当均是交由内务府衙门具体经营"① 的。同时，又"对于官吏开当问题，采取了一条既鼓励默许，又严加防范并视为'利窟'的双重政策"②。在此情况下，"不仅正印职官敢于恃势开当，连一些佐贰杂职、书吏，甚至长随门丁之类职位低微的人，也往往开设有当铺"③。从书中得知，薛蟠虽"现领内府帑银行商"，但其所经营的恒舒典却不属"皇当"，而是自家百万产业中的一部分，故宝钗称之"我们当铺"。究其实，属"官商"之列。原因在于，其本是祖上紫薇舍人④薛公的基业，至薛蟠虽无官位，却也是袭享内务府国库银钱的皇商。有鉴于斯，又显然有别于由民间市商经营的"民当"。至于"恒舒典"更具体的本、息、经营活动状况等，书中未有详尽描述，或是无此必要。

① 韦庆远《论清代的"皇当"》，载《香港大学 1985 年国际明清史研讨会论文集》。
② 韦庆远《论清代的"生息银两"与官府经营的典当业》，载《清史论丛》第八辑。
③ 韦庆远《论清代的"生息银两"与官府经营的典当业》，载《清史论丛》第八辑。
④ 紫薇舍人，即中书舍人，唐开元年间曾将中书省改称紫微省，因有此称，微又作薇。

　　然而，通过对邢岫烟迫于手头拮据而忍寒悄悄当衣的细节描写，却生动、深刻地表现了她寄人篱下的窘困处境。同时，大观园中的人情心态、时事冷暖亦尽在其中了。当其必须当当的时候，只能偷偷进行，原因亦是多方面的。主要是碍于身份，不好露出寒酸之相，同时又恐招惹猜嫌造成人际关系的节外生枝。而这些，更都是极易引来飞短流长诸般非议的，使之不好做人。既要维护体面，又得避免招致一些麻烦，唯有悄然当当以缓解一时之难。至于宝钗亦为之"悄悄的取""悄悄的送"，显然也是鉴于上述种种而维护岫烟利益，而维护岫烟更是维护其自家、自身利益。假如"闹在一家去了"的消息传出，亦绝非仅仅是"人没过来，衣裳先过来"的轻松笑谈，尤将有伤薛家体面。真是人事冷暖需样样小心，窘困境遇步步艰难。

　　那么，是不是大观园中唯有岫烟当当呢？否。试看下面描写：

　　　　一语未了，只见贾琏进来，拍手叹气道："好好的又生事，前儿我和鸳鸯借当，那边太太怎么知道了。才刚太太叫过我去，叫我不管那里先迁挪二百银子，做八月十五节间使用。我回没处迁挪。太太就说：'你没有钱就有地方迁挪，我白和你商量，你就搪塞我，你就说没地方。前儿一千银子的当是那里的？连老太太的东西你都有神通弄出来，这会子二百银子，你就这样。幸亏我没和别人说去。'我想太太分明不短，何苦来要寻事奈何人。"凤姐儿道："那日并没一个外人，谁走了这个消息。"平儿听了，也细想那日有谁在此，想了半日，笑道："是了。那日说话时没一个外人，但晚上

送东西来的时节，老太太那边傻大姐的娘也可巧来送浆洗衣
服。他在下房里坐了一会子，见一大箱子东西，自然要问，
必是小丫头们不知道，说了出来，也未可知。"因此便唤了
几个小丫头来问，那日谁告诉呆大姐的娘。众小丫头慌了，
都跪下赌咒发誓，说："自来也不敢多说一句话。有人凡问
什么，都答应不知道。这事如何敢多说。"凤姐详情说："他
们必不敢，倒别委屈了他们。如今且把这事靠后，且把太太
打发了去要紧。宁可咱们短些，又别讨没意思。"因叫平儿：
"把我的金项圈拿来，且去暂押二百银子来送去完事。"贾琏
道："越性多押二百，咱们也要使呢。"凤姐道："很不必，
我没处使钱。这一去还不知指那一项赎呢。"平儿拿去，吩
咐一个人唤了旺儿媳妇来领去，不一时拿了银子来。贾琏亲
自送去，不在话下。①

　　原来，贾琏夫妇这一桩恐怕人知的隐秘，竟是打通贾母身边
侍女鸳鸯的关节，私自运出一箱"金银家伙"作当头押钱，以应
付几项礼金开销。同岫烟当当的处境相比，真可谓"大有大的难
处，小有小的难处"。凤姐一边暗中放债蓄财，一边又明里用金
项圈当钱障人耳目、绝人口实，连丈夫也不放过。但机关算尽太
聪明，仍被太太抓住了偷用当头的把柄，敲去了 200 两银的竹
杠。所谓"借当头"，当是借用别人的东西作当头押钱，而贾琏
干的却是私自盗用当头的苟且勾当。前后有关描写，把个贾琏、
凤姐的形象、品格均刻画得入木三分。至于他们到哪座典当铺去

---

① 《红楼梦》第七十四回，第 1046—1047 页。

押钱，书中未说，也实在无关紧要，即或送到"恒舒典"去也无所谓，何况当时"京城内外，官民大小当铺共六七百座"①，皆可利用。关于这件龌龊勾当，凤姐说："知道这事还是小事，怕的是小人趁便又造非言，生出别的事来。当紧那边正和鸳鸯结下仇了，如今听得他私自借给琏二爷东西，那起小人眼馋肚饱，连没缝儿的鸡蛋还要下蛆呢，如今有了这个因由，恐怕又造出些没天理的话来也定不得。连你琏二爷还无妨，只是鸳鸯正经女儿，带累了他受屈，岂不是咱们的过失。"②倒还是平儿这奴才会为之解嘲："鸳鸯借东西看的是奶奶，并不为的是二爷。一则鸳鸯虽应名是他私情，其实他是回过老太太的。老太太因怕孙男弟女多，这个也借，那个也要，到跟前撒个娇儿，和谁要去，因此只装不知道。纵闹了出来，究竟那也无碍。"③虽为解嘲，倒也道破了大观园中以贾母为轴心的潜在亲疏关系。凡此可见，贾琏、凤姐当当，与岫烟之当当，各有其难，关键还在于身份、地位的差别。一为大观园生活漩涡中的显要人物，一为勉强跻身不能把握自家命运的陪衬者。

贾府嫡派孙贾璜之妻金氏，虽称璜大奶奶，却是个虚伪、苟安的人物。她和丈夫"时常到宁荣二府里去请安，又会奉承凤姐儿并尤氏，所以凤姐儿尤氏也时常资助资助他"。第十回写当她听寡嫂说侄儿金荣在学房受了宝玉、秦钟欺负之后，本来是怒冲冲地到宁府评理去的，见了面却"未敢气高"，饰演了虚伪、苟安的角色。事实上，这一人物形象，已在第九回末尾借宝玉的小厮茗烟之口作

---

① 见《东华录》，乾隆，卷二〇。
② 《红楼梦》第七十四回，第1047页。
③ 《红楼梦》第七十四回，第1047页。

了刻画性的生动铺垫。而且，亦与"借当头"相关。

> 茗烟在窗外道："他（金荣）是东胡同子里璜大奶奶的
> 侄儿。那是什么硬正仗腰子的，也来唬我们。璜大奶奶是他
> 姑娘。你那姑妈只会打旋磨子，给我们琏二奶奶跪着借当
> 头。我眼里就看不起他那样的主子奶奶！"①

读者先有了这么一个跪着借当头的形象烙印，再读至下回她
那苟且求安的故事，亦即见怪不怪了。对照后来关于岫烟忍寒当
衣解窘之例，这位璜大奶奶就格外令人生厌、作呕了。

璜大奶奶要跪着向琏二奶奶王熙凤借当票，如果同琏二爷央
求妻子帮忙从鸳鸯手里偷借贾母的当头，还要被妻子揩油比起
来，也就算不得奇闻了。

> 贾琏笑道："好人，你若说定了，我谢你如何？"凤姐笑
> 道："你说，谢我什么？"贾琏笑道："你说要什么就给你什
> 么。"平儿一旁笑道："奶奶倒不要谢的。昨儿正说，要作一
> 件什么事，恰少一二百银子使，不如借了来，奶奶拿一二百银
> 子，岂不两全其美。"凤姐笑道："幸亏提起我来，就是这样
> 也罢。"贾琏笑道："你们太也狠了。你们这会子别说一千两
> 的当头，就是现银子要三五千，只怕也难不倒。我不和你们借
> 就罢了。这会子烦你说一句话，还要个利钱，真真了不得。"②

平儿这兼妾、奴于一身的陪嫁丫头，实在深知主母雁过拔

---

① 《红楼梦》第九回，第143页。
② 《红楼梦》第七十二回，第1022页。

毛、唯利是图的秉性，一个提醒，正中下怀。王熙凤连帮助丈夫借当头的机会也不放过，亦要取利，其刻毒品格与夫妻关系所在跃然纸上，无须赘言矣。结发夫妇尚且如此，对其他人不得而知，这不正是贾府内部人际关系的写照或缩影吗！

在《红楼梦》广泛流传过程中，产生了许多以其人物、故事为题材的民间俗语。"林妹妹不认得当票——废纸一张"便是取材于岫烟那张当票而引出的一个民间歇后语。

> 一语未了，忽见湘云走来，手里拿着一张当票，口内笑道："这是个账篇子？"黛玉瞧了，也不认得。地下婆子们都笑道："这可是一件奇货，这个乖可不是白教人的。"宝钗忙一把接了，看时，就是岫烟才说的当票，忙折了起来。薛姨妈忙说："那必定是那个妈妈的当票子失落了，回来急的他们找。那里得的？"湘云道："什么是当票子？"众人都笑道："真真是个呆子，连个当票子也不知道。"薛姨妈叹道："怨不得他，真真是侯门千金，而且又小，那里知道这个？那里去有这个？便是家下人有这个，他如何得见？别笑他呆子，若给你们家小姐们看了，也都成了呆子。"众婆子笑道："林姑娘方才也不认得，别说姑娘们。此刻宝玉他倒是外头常走出去的，只怕也还没见过呢。"薛姨妈忙将原故讲明。湘云黛玉二人听了方笑道："原来为此。人也太会想钱了，姨妈家的当铺也有这个不成？"众人笑道："这又呆了。'天下老鸹一般黑'，岂有两样的？"薛姨妈因又问是那里拾的？湘云方欲说时，宝钗忙说："是一张死了没用的，不知那年勾了帐的，香菱拿着哄他们玩的。"薛姨妈听了此话是真，也就不问了。

……这里屋内无人时，宝钗方问湘云何处拾的。湘云笑道："我见你令弟媳的丫头篆儿悄悄的递与莺儿。莺儿便随手夹在书里，只当我没看见。我等他们出去了，我偷着看，竟不认得。知道你们都在这里，所以拿来大家认认。"黛玉忙问："怎么，他也当衣裳不成？既当了，怎么又给你去？"宝钗见问，不好隐瞒他两个，遂将方才之事都告诉了他二人。①

事实上，首先是史湘云不认识当票，出于好奇拿给人问，才引出关于林妹妹的歇后语。之所以不说"史湘云不认得当票——废纸一张"，显然是因为林黛玉形象给读者的影响远远大于史湘云，一部《红楼梦》在民间影响最广泛的莫过于其中的宝黛爱情悲剧故事。在红楼女流中，能认识当票的，首先是因经济地位低下而不得不时常当当使钱的丫头、婆子或岫烟之流，其次是像王熙凤这样以当物障眼而又私下放债取利蓄财之辈，再即薛姨妈、宝钗者流则是由于自家经营典当，余者当是经多识广、世故较深的妇女。至于史湘云、林黛玉之辈不识当票，一方面是由其经济地位、社会地位因素决定的，难与当铺发生较直接的联系；另一方面她们虽都通得文墨，却不识当票上面的特定的行业书体——当字。当票是当铺收当后付给当户的专用凭证，除铺号等格式说明文字外，由当铺填写的当物名称、成色、数量、银钱数额、编号之类内容，悉用"当"字书写，既防伪造、涂改，又兼具欺骗当客的用途，非当行中人，一般人多是不能辨识的，更何况湘云、黛玉这样与当当无缘的贵族闺秀了。薛姨妈讲的"原故"，即当票的当字及其特有功能，所以湘、黛二人听了笑道："原来

---

① 《红楼梦》第五十七回，第814—815页。

为此。人也太会想钱了，姨妈家的当铺也有这个不成?"至于众人所代答的，"这又呆了。'天下老鸹一般黑'，岂有两样的?"一方面道破了典当业竞相盘剥、渔利当户的实情，另一方面也发泄着人们对当商的愤怨。典当业在助人解脱拮据的过程中酌取其利，势所必然，亦无可非议，互利互惠。然而，趁人之急以盘剥或各种非法、不正当手段牟取厚利，则必积人怨，不得已求之亦同时恨之。

曹雪芹在《红楼梦》中多处写及典当、典当活动、当业物事，虽散在于诸回零星情节之中，却无形中构成了一系列的"红楼当事"，作为其导演、铺叙红楼故事的一件别有其妙的小"道具"。明清以来，尤其是清代，中国典当业发展至极盛阶段，皇当、官当、民当，遍布京城内外、全国各地。据《广东通志》卷一六七《政略十》载，仅广州府即有当铺 1243 座，堪见一时之盛。在此社会背景中，《红楼梦》中出现一系列的"当事"，悉属自然。运用寻常事物，构织深刻的内容，恰是一种高超的艺术手段。

作家笔下的人物、故事，多出自其自身生活、阅历的积累。据清季乃至当代红学家们的考证，《红楼梦》中贾、王、史、薛四大家族的兴衰，非仅一时巨室豪门之缩影，亦有曹氏家族兴衰的写照。康熙年间，曹雪芹祖父曹寅与其妻兄李煦，曹寅之母孙氏的亲属孙文成，分别把持江宁、苏州、杭州织造之业达几十年，三家相互扶持，休戚相关，一荣俱荣，一损皆损，与《红楼梦》中四大家族的荣衰恰相映照。曹雪芹在书中融入一系列的"当事"，亦可从其家族经营活动中寻得轨迹。如果说他出生在中国典当发源地的南京与写及典当并无必然联系，而其父辈即经营典业，则应是其后来写及"当事"的基本生活积累的一部分。

雍正六年（1728 年）曹家被抄没后举家迁居北京，雪芹时年五岁或十四岁。① 其之所以回京居住，是因京中有房屋产业。据继任江宁织造郎中隋赫德奏折称："曹俯家属，蒙恩谕少留房屋，以资养赡，今其家属不久回京，奴才应将在京房屋人口，酌量拨给。"② 而曹家原在京产业中除房屋外，尚有一座当铺。据康熙五十四年（1715 年）七月十六日曹俯奉谕奏报家产情况的奏折中称："……所有遗存产业，惟京中住房二所，外城鲜鱼口空房一所；通州典地六百亩，张家湾当铺一所，本银七千两。"③ 他们回京后这座当铺是否拨归作养赡之用，还是先已抄没，未见史料记载。又据隋赫德奏折称："及奴才到后，细查其房屋并家人住房十三处，共计四百八十三间，地八处，共十九顷零六十七亩，家人大小男女共一百十四口，余则桌椅床机旧衣零星等件，及当票百余张外，并无别项，与总督所查册内仿佛。"是知其父辈在南京家产中，尚有当票多张，当是显贵人家典当活动的存证。凡此说明，曹雪芹早年的家庭经济生活，即与典当业发生着多种直接关系。他晚年生活穷愁潦倒，甚至达到举家食粥境地，其间是否也不得已亲身出入当铺当当呢，不无可能，然无文献记载。

从曹雪芹家庭出身、阅历与当业的联系，及其《红楼梦》有关"当事"的一系列运用，均同有清以来中国典当业的一时空前发达这个大的社会经济、历史文化背景息息相关，有机地联系

---

① 此系用虚岁。关于曹雪芹生年，一说为康熙五十四年（1715 年），一说为雍正二年（1724 年）。
② 《关于江宁织造曹家档案史料》第 188 页。
③ 《关于江宁织造曹家档案史料》第 132 页。

着。中国典当业起源于中国佛教文化、寺院经济，是经济与文化相结合的综合结果。当其逐渐传入寺院之外更广泛的世俗社会成为一种纯商业形态之后，仍然未游离于社会文化范畴之外，总是同各种文化现象尤其是同民间文化密切地联系、交织着。《红楼梦》中穿插的一系列"当事"，亦显示了这种属性特点。由于中国典当业源于民间，发展于民间，又主要以中、下层社会的人们为基本往来对象；尽管后来时有皇商、官商插足其间，但其自身经营活动、行业内部规制，均以民族传统文化为本，形成并传承着本行业特有的习俗惯制，具有特定的民间文化色彩。这种色彩，几乎渗透和制约着中国典当业的全部内部经营活动，以及与外部社会的联系。从某种意义上说，中国典当业本身即为一种特定的文化现象，或说民间文化现象。

中国典当业有文献记载的历史，迄今已有一千五百多年了。运用现代科学的思想方法，从文化史的角度对这一传统经济形态作一微观考察研究，撰一部专史，从填补中国文化史或经济史的空白来说，显然是颇有价值的。尤其是，中国本土的典当业曾一度消遁了二三十年，而今在商品经济的大潮中又重露头角，一时散见于数十个大中城市。在此情况下，开展这项研究，又增添了其现实意义，即如何评价典当业，当代典当如何经营，或说怎样存在下去。

时间越久远，似乎历史脉络也越显得清晰易辨；一当直接触及现实，往往却受各种因素制约，变得复杂、难以把握。《中国典当史》毕竟是一部专门史书，而非当代典业研究专著。既然是史书，就应以其固有的体例、内容为现实，为后人服务。当然，其中亦将写及现代有关内容。总的想法，在写史的同时，亦愿本书能为当代典当业的发展与研究，有关方针政策的制定，提供一些有益的参考，提供一些比较系统的典业史知识，以及于现实有益的历史信息。

第二章

典当源流考

所谓"典当"，一般是指以财物为抵押品的限期、有息借贷银钱的社会经济行为，作为一种商业行业形态，通称典当业。

杨肇遇在其所著我国第一部典当专著《中国典当业》书中说："我国之有典当业，由来已久，究起于何时，即老于斯业者亦多不能言，即言之，而亦无所据，未可以为信。尝考典当二字，连为一辞，不见于'六经'、'三史'，惟《后汉书·刘虞传》有'虞所赍赏，典当胡夷'之语。注，当，丁浪反，是则典当二字所自始也。然典当之为业，未必即起于斯时，按《金史》曾载'闻民开质典，利息重至五七分'，是在宋代，已有典当业矣。"① 半个多世纪之后，读至此，我想到了两点应予注意指出之处。首先，即他所说的典当业起源何时，连许多久事此业者也说不清楚，这种情形的确存在。一位曾在旧北平典当业从业多年的老行家在回忆文章中说："它在我国开始出现的确切年代已无从稽考，惟在北宋张择端《清明上河图》内就有当铺的名称出现，

<hr />

① 商务印书馆（上海）1929年10月初版，第1页。

可见它的历史悠久。"① 又如："经营'当'、'押'这一行典当源流考业，它始于何时，那间开设最早？已难稽考。"② 也有的说："典当业历史悠久，究自何时肇始，我们还不知道，仅知清季张之洞督鄂时指定藩库与盐局拨款存放于典当业，规定以四厘计息扶助典商。"③ 笔者实际调查访谈的沈阳一位旧时官办当业中人，他也不知当业起源何时。由此看来，搞清中国典当业源流，非但是社会上其他人所要掌握的一种文化史、经济史知识，对于一些老当铺从业者也有其实际意义。

杨肇遇《中国典当业》封面

　　其次，将汉语"典当"一词在史籍中较早的出现，与典当业的形成有所区别，这一认识颇为可取。因为，《后汉书》中记载的"典当"还只是一种活动的现象，并未有史料说明这种行业的形成。然而，在此之前的一些考证，如清人顾禄、郝懿行等，尽管已能将典当业的形成追溯至唐以前乃至南北朝，却往往又将活动现象与行业形成相提并论混淆一体了。如顾禄《土风录》卷八"典当"载："质库曰典当，见《后汉书·刘虞传》'所赉赏典

---

① 高叔平《旧北京典当业》，见《北京工商史话》（第一辑），中国商业出版社1987年5月第1版，第114页。
② 何卓坚《新会当押业》，见广东《新会文史资料选辑》1983年第12辑。
③ 董明藏、谭光熙《武汉典当业略谈》，见《武汉工商经济史料》第一辑，武汉市政协编印，1983年9月。

当，公孙瓒复抄夺之'。《正字通》云：'凡出物质钱，谓之当。'
《言鲭》云：'今人作库质钱取利，唐以前惟僧寺为之，谓之长生
库。'"身为一代著名考据大师的郝懿行亦如此，其《证俗文》
卷六"典当"题下先释称："俗以衣物质钱谓之当，盖自东汉已
然。"然后依次引录《后汉书·刘虞传》及唐李贤注语、唐杜甫
诗句、清吕种玉《言鲭》文三种书证，亦属将典当活动现象与行
业形成等同并举之例。当然，并非说个别典当活动现象就没有意
义。在有确切史料说明典当业形成之前的个别典当活动现象，至
少反映着这一既成制度的社会现象的历史文化渊源轨迹，是基础
的累积过程。至于其行业形成之后的各种具体活动现象，则是这
一行业的社会性、文化性的多层次、多角度的体现。如果牵强附
会、无原则地一概而论，历史就会混沌不清，难于辨析源流脉络
了。因而，《中国典当业》一书尽管未能阐明中国典当业的源流
问题，却做了一些有益的探索，至今仍有借鉴价值。

## 第一节　"典当"考

瑞典汉学家高本汉（Bernhard Karlgern）认为，汉字是中国
通用的唯一交际工具，唯其如此，它是中国文化的脊梁。中国人
抛弃汉字之日，就是他们放弃自己的文化基础之时。[1] 这个看法
虽然尚有待推敲、商榷，但我以为是基本符合实际的。一如清代
乾嘉学派的考据尽管有其偏颇之处，仍解决了中国文化史上许多
杂乱无章、莫衷一是的重要问题，功绩卓著。考察、研究和继承

---

[1]　见高本汉《中国的语言和文字》，此转引自 L. R. 帕默尔《语言学概论》第 99
页，商务印书馆 1983 年 4 月第 1 版。

中华民族文化史，从汉语、汉字和由此记载的历史文献入手，是极为重要的基本方法。考察典当源流历史，亦如此。

"典当"作为一个双音合成词在汉语文献中较早出现，是在南朝宋范晔撰写的《后汉书·刘虞传》中："虞所赉赏，典当胡夷，瓒数抄夺之。"唐人李贤随文注云："当，音丁浪反，亦谓之为典。"就是说，按照李贤的解释，个中之"当"已读去声，与"典"同义。从现代语言学归纳的构词法来看，"典当"是由两个同义语素并列而成的双音合成词。据此，清人郝懿行在释"典当"时断言："俗以衣物质钱谓之当，盖自东汉已然。"他只释"当"义而未直接说"典"，原因即在于二者为同义语素。《后汉书》这段记载说明，早在东汉（25—220 年）时期就已出现了"典当"活动现象。从传统语文学来看，作为单音词的"典"与"当"，皆训"质"义，亦即抵押待赎。而且，以"当"为"质"，又远在春秋末年即已出现，现有鲁哀公八年（公元前 487年）之例可为说明，即《左传·哀公八年》："以王子姑曹当之而后止。"就此，公元初西晋人杜预注云："复求吴王之子以交质。"是可为证。这又说明，"当"取"质"义的用法迄今已有两千多年的历史了，比东汉又推前了一大截。

当然，我们亦应注意到，杜预注《后汉书》，不免掺杂或囿于唐代语言习惯。例如"典"训"典质"之义，在唐代是有着典当业普遍存在于寺院和民间这一现实背景的，其"典"已成为一种为制度所认可了的抵押借贷经济活动。例如杜甫《曲江》二首之二中写道："朝回日日典春衣，每日江头尽醉归。酒债寻常行处有，人生七十古来稀。"显然，其"典春衣"在于买酒喝。白居易《杜陵叟》诗："典桑卖地纳官租，明年衣食将何如？"亦如此。但是，《后汉书·刘虞传》之"典当"，除训此义之外，均不切合其整体句义，别无他解，因而李贤的训释还是确切的，并非牵强地"以唐代汉"。西晋杜预所处时代相去鲁哀公六百多年，却与东汉相去未远，年代颇为贴近，其训《左传哀公八年》之"当"为"质"，恰可成互证关系。同时，白居易《自咏老身示诸家属》诗："走笔还诗债，抽衣当药钱。"个中之"当"义，又可补证杜预之注。而白居易《劝酒》诗："归去来，头已白，典钱将用买酒吃。"个中之"典"，亦即前诗之"当"之同义词，则又可将李贤、杜预上述训释串为一体。于是构成：春秋末（鲁哀公八年）之"当"→后汉之"典当"（"典"＋"当"）→唐代的"典"与"当"，一种同义演化轨迹。

如果沿此语义轨迹再往上考溯，显然是"质"了。按照东汉许慎《说文解字》的解释，"質（质），从贝，从所（音zhì）"，本义是"以物相赘"。何为"赘"？许慎又有解释说："以物质钱，从敖、贝。敖者，犹放，谓贝当复取之。"对此，清人段玉裁注云："若今人之抵押也。……依《韵会补》，放者当复还，赘者当复赎，其义一也。此十字释敖、贝之意也。"显然，"质"的本义是以物抵押取赎，后来的"当""典当""典"之此义，均承此而来。《国语·晋语》："所不与舅氏同心者，有如河水。沉璧以质。"这是古人盟誓时以物作抵押，意在取信于鬼神。《梁书·庾诜传》载："邻人有被诬为盗者，被治劾，妄款。诜矜之，乃以书质钱二万，令门生诈为其亲，代之酬备。"说的是以书为抵押借钱。《南史·甄法崇传》："（甄彬）尝以一束苎就长沙寺库质钱。"说的是以苎麻为抵押借钱。这都是南北朝时的事。再后来，一如"典当"（典＋当）并称，亦出现了"典质"（典＋

质）并列构为双音合成词，如《旧唐书·卢群传》所载："（卢群）先寓居郑州，典质良田数顷。及为节度使至镇，各与本地契书，分付所管令长，令召还本主，时论称美。"在此"典""质"这两个语素，亦当属同义并列结构。

凡此，均系以物为质。然而，古来又多有以人身为质（古称"质子"，今称"人质"）者。《左传·隐公三年》："故周郑交质。王子狐为质于郑，郑公子忽为质于周。"①《触龙说赵太后》："有复言令长安君为质者，老妇必唾其面。"乃至后来的"绑票儿"，均系以人质为抵押。尽管汉语中有"人物"用法，但"人"与"物"单独使用时所指是有严格的本质区别的。但从上述例证及许慎释"质"时所说"如春秋交质子是也"来看，以人为质亦很早即与以物为质现象并行存在。而且，在许慎释为"以物质钱"为本义的"赘"字，早在汉代亦不乏以"人"代"物"质钱用法。《汉书·贾谊传》（陈政事疏）："家贫子壮则出赘。"②又《汉书·严助传》（淮南王安上书）："间者，数年岁比不登，民待卖爵赘子以接衣食。"③

说到"质"，就会使人想到《周礼》中记载的"质人"等项。《北京典当业之概况》一书在关于中国典当业的"起源之考证"中说："我国典当业之起源，其时甚古。《周礼·地官·质

---

① 此同前引《左传·哀公八年》"以王子姑曹当之而后止"之"当"，同出一书，事亦相类，恰可用为互训互证。

② 对此，唐颜师古《汉书注》有二解："谓之赘婿者，言其不当出在妻家，亦犹人身体之疣赘，非应所有也。一说，赘，质也。家贫无有聘财，以身为质也。"

③ 颜师古注："如淳曰：淮南俗卖子与人作奴婢，名为赘子。三年不能赎，遂为奴婢。（颜）师古曰：赘，质也。一说，云赘子者，谓令子出就女家为赘婿耳。"又清钱大昕注云："赘子犹今之典身，立有年限，而取赎者，去奴婢仅一间耳。……其赘而不赎，主家以女匹之，则谓之赘婿，故当时贱之。"此系秦汉风俗。

人》，掌稽市之书契，大市以质，小市以剂。孙诒让《周礼正义》，引惠士奇曰，质人，卖儥人民用长券，谓之质。王褒僮约，石崇奴券，古之质欤，质许赎，鲁人有赇臣妾于诸侯者，而通逃之臣妾，皆得归其主焉，有主来识认，验其质而归之。"究其实，"质人"之职，主要是掌管平易物价，发放和监督管理交易契据的市肆小吏。其契据是具有中证效力的凭证，卖主可凭此质券进行赎买。如果说，后世典当业的"当票"与之有一定类似之处的话，似可认为是由"质券"形式发展、演化而来。不过，考之"质人"并不司抵押之事，亦无有关抵押借贷活动的直接显证，因而还不能认为主司管理交易契据的质人之职，与后来形成的典当业存在直接的源流关系。"质人"之"质"，于此当系就"质券"而言。①

现在，从语义学角度清楚地显示着这么一种事实："质"表示抵押取赎这一本义，始终贯行于古今，是有关活动、现象的本质特征的根本所在。中国历史上最初的寺院典当业直称"质库"，唐宋以来又有"质舍""质典库""质铺"之名，或径谓之"质"，典当称"典质""质钱"，当票称"质券"，悉本于此。至于"典""当""典当""押"等，亦无不是用作"质"之别称。

## 第二节　南北朝佛寺质贷：中国典当业的源头

恩格斯在论述雅典国家的产生时写道："贵族的统治日益加强，到了公元前 600 年左右，已经变得令人不能忍受了。这时，货币和高利贷已成为压制人民自由的主要手段。……债务契约和土地抵押（雅典人已经发明了抵押办法）既不理会氏族，也不理

---

① 庶民金融丛书第一号，中国联合准备银行编印，1940 年，第 1 页。

会胞族。而旧的氏族制度既不知有货币，也不知有贷款，更不知有货币债务。因此，贵族的日益扩展的货币统治，为了保护债权人对付债务人，为了使货币所有者对小农的剥削神圣化，也造成了一种新的习惯法。在阿提卡的田地上到处都竖立着抵押柱，上面写着这块地已经以多少钱抵押给某某人了。没有竖这种柱子的田地，大半都因未按期付还押款或利息而出售，归贵族高利贷者所有了；农民只要被允许作佃户租种原地，能得自己劳动生产品的六分之一以维持生活，把其余六分之五以地租的形式交给新主人，那他就谢天谢地了。"① 雅典于公元前 6 世纪前后，即出现了以土地为抵押借贷的经济活动，在有文献记载的世界经济史上是比较早的。据知，欧洲大陆首先经营借贷以营利的，是公元前 7 世纪时的巴比伦寺院。"纪元前 675 年，意大利之寺院金库，在埃西利亚经营存款及放款。而平民金融机关之典当，发祥于意大利。1198 年初创于 Bavaria 之 Freising。由僧侣发起组织，纯粹慈善性质。至于正式之公益典当，则于 1464 年在 Arvieto 设立。其后渐次普及欧洲大陆。"② 有趣的是，据史籍记载，中国典当业之肇兴，亦同样发端于宗教事业，即公元四、五世纪时南朝（420—589 年）的佛寺，名为"质库"或"长生库"。

清吕种玉《言鲭》书载："今人作库质钱取利，至为鄙恶，唯市井富豪为之。今士大夫家，亦无不如此。按此库，唐以前唯僧寺为之，谓之长生库。梁甄彬尝以束苎就长沙寺库质钱，后赎苎，于苎中得金五两，还之。则此事已久矣。"吕氏寥寥几语，

---

① 恩格斯《家庭、私有制和国家的起源》，见《马克思恩格斯选集》卷四第107 页，人民出版社 1972 年版。

② 宓公干《典当论》第 4 页，商务印书馆（上海）1936 年 8 月初版。

道出中国典当业滥觞于寺院进而成为富商、士人竞相经营谋利的一种行当。宋人吴曾《能改斋漫录》卷二（事始）亦说："江北人谓以物质钱为解库，江南人谓为质库，然自南朝已如此。"并引隋人齐阳玠《谈薮》所载："有甄彬者，有行业，以一束苎，就荆州长沙寺库质钱。后赎苎，于苎束中得金五两。"① 云云。甄彬质钱得金故事，今所传多据唐李延寿撰修的《南史·甄法崇传》的附载，而《能改斋漫录》所引，却是隋人所撰之《谈薮》，先《南史》作者一个朝代。况且，《谈薮》一书已佚，这段材料尤显珍贵，可作为《南史》有关记载的佐证。

就现今所见史籍有关南朝佛寺质库的记载，主要有三件史料，分别见于《南齐书》《南史》和《梁书》。

《南齐书·褚渊传》载："（其弟）澄字彦道。……尚宋文帝女庐江公主，拜驸马都尉。历官清显。……渊薨，澄以钱万一千，就招提寺赎太祖所赐渊白貂坐褥，坏作裘及缨；又赎渊介帻、犀导及渊常所乘黄牛。"是知南齐司徒褚渊生前曾将太祖赐赠的白貂坐褥等物，和长耳裹发巾（介帻）、犀角做的发栉（犀导）乃至坐骑黄支国的犀牛②等，作为抵押品送入招提寺质库质钱。司徒褚渊为官讲究俭约，因而"百姓赖之"。至其死后，"家无余财，负债至数十万"，可知其至寺院质钱之由。世祖诏称：

---

① 《谈薮》，一名《解颐》，始见于《隋志》子部小说家类，署"杨松玢"；《宋史·艺文志》小说家著录有杨松玠《八代谈薮》二卷；宋陈振孙《直斋书录解题》署"阳玠松"撰，并称："事综南北，时更八代，隋开皇中所述也。"清姚振宗《隋书经籍志考证》认为："《解颐》即《谈薮》之异名。"

② 此当非普通黄牛，当系《汉书·平帝纪》中述及的那种"黄支国献犀牛"。《后汉书·班固传》所记《两都赋》中亦叙有"黄支之犀，条枝之鸟"。据唐颜师古《汉书注》引应劭语云："黄支在日南之南，去京师三万里。"堪知"黄牛"乃一时稀贵坐骑，具有充当质物的价值。

"司徒奄至薨逝，痛悼恸怀，比虽尪瘵，便力出临哭。给东园秘器，朝服一具，衣一袭，钱二十万，布二百匹，蜡二百斤。"至于其弟褚澄所用赎钱之数，亦应包括质息在内，而本息比例已难推测算知。

《南史·甄法崇传》载："法崇孙彬。彬有行业，乡党称善。尝以一束苎就州长沙寺库质钱，后赎苎还，于苎束中得五两金，以手巾裹之。彬得，送还寺库。道人惊云：'近有人以此金质钱，时有事不得举而失，檀越乃能见还，辄以金半仰酬。'往复十余，彬坚不受。"梁武帝萧衍还是布衣之时，即已对甄彬的品行美誉有所耳闻，至其登位之后即赐任他为益州录事参军、带郫县令。梁武帝沉溺佛教，曾三次舍身同泰寺要公卿费巨资赎身，建佛寺无数，这同其赏识具有不贪昧寺库黄金佳行的甄彬，或有所谓"佛缘"吧。

《南齐书·褚渊传》中说到的招提寺，据清陈作霖《南朝佛寺志》考证认为，谢灵运有招提舍寺建于东晋末年，"招提寺在石头城北"，亦即今古城南京城北面。清顾祖禹《读史方舆纪要》亦称，石头城"北有招提寺"。据此，有人提出"南朝的南京寺院实为后世典当业之祖"之说。[1]《南史·甄法崇传》所及长沙寺，原系由江陵刺史邓汉的私人故宅改造而来。[2] 甄彬即在其祖父法崇于南朝宋武帝刘裕的永初年间（420—422年）出任江陵县令时，至长沙寺库质钱和赎苎得金的。这一时间，相距《南齐书》所载于建元四年（482）褚渊薨逝后其弟褚澄至招提寺赎回

① 乐华云《我国最早的南京典当业》，见《南京史志》杂志 1986 年第 3 期。

② 据（法）谢和耐《中国五—十世纪的寺院经济》中译本第 212 页脚注之二，耿昇译，甘肃人民出版社 1987 年 5 月第 1 版。

质物的时间，约半个世纪。当时的江陵县位于今湖北省境内，仍为县治。这就是说，长沙、招提二寺分属两地，又很难考知其开展质贷活动孰先孰后。依上述两件史料事例来看，长沙寺库事尚先于招提寺库事。所以，还不应绝对化地断言招提寺质库就是"后世典当业之祖"。然而，两件史料事例，恰可证明南朝时南京、江陵等地佛寺确已进行着质押借贷的经济活动，是见诸史籍的我国典当业的直接源头。

南朝梁被称为"贞节处士"的庾诜，还有一件以书质钱为邻人解难的佳话，则是稍晚于上述二例而未被注意到的又一有关典质的史料。《梁书·庾诜传》载："庾诜字彦宝，新野人也。幼聪警笃学，经史百家无不该综，纬侯书射，棋算机巧，并一时之绝。而性托夷简，特爱林泉。十亩之宅，山池居半。蔬食弊衣，不治产业。尝乘舟从田舍还，载米一百五十石，有人寄载三十石。既至宅，寄载者曰：'君三十石，我百五十石。'诜默然不言，恣其取足。邻人有被诬为盗者，被治劾，妄款，诜矜之，乃以书质钱二万，令门生诈为其亲，代之酬备。邻人获免，谢诜，诜曰：'吾矜天下无辜，岂期谢也。'其行多如此类。"梁武帝普通年间（520—527年），曾诏之以黄门侍郎之职，庾诜称疾未就。"晚年以后，尤遵释教，宅内立道场，环绕礼忏，六时不辍。诵《法华经》，每日一遍。后夜中见一道人，自称愿公，容止甚异，呼诜为上行先生，授香而去。中大通四年（532年），因昼寝，忽惊觉曰：'愿公复来，不可久住。'颜色不变，言终而卒，时年七十八。"

《梁书》未载庾诜以多少、什么书于何处质钱助邻。南朝时的借贷机构，一为佛寺质库，再即立契据以田宅等不动产为抵押放债的邸舍。从前述甄彬、褚渊两事例得知，当时寺库质钱，举凡金、麻、衣饰乃至活畜（黄牛），皆可用为抵押品。同时，从庾诜性情与晚年特别遵奉佛事的思想轨迹，以及以书为质物的情况分析，极可能是就近向寺库质钱以应急用的。庾诜"特爱林泉"，居新野（在今河南省）乡间，"十亩之宅，山池居半"；而佛寺亦多择山水清幽处而建，从地缘之便亦为这种推断展示着可能性。就寺库质钱助邻，又以遵佛而终，似为偶然，亦或其"佛缘"的体现吧！这一见诸《梁书》的事例，可视为南朝佛寺质贷史料的又一补充和别证。

与此同时，北朝佛寺亦行质贷。例如北魏孝文帝元宏的太和（477—499年）年间，"（姚）坤旧有庄，质于嵩岭菩提寺，坤持其价而赎之，其知庄僧惠沼行凶，率常于闲处凿井……"于是引出一段鬼狐传说。[①] 故事起因，即在于姚坤至佛寺质庄。

据文献记载，寺院质贷自南朝时兴始，以后逐渐成为世俗社会的一种行业，但直至唐宋时寺院质贷仍在进行，历时颇久。中国典当业何以缘佛寺而兴呢？对于这个有趣而又颇具文化史意义的问题，容在记述历代典当之后，进行专题探讨。

## 第三节　唐五代质贷业之兴

南北朝与唐五代之间的隋朝，一度结束了南北分立的局面，统一了全国。国内环境获得了相对的安定，为经济、交通的发展提供了新的契机。此间，商业亦同步出现兴旺趋势。《隋书·炀帝纪（上）》载，大业元年（605年）三月"徙天下富商大贾数万家

---

① 《太平广记》卷四五四《姚坤》。

于东京（洛阳）"，堪见一时盛况。隋炀帝即位后，"西域诸藩，多至张掖与中国市易，帝令裴矩掌其事"，对外贸易也随之繁荣起来。然而，从公元581年杨坚灭北周称帝开国，至公元618年隋炀帝在江都被杀，隋朝仅历经两代皇帝，存在了短短的三十八年时间。

中国典当业兴于南北朝佛寺之后，至唐代逐渐发展为一种寺库与世俗并举的行业，迄今尚未发现有关隋朝典当的直接文献史料。隋朝虽仅三十八年，但在中国典当史上却留下了一段有待深入发掘、研究的历史空白。跨越这段空白，唐五代则成为中国典当史上的一个空前发展与繁荣的时期。清吕种玉《言鲭》书中说，设质库质钱取利，"唐以前唯僧寺为之，谓之长生库"，亦认为佛寺而外的典当质贷业自唐代始兴。民初陶希圣主编的《唐代寺院经济》序①中谈道："质库，是创始于寺院的一种高利贷事业，在唐代已是一般富贵人家投资的普通事业了。向寺院施舍本钱以创立质库的事情，也很常见的。家具衣服的质以外，奴婢、牲畜、庄田的质，在当时很是流行。"亦即说，有唐以来即出现了寺库质贷与社会典当业等高利贷行业并存和竞相逐利的局面。

唐代在中央集权相对稳定的政治条件下，经济、文化得以空前繁荣，成为中国历史上比较昌盛的时期。经济的发展、商业的兴旺，则大大刺激了一时高利贷的空前发达。官僚贵族、豪商富贾纷纷投入高利贷活动，坐收质息，竞相逐利。史家认为："唐时商业多至二百余行，每行总有较大的商店。据现有材料看，最

---

① 系"中国经济史料丛编·唐代篇"一种，1937年5月北平初版（未发行），1974年1月台北食货出版社重印发行，1979年1月再版，第5页。

大的商业是放高利贷的柜坊。柜坊又有僦柜、寄附铺、质库、质舍等名称，类似后世的当铺。"① 足见一时之盛。

有部专业辞书写道，柜坊是"唐代大都市中为商人、官僚储存钱物的店铺。官僚、富商为了安全或避免搬运的麻烦，常将钱物存于柜坊，柜坊设有保管柜，并根据存放者所出凭证代为支付钱物，收取一定的柜租，称'僦柜'。柜坊一般还以质库、质举、举贷等方式兼营高利贷。借贷者以物送于库柜，质钱以归，以后付息还本，取回质物，史称'僦柜质钱'，相当于后来的典当。唐后期柜坊业发达，德宗时借长安富商钱，仅得八十余万缗，搜括僦柜钱物，借四分之一，得一百多万缗"。②

所谓"柜坊"，本是当时都市中代客户保管银钱财物的商铺，酌收酬金，其保管钱物的藏器，名之"僦柜"。《汉书·郑当时传》"任人宾客僦"的唐颜师古注云："僦，谓受雇而载运矣。"僦柜取受雇代人保管之意。这种按保管价值计收保管费的僦柜，随其收存钱财的增多，逐渐具有了利用所存银钱为周转资本借贷赢利的条件，于是就像寺库那样开展了典押质钱业务，并使之进而由兼营质贷又发展为以质贷为主业。因为典押质贷的赢利由于客户面广而较大，并吸引了一些官僚富商变交其保管钱财为投资取利，所以也就刺激了僦柜业迅速转化为典当业。《太平广记》卷二四三《窦乂》所述大商人窦乂，在当时的长安西市，就有存钱颇富的僦柜，即"僦西市柜坊，锁钱盈余"。僦柜业发达一时，使之

① 见范文澜、蔡美彪等著《中国通史》第三编第二章第五节，人民出版社 1995 年出版。

② 张作耀、蒋福亚、邱远猷等主编《中国历史辞典》第二册第 895 页，国际文化出版公司 2000 年出版。

在社会经济生活中占据了重要位置。甚至，朝廷军费开支拮据之际，亦强行向僦柜借钱。据《新唐书·食货志》载："（德宗）初，太常博士韦都宾、陈京请借富商钱，德宗以问度支，杜佑以为军费裁支数月，幸得商钱五百万缗，可支半岁。乃以户部侍郎赵赞判度支代佑，行借钱令，约罢兵乃偿之。……又取僦柜纳质钱，及粟麦粜于市者，四取其一。长安为罢市，市民相率遮邀宰相哭诉。"又据《旧唐书·德宗纪》载："建中三年（782年），诏京兆尹长安万年令，大索京畿富商。少尹韦祯，又就僦柜质库法，拷索之，才及二百万。"是见当时僦柜资财雄厚，已为朝廷注意并利用。

日本著名的中国经济史专家加藤繁博士，早在二十世纪二十年代初曾对唐代的柜坊作过专门的研究。《资治通鉴·唐德宗建中三年四月》："又括僦柜质钱，凡蓄积钱帛粟麦者，皆借四分之一。"对此，元人胡三省注云："民间以物质钱，异时赎出，于母钱之外复还子钱，谓之僦柜。"加藤繁认为："征诸实例，质的事情称为质、典、贴典、抵当的，文献中累见叠出，但从没有看到过把它称为僦柜的例子。从这种种方面来考虑，我们无论如何必须断定胡三省的解释是错误的。那么，所谓僦柜，究竟是什么呢？我认为，僦柜就是在柜坊中出保管费，寄放钱货和金银的事情。"[①] 其实，胡三省的解释并未错。加藤繁博士说的，只是本来意义的"僦柜"及其经营业务，向"僦柜质钱"的史料本身即已说明其兼营质贷或转而以质贷为主业的事实。仍称"僦柜"是因

---

① 《柜坊考》，原刊《东洋学报》第12期第4分册，1922年12月。后收入《中国经济史考证》卷一，台北华世出版社1976年6月出版中译本，引文见1981年9月新版第477页。

二业兼营而沿袭旧称，直称"质库""质舍"者，则系另起炉灶专营抵押借贷。至于《新唐书·食货志》"又取僦柜纳质钱"，则显然是指兼营质钱业务的"僦柜"而言。

"寄附铺"之误为僦柜别称，我认为，乃如僦柜本来代人保管钱财及后来又兼营质贷业务那样，是当时寄卖兼营质贷的一种行业。宋吴曾《能改斋漫录》卷一（事始）载："今世所在市井，有寄附铺，唐世已然矣。按唐《异闻集》①载薛防所作《霍小玉传》有云：'大历中，寄附铺侯景家。'"②《异闻集》作者陈翰是唐末时人，《霍小玉传》作者为中唐稍后时人。仅就史料出现时间推测，"寄附铺"与"僦柜"叫法相去未远，是当时并存的两个相近行业。《霍小玉传》记述唐宗室霍王庶女霍小玉流落民间沦为妓女，系一时名妓。大历（766—779年）年间，年方二十的进士李益与小玉一见钟情。李益外出赴任为官，负盟弃玉。这时，书中写道：

> 生自以孤负盟约，大惬回期。寂不知闻，欲断其望。遥托假故，不遗漏言。玉自生逾期，数访音信。虚词诡说，日日不同。……虽生之书题竟绝，而玉之思望不移，赂遣亲知，使通消息。寻求既切，资用屡空，往往私令侍婢潜卖箧中服玩之物，多托于西市寄附铺侯景先家货卖。曾令侍婢浣沙将紫玉钗一只，诣景先家货之。路逢内作老玉工，见浣沙

① 《异闻集》，唐陈翰撰，卷十，已佚。《新唐志》著录于丙部小说家类。《郡斋读书志》入子部小说家类，云："唐陈翰编，以传记所载唐朝奇怪事，类为一书。"《直斋书录解题》云："翰，唐末人。"
② 此系《能改斋漫录》佚文，分别见于明钞本《说郛》卷三五、《永乐大典》卷一四五七六所引。

所执，前来认之曰："此钗，吾所作也。昔岁霍王小女将欲
上鬟，令我作此，酬我万钱。我尝不忘。汝是何人，从何而
得？"浣沙曰："我小娘子，即霍王女也。家事破散，失身于
人。夫婿昨向东都更无消息。悒怏成疾，今欲二年。令我卖
此，赂遗于人，使求音信。"玉工凄然下泣曰："贵人男女，
失机落节，一至于此。我残年向尽，见此盛衰，不胜伤感。"
遂引至延先公主宅，具言前事。公主亦为之悲叹良久，给钱
十二万焉。

依上述记载，寄附铺似乎是受托寄卖物品的商铺，老玉工引
浣沙将紫玉钗卖给延先公主，则是相对前者的直接出售。一为间
接，一为直接，显然不同。对此，加藤繁博士认为："寄附铺是
以受人存放财物为本业，不是质店。"[1] 同时又指出："换句话说，
寄附铺也许是以存放贵重物品为专业的。假如果然如此，那末，
寄附铺和柜坊是否同样的呢？从营业的性质来说，称为寄附铺，
从它所用的主要器具来说，称为柜坊，所以，实际上是否就是同
一种铺子？虽然因为资料缺乏，不能下确实的断语，我想姑且作
这样的假定，以待今后的考察。"然而柜坊却并不经营寄卖业务。
说起来，还是清翟灏《通俗编》卷二三"货财的当"条所释为
是，寄附铺是当时的质铺。日本学者宫崎道三郎博士亦持这种看
法。[2] 也就是说，寄附铺本系寄卖业，后又兼营或以质贷业务为
主，因而后人误将其视同儃柜，或直谓质库。将所寄卖物品直接

①　《柜坊考》，引文见《中国经济史考证》中译本第 449 页。
②　见《质店的话》，刊东京学士会院杂志 1900 年 1 月第 22 编第 1 号，转述自
《柜坊考》，同前注第 448 页。

从铺方按低于估价额一次性取钱，物卖出后不另取钱及付寄卖费，同当而不赎的做法相同。遗憾的是，迄今尚未有更充分的直证史料来证实这种情况，权作假说性推断存此。①

唐白行简的传奇小说《李娃传》亦有关于抵押借贷的情节：

> 他日，娃谓生曰："与郎相知一年，尚无孕嗣。常闻竹林神者，报应如响，将致荐酹求之，可乎？"生不知其计，大喜。乃质衣于肆，以备牢醴，与娃同谒祠宇而祷祝焉，信宿而返。

"质衣于肆"，是"僦柜""寄附铺"还是"质库"呢？书中未有交代。但可以肯定，既"于肆"，则显然不是去寺库质钱。如同杜甫、白居易诗中多有"典""当"之词一样，此例反映出唐代典当业已普遍存在，是同当时社会日常经济生活有着很密切联系的一个行业。

唐五代不仅柜坊、寄附铺兼营质贷，更有专营此业的质库，尤以官僚贵族竞相经营质库牟利的史料为多见。《旧唐书·武承嗣传》载，以巨富著称一时的太平公主家，"马牧、羊牧、田园、质库，数年征敛不尽"。《全唐文》卷七八《会昌五年加尊号后郊天赦文》载："如闻朝列衣冠，或代承华胄，或在清途，私置质库、楼店，与人争利。"《新五代史·慕容彦超传》载："彦超为人多智诈而好聚敛，在镇，尝置库质钱。有奸民为伪银以质者，主吏久之乃觉。彦超阴教主吏夜穴库垣，尽徙其金帛于佗所，而以盗告彦超，即榜于市，使民自占所质以偿之，民皆争以所质物

---

① 见《质店的话》，刊东京学士院杂志 1900 年 1 月第 22 编第 1 号，转述自《柜坊考》，同前注第 450 页。

自言，已而得质伪银者，置之深室，使教十余人日夜为之，皆铁为质而包以银，号'铁胎银'。"以此诱捕以假银质钱者。当时，慕容彦超官拜镇宁军节度使。

质贷业滥觞于南北朝佛寺，至唐，寺库仍很兴旺。《续传灯录·天游禅师》亦称："质库何曾解典牛，只缘价重实难酬。想君本领多无子，毕竟难禁这一头。"唐韦述《两京新记》卷三载："化度寺，……贞观（唐太宗李世民年号，627—649年）之后，钱帛金绣，积聚不可胜计，常使名僧监藏，供天下迦蓝修理。……燕、凉、蜀、赵，咸来取给；每日所出，亦不胜数；或有举便，亦不作文约，但往（或系"任"之误）至期还送而已。"一座寺院，竟有如此富余财力出入，除接受布施赏赐而外，质贷乃其主要来源之一。唐韦执谊《与善见禅师帖》中写道："善见禅师，所管施利钱银到后，量收籴米支持到九月以来，余钱即共义商量至秋中籴米收贮讫报当……"[1] 而且，当时寺院有的还收押不动产质贷，甚至有恶僧因此而害人者。《太平广记》卷四五四《姚坤》所记即为一例："坤旧有庄，质于嵩岭菩提寺，坤持其价而赎之。其知庄僧惠沼行凶，率常于闲处凿井，深数丈，投以黄精数百斤，求人试服，观其变化。乃饮坤大醉，投于井中，以砲石咽其井。"有的，亦用"家资牛畜"为质押，如发现于新疆的一份唐代质钱契约[2]：

> 建中三年（782年）七月十二日，健儿马令痓为急要钱用，交无得处，遂于护国寺僧虔英边举钱壹仟文，其钱每月

① 《全唐文》卷四五五。
② 《敦煌资料》第一辑《契约、文书》部分，此转引自韩国磐《隋唐五代史纲》第345—346页，人民出版社1979年5月第2版。

头分生利□佰文。如虔英自要钱用，即仰马令痣本利并还。如不得，一任虔英牵掣令痣家资牛畜，将充钱直，还有剩不追。恐人无□（信），故立私契，两共平章，画指为记。

钱主

举钱人　马令痣　年廿

同取人　母苑二娘　年五十

同取人　妹马二娘　年十二

寺库牟利无厌，侵利过重，也反映到了皇帝耳中。会昌五年（845年），唐武宗诏令功德使统计寺库财产，除留足"常住"所需外，余者出售，诏称："委功德史检查富寺邸店多处，计料供常住外，剩者便勤货卖，不得广占求利，侵夺疲人。"①事实上，非但佛寺质贷逐利，而是官僚贵族、豪商大贾多头并举竞争其利，唯下层社会尽遭盘剥，难免有碍社会经济秩序。有鉴于此，朝廷不得不三番五次下诏整饬。例如《大唐六典》卷六"比部郎中员外郎"条载有关利率的具体规定："凡质举之利，收子不得逾五分出息，债过其倍。若回利充本，本官不理。"《唐令拾遗》②载："诸公私以财物出举者，任依私契，官不为理。每月收利，不得过六分；积日虽多，不得过一倍。……收质者，非对物主，不得辄卖；若计利过本不赎者，听告市司对卖，有剩还之，如负债者逃，保人代偿。"又如《唐会要》卷八八所载唐玄宗开元十六年（728年）二月十六日敕："比来公私举放，取利颇深，有损贫下，事须厘革。自今以后，天下负举但宜四分取利，官本

---

① 见《文苑英华》卷四二九。

② 日本仁井田升编，昭和八年（1933年）铅印本。

五分取利。"这一敕令显然对官本质贷持偏护态度，允其利高于民商。至五代时，这类律文仍连续颁出。天成元年（926 年）十一月，"雒阳县令骆明举奏请止绝坊市息利典质，其军家子弟部外兴贩，侵扰缘路旅舍。敕旨：从之。"[①] 天成二年（927 年）十月，"诏曰：……应注州城内百姓，既经惊劫，须议优饶，宜放二年屋税及公私债负。如是在城回图钱物及公私质库，除点简见在外，实经兵士散失者，不计年月远近，并宜蠲放"[②] 诸多诏旨敕令既反映了一时质贷活动的兴盛，亦由此证实管理方面的混乱。尽管如此，从后周（951—960 年）开封府给朝廷的奏文所提供的信息得知，五代时已出现了有关"典质"的"税印""税务"事项的说法。这是迄今所见文献中关于征收典当税的最早说法。[③]

中国典当业在唐代的兴盛，显示了一时固有的时代特点。

首先，由于政局相对稳定，在空前繁荣的货币经济与商业文化基础上，经营质贷获利比较容易与把握，刺激了该行业的空前发展，一举打破了唐以前由寺库独家经营的局面，形成了一窝蜂式的官、民、商、寺多头并举、竞相逐利的兴盛旺势。要么大家相互等靠、观望，要么就一窝蜂地群起而上——中国文化传统中这一至今仍延续着的非理性痼疾，在典当业兴盛之初亦在所难免地显示出来，利弊搀杂一处，难免混乱。

其次，在经营方式上，由于多头并举，有的以他业为主兼营质贷，有的以质贷为主兼营他业，也有专门经营质贷者；质贷中，有的以动产或不动产为抵押，有的以契据为抵押；在期限与取利方

---

① 见《册府元龟》卷六五《帝王部·发号令四》。
② 《册府元龟》卷九二《帝王部·赦宥一一》。
③ 详见本书卷下第六章第一节。

面、长短、多寡不一；在资本方面，有的借用所营他业资财流通，有的是官僚贵族投资，有的是富商或富寺余资，更有被律令给予优惠保护政策的"官本"。究其根本，悉在于逐利。因此，唐代的典当业从其一起步起就同放债、租赁等其他高利贷产业活动纠织在一起，使之在其他有些工商行业此间已形成本行特点的情况下，没有显示出这一行业的应有的"行"的独立性专有特点。

第三，从社会效应来看，一方面以营利为前提调剂了生产经济和市场经济，适应和一定程度地促进了当时社会经济的繁荣、发展；同时也部分补充了国家财政经济的不足，如军费开支之类。

凡此说明，质贷典当之所以在唐代兴盛一时，是当时社会经济发展的需要，是佛教文化、寺院经济发展对社会、对时代影响的产物，也是社会对其功利的选择，并非偶然。这些，为其以后作为一种区别于其他高利贷业的专门行业的独立存在，奠定了基础，探索了方向，做了准备。

冻国栋《二十世纪唐代商业史研究述评》之中，关于唐代质库、柜坊的研究状况，作有十分翔实的评述，不妨附录于此，作为进一步开展相关研究的参考①。

　　"质库"为唐宋时代一种质押借贷的机构，类于后世之当铺。南朝时已具相当规模，多由佛寺经营。唐代质库亦多见记述，但因史籍记载简略，其性质、经营过程及营利状况不甚明白。加藤繁曾较早注意到这一问题（《柜坊考》，《东

_____

① 冻国栋《二十世纪唐代商业史研究述评》，载《二十世纪唐研究》，中国社会科学出版社，2002年1月出版；后收入作者论文集《中国中古经济与社会史论稿》，湖北教育出版社，2005年出版。

洋学报》12-4，1922.12，收于同著《中国经济史考证》上卷，东洋文库 1952；中译本第 1 卷，吴杰译，商务 1959），但未及详考。仁井田陞曾据大谷文书 3202—3205 号、3209—3212 号和 3214—3216 号的格式、内容，判定这几件文书是"当票（帖子）"，并判断为公元 8 世纪前后之物（见《吐鲁番出土的唐代交易法文书》，《西域文化研究》第 3《敦煌吐鲁番经济社会资料（下）》，法藏馆 1960）。日野开三郎论唐代柜坊，认为柜坊兼营质库，并对质库与邸店、寺院的质库经营进行了探讨（《关于宋代长生库的发达》，《佐贺龙谷学会纪要》4；《唐代的金融业"柜坊"的形成》，《久留米大学商学部创立二十五周年纪念论文集》，1976；《唐代邸店的研究》，著者自版 1968；《日野开三郎东洋史学论集》5，三一书房 1982）。陈国灿结合吐鲁番阿斯塔那 206 号墓所出 13 段账历的考察，对唐质库制度提出新的认识。

陈国灿《从吐鲁番出土的"质库帐"看唐代的质库制度》（《敦煌吐鲁番文书初探》，武大 1983）一文，根据阿斯塔那 206 号墓出十三段账历的格式、内容详加分析，发现皆与典物取钱有关，结合史籍记载有关质举或质典的事例，判定此为质库中的质典账历。作者进一步考订出此账历"当是唐代长安新昌坊内或邻近一带某质库的账历"，只是由于它已被勾销当作废纸，捻成绢衣舞乐俑的臂膀内衬，被运送到西州，在张雄妻麴氏死时附葬人墓才得以保存下来。其时间为公元 662 年至 689 年之间，"属唐高宗朝后期长安城的质库帐"。作者在上述考订的基础上，进一步研究了唐代质库经营的过程及其制度的特征，并就"质钱帖子"问题提出了自己的意见。认为大谷文书中的几件被仁井田陞视为"当票（帖子）"的木刻刷印品并非唐代之物，作者举出五条疑问，判明所谓"当票（帖子）"或"质票"的年代属清咸丰末年至同治间。复从历史的因袭关系和相关佐证中推论唐代质库中亦应有"质钱帖子"。作者还认为：质库制度在唐代的兴盛发展，与唐代商品经济比较活跃密切相关，但同时也显示了它的剥削性质。因此"质库便由过去寺院经营的状态，一变而成为富人们追逐利息的行业，成为一种有息的抵押借贷。利率也由此有所提高"。作者指出：从质库账里反映出，到质库进行质典的人有染匠、钗师、坊民、村妇、幼女等，大多是劳动群众或城市贫民，他们送到质库进行质举的物品大多是绢帛衣物、布衫巾履，或是日用物饰等生活用品，这些普通民众大多是为生活所迫不得已才跨进质库的大门。所以唐质库制度是作为封建剥削制度的一种补充物而出现的。

陈国灿关于唐质库制度的研究，不仅探明了质库的经营程序及其制度的特点，提供了质押借贷的具体资料，而且揭示出质库的性质及在当时兴盛、发展的缘由。同时在方法论上也给人以重要的启发，但也存在若干疑问。比如质库的经营者，是否均由寺院而"成为富人"？事实上至宋代仍有寺院经营质库的事例。作者认为唐代质库"成为一种有息的抵押借贷"，此又关涉唐以前质库的经营状况和经营目的。这些将是有待进一步回答的问题。

唐代还有一种与质库同时存在的商业机构"柜坊"。加藤繁早在20年代已予以考订（《柜坊考》，《东洋学报》12-4，1922.12，收于同著《中国经济史考证（上）》，东洋文库 1952；中译本第 1 卷，吴杰译，商务 1959）。曾我部静雄随后曾发表不同意见（《柜房与禁房及牢房》，《文化》5-1，1938）。日野开三郎在综合两氏意见基础上予以申言或补充。日野氏自 1957 年至 1976 年先后发表《柜·附窖——唐宋用语解》（《东洋史学》18，1957.12）、《唐代的寄附铺与柜坊——唐都长安的金融业者》（《东洋史学》23，1961.3）、《唐代的金融业者"柜坊"的形成》（《久留米大学商学部创立二十五周年纪念论文集》，1976.3）等论文，后在所著《唐代邸店的研究》及其《续编》（著者自版 1968、1970）中陈述了相似的看法。但大体遵用加藤繁氏的旧说。其意见大略如下：（1）柜坊为中晚唐时期长安及其他大都市以收取保管费、存放金银之类财物为业的金融商业机构。柜坊可以用"支票"调换现钱，受人委托，出卖贵重物品；利用柜坊的主要是商人。他们除依靠柜坊，谋求钱物的安全外，也试图避免搬运大量铜钱的烦劳；（2）柜坊的产生，主要是适应商业的发展和商人社会的需要；（3）僦柜与柜坊问题：所谓"僦柜"即是在柜坊中出保管费、存入钱货和金银；（4）寄附铺和柜坊：两者异名同称，从营业的性质而言称为"寄附铺"；从其所用的主要器具而言，称之为"柜坊"；（5）柜坊与帖：柜坊可以接受存放金钱者所开的支票，支付指定的钱数，即所谓"持帖支钱"，"帖"即相当于后世银行的支票；（6）柜坊作为金融业机构的名称和职能在唐代逐渐消失，而寄附铺之名在宋代继续存在；（7）柜坊的形成是中国银行业的开端。

总的而言，关于柜坊或寄附铺的研究自加藤繁以来进展不大。这一课题的推进尚有待于新资料的挖掘。

## 第四节　宋金元典当业

宋代是中国都市经济、都市文化空前繁荣的时代，这就为与之关系密切的典当业得以进一步发展，提供了良好的社会环境和新的历史契机。

北宋神宗赵顼熙宁十年（1077 年）时，经王安石推荐入朝为官的吕惠卿之弟吕温卿，曾用田契从华亭县库户质钱五百千，然后转手贷给别人四百千，从中渔利。就此事，有史家指出："由于从事这类典当和借贷的必须有'库'房贮存物品，所以在宋代又有库户的称号。"① 在宋代，典当业开始亦存在兼营与专营状况，渐而转向以专业经营为主。兴于唐代的柜坊，这时还大量存在，有的仍附设质库。但是，典当业随着都市经济的发达，很快就在前朝多业兼营的基础上形成一种独立的专门行业。宋孟元老《东京梦华录》卷五（民俗）记载："其（汴梁）士农工商、诸行百户，衣装各有本色，不敢越外。谓如香铺裹香人，即顶帽披背；质库掌事，即着皂衫角带不顶帽之类。街市行人，便认得是何色目。"北宋张择端绘的《清明上河图》中，在"赵太丞家"对过巷里，即画有一座挑着"解"字招幌的质库。又吴自牧《梦梁录》卷一八（民俗）亦载："杭城风俗，……且如士农工商、诸行百户，衣巾装着，皆有等差。香铺人顶帽披背子；质库掌事，裹巾着皂衫角带。街市买卖人各有服色头巾，各可辨认是何名目人。"也就是说，典当业这时非但形成一种独立的专门行业，而且

---

① 漆侠《宋代经济史》下册第 1113 页，上海人民出版社 1988 年 7 月第 1 版。

还形成了本行特定的服饰习俗，使人见而即识其为当行从业人员。

有"行"即有行中帮系，中国传统行帮习以地缘关系为纽带结合而成，兼之以缘师承关系延续或单独成帮。唐代工商行帮业已出现于当时文献记载，至宋尤盛。据宋王象之《舆地纪胜》卷一一六《广南西路·化州》载，化州小城里"以典质为业者十户"，其中即有九户为福建人开的，这些"闽人奋空拳过岭者往往致富"。是知当时化州城的典质业以闽帮为主体，由该帮把持着。

五行八作，各有领袖或为首主事人物，典质业也不例外。据宋元之际的赵素所编《为政九要》之八称："司县到任，体察奸细、盗贼、阴私、谋害不明公事，密间三姑六婆，茶坊、酒肆、妓馆、食店、柜坊、马牙、解库、银铺、旅店，各立行老，察知物色名目，多必得情，密切报告，无不知也。"个中"解库"，是当时"质库"之外关于典质业的又一习称。宋吴曾《能改斋漫录》卷二（事始）载："北人谓以物质钱为解库，江南人谓之为质库。"即是。《为政九要》这第八要则，告诫县官到任后，在密访、察明各行行老、情况时，亦包括柜坊和解库。这说明，当时典质业业已从柜坊分立独自成行，且有本行的"行老"。何为"行老"？"行老"即唐代所称的"行首"，又称"行头"，是行业或行帮主事头目。《东京梦华录》卷三（雇觅人力）载："凡雇觅人力，干当人，酒食、作匠之类，各有行老供雇。"《梦粱录》卷一九（顾觅人力）亦载："凡顾觅人力及干当人，如解库掌事、贴窗铺席主管、酒肆食店博士、铛头、行菜、过买、外出髻儿、酒家人师公、大伯等人，……俱各有行老引领。"是知典质业雇觅掌事人员，亦可由当行行老从中介绍、推荐，这也是宋代典质业形成独立专门行业的又一显证。

"行"的形成，同时又是其行业兴旺的体现。宋代典质业的行户，主要是商人，亦即当时的"质库""解库"大都由商人出资或经营。从仅一座偏远的化州小城即开有质库10座这个记载不难看到，宋代典质业已经遍布大都市、小城镇了，经营活动十分活跃。但是，如同前代一样，也不乏官宦富豪投资出本或经营质库之例。《梦粱录》卷一三（铺席）："自融和坊北，至市南坊，谓之珠子市，如遇买卖，动以万数。又有府第富豪之家质库，城内外不下数十处，收解以千万计。"可见南宋临安都城中以质库逐利的官商颇为不少，而且由于其资本雄厚而生意兴隆，"收解以千万计"，成交发生额是很可观的，赢利自然亦丰。据《东京梦华录》卷七（三月一日开金明池琼林苑）载："（池东岸）街东皆酒食店博易场户，艺人勾肆；质库，不以几日解下，只至闭池，便典没出卖。"由此可知，地处京城游览、娱乐场地的质库，亦因时因地灵活经营，赎、没期并非千篇一律、一成不变，是乃经营有方。

笏，俗谓朝板，是我国古代帝王与朝官作朝会时手中执握的一种手板，上面可书写备忘之事。最先君臣均执笏，后则只是品官手执，至清始废。作为朝会礼仪，品官有事备忘与否，均要手执笏板，必不可少。唐代张九龄首创笏囊，可便于骑马等随身携带备用。笏板如此重要，如因穷困用之质押当钱，即可见其官清贫之至了。于是，"典笏"即成为文人笔下用以隐喻清贫至极的代用语。北宋文学家王禹偁《贺将作孔监生致仕》诗："朝请罢来频典笏，田园归去只携琴。"又《病中书事上集贤钱侍郎》诗之三亦云："典笏逢休假，焚香愿有秋。"

"典笏"虽系喻称，然现实生活中的文人与典质亦并非无缘。

据《宋史·贺铸传》载，著名词人贺铸晚年即为贫困所迫，不得不依靠"贷子钱自给"。南宋爱国名臣、文学家文天祥的一只金碗，就曾用为质贷的抵押品。这件事，史籍未载，见于收入《文山全集》卷五的书信《回秘书巽斋欧阳先生》。信中说："金碗在质库某处约之，甚恨未能自取之，乃劳先生厚费如此！山林中亦无用此物，先生倘乏支遣，不妨更支钱用，弟常使可赎。"据知，这只金碗原系文天祥担任景献太子府教授时获得的赏赐，后因用钱而用作质物送入质库，欧阳守道亦借作"当头"质钱。

文天祥文丞相像

典质业唯利是图，是其逐利本色。旧题元关汉卿撰的《鬼董》卷五中，对此颇有生动描写：南宋年间，在杭州西湖赤山，有"军人取质衣于肆，为缗钱十余，所欠者六钱，而肆主必欲得之"，引起"互相诟骂"。这时有位过路行人要代那军人补足，却仅有五文，缺一文，那肆主则非要凑足那一文钱不可。对于质库业主如此苛刻行为，作者以"恨不脍其肉"之语表达了愤怒之情。这个故事，从另一角度反映了时人对质库等高利贷行业的积怨情绪。

宋代以廉明刚直闻名的小官袁采，在其所著《世范》卷三中曾谈到有关当时高利贷业的意见。他反对高利贷，斥责"倍称之息""不仁之甚"；同时又认为低利息借贷是社会"贫富相资不可缺者"。他说："汉时有钱一千贯者比千户侯，谓其一岁可得二百千，比之今时未及二分。今若以中制论之，质库月息二分至四分，贷钱月息三分至五分，贷谷一熟论三分至五分，取之亦不为虐，还者亦可无词。"这一见解，同王安石变法时提出的青苗钱利率应为四分，显然是相呼应的。然而，事实上一如《世范》接上文继续指出的那样："而典质之家，至有月息十而取一者。江西有借钱约一年偿还而作合子立约者，谓一贯合二贯文也。开化借一秤米而取两秤，浙西借一石米而收一石八斗，皆不仁之甚。"利率失控，民何不怨！

有宋以来，质库之外不止在民间存在质贷活动，即或官僚贵族之间，亦如此。据《宋史·李允正传》载："（李允正）女弟适许王，以居第质于宋渥。太宗诘之曰：'尔父守边二十余年，止有此第耳！何以质之？'允正具以奏，即遣内侍辈钱赎还。"

一如唐代，朝廷每向柜坊、质库等高利贷业征钱以补军费开支；当北宋末年金兵大举南下之际，朝廷亦"曾大刮交引铺、质铺、金银铺、丝帛铺等，一铺动辄以千万两计"[1]。既盘剥于民，有时也直接为朝廷所用。

典质业至宋代虽已独成专门行业，但佛寺质库仍兴旺不衰，继续与民争利。宋陆游《老学庵笔记》卷六即称："今寺辄作库质钱取利，谓之长生库，至为鄙恶。……庸僧所为，古今一揆。"也就是说，继南北朝寺库质钱之后，已逐渐使之成为寺院借以维系寺院经济的基本方式之一，不逐利息也就没有实际意义了。例如《台州金石录》卷七《宋宝藏岩长明灯碑》所载："本院诸殿

---

① 参傅衣凌《明清时代商人及商业资本》第 2 页，人民出版社 1956 年 7 月第 1 版。

堂虽殿主执干，尚阙长明灯。遂募众缘，得钱叁拾叁贯，入长生库。置灯油司，逐年存本，所转利息买油。除殿主殿堂灯外，别置琉璃明灯。仰库子逐月将簿书诣方丈知事签押。"《胡澹庵先生文集》卷一七《新州龙山少林寺阁记》亦称，蜀僧宝觉园迟大师于修葺寺院后，"又以钱二十万"作为寺院质贷的本金"长生钱"。宋洪迈《夷坚支志》甲集卷六和癸集卷八，分别记述了两座佛寺有关寺库质贷取利的故事。癸集卷八的题为《徐谦山人》：

> 永宁寺罗汉院，萃众童行本钱，启质库，储其息以买度牒，谓之长生库。鄱阳并诸邑，无问禅律悉为之，院僧行政择其徒智禧主掌出入。庆元三年（案：南宋宁宗赵扩年号，1197 年）四月二十九日，将结月簿，点检架物，失去一金钗。遍索厨柜，不可得。禧窘甚，闻寺外徐谦山人者，占术颇验，往卜之。卦成，曰："物已传出外，而盗身不动。元非他人，乃常所使小奴耳。急向北方察访，尚可得。苟或稽缓，将化为乌有。"禧因用其说，散行采缉。然无策能致败露，坐不安席。再扣之，徐再消详，曰："此去五日，定有信。"所谓小奴者，每至邻家与民妇押，指头上银钗曰："何不买金来打造？"妇笑曰："汝真是不晓事，我如何有钱办此？"奴曰："我拾有一只，若用得时，减价售与汝。"傍有彭氏子窃聆其语，明日戏之曰："如果欲货金钗，我酬汝直。"奴讳曰："一分付（案：一作"与"）吾兄了。"既涉历两三处，事遂大彰。僧即加执缚，且杖之十数，犹隐不言。鞭打益急，始服罪。立取钗至，于是痛挞而逐之。

这是作者从"院僧行政"口中听说的。个中,说是以寺中质库利息再行质贷生利用以购买度牒之用,称之"长生库",时间、地点、方法、主掌人物乃至用途俱明。这是寺库以利为本再行生息供支付专项使用的长生库,而上面《宋宝藏岩长明灯碑》所记为长明灯油费用所设长生库,则是以募化之钱为本质贷取利支付。也就是说,这里佛寺的"质库"与"长生库"或单设,或二库并存,其质贷生息的性质是完全相同的,只是叫法不同而已。海外研究中国寺院经济的学者,也注意到了"质库"与"长生库"关系的问题。法国学者谢和耐《中国五—十世纪的寺院经济》一书有一条脚注写道:"据杨联陞先生在《哈佛亚洲研究学报》卷一三(1950年6月)中发表的文章认为,'长生库'(此名词的全称似乎是'长生库钱'。参阅《释氏要览》卷下,第304页,其中把这一术语写作'长生钱')仅仅是对寺院钱库的俗称。但是,还必须指出,此术语在宋代之前未曾出现过,而且也正是在宋代,'长生库'和'质库'才变成了同义词。质库一般并不是在一次募捐之后形成的。"[①] 这是言之有理、颇有见地的。

陆游认为寺设质库质贷取利"至为鄙恶""古今一揆",并非无的放矢。寺僧为其寺库逐利,亦每借传闻赋予宗教色彩加以传播,作为舆论手段。洪迈《夷坚支志》甲集卷六所记其听寺僧祖珪讲的《资圣土地》故事,即属此类。

> (大约南宋高宗赵构绍兴三十年,即公元1160年时)建昌孔目吏范苟为子纳妇,贷钱十千于资圣寺长老。经二十

---

① 中译本第216页,耿升译,甘肃人民出版社1987年5月第1版。

年，僧既死，苟亦归摄，因循失于偿通。苟后得疾且笃，呼其子观光谓之曰："忆汝娶妇时曾借资圣寺钱，今本处伽蓝神遣人押长老来索取，可急买纸钱烧与之。"又指示家众曰："土地之使偕长老见在此拱立，汝辈不见耶。"洎焚褚讫，又曰："两人已去，欲往报恩寺前寻徐省干理会事也。"至夜苟死。徐生名以宁，莱州人，方自吉州监赡军酒库替回，未几亦卒，时淳熙七年（南宋孝宗赵昚年号，1180 年）。先是，徐父奉直大夫者寓居彼寺，寺之人用常住物假其名以规利，奉实因是颇掩有其资，以宁与闻之，故致然。

显然，故事隐含这样的意思：有急用可向寺库质贷，但莫忘偿还，否则至死亦将使心神不宁，甚至会遭报应，而佛寺质库取利终还是用于接济助人的善举。这是一种维护寺库质贷利益与声誉的教化之说。

值得注意的是，在宋、金时期典当业已经发展到了当时的蒙古地区。据知，1914 年发现于黑水城遗址（今属内蒙古额济纳旗）的典当商人裴松的 15 件契约底账残卷，写于西夏天庆十一年（相当于南宋宁宗嘉泰四年和金章宗嘉泰四年，亦即公元 1204 年）五月，立文人分别为兀女浪速、刘折兀埋、夜贺尼、夜利那征布等。多用畜产品如皮裘、帐毡等典粮食，大麦加三利，小麦加四利。三个月不来赎时，一任出卖。文末有立文人、知见人或同典人署名、画押。①

---

①　今藏大英博物馆。1953 年马伯乐撰写的《斯坦因在中亚第三次探险的中国古书考释》一书中附有原件，1961 年中华书局出版的《敦煌资料》第一集转录全文。此据高文德主编《中国少数民族史大辞典》第 222 页，吉林教育出版社 1995 年出版。

宋代典质活动的主要特点，是"质库""解库"业已成为社会经济的一种独立的专门行业；作为高利贷行业的一种主要形态，与佛寺的"质库""长生库"并存；其行业经营活动的规模、影响以及作用，均超过了寺院质贷，远在其上。这一事实表明，典质业已同当时平民经济生活存在普遍、密切的联系，成为国家社会经济的有机构件。

金，作为曾一度统治中国北部大约一百二十年的历史王朝，其中有百余年同南宋（1127—1279年）政权处于对峙局面。有人在估计金代社会经济时认为："金是继辽、宋之后，在北方建立起来的一个王朝。这个王朝对于辽、宋经济，一方面有破坏、继承的关系；另一方面在某些方面又有发展、变革和创新的关系。而其中一些经济制度的变革，显现出其经济统治的特点，而与辽、宋和后来元朝有所不同。"[①] 在唐宋两代典质业的基础上，金代典质业的经营管理及有关法规、政策的实施，亦显示出其一代经济统治的特点。

建立金王朝的女真民族，本来是以狩猎、游牧为主要传统民族经济的。但一当其王朝统治延伸到原北宋北方领土之后，非但继承了前朝管理典质业的经验，还力求有所改进、发展。据《金史·百官志》载，金大定十三年（1173年），金世宗完颜雍对宰臣们说："闻民间质典，利息重者至五七分，或以利为本，小民苦之。若官为设库务，十中取一为息，以助官吏廪给之费，似可便民。卿等其议以闻。"金世宗试图以改民办为官办方式从管理体制上控制典质业取利过重之弊，同时又可增加官府经费，似为

---

① 张博泉《金代经济史略》第13页，辽宁人民出版社1981年6月第1版。

一举两得之策。按照他的要求，"有司奏于中都（今北京）、南京、东平、真定等处，并置质典库，以流泉为名，各设使、副一员"。其中，"使一员，正八品。副使一员，正九品"，职"掌解典诸物、流通泉货"。当时，还制定了迄今见于历史文献的中国最早而又颇为具体、周详的典质业管理规则。其具体为：

> 凡典质物，使、副亲评价值，许典七分，月利一分，不及一月者以日计之。经二周年外，又逾月不赎，即听下架出卖。出帖子时，写质物人姓名，物之名色，金银等第分两，及所典年、月、日、钱贯，下架年月之类。若亡失者，收赎日勒合干人，验元典官本，并合该利息，陪偿入官外，更勒库子，验典物日上等时估偿之。物虽故旧，依新价偿。仍委运司佐贰幕官识汉字者一员提控，若有违犯则究治。每月具数，申报上司。

评价、利率、赎期、解帖（即今俗谓之当票）内容，以及遗失赔偿、究治、月报数等，悉详细作有规定。可以断定，这个为官办典质业制定的经营管理细则，是在总结以往及现有同业经营管理经验的基础上形成的，既有继承，亦有完善。无论典质业完全收归官办是否行得通，都是一种积极的改革性尝试。显然，在国家资本和统一经济未能占据主导地位的条件下，这一尝试是行不通的。一如《金史·百官志（中都流泉务）》所载："（金世宗完颜雍）大定二十八年（1188年，相当于南宋孝宗淳熙十五年）十月，京府节度州添设流泉务，凡二十八所。（金章宗完颜璟）明昌元年（1190年，相当于南宋光宗赵惇绍熙元年），皆罢之。二年，在都依旧存设。"有一点也是可以肯定的，即在官、民所办典质业并行共存的情况下，官办典质业在控制、稳定典质利率方面，无疑会发挥积极的主导性作用。而且，金代对典当业交易使用何种钱币，亦曾作有具体限定，如《金史》卷一二《本纪第十二·章宗四》载，"诏民间交易、典质，一贯以上并用交钞，毋用钱"。

在由距金王朝年代相去未远的元人脱脱等撰的《金史》中，有关典质活动的记述散见各篇者，颇有一些。例如，卷四七《食货志》载："民田业各从其便，卖、质于人无禁。"言及以不动产为质押借贷规定。《李晏传》载："故同判大睦府事谋衍家有民质券，积真息不能偿，因没为奴。"言无力偿还质息而没籍为奴。《移剌子敬传》载："（子敬死时）家无余财，其子质宅以营葬事。"言子敬之子以住宅质钱葬父。《高汝砺传》载："（民）或虚作贫乏，故以产业低价质典。"等等。金王朝历时未久，中国典质业却在其统治的一方领域承前代继续显示着生机与利弊。

《金史·百官志》所记载的官典经营管理机构、官职设置及其规则，是唐宋尤其是宋代以来中国典当行业进一步形成规模与成熟的重要标志之一。

现在考察元代的典质业。

元代都市市井中有一个用以代称妓院的市语，即"皮解库"。这在元明戏曲中时可见到。元关汉卿《金线池》剧第一折："尽道吾家皮解库，也自人间赚得钱，……所生一个女儿，是上厅行首杜蕊娘。"《南牢记》剧第一折："正是能开皮解库，会做撮合山。"《诚斋乐府·烟花梦》剧第二折中《感皇恩》曲："赊不能皮解库，做不得肉屏风。"《曲江池》剧第二折中《滚绣球》曲："你将那水塌房皮解库关闭的完全。"凡此，皆然。"解库"，本宋代北方对质库的叫法。那么，何以"皮解库"称妓院呢？我曾在另一部专著中释云："以当铺喻妓院，妓女如典质之物于其中出卖皮肉，又或可赎身从良，故隐称以'皮解库'。"①

元代，是由主要聚居我国北方的蒙古族建立的统一中国的一代王朝，建都于北方重镇大都（北京）。或由于这种北方文化居于主导地位的关系，关于典质业的称谓，亦取用宋代北方习惯叫法，称之"解库"，并由此派生出"解典库"之称。这在元杂剧等文献中常可见到。《元曲选》辑杨景贤《刘行首》剧第三折："小生姓林名盛，字茂之，在这汴梁城内开着座解典库。"《刘弘嫁婢》剧第一折："四隅头与我出出帖子去，道刘弘员外放赎不要利，再不开了解典库了也。"其"帖子"，即当票，是当时"解帖"的便称，如同剧第一折："这厮提将起来看了一看，昧着你那一片的黑心，下的笔去那解帖上批上一行。呀！这厮便写做甚么原展污了的旧衣服。"典当，时称"解当"，如元末高则诚《琵琶记》剧第十出："婆婆，奴自有些金珠，解当充粮米。"凡此称谓及戏剧情节，均反映着元代典质业的一般情况，即在元代仍是个很兴盛的行业。

"典当业可以说是高利贷信用的实物'抵当'制的高度发挥。"② 唐宋以来的历史表明，典质业的兴盛每与一时商品经济的高利贷各业的兴盛相伴而行，因为典质即高利贷的基本形态之一。元代典质业的发达，再次说明了这一历史轨迹和规律。

元代的帝王、贵族、官府，大都率范热衷于放高利贷取利，

---

① 见拙著《中国民间秘密语》第 157 页，上海三联书店 1990 年 8 月第 1 版。

② 胡如雷《中国封建社会形态研究》第 300 页，生活·读书·新知三联书店 1979 年 7 月第 1 版。

这对当时典质业等高利贷的兴盛无疑是个极有刺激的条件。《新元史·食货志》载："斡脱官钱者，诸王、妃子以钱借人，如期并其子母征之。元初谓之羊羔儿息。"斡脱，是蒙古族对回鹘（回回）人的叫法。羊羔儿息，犹后世所谓"驴打滚儿利"，即利再生利。王室、贵族向回鹘人放钱取利，刺激了回鹘人以此为靠山和本钱放高利贷赢利的积极性，一时回鹘人的高利贷渗透于社会许多阶层。为保护回鹘人经营高利贷（其实包括着他们自身的利益），元世祖忽必烈至元二十年（1283 年），国家设置了斡脱总管府，地方各设斡脱所，并颁布有关法令："贷斡脱钱而逃隐者罪之，仍以其财赏首告者。"其结果，一如《元文类》卷五七宋子贞《耶律楚材神道碑》所说："所在官吏取借回鹘债银，其年倍之，次年则并其息亦倍之，谓之羊羔利。往往破家散族，至以妻子为质。公为请于上，以官银代偿，凡十万五千锭。乃奏定：今后不论年月远近，子本相侔，更不生息，永为定制。"在此环境中，解库的繁荣自然有其所本了。

为稳定经济、平息民怨，官府在采取限制放债利率措施的同时，也对典质业作出一些规定。官修的《通制条格》卷二七《解典》称："元贞三年（1297 年）二月中书省江浙省咨姚起告：将珠翠银器衣服于费朝奉家典当钞两，周年后不肯放赎。都省议得：今后诸人典解金银，二周岁不赎，许令下架。"延长赎期，是为了保护质贷者利益，对于解库方面来说，则是一种限制其肆意盘剥牟利的政策。而且，《元史·志》第五三《刑法四·禁令》还具体规定，"诸典质，不设正库，不立信帖，违例取息者，禁之"，可见当时对典当业的监管还是很有经验的。

此外，《通制条格》卷二七《杂令·解典》尚有多条记载，如：

至元十六年六月，中书省。钦奉圣旨："石招讨奏：'亡宋时，民户人家有钱，官司听从开解。自归附之后，有势之家，方敢开解库，无势之家，不敢开库，盖因怕惧官司科扰，至阻民家生理。乞行下诸路，省会居民，从便生理。'仍禁戢录事司，不得妄行生事，敷敛民户。纵有误典贼脏，只宜取索，却不可以此为由，收拾致罪。"

元贞三年二月，中书省。江浙省咨："姚起告：'将珠翠、银器、衣服，于费朝奉家典当钞两，周年后不肯放赎。都省议得，今后诸人解典金银，二周岁不赎，许令下架。'"①

大德六年十月，中书省。河南省咨："淮安路朱忠瑞告称：'孔胜将元典衣服说成被盗，不肯放赎。'虽于被盗卷内，照有上项衣服名件，却缘孔胜不系出名解典正库，系违例加一取息，暗解诸人衣服。切恐指倚失盗，将他人典当衣服欺隐入己，虚作盗去，情亦难显。合无着落孔胜名下追赔元典价值，先行给主，后捉贼得获，至日追问。"送礼部约会刑部一同照拟得："孔胜不依通例明发解帖，暗行出典，加一取息，俱系违法。设或真盗，实缘御备不周，以至如此，即非力所不及之故；若从破说，恐启侥幸之门。参祥合准行省所拟。"都省准拟。

"误典贼脏"和恶意收赃，历代都是困扰对典当业依法监管的

————

① 参照《元典章》卷二七户部钱债解典解典金银诸物并二周年下架条引元贞二年二月中书省咨文。又至顺本《事林广记·别集》卷三刑法类引诸条格债负："应解典金银诸物，二周岁下架。"

问题。对此，元朝政府采取了比较宽容而针对具体情况分别处置的政策。除上述而外，《元史·志》第四九《兵四·盗贼》亦载：

> 诸盗贼应征正赃及烧埋银，贫无以备，令其折庸。凡折庸，视各处庸价而会之。庸满发元籍，充警迹人。妇人日准男子工价三分之二，官钱役于旁近之处，私钱役于事主之家。诸盗贼得财，用于酒肆倡优之家，不知情，止于本盗追征。其所盗即官钱，虽不知情，于所用之家追征。若用买货物，还其货物，征元赃。诸奴婢盗人牛马，既断罪，其赃无可征者，以其人给物主，其主愿赎者听。诸盗官钱，追征未尽，到官禁系既久，实无可折偿者，除之。诸系官人口盗人牛马，免征倍赃。诸盗贼正赃已征给主，倍赃无可追理者，免征。诸盗贼正赃，或典质于人，典主不知情，而归其赃，仍征还元价。诸退荒盗贼，盗驼马牛驴羊，倍赃无可征者，就发配役出军。

在明代文献中已很少能见到寺库质贷活动的记载了，但元代寺院的质贷活动仍很活跃。在蔡美彪辑《元代白话碑集录》的《灵寿祁林院圣旨碑》（三）中记载："各路里有的但属寿宁寺家的下院、田地、水碾、园林、碾磨、店舍、铺席、解典库、浴堂，拣那什么，不拣阿谁，休倚气力夺要者。"《元典章》卷三三《礼部·僧道教门清规》载："（皇庆二年江浙行省言）各处住持着旧僧人，将常住金谷掩为己有，起盖退居私宅，开张解库。"又据《元史·顺帝纪》载，光是大护国仁王寺所贷出的钱，即多达26万余锭之巨。凡此可见，元代典质业仍持续着唐宋以来僧俗并举的局面。而且，皇帝在赐赏王公贵族以邸舍、解库（如文宗图铁木尔赐燕铁木儿）的同时，赐给寺院的不止有解库、邸舍，甚至还有酒馆。由此可见，元代皇室本身即握有解库。在朝廷的支持、保护下，寺院质贷岂能不乘机发展，与世俗争利。何况，质贷已是南北朝以来佛寺的一项传统蓄财方式和经济收入来源。至于明代以来佛寺质贷活动顿少记载或发现，则是有待专门进行深入探讨的一个问题。

## 第五节　明代典当业

建都南京后又迁都北京的明王朝，历经十六位皇帝，统治中国达二百七十七年之久，是中国历史上最末一个由汉族统治集团掌握政权的封建王朝。明太祖朱元璋有鉴于前朝覆亡的某些教训，采取了一系列恢复和促进社会经济发展、繁荣的措施，取得了一定效果。《明史·循吏传》载："明太祖惩元季吏治纵驰，民生凋蔽，重绳贪吏，置之严典。府州县吏来朝，陛辞谕曰：'天下新定，百姓财力俱困，如鸟初飞，本初植，勿拔其羽，勿撼其根。然惟廉者能约己而爱人，贪者必朘人以肥己，尔等戒之。'……时守令畏法，洁己爱民，以当上指，吏治焕然丕变矣。下逮仁、宣，抚循休息，民人安乐，吏治澄清者百余年。"当代史家评论说："在正统之前，即在明初五帝（洪武、建文、永乐、洪熙、宣德）统治的近七十年中，明王朝的国力基本上处在上升的阶段，中央集权封建国家的统治是巩固的。"①

或因朱元璋从开国之初即注重廉政、吏治之故，文献中很少有明代皇室贵族和官宦竞开质库与民争利的记载。明代中国典当

_____

① 韦庆远《明清史辨析》第23页，中国社会科学出版社1989年7月第1版。

业伴随商品经济的繁荣继续发展，但基本上都是商人资本、民间经营，并进一步出现了福建、山西、安徽等地典商为突出代表的地域性典当业行帮。其中，尤以擅长经商闻名中外的安徽典帮影响最大，经营活动分布面最广。明周晖《金陵琐事剩录》卷三说："（金陵）当铺总有五百家，福建铺本少，取利三分四分。徽州铺本大，取利仅一分二分三分，均之有益于贫民。人情最不喜福建，亦无可奈何也。"是知当时南京徽帮典商资本雄厚，并擅于经营，相形之下闽帮则有所不及。明代官方对典当业的管理，亦较严格。明熊鸣岐《昭代王章》卷一载有一个法令称："凡私放钱债，及典当财物，每月取利并不得过三分。年月虽多，不过一本一利。违者笞四十，以余利计赃；重者坐赃论罪，止杖一百。"显然，闽帮取利已在规定利率之上，而皖帮则未超出规定标准。强调坚持"一本一利"，即明令取缔了如元代"羊羔儿利"那么利上加利的驴打滚儿计利方法，减少典商剥削取利的幅度，既可缓解同平民之间的矛盾，亦有利于典当业自身的生存与发展，一举两得。

近人陈去病《五石脂》中说："徽郡商业，盐、茶、木、质铺四者为大宗。茶叶六县皆产，木则婺源为盛；质铺几遍郡国，而盐商咸萃于淮、浙。"据史志记载，明代徽籍典商的确"几遍郡国"。《明实录》（神宗万历）卷四三四载："河南巡府沈季文言：……商贾之中，有开设典当者，但取子母，无赋役之烦，舟车之权，江湖之险，此宜重税，反以厚赂而得轻之。……令徽商开当，遍于江北，赀数千金，课无十两，见在河南者，计汪克等二百十三年。"实际上不止于江北。除上述金陵（南京）而外，嘉兴、扬州等地亦然。《嘉兴县志》卷三二"明嘉兴县新定均田役法碑记"载："嘉兴为首邑，赋多役重。……（安徽）新安大贾与有力之家，又以田农为拙业，每以质库居积自润。"清初康熙刊行的《扬州府志》卷七（风俗）亦载："质库无土著人为之，多新安并四方之人，贱贸短期，穷民缓急有不堪矣。"

典当成为徽商的一项传统商业，乃在于许多安徽人长期借营此业为生计和致富，许多家族世代相承。明金声《金太史集》卷七《寿吴亲母金孺人序》称："商山吴氏于邑为殷族，……家多素封，所殖业，皆以典质权子母，不为鹾商大贾，走陇蜀，而与朝家为市。……而吴子云中星自其先远祖起家，至今源远流长，几乎殆十世不失。"是知商山吴氏家族以经营典当业为生计几有十代人之久，堪谓"源远流长""典当世家"矣。

俗话所谓"三百六十行"之说，始见于明代，用指工商各业分别。明无名氏《白兔记·投军》："左右的，与我扯起招军旗，叫街坊上民庶，三百六十行做买卖的，愿投军者，旗下报名。"又明凌濛初《初刻拍案惊奇》卷八："衣冠中尚且如此，何况做经纪客商，做公门人役，三百六十行人中，尽有狼心狗行狠似强盗之人在内，自不必说。"较以前"一百二十行"之说，虽尽为泛称，亦显示明代经济生活的发达。而明中叶以后，又进入中国资本主义经济的萌芽时期。这一社会发展趋势，对于当时诸行之一的典当业这种高利贷行业的发展，无疑是一种潜在的促进因素。典商发达，引人注目。于是朝野均注重开发、利用这一财源。万历年间，河南巡抚沈季文持"税富不可税贫"之说，力主向典当业课收重税[1]。天启年间，户科给事中周汝谟在上疏中也

---

[1]　据《明实录》（神宗万历）卷四三四。

说道："典铺之分征有难易，盖冲都大邑铺多本饶，即百千亦不为历，僻壤下县，徽商裹足，数金犹难。"① 是知当时典当业遍布城乡，尤以居大都市者为富。因而，周汝谟提出了区别对待的"分征"政策。另外，联系《明实录》（神宗万历）卷四三四"赀数千金，课无十两"之载，说明唐宋以来，明朝政府最早开始向典当业分类征税。于此之前，尚未见有关"分征"典税的记载。即或不是征税，逢急用钱款时，人们亦会想到向典商集资。明丁元荐《西山日记》卷二载："倭蹂武林，襄懋（胡宗宪）委山阴尉……悉召城外居民、市户及新安之贾于质库者，皆其乡人也，醵金募士兵，可数百人。"敌兵逼境，乡人有钱出钱、有力出力之际，典商为显富，自然首当其冲向其集资。

在明代，除仍见有沿用"质库"叫法而外，又有"典当""当""当铺""解铺""解库""解当铺"等多种名称，互相通用。光是一部《金瓶梅》中，即使用了二三种名称。有的，又径称之"典"，如《警世通言·金令史美婢酬秀童》："有个矫大户家，积年开典获利，感谢天地，欲建典坛斋醮酬答。"作为质贷收赎契据的"当票"名称，亦初见于明代。清全祖望《春明行箧当书记》中，谈到明季人邝露（湛若）曾撰《前当票序》《后当票序》各一篇，但在其今传文集中未见收录。据清吴翌凤《逊志堂杂抄》中说，邝露有二琴，贫时则以琴当钱，因撰二序。②

在明代，"由于典当业在徽商资本中占着重要的比重，于是

---

① 《明实录》（熹宗天启）卷五二。
② 瞿宣颖纂辑《中国社会史料丛钞》甲集页 340 引《骨董琐记》云："今谓典质曰当，邝湛若有前后当票诗。顷观《诗话总龟》，丁谓诗云：'欺天行当吾何有。'行当亦谓质物也。"商务印书馆 1937 年出版。

后来明代徽俗所通称一般富翁的朝奉，竟成为徽人典肆的代表名称，如清光绪年间日本人调查沪汉各地的商帮，即载：典当的朝奉——掌柜之意，其非由徽人担任者，几于无有"。① 这种称谓，直至二十世纪五十年代之前，北京等地典当业仍然沿用着。明凌濛初《初刻拍案惊奇》卷一五《卫朝奉狠心盘贵产》，不止使用了这个始称于明代的当行称谓，还深刻、细腻地描述了当时典当商人盘剥逐利的情景。且看如下一段：

> 陈秀才……没银子使用，众人撺掇他写了一纸文契，往那三山街间开解铺的徽州卫朝奉处借银三百两。那朝奉又是一个爱财的魔君，终是陈秀才的名头还大，卫朝奉不怕他还不起，遂将三百银子借与，三分起息。陈秀才自将银子依旧去花费，不题。却说那卫朝奉平素是个极刻剥之人。初到南京时，只是一个小小解铺，他却有百般的昧心取利之法。假如别人将东西去解时，他却把那九六七银子充作纹银，又将小小的等子称出，还要欠几分兑头；后来赎时，却把大大的天平兑将进去，又要你找足兑头，又要你补匀成色，少一丝时，他则不发货。又或有将有金银珠宝首饰来解的，他看得金子有十分成数，便一模一样，暗地里打造来换了；粗珠换了细珠；好宝换了低石。如此行事，不能细述。那陈秀才这三百两债务，卫朝奉有心要盘他这所庄房，等闲再不叫人来讨，巴巴的盘到了三年，本利却好一个对合了，卫朝奉便着人到陈家来索债。

① 傅衣凌《明清时代商人及商业资本》第62页，人民出版社1956年7月第1版。

由此，不唯可窥明代典商盘剥逐利手段一斑，又说明当时典当业在收质金银珠宝的同时，亦兼收押房宅等不动产文契。当时，对于典当活动，除"当""解当""典""质"之外，又有"解"的说法。

至于明代起以"朝奉"谓典铺掌柜，后人多有考证，如清徐卓《休宁碎事》卷一引《寄园寄所寄》语称："宋时有朝奉郎之官。太祖初定徽，民迎之者皆自称曰朝奉。太祖曰：'多劳汝朝奉的。'至今休歙犹沿其称。"个中，尤以清梁章巨《称谓录》卷二八"朝奉"条辑释最详：

> 《宋史·职官志》："朝奉大夫从六品，朝奉郎正七品。"（清）吕种玉《言鲭》："徽俗称富翁为朝奉，亦有出。汉奉朝请无定员，本不为官位。东京罢省，三公外戚，皇室诸侯，多奉朝请者，逢朝会请（召而）已。（韩）退之、（苏）东坡并用之，盖如俗称郎中、员外、司务、舍人、待诏之类。"（清）翟灏《通俗编》："《史记·货殖传》：'秦皇令乌氏倮比封君，以时与列臣朝请。'朝请之制，秦已有之。今徽贾假此称谓，虽属窃冒官阶，要亦慕乌倮之为货殖雄也。（元）方回《桐江集》：'村路有呼予老朝奉者，作诗云：谁忽呼予老朝奉，须知不是应称呼。徽严间之习为此久矣。'"案：在宋为官，今为质库之称。

是知"朝奉"本系古代官制，安徽向用以称富翁，明以来徽商四处经营典当业致富，而典当业本身即赢利行业，外乡人借其乡俗作为典商敬称，久而衍为典铺掌柜的称谓。

山西典商，是明代另一著名典当业行帮。山西灵石县人王子寿，是1915年十五岁时即到天津法租界公裕当从业的"老典当"了。在他的《天津典当业四十年的回忆》中，述及这样一条材料："据说《当字簿》系明季文人傅山所创。傅字青主，山西太原人，工书画，长于医，山西人称为'傅山先生'。明亡，曾隐于医，并用草书偏旁，创为当商专用的异体字。"傅山是明季山西太原附近的阳曲人，清康熙年间在其七十余岁时被授予中书舍人，以老病辞归，一生主要在乡里过着隐居生活。[1]《当字簿》是记载当行变体行业用字的谱录，行内传抄，同记载当业常识的《当谱》一样，都是供初从业者习认之用的读本，至今仍可见到清季抄本。《中国典当业》《典当论》《北京典当业之概况》诸书，对当字的起源、创始均言不可考知。说明季清初傅山首创，尚无确证。但即或是附会的传说，亦颇为切近。主要在于，傅出生并长期生活在当商辈出的山西民间，又曾隐为江湖行业之一的郎中，擅长书画，因而具备"用草书偏旁，创为当商专用的异体字"的主、客观条件。而明代，正恰适典当业颇为繁荣之际，具有产生当字的历史条件。所以，即或当字并非傅山首

南京大学收藏《当字簿》

_____

① 据丁宝铨《傅山年谱》。

创，亦颇有可能产生于明中叶之后，即中国资本主义经济萌芽的出现，刺激着典当业的进一步发展，使用当字则成为维护当行利益的需要，乃至竞相逐利中敲诈盘剥当客的手段。使用当字，在当时业已因功利性的需要而形成水到渠成之势。

需要提出的是，至晚于明清之际，江湖秘密语中已经出现了关于当铺的隐称。成书于明季清初的《江湖切要·店铺类》① 记载："凡店谓之朝阳。典铺：兴朝阳。""典铺"之称，恰始于明代。《古今小说·蒋兴哥重会珍珠衫》："他下处在城外，偶然这日进城来，要到大市街汪朝奉典铺中问个家信。"生活于清初乾隆年间的翟灏，其所著《通俗编·识余》在引述明人田汝成《西湖游览志余·委巷丛谈》所记明代杭州隐语之后写道："按：今松木场香市中，犹习用此语。而其余诸行，正如《志余》所云：'各有市语，不相通用。'"然后，分别列举了米行、丝行、绸绫行、线行、铜行、药行、典当、故衣铺、道家星卜、杂货铺、优伶，及江湖杂流等各行数字隐语。钱南扬教授认为："翟氏此篇恐亦沿袭明人语，不始于清初，而在丝、线、典当、故衣铺、道家星卜、杂货铺六行中，俱缺十字一目。"② 这一见解虽无实证，却是很有道理的。凡此可以认为，至迟于明代末叶，典当业已经产生了当行秘密语。一如"当"字的功利性，是典当业商人用以维护当行利益亦即保守行内行事秘密的需要，同时又可作为盘剥敲诈当客的工具。而江湖中人给典铺取用隐称，亦缘于江湖行事

① 关于《江湖切要》成书年代问题，参拙著《中国民间秘密语》第八章《中国民间秘密语要籍解题及史论》，第283—285页，上海三联书店1990年8月第1版。

② 钱南扬《汉上宦文存》第119页，上海文艺出版社1980年8月第1版。

与典铺发生联系的需要。例如，贼盗利用典铺销赃，抢掠、盗窃典铺，敲诈勒索典商等，至于身处下层社会以贫民为主体的江湖中人因一时手头拮据，问津典铺更属常事。其"事事物物，悉有隐称"①，自然少不得典当业了。

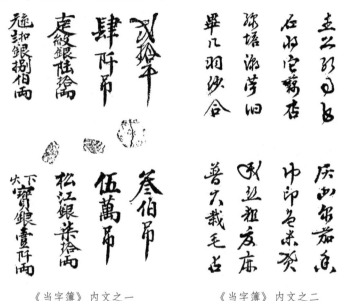

《当字簿》内文之一　　　　　《当字簿》内文之二

从唐宋以来至明代，中国典当业发展到了一个非官商化、非寺院化的民间商业化阶段。其主要表现是，极少见有官当、寺库经营的文献记载，甚至可以说基本没有。这同唐宋以来以及这之后的清代情况，成为一个鲜明的断代性对比。在宋代文献反映的服饰行业化特征基础上，明代典当业进一步突出了皖、晋、闽等

---

① 清翟灏《通俗编·识余》："江湖中人市语尤多，坊间有《江湖切要》一刻，事事物物，悉有隐称。"

地缘性行帮与地域性商业文化传统。当字、隐语行话的出现，则又进一步显示了行业内部管理与对外经营机制的深化，更富有民族工商业的行业特色。当然，这一高利贷行业盘剥逐利的本质亦愈加鲜明。

有研究认为，明清典当和借贷活动的普遍化，迫使封建统治者不断在立法上对典当和借贷行为进行规范，以适应城乡社会经济形势的变化，从法律和制度上保障债权人和债务人的合法权益，维护政权的长治久安和社会（特别是乡村社会）的基本稳定。明清两朝关于典当和借贷特别是有关典当的立法，比以往任何一个历史时期都更加完善和系统。在促进经济发展和维护乡村社会稳定方面，发挥了重要的作用，①不无道理。

在前朝相关法规基础上，明代对田宅等不动产典当的法律规定不断加以调整，使之更为具体、切合实际，具有可操作性。例如，关于典当田宅之税收管理，据明代戴金《皇明条法事类纂》卷二十《户部类·放官债以侵民例》的辑录得见，编成并颁行于洪武三十年（1397）的《大明律》中的《典买田宅》条规定："凡典买田宅，不税契者，笞五十，仍追田宅价钱一半入官；不过割者，一亩至五亩，笞四十，每五亩加一等，罪止杖一百，其田入官。若将已典卖与人田宅，朦胧重复典卖者，以所得价钱计赃，准盗窃论，免刺，追价还主，田宅从原典卖主为业。若重复典买之人及牙保知情者，与犯人同罪，追价入官。不知者不坐。其所典田宅、园林、碾磨等物，年限已满，业主备价取赎；若典

① 卞利《明清典当和借贷法律规范的调整与乡村社会的稳定》，《中国农史》2005 年第 4 期。

主托故不肯放赎者，笞四十，限外递年所得花利追还给主，依价取赎。业主无力取赎者，不拘此律。"为避免税收在中间环节流失和公正性，明张卤《皇明制书》卷一所载洪武初年颁行的《大明令》规定："凡典卖田土、过割税粮，各州县置簿附写，正官提调收掌，随即推收，年终通行造册解府。毋令产去税存，与民为害。"同时在利息方面，强调不得违规取利。明孝宗朱祐樘（公元 1470—1505 年）弘治年间的《问刑条例》就《大明律》"典买田宅"作出了新解释，明确规定："典当田地器物等项，不许违律起利。若限满备价赎取，或计所收花利，已勾一本一利者，交还原主。损坏者陪［赔］还。其田地无力赎取，听便再种二年交还"；"告争家财田产，但系五年之上，并虽未及五年，验有亲族写立分书，已定出卖文契是实者，断令照旧管业。不许重分再赎。告词立案不行"。

对于有关监管典当的官吏，则严禁从事典当活动，并规定了相应的违规制裁办法。此即《大明律》中所规定的，"若监临官吏，于所部内举放钱债、典当财物者，杖八十。违禁取利，以余利计赃，重者依不枉法论。并追余利给主"。对于其他官吏，明孝宗朱祐樘弘治年间的《问刑条例》还规定，"两京兵部，并在外巡抚、巡按按察司官，点视各卫所印信，如有军职将印当钱使用者，参问，带俸差操"。也就是说，印信不可出当。

明朝政府在以法令形式对典商利率及计利方法作出规定的同时，在征收典税方面，提出了"分征"政策。这些，均为后世政府对典当业的管理，提供了具有实际意义的借鉴。同时，这也从另一角度反映了明代典当业的兴旺景象。

## 第六节　清代典当业

在中国典当史上，明代是唯一以典商资本独自经营为主的时代。到了清代，典当业重又回归到唐宋时那种皇、官、民当多头并举的局面，较之当初形势又有过之而无不及。与唐宋有别而与明代共同之处，则是寺库质贷业已为寺外世俗社会的典当业所湮没。

无论从资本额、铺数，还是规模、类型，有清以来典当业的发展势头都是空前的，为以往历代所难以相比。

乾隆三十年四月二十九日
天津天顺当铺的桌子当票

据统计，乾隆十八年（1753 年），全国共有当铺 18075 座，收典税 90375 两；嘉庆十七年（1812 年），全国共有当铺 23139 座，收典税 115695 两。① 仅京城一地，当铺座数已颇可观。据《东华录》（乾隆，卷二〇）所载，乾隆九年（1744 年）十月大学士鄂尔泰等奏称："查京城内外，官民大小当铺，共六七百座。" 至晚清，光绪庚子（1900 年）以前，北京尚有当

---

① 据罗炳绵《近代中国典当业的社会意义及其类别与税捐》，刊台湾《"中央研究院"近代史研究所集刊》第七期，1978 年 6 月出版。

铺 210 余座。① 据 1940 年前的统计，当时北京的 87 座当铺中，还有义盛当等 14 座是光绪年间创办的，时有资本计 443500 元。②

至于各地情况，则参差不一，有的亦颇为可观。例如，据《常熟县永禁扰累典铺碑》得知，康熙二十年（1681 年）时，该县即已有 37 座当铺。③ 乾隆间安徽《临清州志》卷一一《市廛志》载："两省典当，旧有百余家，皆徽浙人为之。后不及其半，多参土著。今乡合城仅存十六七家，皆（山）西人。"乾隆十年（1745 年）正月，湖北巡抚晏斯盛奏折中称："楚北汉口一镇，共当铺三十九座。此外，仙桃、镇坪、武穴、沙市及各州县市镇，共当铺三百八十五座。"④

广东"宝生大押"当票

道光二十年（1840 年）时，广东新会县有当押店 112 家。⑤ 天津从咸丰十年（1860 年）开埠至庚子（1900 年）前，有大型当铺 44 家，资本总额约 660 万两，半数以上是盐商开

---

① 据中国联合准备银行"庶民金融业丛书"第一号《北京典当业之概况》第 69 页，1940 年 7 月出版。
② 据《北京典当业之概况》所附《北京全市典当业一览表》统计。
③ 见《明清苏州工商业碑刻集》第 186—187 页，江苏人民出版社 1981 年出版。
④ 中国第一历史档案馆藏朱批奏折。转引自韦庆远《明清史辨析》第 72 页。
⑤ 何卓坚《新会当押业》，载《广东文史资料》第 56 辑，广东人民出版社 1988 年 7 月第 1 版。

的。① 据《晋政辑要》卷一一《户制·杂税》载，光绪十年时，山西当时经布政司钤印领帖（登记注册）并交纳当税的，即有1869 座；至于未登记注册不缴税捐者，尚不知多少座。清阮元《广东通志》卷一六七亦载，当时广州府有当铺1243 座，仅南海、番禺二县即达556 座。

又据光绪三十年（1904 年）上海《典业公所公议章程十则碑》称："上海典铺，星罗棋布，已遍城乡。倘再有新创之典，必须同业集议。"② 虽系同业为垄断而议，亦可略窥清季上海典业济济景况。

清以来，典当行业空前兴盛，以其资本雄厚、分布广泛，与盐商、木商一同成为显赫一时的三大行业。据康熙时谢开宠总纂的《两淮盐法志》载，康熙年间安徽歙县人程浚在《盐政因革议》中即指出："四民之中，农夫竭力耕田以供什一，商贾肇牵车牛以资国储，其为忠顺一也。然诸商之中，托业至正面效忠最大者，则莫若盐商矣。何也？商之名号甚美者，必首推质库与木客矣。乃典商大者数万金，小者亦不下数千金，每年仅纳税银数两而已。木商除关税外，亦无他取也。"③ "大者数万金，小者亦不下数千金"，足见清代典商资本雄厚一斑。以此实力跻身商业诸行，自然置于众目睽睽之下，令人瞩目、垂涎。较之盐、木诸业，周折少，风险小，税率又低，简直是"坐收渔利"。于是，皇室、官宦、富贾，官与民，蜂拥而上，竞相开设当铺争利或投资于当铺生意蓄财。

① 胡光明《论早期天津商会的性质与作用》，载《近代史研究》1986 年第 4 期。

② 《上海碑刻资料选辑》第 410 页，上海人民出版社 1980 年 6 月第 1 版。

③ 台湾学生书局影印康熙刊本，第 4 册第 1980 页，转引自罗炳绵《近代中国典当业的社会意义及其类别与税捐》一文。

乾隆三十年四月十六日天津
天顺当铺的书柜当票

当代明清史专家韦庆远教授在讨论清代典当业时，有如下论述：

典当史，就其东主的身份地位及其资金来源来说，可分为三大类，即：皇当、官当和民当。

所谓皇当，是指由皇帝或皇室拥有和出资开设，指定专门机构和人员进行营运，制定有一定的规章制度，收取其溢利以充实皇帝或皇室的财富，并作为政治工具之一，以经营典当业为主要业务的商号。

所谓官当，又可再分为两种，第一种是指由各级军政衙门拥有和出资开设，拨给特定官帑为资金，委派专人负责营运，亦具有一定的规章制度，取其溢利作为官府的收入，供应某些特殊开支以及本衙门官吏胥役人等的某些需要，以经营典当业为主要业务的商号。第二种是指由各级贵族官僚人等拥有和出资开设，委派家人店伙负责营运，亦制定一定的规章制度，收取其溢利以增殖本人财富，扩大私囊，以经营典当业为主的商号。

所谓民当，是指由一般民间地主商人出资开设，有些人已成为专业的典当商或从业人员，在长期的营运中，形成了各种行规当约和帮会以及同业组织，为获取利润的目的进行营业，以经营典当业为主要业务的商号。①

对于"官当"，清政府是毫无讳言的，鄂尔泰等奏议中所谓"官民大小当铺"即可为例。其所谓"官当"，是指由各级官府衙门投资委托营办或直接营办的当铺，其中自然亦包括"由皇帝或皇室拥有和出资开设，指定专门机构和人员进行营运"的"皇当"。但是，尽管清代皇室、官宦开当逐利成为空前风气，仍碍于中国文化传统的鄙视经商取利的价值观念，是不能径称"皇

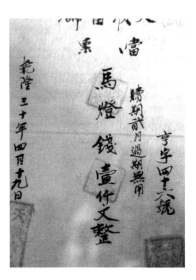

乾隆三十年四月十九日
天津的马灯当票

当"的，皇帝及皇室贵族也绝不会不顾体统地直接经营当铺。然而，"皇当"又的确是个客观存在。韦庆远根据所查阅的众多《朱批奏折》《内务府奏销档》等朝廷档案文献，确切地发现，"皇当在康雍之间即已发展起来，而极盛于乾隆时期"；"到乾隆时期，皇帝和皇室开设当铺的风气更盛，根据目前掌握的史料看来，可说达到了有清一代的最高峰。仅据乾隆朝《内务府奏销档》的记载，先后列入'皇当'序列的当铺可供稽查的即达三十余座。现有准确

---

① 见《明清史辨析》第73页。

名号记载的即有二十多座。乾隆对于这些当铺各自的资金数额、利息多少，以及经营管理，对这些当铺的处置运用等诸方面，表现得比乃翁更为关切，了解情况和指示更为具体"。①

"皇当"主要由掌管皇帝及皇室内部事务的内务府指派人员经管，赢利即直接蓄入皇帝或皇室资产之中。内务府对所经管的"皇当"营运情况，需要定期行文呈报"御览"，接受谕示，其呈报的账目竟细至丝忽。例如《内务府奏销档》所存乾隆二十九年（1764 年）末，几座"皇当"的明细账目：

恩露当，原架本银一万两。自雍正九年至乾隆二十九年，共交过利银四万二千两，内陆续垫交过不敷一分利银六百四十七两九钱六分，除置买开设当铺房一所，计二十九间，用过银八百两，现在实存架本银八千五百五十二两四分。

恩吉当，原架本银二万两，余平银九百九十五两九钱六分三厘九毫。自乾隆十年至二十九年，共交过利银四万七千两，除置买地基，装修房间，用过银二百一十三两六钱六分，现在实存架本银二万七百八十三两三钱三厘九毫。官房一所，计三十六间。

万成当，现在实存架本银五万两，利银三百四十五两六钱。官房一所，计三十二间。

丰和当，现在实存架本银五万两，利银七百九十四两八钱六分。官房一所，计四十七间。

---

① 《明清史辨析》第 76—78 以下引录《朱批奏折》《内务府奏销档》材料，均转自是书，不另一一说明。

　　恩丰当，原架本银一万七千两，余平银三百七十二两七钱。自乾隆二十九年七月至十一月，共得过利银九十七两三钱一厘九毫五丝九忽，除置买开设当铺房一所，计二十七间，用过银二千三百九十九两一钱八分，现在实存架本银一万五千七十两八钱二分一厘九毫五丝九忽。

　　以上五当，通共本利银十四万九千六百六两四钱二分五厘四毫五丝九忽，内除恩露、恩丰、恩吉三当，置买房间、地基并装修，垫支不足一分利息，共用过银四千六十两八钱，现在实存本利银十四万五千五百四十五两六钱二分五厘四毫五丝九忽。

　　清帝开当蓄财，同时还把当铺作为赏赐皇子或臣子的赐品。当乾隆第六子永瑢分府时，皇帝曾赐给他一座拥有 4 万两资金的当铺，年利可达 3840 两，占其年收入总额 12864 两的 29.85%。而后，内务府以其入不敷出为由，于乾隆二十八年（1763 年）十月为之奏请皇上："请于内务府现有当铺，视其成本在二万余两者拨给一座，再于官房租银内每月拨给二三百两以资费用，如此则阿哥用度有资，永无缺乏。"① 结果，乾隆在内务府提供备选的庆春、信义、复兴三座皇当中，选定将庆春当给永瑢："知道了，着赏给庆春当。钦此。"② 又如雍正三年（1725 年）十月，皇帝曾专门下谕给内阁大学士马齐、富宁安等人，将原赏给原顾命大臣（其舅父）隆科多的当铺收回，转而赏给其第十七弟果郡王允礼："……隆科多肆其贪婪，巧诈网利，家赀数百万之多，实出

---

① 《内务府奏销档》，《明清史辨析》第 100—102 页。
② 《内务府奏销档》，《明清史辨析》第 100—102 页。

朕之意外，则朕之加恩赏给典铺者甚属错误。尔等将典铺中现存之价银物件查明，并典铺中现有之人俱行撤出，赏给果郡王。"随后又于第二年和第三年，先后将隆科多罢职、夺爵幽禁。[①]

澳门"德成按"收当、赎当的印记

清代政府公开允许和鼓励官府经营典当业，是当时利用"生息银两"取利的方式之一。曾对此专作考察论析的韦庆远教授，作有如下描述："因为经营典当业，上有皇帝的推动赞助，对于各级官府和它们的长官之流，又具有有利和方便之处，所以自雍乾之际始，各级衙门开设当铺之风大盛。当时不论京内京外，不论八旗满洲、蒙古、汉军，抑或绿营，不论内务府抑或各省、府、州县衙门，大多数经营数量不等的当铺。乾隆朝的《内务府奏销档》详细载有各旗开设当铺的座数、各当的名称、投资架本银数量以及营业状况、盈利或亏损、开张闭歇的起止年月。大体说来，每旗一般都同时保有三五座当铺，每座当铺的资本多为一万余两到二万余两，少数也有拥有四万两本钱的，例如乾隆十二三年（1747—1748 年），正黄旗即开有官当四座，其中广盛当拥有资金本利为二万四百八十三两；广信当拥有资金本利为一万五百八十四两；广润当拥有资金本利为一万八千五十八两；广得当拥有资金本利为二万七千三百

① 《雍正上谕八旗》第三本，《明清史辨析》第 79 页。

二十六两。其他各旗大体相同。各省总督和巡抚、将军、都统等
大员所上的奏折也间断地透露出，省级军政领导机关也较普遍地
开设和经营当铺。有些方面大吏，有时甚至将自己管理当铺经营
有术作为自己的'治绩'之一奏报给皇帝，并受到嘉勉。……可
以有根据地说，当时军政各级衙门中，参与典当业活动，开设官
当铺的单位占有很高的比例。在全国范围内，实际上存在着一个
由官府经营的当铺网。这是一个植根于当时的封建政治体制，与
封建官僚政治密切结合的辅助性的财政网络之一。"①

　　实际上，"皇当"是以"官当"面目出现的全国最大的"私
当"。"官当"，虽系"公当"，收益除补偿"生息银两"本钱，
和补充官府部分公务费用支出外，也是大小官吏借便谋取私财的
又一渠道，是公私兼济的买卖。皇帝、官府率范开当，将此视为
生财、蓄财之道，加之皇帝还不时把当铺作为不动产赏赐给王公
贵族和臣属，事实上也是对官吏们自行投资开当蓄财的鼓励。一
时间，大小官吏竞相效尤，其本身的职位、权势与方便，无疑要保
护、扶植这些属于私产的"官当"，获得比一般商人开的"民当"
优厚许多的利益，使权位通过开当转化为钱财。康熙三十一年
（1692 年），山东泰州府民人刘虞吉，具状控告前学政、时任都察
院左佥都御史宫梦仁，借开当讹夺民财。讼词称："恶总辖山东学
政，贿卖生童，斄赃四十万两，于泰州坡子坊自开天成典铺一座。
当身栞板一副、栞板四块，价值五百七十两，止当本银十六两，票
写四分行息。及完本利取赎，又不发原物交代，违禁取利。"② 如

<hr>

① 《明清史辨析》第 117—118 页。
② 《清代档案史料丛编》第五辑《宫中杂件·泰州民刘虞吉控宫梦仁占产勒粮
状》，转引自《明清史辨析》第 134 页。

此违禁取利还扣押当物不还，即倚仗官势开当欺诈平民之例。

清薛福成《庸盦笔记》卷三《查抄和珅住宅花园清单》载，大学士和珅置有"当铺七十五座，查本银三千万两"；"外抄刘、马二家人宅子"，又有"当铺四座，本银一百二十万两"。清梁章巨《归田琐记》卷五亦载，和珅之第十九大罪，系"通、蓟地方当铺、钱铺资本十余万，与民争利"。此与薛福成《庸盦笔记》所记相近："通州、蓟州均有当铺、钱店，查计资本不下十余万，为十九罪。查抄家人刘全资产竟至二十余万，并有大珠珍珠手串，为二十罪。"和珅一人即持有如此大数的当本，足见清代官吏开当生财风行之状。

仪征典当业的"巨无霸"——肇大当典，也是一座官僚买办的资本、产业。

曾任晚清时的邮传、工部、商务大臣的盛宣怀是近代史上著名的买办官僚，不仅一度垄断着国家的铁路、矿山、纺织等各大行业，他还在清光绪十三年（1887）由其次子盛某（佚名）出面在仪征大码头都会街西（后来的大码头粮站原址），购置房产30多间，开设了一座"肇大当典"。肇大当典的店堂三间两厢，设有高近五尺的柜台，店堂前有院落，临街是石库大门。店中除总管、协管（相当正副经理）朝奉数人外，尚有账房、店员、杂役、护院（即保卫，有枪四支）等近30人。

据民国初年老人们传说，盛家公子开设肇大当典，置产约30万银元，流动资金也有30万银元，合计60多万银元。因盛家的企业公司一般资金在百万银元以上，清末民初肇大当典在仪征全县是首屈一指的大字号，除有护院人员枪支武器外，楼上养猫5只，院内养狗3只，以防鼠防贼。在经营管理上也很上层次，对待提物来典当的顾主条件也较优厚，很得人们的赞誉。那时仪征和十二圩开设当典的也不少，但层次上有不同，性质上也有区别。其大致可分：有字号、有柜台、有仓库的才能称为正式当典。有字号、有柜台、无仓库的只能称为代当。光有字号而无柜无库的只称代押。后山区乡镇有的商店经手代押，只能称作代步。这是由某字号经手代收农村的物件交跑进货的脚班带往仪征肇大去典当，办手续取银回来交原主，所以称代步。

旧时北京"丰和当"的当票

据说，肇大当典经营上层次，对顾客上柜典当物件条件也较优惠，可用事实来说明。除仪征城而外，民初十二圩称得上当典的有久大、仁和、复隆3家，外有5家名为当典，实是代当。资金肇大预付，代它做业务。一多收利息，二拿肇大手续费。如某人需钱用，又无法借贷，只有将家中稍值钱的衣物拿去典当以应一时之急。可上柜典当的如四季衣服、皮毛绸缎、金银器皿、铜锡用具等等。肇大当典除上述各件外，还可典当珠宝古物、田契房契（需盖有官印合法契约）、名人书画等。一是肇大有高名的朝奉可鉴别真伪质地，二是肇大资金雄厚，需资千数甚至万数，随时可取。①

————————

①  见沈捷《肇大当典》今日扬州网/扬州老字号/http://www.yztoday.com/laozi-hao/65.htm。

在举国上下竞相开当之风中，就连封建世袭贵族的山东曲阜衍圣公府——孔府，也开办了当铺。据曲阜县文物管理委员会收藏的孔府档案得知，在清顺治、康熙、道光年间，均开有当铺并兼营放债。例如第0003976之17号档案材料，即保存的一件发票拘捕淮安府睢宁相礼生陈维新催还债银的文件："本府家人张士瑚启，为恳拘以完当铺银二事，切有睢宁相礼生陈维新央身作保，揭到东当铺银十五两，至今本利无还，恳乞老爷天恩差人拘催，以完官银。遮身不敢遗累，合家顶戴。为此叩启。"显系中保人的请状。又据第0003923之23档案材料得知，康熙末年，孔府当铺从业人员李国玉，不仅将女儿"进于公爷使唤，一家变卖了人口六口"，来偿还所欠当铺30多两的银债，此外还卖掉了仅有的土地，由购地者直接将钱送到当铺。[1] 借当铺30两银债落得个家破田无的结果，可见圣人家的当铺亦是重利而不讲仁义的。

清代达官贵族以开当作为生财之道，竞相逐利；商贾开当，是其生计营业；而边疆流犯，抑或以此为生计。据清陈盛韶《问俗录》卷五所载，其于道光十二年至次年（1832—1833年）任职邵军厅时发现："军流犯贫者成群，至僻乡小村需索尤炽。小民惮其强梁无赖，不敢与较。或腰有积金，即开小押为生，其息四分，其期三月。重利短票，专事车剥。摸窃赃物，借为渊薮，而贼风亦炽。"就此，这位地方官叹云："岂官威不行哉？恐其相率而逃，故疏纵至此。官避处分，民受重累，天下吏治不修，皆利害之见太明也。何独军流犯乎？例载：老而贫给与孤贫口粮，少壮发驿递当差给与工食。于养育之中原寓约束之术，援例不拘于

---

① 转自中国社会科学院历史研究所何龄修等著《封建贵族大地主的典型——孔府研究》，中国社会科学出版社1981年9月第1版，第363—364页。

例，惟求居民与羁犯相安，乃为妥协欤！"事实证明，陈氏所叹尽管有其道理，却全无实施的社会条件。你皇帝都率范开当取利，难道还不允我发配的流犯以此方式谋一碗饭吃吗！这是说不清楚的。

在"皇当""官当"云兴之际，商贾们的"民当"的兴隆亦自在其间。因为，以当业为生计的民间当商，毕竟是清代众多典当业主的大多数。"皇当""官当"的刺激，亦是清代民间典当业进一步"行业化"的激素或助剂，产生更多的维护当行权益的群体性的活动方式，乃至习惯法之类的事物。据知，早在雍正十一年（1733 年），广州当业曾改建同业公会会馆。北京最早的当业同业公会组织，是创建于清嘉庆八年（1803 年）九月的公合堂，后改称当商会馆，馆址在前门外西柳树井 59 号。嘉庆十七年（1812 年），天津建立了行业公会性质的当行公所，所址在北马路北门东。上海亦于清光绪年间在南市吴家弄设立了典业公所，立有《上海县为批准典业同业规条告示碑》和《典业公所公议章程十则碑》。在有的地方，当业亦同其他行业联合组会建馆，议订规约，维护共同权益。据《汉口山陕西会馆志》载，清代共同在汉口联合建立会馆、制订公约的"山陕西省驻汉镇各业"有"太原帮，汾州帮，红茶帮，合茶帮，卷茶帮，西烟帮，闻喜帮，雅帮，花布帮，西药帮，土果帮，西油帮，陆陈帮，匹头帮，皮货帮，众帐帮，核桃帮，京卫帮，均烟帮，红花帮，当帮，皮纸帮，汇票帮"等。①

我们从碑刻文献中发现，早于康熙二十年（1681 年）六月十四日，苏州府常熟县，即由知事刘毓琦等会同 37 户典商具名勒

① 据张正明、薛慧林主编《明清晋商资料选编》第 278 页，山西人民出版社 1989 年 1 月第 1 版。

有《常熟县永禁扰累典铺碑》，以维护当业正常营业事宜。值得注意的是，碑文之末专门另行署有"典头：吴奇、汪宗程隆"。碑文中亦有："为此示谕通县军民人等知悉：嗣后如有指官撮借，假公乐输及着备铺设供应……蒙混差役行查等项者，许商人典头立即指名报县，以凭提究，解宪重惩，决不姑宽。"① 其"典头"是典商公举的，还是由官府指定的，尚未及详考。但可以肯定，"典头"的职责（或说义务）之一，即维护典业权益，沟通、交涉官府与典业间的事务。立《常熟县永禁扰累典铺碑》之举，即当属典头从中斡旋的结果。

清代各地典当业总数之大，资本及流通银钱量之巨，使之同当时的银号、钱铺等金融流通行业一道，直接在调解国家财政收支、社会经济运行中，起着举足轻重的作用。因而，朝廷必须随时把握当业行情，制定、调整有关政策，强化当业的息利等的管理，以稳定国家经济。其中，尤其注重作为全国政治经济中心的京城当业的强化管理。乾隆三年（1738 年）三月，御史明德奏称：

> 京城大小当铺不下二百余座，每当积钱约三五百串。若统计之，不无十万余串。况当铺中人上市买钱，动以五六百两。一遇当铺人多，则钱市惟见银多钱少，故致长价。请嗣后当铺除银六钱以下，仍准当钱，六钱以上，惟许当银。如有违者，将管当人员责治。如此则各当既无多积之钱，而钱市可免昂贵之因矣。②

---

① 张海鹏、王廷元主编《明清徽商资料选编》第 158—159 页，黄山书社 1985 年 8 月第 1 版。

② 《朱批奏折》，《明清史辨析》第 95 页。

后经总理事务王大臣会议规定："大当只许存钱七八百串，小当只许存钱一二百串，其余概令发出市卖，违者照例治罪。"①又据《东华录》（乾隆，卷二〇）载，乾隆九年（1744年）十月，内阁大学士鄂尔泰等奏称：

> 查京城内外，官民大小当铺共六七百座，钱文出入最多。见在平减钱价，各当铺如得官借资本，收钱上市发卖，在当铺既多添资本，而在市逐日又多添钱文发卖，两有裨益。应将京城各当铺无论官民，每大当资本丰厚，应派给银三千两，听其营运；将所领银两存留作本，每一日交制钱二十四串，运送官局上市发卖。每制钱一串加钱十文为局费，其卖出银，仍交各当铺收回作本。至于小当，资本原有多寡不等，有情愿借银者，准赴局具呈，查明见有架本，酌量借给；所交钱文，并卖钱易回银两，俱照大当一例办理。再借给大小当铺资本约银五六十万两，核算每日可收钱文千串，须设公局收贮，派员经理。

这两个奏折说明，当时的典当业已经部分地起到了调剂金融的作用。政府注意到这一功能，旋即调整有关政策主动予以利用。

在当业息利管理上，清律沿袭明律，规定月利以三分为限，律文亦大抵照用。《大清律例增修统纂集成》卷一四《户律·违禁取利》："凡私放钱债及典当财物，每月取利并不得过三分。年月虽多，不过一本一利，违者笞四十。以余利计赃重于笞四十者，坐赃论罪，止杖一百。若监管官吏于所部内举放钱债、典当

---

① 《朱批奏折》，《明清史辨析》第95页。

财物者，不必多取余利，有犯即杖八十。"至于"官当"，则往往低于此率取息。如《高宗实录》卷五九五载，乾隆二十四年（1759 年）八月，广西巡抚鄂宝奏折称："广西赏恤兵丁营运银四万一千两，缘边地无可营运，是以分派各营，专委弁目，开张典当，定以二分取息，均匀拨给。"又如乾隆十二年（1747 年）三月，兼任总管内务府大臣的庄亲王允禄奏称："今查丰和、万成二座当铺架本银七万三千八百七十余两，按一分起息，每年约得利银八千余两。"① 官当主要压低当息，当然有其雄厚资本为后盾，却可体现着不得与民争利的禁律。然而，由官吏开设的私家当铺，是不管这些的，和珅的第十九条大罪，即开当"以首辅大臣与小民争利"②。

同以往历代有些当业附属于傀柜、钱庄等情况相反的是，由于清代当业发达而出现兼营他业牟利的趋势，如放债、典押房地产乃至屯粮取利之类，无形中扩大了其经营范围。例如直隶总督咨送内务府的文件所附和珅家奴郭友清的口供称："乾隆五十六年，经主人发出京钱十八万千文，折大制钱九万串，令身同王平承领滋生。身等禀明主人，在涿州、容城、新城开设恒太、恒兴、恒庆当三座。因系乡间，所当不过铜铁器皿、布褂棉裤等类，当本钱文积滞甚多。主人吩咐，既然当铺所用钱文无多，余剩之钱，尔等只管典押房地、收买粮食办理可也。身等遵依主命，因与雇工取租伙计姚秉仁商酌，令其遇便典押房地，滋生利益。经姚秉仁在河间县四公村，典押地亩收租。"③

---

① 《内务府奏销档》，《明清史辨析》第 244 页。
② 《清史列传·和珅传》。
③ 《内务府来文》（嘉庆五年十月十六日），《明清史辨析》第 159—160 页。

有清以来典业兴旺，除官府倡导、当行易于取利诸因素外，当税较轻也是一种因素。光绪十三年（1887年）时，迫于内贫外患政府开支拮据，预征二十年当税，亦仅是每座每年5两税银而已。至光绪二十三年（1897年），当税提高十倍，仍不过每年50两税银。在此之前，无论资本大者数万金、小者数千金，年税亦仅数两而已。乾隆时近20000座当铺，税收尚不足十万两。嘉庆时23000余座当铺，税收亦止十万余两。官当恐不纳税，至少"皇当"不纳税，在有关文件中尚未见其纳税开支的记载。当时依律纳税者，惟"民当"而已。据《清朝续文献通考》卷二六《征榷一·顺治九年》载："定直省典铺税利：在外当铺每年定税银五两，其在京当铺并各铺，仍令顺天府查照铺面酌量征收。"余即如宓公干《典当论》第九章《当税》所述：

> 前清康熙三年，即西历一六六四年，户部规定：当铺税制，按营业规模大小，年纳五两，四两，或二两五钱不等。雍正六年，即西历一七二八年，以当税较他税独轻，始设《典当行帖规则》，由（户）部通令各省，调查当商户数，限令各当商请帖输税。每户年纳银五两。后因海防筹款，又责令各当商于正税外，每户领帖一张，另捐饷银若干，谓之帖捐。随地方情形，无一定额数，与正税性质不同。又依各省秋收之惯例，正税帖捐之外，复有各项杂费，名目繁多。光绪十三年，郑工决口，需款甚巨。户部复限令各当商，预缴二十年之税款，准其按年扣还，是为政府令当商预缴当税之始。光绪二十三年，户部以当商取利较厚，税额犹轻，因奏准自是年起，每年每当纳税银五十两。此前清历年办理当税

之情形也。①

在清代，典业及典税划属户部管理。清编《六部成语注解·户部成语》："典税：业质物典铺之人应纳之税也。"② 又《六部成语注解补遗·户部》："典商领帖：凡开典当，商家必须赴部请领凭帖始许开设。典当者，以物质银钱也。"③ 其所谓"领帖""凭帖"之"帖"，即清雍正六年（1728 年）始向当商颁发的"当帖"，亦即今所谓营业执照。领帖后亦凭此纳税捐，停业时缴帖免税。但并非"商家必须赴部请领"，而是在户部统一管理下，由各省布政司盖印交各州县转发，要求全国各地当商都直接赴京向户部请领当帖，是不现实的，事实亦并非如此。

清代在前朝基础上继续完善典当业监管法规。例如，关于"活契典业"这样一向在管理上定性模糊的概念，从清佚名《钱谷指南·田房税契》可知，雍正十三年（1735），朝廷曾对典当和买卖作了新的司法解释，"活契典业，乃民间一时借贷银钱，原不在买卖纳税之例。嗣后听其自便，不必投契用印、收取税银"。这实际上等于明确了"典"的担保物的性质，而不再是所有权的变动和转移。在乾隆十八年（1753）刑部在议复浙江按察使同德的条奏中，又明确对"典契"和"卖契"进行了区分和界定。"议复"意见被乾隆皇帝采纳，作为定例置于《大清律》"典买田宅"律条之下的"定例"规定：

---

① 《典当论》第 331 页。此与杨肇遇《中国典当业》第十章《当税》所述相近，然稍详。

② 浙江古籍出版社 1987 年 7 月第 1 版，第 41 页。

③ 同上书，第 166 页。

嗣后民间置买产业，如系典契，务于契内注明"回赎"字样；如系卖契，亦于契内注明"绝卖永不回赎"字样。其自乾隆十八年定例以前典卖契未载明之产，如在三十年以内，契无"绝卖"字样者，听其照例分别找赎。若远在三十年以外，契内虽无"绝卖"字样，但未注明"回赎"者，即以绝产论，概不许找赎。如有混行争告者，均应照不应重律治罪。

再如，清王朝中央政权、省道以及府州县，都有大量关于禁止非法放债、违禁取利的地方性行政法规颁行。如清田文镜《抚豫宣化录》卷四《告示·条禁事》所载河南巡抚田文镜就在雍正三年《禁重利放债》的告示中规定："律载私放钱债，每月取利不得过三分，年月虽多，不过一本一利。访得豫民违禁取利，竟有每月加五六分至大加一五不等。穷民任其盘剥，凡有势力之人，官亦听从指使，代为追比，殃民殊甚。除从前借欠者照律还本利外，嗣后，不许再犯，如违，重究。"此外，田文镜还相继颁布过诸如《严禁当铺收贼赃等事》之类的禁令。这些行政法规，对约束和惩治"违禁取利"的非法典当和借贷行为，多少还是起到一定积极作用的。此外，清王朝还重视加强对典当行业的管理，希图通过其行业内部自律，来达到整治其违禁取利的目的。清代康熙以来各地典当行业会馆所颁行的告示，以及自律规条，都应是典当行业自律的集中反映。清宣宗道光二年（1822）十一月在一道谕旨中，也对民间质押小铺的作用给予首肯，并立法加以保护，谕旨称："民间典质称贷，有无相通，事属常有。江西省所属，向有殷实之户，于青黄不接之时，将余谷听农民质押，以有余补不足，沿行日久，贫富相安。若再加立禁令，官为限制，事涉烦苛，致滋流弊。"就此，有学者指出，在城市典当业发达、典当商人追逐暴利和官吏势豪恃势巧取豪夺之际，明清时期不断有在朝或在野官绅发出禁逐典商的呼吁。这对禁止和打击暴利经营、倚官豪夺式的高利贷经营者无疑是应当的。但是，我们不能忽视的是，小规模便民式的质铺和乡村短押小铺对调剂百姓余缺、稳定乡村社会是有积极作用的。保护民间质铺或短押小铺的种种法规性措施，意在维系乡村经济的发展和既有社会秩序。……对乡村基层社会的稳定和乡村经济的发展，应当说发挥了较为积极的作用。①

尽管典当业的行业形象一向不甚好，但也不乏守法有德的典商。清道光《济阳江氏族谱》卷九《明处士世俊公传》显示，有的当铺出于商业道德而不惜"让息不取，饥民赖以存活者甚众"。甚至即使是自己遇到了经营亏损，有的典商也不将其转嫁到债务人身上，而是独自承担损失。下面是一张清代光绪二十二年（1896）婺源典商江永泰在举力维艰、经营破产后，请求当地官府颁布的限期请债权人和债务人来店进行交割清理的告示②：

　　钦加同知衔署鄱阳县正堂加二级记录四次胡为给示停当候取事。兹据安徽婺源县职商江永泰禀称：于光绪二年在东关外开设永泰质铺，旋于光绪十四年领帖改开当铺。只以近年来生意清淡，费用浩繁，甚至入不敷出。职商踌躇再四，非沐恩准停业，实属力难支持。为此，粘呈印帖，恳请转详并恳给示，以便收歇等情到县。据此，除禀批示并据情详缴印帖外，合行给示停当候取。为此，示仰阖邑诸色人等知悉：尔等须知，该永泰典铺，现已禀缴印帖，停当候取。尔等所当衣物等件，赶紧照章措备钱文，携票取赎。若系日期未满，该典铺不得借词不缴；已期满者，不准留利，亦不得强取。自示之后，各宜禀遵毋违。特示。

右给谕通知

光绪二十二年四月初八日（县印）

（告示实帖江永泰典铺）

当代史家的评论认为，由江永泰通过江西鄱阳县知县依法申请歇业的这纸告示，不仅明确宣布了典铺因"入不敷出"而被迫歇业关闭的事项，而且还向客户告知了尽快前来清理债权、清算债务的信息。本来，按照奸商的逻辑，江永泰本来可以一夜将当铺内财物席卷而去。但作为守法经营的典商，江永泰并没有这样做。这纸告示是徽州典商依法经营的集中体现。①

清末民初，天津典当业则实行年终岁尾"减当利"的做法，相沿成习，既惠及了贫民，也为树立行业的"儒商"形象扩大了影响。清羊城旧客《津门纪略》卷五《风俗门·减当利》："天津城乡，典当凡四十余家。每年冬有减利之例，由官出示，惠及贫民。平时三分者，让作二分，二分者让作一分五厘。在典商所损无多，而贫民大为方便。每年自十一月十六日起至十二月底

---

① 卞利《明清典当和借贷法律规范的调整与乡村社会的稳定》，《中国农史》2005 年第 4 期。

止，盖除夕当铺向不闭门，柜外人声鼎沸，纷如乱丝，竟有守至元旦日出，人始散去，因逾此日利息如故矣。"对此，清张焘《津门杂记》卷下亦有同样记载，只是略详一点。直至民初，津门典当业这一习惯做法仍在坚持着。届时，甚至见诸报端。天津《益世报》1925 年 11 月 23 日报道：

> 天津总商会昨接当商董事厚德庵贴称，为呈请事，窃津邑典当冬令减息一案，前于民国元年经各机关公同议定，由民国元年起一律按二分五厘取息，冬令减归二分赎取。寻常灾轻之年照章由旧历十一月十六日减息，灾重之年提前早减半月，均至年底为止，验办五年。五年之内不得变更。民国十一年三月二次期满，复经禀奉贵会暨县长，分别呈奉省长，拟定仍照民国元年议决办法，再行赎行五年等因，前后各在案。本年夏秋之间，阴雨连绵，津境各属村庄多以积水为患，暨与寻常灾歉情形不同，自应遵照定案援照元年议决灾重之年，提前早减半月办法办理。仰乞贵会据情转请省长俯予查

《典当论》所载某当铺 1935 年的一张典当利息收据

照定案，准将本年冬令减息援照元年议决灾重之年，提前早减半月办法，由旧历十一月初一日起，至年底止，此两月之内，无论城乡典当，凡平日二分五厘利息，一律减归二分赎取，迅

予出示公布，以苏民困，而恤商艰，至纫公便，除呈请县长据情转请外，为此吁恳天津总商会鉴核，迅赐转达施行云云。①

至于对那些唯利是图的无德典商，则只好用法规强行制约使其有所收敛。清凌焘《西江视臬纪事》卷三《条教·示当铺》载，雍正末、乾隆初江西按察使凌焘在其颁行的地方行政法规《示当铺》告示要求："照得典铺酌让利息，原经本司会议，除行息仍照旧二分外，如有当物期满一年取赎者，让利一月；二年取赎者，让利二月。久经颁示饬遵在案。兹届岁暮，民间典取倍于平时，诚恐法久禁弛，合再通示晓谕，仰典商人等知悉，务遵详定成规，期满一年，让利一月，二年让利二月，戥头水银务要出入一例，毋得恣意苛剥。至于乡民远来取赎，尤宜随时给发，不得任意刁措。倘或视为故套，不遵劝谕，一经访出，法在必究。慎之毋忽。"其他地方，也有一些类似的地方法规颁行。如清高廷瑶《宦游纪略》卷下载，嘉庆年间，广东"百鞠先生总制两广时，为质库立约法：岁自十月朔始，至除夕止，凡质者皆减息、赎息，三分则减一分；二分息者减五厘；以一分五厘行息者，减其三。于是，赎者多迟至十月。谓其息之减也如是已有年。"②

综上所述，清代是中国典当最为发达、兴盛的时期。不仅当业总数、规模、分布乃至资本总额，均是以往历代难与相比的。当业自身的繁荣和政府对当业的管理、扶持，均堪称一代里程碑，开创了中国典当史的新纪元。

---

① 郭凤岐、陆行素主编《〈益世报〉天津资料点校汇编》（一）第731页，天津社会科学院出版社1999出版。
② 卞利《明清典当和借贷法律规范的调整与乡村社会的稳定》，《中国农史》2005年第4期。

## 第七节　民国以来典当业说略

清季以来，随着帝国主义的入侵和资本主义经济的发展，各类外国银行及中国自办银行、中外合办银行迅速占据了国内金融市场的主导地位。在此情况下，旧有的银号、钱庄以及典当等高利贷行业，受到了一定冲击。但是，处于半封建、半殖民地社会条件下的中国，仍以小农自然经济为主要经济形态，资本主义并未能获得长足发展。因而，典当业仍然是现有经济制度下调剂人们尤其是广大下层社会平民经济生活的一种尚无可取代的行业。不过，民国以来的典当业，无论是规模、资本，还是开业座数，同清初和中叶时的繁荣景况相比，都显示出衰落的趋势。事实上，这种趋势在清代末叶即已经出现了。

二十世纪三十年代初，宓公干《典当论》第三章《我国典当业鸟瞰》，对当时"全国典当业资本总额及营业总额"记述如下：

全国典当家数，共约四千五百家。每家资本，根据内政部民国二十年（1931年）调查：一二八二家典当，共有资本一九五九六一四九元。平均每家资本一五二七三元。又中国银行，广西统计局，及国际贸易局等所调查之全国典当一二二四家中，共有资本二六三九〇五五〇元。每家平均资本额二一五六〇余元。营业额共五四九二一九二八元，每家平均每年营业额四四八七〇余元。后者系直接调查，较为正确。大概典当资本，被官厅调查时，每以多报少。据江苏省典业公会联合会常务委员周谷人先生报告："本省典业资本，见于调查记录者，为一千四百数十万。但一典之中，除正本外，尚多附本。最少须加多一半。而综合各典架本，又须溢出正附本以外，应在三千万元以上，或达四千万元之数。"是江苏省典当资本总额，正附本合计，当为二千万左右。以江苏省共有典当三四〇家计算，每家平均资本额，达五万余元。再就作者各地实地考察估计：农村典当，每家平均资本额，当在三万元内外。如以此数推算：我国农村及中小城市典当三千五百家，应共有资本一万万又五百万元。营业额约为资本额之一倍，至一倍半，当为二万万一千万元，至二万万六千万元。

上述二万万一千万元，虽未可谓全部贷放于农民，但百分之六十以上，为农民所借用。是农村典当每年放款于农民之总额，约为一万万六百万左右。如以五千万农民计算，每人利用典当资金，每年约为二元一角。而民国二十四年度银行农村贷款，计中国农业银行约七百万元。江苏省农民银行约三百万元。中国银行约一千万元。上海银行约三百万元。其余各行数十万元不等。总计当在二千四百万元左右。约为典当放款总额五分之一。（中国银行，上海银行等农村放款，注重特产抵押及运销。每次放款额，为数颇巨。其放款对象，系商人或大农。与中小农无甚关系。典当放款，则以中小农为对象，此点亦堪注意。）[①]

凡此，因历史条件所限，数据及统计方式虽未尽准确、合理，却可鸟瞰民国以来中国典当业概况。以其约 4500 家当铺的

---

[①]　《典当论》第 191—192 页。

最高估计数，显然远在清乾隆十八年（1753 年）的 18075 家及嘉庆十七年（1812 年）的 23139 家之数之下。上下相去仅一个半世纪左右，全国典当总数即呈如此锐减势态，堪谓大起大落。究其历史原因，清代末叶至民初这段时间，以中、小资本为主体的中国民族资本，在国内外垄断资本日趋发展并跃居国民经济主导地位的条件下，其起步艰难亦难于长足发展。此间以私人资本为主的典当行业，在国家政治、经济动荡不安的局势中，很难插足于力量雄厚的各种垄断资本的竞争之中，只能在缝隙中逐利、生存。加之战争、动乱，每使以往显赫一时、惹人注目的典业遭到劫掠，往往使之一蹶不振。高利贷本即恶名久远，典当又系钱财流通蓄藏之所，难免成为动乱中的直接劫掠对象。

　　然而，迫于贫困的自然经济平民质贷之需，一时别无更多方便、可行的渠道，仍然刺激着典商的逐利欲，所以尽管呈锐减之势仍活动着数千家当铺。上述宓氏关于当时典业放款与农业银行对农民放款的分析、对比，即实际的说明。一如彭学沛为《典当论》所作序言中称："行政院农村复兴委员会，有鉴于典当为我国最普遍之有组织的农村金融机关。当此农村金融枯竭之际，斯业有维持之必要。乃于第一次全体会议时，决议：各地已有典当，关系农民生计，仍由各省市尽力扶持。……现在行政院已通令各省市筹设公益典当矣。"[1] 不难窥知典当业一时的处境。可以认为，除一些资本雄厚或官僚资本所开的当铺外，大部分均是在类此"维持"之中生存和牟利的。

　　据马宗耀序称，《典当论》系著者宓公干"留日治经济学有

---

　　[1]　除彭序外，是书卷首还有王志莘、朱偰、周树年、吴秋涛、陈果夫、徐继庄、马寅初、马宗耀、陆肇强、章元善、潘哲人、刘百闵等序各一篇，计 13 篇。

年，深知典业关系社会金融之重要，殚精竭思，博访周咨，积二十余年研究之心得，参以科学眼光，编成专书"。在此，我们尚不便全面评论是书，但知作者多年亲自调查、搜集当时全国典当业材料，在书中对当时国内典当业情况记述较详，不难从中窥知民国以来一代典当业概况。这里，我们则主要就京津沪三地旧时代典当部分从业者的忆述，和部分调查访问所得材料，作一微观的简要记述，以略同《典当论》所记互为补充辩证。

近年有学者就民国时期浙江的典当业作了专题研究。① 其研究认为，民国初年，随着新式金融机构的大量涌现，典当业的发展受到一定的影响，大部分典当行虽尚能正常营业，但衰落之势已呈现出来。浙江在民国时期的典当业发展具有一定的典型性。考察浙江在民国初年至 20 世纪 30 年代中期的典当业发展状况，主要特点有四。一是数量众多，但分布不平衡。据 1934 年实业部调查统计，全省有典当行约 319 家，数量之多在全国属罕见。如同期在典当业较为发达的山西省，典当行也不过 30 余家，而处于内地的湖南省仅有典当行 12 家。但是，浙江全省的三百多家典当行并非比较均匀地分布，而是相对集中于经济较为发达的北部杭嘉湖平原和东部宁绍平原一带。而在广大的浙西、浙南地区，典当业较为落后，典当行十分不足。另外，当时浙江全省共有 56 县，而有典当业的县仅 51 个，还有 5 个县连一个典当行都没有设立。在同一个县之内，典当行分布也很不平衡，通常在县城内及其周围或者在水陆交通要道设立较多，而在乡村和偏远地区则多为空白。二是资本额虽不足，但相对平均。浙江典当行开

---

① 钱浩、蒋映铁《民国时期的浙江典当业》，《浙江学刊》1997 年第 2 期。

设的资本一般在 1 万元到 5 万元之间，这样的资本规模在当时尽
管不能与新式银行相提并论，但同另一旧式金融机构——钱庄相
比，却在伯仲之间。据统计，当时浙江省钱庄的平均资本为
13556 元，还略低于典当行的平均资本额。另外，全省各典当行
的资本额相差不大。资本在 1 万—5 万元之间的有 215 家，占全
部被调查总数 262 家的 82%，5 万—10 万元的有 16 家，10 万元
以上的仅 7 家，1 万元以下的占 24 家。在资本额 1 万—5 万元的
215 家中，1 万—3 万元的占了 155 家。资本额的相对平均能在一
定程度上保证全省典当业的稳定发展。三是营业额总量较低。实
业部曾对全省 151 家典当行的营业状况作过调查，营业额在 10 万
元以下的典当行约占被调查总数的 60% 以下，20 万元以下的只
占 7.3%。而同时期全省钱庄的平均营业额达 114810 元，最高的
超百万元。四是业务种类较为单一，营业对象多为贫困阶层。全
省典当行营业品种中，比例最高的是衣服，大约占 4—7 成，次
为首饰仅占 1—2 成，其他的当物只有 1 成左右。同时，大部分典
当行的顾客绝大多数是农民，所占的比例一般在 50%—80% 之
间，有些地方甚至高达 90%。其次是工人和城镇职员，商人最
少，这一顺序基本上反映了他们的贫富等级。

至于此间浙江典当的内部组织，因其存在历史的久暂和所处
地域的差异而各具特色，其中杭州、宁波二地最具代表性。杭州
的典当行多为安徽人和绍兴人经营。徽帮的典当行由经理主持一
切，下设柜上、内场、中班三职。宁波的典当行一般有总上（经
理）1 人领导一切事务，下属职员分为内、外二部。外部职员有
正看、副看，账房，票房，取房，牌房，衣房；内部职员有楼
头、楼二、楼三、银房。浙江典当业的职员收入：职员的薪金大

多很低，经理一般不超过十几元，店员则几元到十元不等，但缮宿由店中免费提供。除薪金以外，职员另有二项的收入：一是存箱费。顾客的货物店家多须包装，因此顾客应付存箱费，以杭州为例，货物每质一元应付存箱费一分，此项收入皆归职员所有。二是没货余金。期满不赎的货物，拍卖之后，除本息归店外，余额归职员所有。上述二项收入往往超过本人的薪水。浙江典当业资本构成形式，主要是合资、合股、独资三种。合资是最普遍的组织形式，次为合股，独资较少见。典当行的经营规则分为：质物、估价、利率、期限、满货处理等五项。按营业规则，当物利息无论当价如何，以一年 20% 为标准。但实际上各县典当利息大多实行每月二分的旧利息，也就是年利率为 24%，超过营业规则所定的利率。期限，按照规定，各县均以 18 个月为满期，逾期 10 日而不取者，由当铺自行处理，但特种商品，如丝绵、米麦、农具、木器等按当地习惯处理。不过实际执行中各县的质物期限颇不一致，如杭州为 19 个月，海盐 20 个月，有的地区长达 24 个月。典当业的客户主要是那些尚有一点财物可当，并在一定

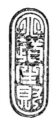

澳门"德成按"收当、
赎当的印记之二

时间内有能力赎回当物的人。由于民国以来，政局不稳，社会动荡，特别是两次江浙战争及北伐战争的影响，这类人员中的一部分沦为赤贫，同时也有很多原来家道殷实的人员沦落到此列。典

当业存在和发展另一个因素是地主和商人的投资意向。典当业因其利润很高，向来是地主和商人乐于兴办的事业。但到了民国时期，新式银行的崛起改变了典当业在投资者心目中的地位，新式银行由于管理先进，效益普遍好于旧式金融机构。浙江在地域上邻近中国最大的金融中心——上海，因而一些拥有一定财力，有一定魄力的投资者往往到上海创办一些新式的金融机构，如银行、证券交易所和保险公司。很少有巨商大贾投资典当业。这也是前面所论及的浙江典当业资本额普遍不足的原因之一。到了抗战以后，由于法币的极度贬值，客户当质时所得款项，在赎当时仍以相同数额款项加息交付当铺，其价值已非出当时可比，往往形同废纸，典当业大量亏损，纷纷倒闭。

下面，再以京津沪三地为例分析。

**北京典当业**　据 1930 年金融机关统计，当时北京计有典当 87 座，店员共 807 名，注册资本总额为 1493700 元。其中，注册资本最高额为 50000 元，最低的是 6500 元。[①] 《北京典当业之概况》载："北京典当业，乃旧式商店之典型，其制度之整备，组织之完密，为各业冠。惟逊清季叶迄今，典当业因内乱之蔓延，及社会经济之凋敝，日趋衰落。倒闭之讯，时有所闻。按光绪庚子以年统计，北京当业共有二百一十余家，迨民国元年壬子兵变以后，则一落为一百七十余家，后又递减为一百二十余家，目下全市仅存有八十七家。典当业之衰落，几有一落千丈之势。"[②] 随即，列举了兵匪扰乱、币制紊乱、苛捐杂税、资金枯竭、满货亏

---

① 据中国联合准备银行"庶民金融丛书"第一号《北京典当业之概况》卷末所附《北京全市典当一览表》累计分析，1930 年印行。

② 《北京典当业之概况》第 69 页。

损、利息低降、开支增大等导致当业衰落的因素。

据载，北京当业旧曾有刘、娄、王、杜、鲁五大家族比较兴旺，有的家族已是四世当商。各大家族多拥有六七个或十几个当铺及多处房产，其各自管理所属当铺业务的"公事厅"兼

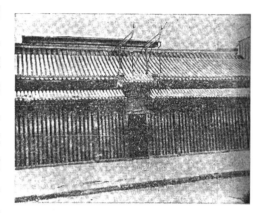

旧时北京"义盛当"铺面照片

营存、放款业务，以存款作为当铺营运资金则比另同钱庄贷款周转划得来。① 一位北京旧当铺的老从业者回忆说，1912—1930 年这二十年，是北京典当业的鼎盛时期。1930 年前后，北京当铺一直控制在 72 家手里，其架本（放款余额）多的达 20 万元，少的也有 2 万至 5 万元。日寇侵占期间，曾试图将北京当业吞并到日本大兴公司（日本质屋）中去，因受到抵制而未得逞。至二十世纪四十年代末，由于受到空前的物价飞涨和币值暴跌的冲击，北京的"当铺关闭得几乎一家都没有了"。②

**天津典当业**　清季天津开埠后，当地的典当业大都是官僚、盐商等富贾们出资开设或经营的。例如，天津商务局局董、盐商

---

① 杨法运、赵筠秋主编《北京经济史话》第 221 页，北京出版社 1984 年 6 月第 1 版。

② 高叔平《旧北京典当业》，载《北京工商史话》（第 1 辑）中国商业出版社 1987 年 5 月第 1 版。

杨俊元，拥有德裕、德兴、德庆等 20 余座典当，局董、盐商王奎章，拥有益丰、益升当；局董、大地主兼富商石元士，在杨柳青、固安、胜芳、永清、唐官屯、信安等地拥有典当多处。1912 年 3 月，京津兵变时，盐商杨宝恒六家当铺被烧抢，损失总值 260 万银元。①

前曾出任过天津的质业公会理事长、当业公会会长的王子寿（原名道福）先生，是山西灵石县人，1915 年 16 岁时即到天津法租界公裕当学徒。两年后公裕当倒闭，改由当时的长江巡阅使张勋出资接办，改名为松寿当。至 1951 年止，在近四十年的典当业从业生涯里，他先后出任过元亨当和曹锟经营的公懋当经理，兼任过陈光远的德华当监理，曹锟之女曹成贞的永聚当总经理，伪商会会长邸玉堂组织的联合当监理。王子寿的四十年从业经历，几乎亲历了民国以来天津典当业的历史全程，是身在其中的重要见证者和一代典当业专家。

王子寿的回忆认为②，在京、津、沪三大都市当业拥有的资本中，以天津最为殷实。清季北京著名的内务府索家拥有的"八大恒"当铺，经常占用的架本不过二三十万元；上海七八百家大小当商，多属集股经营的小型典当；唯天津当商多系独资经营，资本少者约 4 万元，多则十万八万，占用架本最高的可达五六十万元。盐商长源杨家、卡家、军阀曹锟、陈光远等的当铺，所需流动资金均随时从银行号存款中调拨，不向外去借。当时天津的典当业主，主要是大商人、大地主、军阀和官僚。由此可知，天津典当业

---

① 胡光明《论早期天津商会的性质与作用》，载《近代史研究》1986 年第 4 期。

② 据王子寿《天津典当业四十年的回忆》，载《文史资料选辑》第 53 辑，文史资料出版社 1964 年 3 月第 1 版。

资本之所以比京、沪同业殷实，其原因即在于此。例如：

**1. 属于大商人的典当**

长源杨家位居天津富商八大家之首，在当地盐、典两业中均堪称巨头。杨家的当铺，连外县的在内，多时达 30 余处。由于资金雄厚，杨家的当铺向不从外借款，亦不向同业贷款，闭关自守。北京刘家在津设立的号称"四大顺"的大顺、元顺、恒顺、和顺四当，与北京的"八大恒"齐名。

**2. 属于大地主的典当**

河北献县大地主鲁东侯，不仅先后在日、英租界开办有聚丰、东兴、信丰等五座当铺，还分别开有与之配套的估衣铺和金店，集中变卖所属当铺满期下架物品，不使利润外流。其他如肃宁县王萼怀、乐亭县刘家、胜芳镇蔡家、献县全家等大地主，也都在天津开有典当。

**3. 属于军阀的典当**

长江巡阅使张勋的公裕当及其分号，是北洋军阀最早在天津开的当铺，后由山东督军田中玉接办，改铺号为新记。吉林督军孟恩远的庆昌当，黑龙江督军鲍贵卿的金华当，西北军军长高桂滋的德懋当，国民二军军长郑思诚的义和当等，都设在天津。军阀在津开的当铺尤以曹锟最多，先后达七处；其次则数江西督军陈光远，多达四处。

**4. 属于官僚的典当**

北洋时期历任要职的袁世凯族侄袁乃宽，曾在日租界开设裕丰当，并另有分号。张作霖的国务总理潘复同当时的财政总长阎廷瑞，合股在法租界经营天庆当，原计划拟开十座当铺并组织当业银行，后因政局之变而未能实施。曾任津海道尹的胡贞甫以经营房产致富，开有天兴、颐贞二当。曾任直隶省长的曹锐，在东门里开有同聚当。

此外，租界地还有四五家外商经营的旧货店，亦兼营押当业务。实际上，民国以来的天津典当业，主要以租界地为活动中心。在天津沦陷前，还在杨村、北仓、宜兴埠、独流等附近乡镇流行过"代当"。代当又名"转当局"，是少量人合伙经营的，资本不多，多以大当商为后台，到乡镇代办典当。代当以一个月为期，逾期不赎转送有关系的当铺出具正式当票，换回代当时开的小票，当户则可径往当铺取赎，至天津沦陷后，日本浪人遍设小押当，致使代当歇业。

天津地名中，至今仍保留着"当铺巷"之类的典当业历史痕迹。谭汝为《天津地名考："当铺"街巷》写道：

> "当当吃海货，不算不会过"，这句天津民谚蕴含了三层意思，一、天津人讲究吃，舍得吃；二、天津时令海鲜上市期限短暂；三、旧时天津当铺林立，当当很为便捷。天津有记载的典当业始自 1854 年河东（今河北区）兴隆街的"大聚当"。《天津青年报》《600 年岁月·600 年天津》（总第 76 期载文）：陈嘉荣先生收藏着一张天津"天顺当铺"乾隆三十年（1765）的当票，这样就把天津典当史提前了 89 年。天津当铺形成规模在清光绪年间，到了二十世纪初年天津有当铺 40 多家。到了上个世纪三十年代，天津当铺发展到近百家，也留下不少以"当铺"命名的街巷。"日升当胡同"是城厢一条狭窄而又闻名的小胡同，北与卞家前胡同相连，南至东门内大街，中间与拴马桩胡同相通。这条胡同属于派

生地名。清朝光绪初年，商人吴日升在东门里开日升当铺，当铺以老板名字命名，而胡同因位于当铺东侧而得名。光绪二十六年（1900），八国联军入侵天津，侵略者在老城里焚烧抢掠，商家居民损失惨重，日升当铺也被抢掠一空。

民国初年，城厢四条主干街道（即东门里、西门里、南门里、北门里）上，有六家当铺——中昌当、德华当、元和当、同聚当、和顺当、福源当。其中的同聚当铺就是由老日升当更名的。经营当铺需要资金和背景，天津"八大家"中就有多家开当铺，例如"中昌当"就是"长源杨家"开设的。以"当铺"命名的街巷，还有河东王庄子大街的当铺胡同、公议大街的当铺东胡同和当铺后胡同，皆由天兴当铺派生。红桥区河北大街的聚合当胡同，西于庄的当铺西街、当铺西一条胡同、当铺西二条胡同，侯家后的广盛当胡同，南头窑的当铺东胡同。河北区十字街的鼎昌当胡同、货场大街的东祥当东胡同、胜利路中段的中祥当东胡同和中祥当后胡同。南开区西北角靳家胡同的当铺后胡同等。清光绪年间，天津建有当行公所，相当于今天的行业协会，地址在北马路中段北门东，1929 年改为天津典业公会，迁往估衣街。1945 年又迁回旧址，其所在地，现名前进里。①

**上海典当业**　据知，上海地区当铺开得较早的，有南汇的第一家当铺，它开设于明代嘉靖三十一年（1552），奉贤的典当业始于清乾隆元年。1843 年上海开埠后至民国初期，是典当业的黄

---

① 谭汝为《天津地名考："当铺"街巷》，《天津青年报》2004 年 01 月 22 日。

金时代。典当业有徽州、潮州、本地三帮，其中以潮州人经营最精明，人称"潮州门槛"。据史料记载，清季上海69户典当行，徽商所开达30户。因为典当行生意兴旺，本地有"白吃白壮，开爿典当"之谚。1933年茅盾先生写的《故乡杂记》中提到"进军上海乌镇路"的乡贤们，其中有乌镇汇源当铺老板徐东号在上海苏州河北岸买下一条小路取名乌镇路，开起了乌镇在上海的第一家当铺"汇源号"。而号称"海上第一当"的元利当铺，由上海典当业巨头陆正元兴建于1932年，至今这座中西合璧式的当铺建筑仍矗立在上海武定路203

乌镇"汇源当"招牌

号，默默地向世人展现出它往昔的旧貌。抗战时期，上海经济陷入混乱，一些大中型当铺遭受重创，然而此刻的上海南市却异常"繁华"，烟窟、赌场林立，小押店应运而生，仅九亩地一带就有四十余家，从露香园路4号至48号，几十步路竟有小押店14家。那时上海有各类当铺、押店一千余家。抗战胜利后，由于国民党的腐败经济政策，上海当铺纷纷倒闭。1956年，国家实施公私合营，以小额质押贷款取代当铺，到"文革"时全部关闭。①

　　旧上海的典当业主要由徽州府休宁县人经营。同时，他们还

---

① 《新民晚报》2004年8月29日。

是经营衣庄业的"帮口"。当时各段大街上大都开有典当，有的甚至满街当铺，称作"典当街"。除戏装、西服外，各类物资大都收当，当期十八个月，月利通常是一分二厘。休宁人经营的衣庄，有一种称作"提庄"的（另有"叫庄""综合衣庄"），多为典当附设，有的则是同典当合股或联号，专门经营从典当提取的满期不赎的衣物，批售给叫庄或综合衣庄，或转运到外埠出售。除典当外，当时还到处都有主要由广东潮州人经营的押店、质店。押店小于典当，当期六个月，当票面值不超十元。质店小于押店，当票面值仅一元多钱或不足一元。但押店、质店月利息二分，高于典当，然而周转灵活。[①]

沪上一位年近九旬的陆泳德（88 岁）老人回忆说：

> 我祖父陆兆鹏，是位精明能干的商人，他认定上海的发展前景必定胜过苏州，于是集中资金投向上海。他在上海购置了一些房地产，又先后在上海开设了三家典当行。第一家在北京东路，名为元昌，规模不大。第二家裕昌当铺开业后，元昌就收歇了。第三家在武定路，名为元利，建成开业在他逝世之后，资金在百万元上下。

> 祖父是当年上海典当业同业公会的会长。他体弱多病，会长职务和一切经营活动均由总经理俞少卿先生代理。几位经理都是苏州人，职工中有不少是徽州人。

> 在金融稳定的年代里，大典当行的贷款利率约为每年10%，有物品抵押，极少坏账，因而特别欢迎贷款大户，以

---

① 《新民晚报》2004 年 8 月 29 日。

房地产、古董、珠宝作抵押的尤受大典当行的欢迎。达官贵人的后代来贷款的也有不少。我家后来购入的房地产很多就是到期后的抵押品。

我父名陆正元，风流倜傥，却不善经营，一切均由俞少卿先生代理。

元利、裕昌在抗战中因货币贬值，大受亏损。继而又在胜利后遭受到金元券的贬值，亏损殆尽。幸而俞少卿等几位代理人逐步将资金转入房地产，避免了倾家荡产之祸。1947年父亲逝世前，元利、裕昌两家早已歇业，留下了上海、苏州的一批房地产。

当年"元利当铺"建造时仅有两层建筑，楼上全部是库房。铺内其中有一间十余平方米的保险库，用厚钢板做成，可以防火、防水、防盗、防鼠，是专门用来存放珍贵重要价值的物品如房地产契券、古董、字画的。楼内还有一个望台，这是沿用苏州乡下当铺建筑的习惯而设置。因清季民初太湖中多强盗土匪，在望台上可以及时观察当铺内外的动静，并有专人值岗。

有一件事至今使我感到惋惜。事情是这样的，我父亲去世后，由我接收当铺。不久，我在库房内看见一只大铁箱，里面有一大堆翠绿色长方形的玉片，玉的四角穿有真金线。听柜上说这是多年前用2000银元押进后无人问津，为此事柜上当事人被迫卷铺盖走人。那人临走时说，那堆玉片应该是值大钱的。我当时不识货，将玉片零零碎碎送人的送人，卖掉的卖掉。后来，广东路上一古玩商来看了剩余的玉片后，他大吃一惊说："这可是价值连城的一件'金缕玉衣'啊！"①

二十世纪三十年代末，上海典当业一如北京，亦陷于困境之中。当时上海《中华日报》曾有一篇专题报道：

> 据本市典业方面消息：值此百物昂贵，民不聊生之秋，本市典当营业，非但未见繁荣，反日趋冷淡。查战前本市中区较大同业，日常架本，常在三十万元左右。自去年下半年起，均不过十余万元。……当局方面，较贵重之金银珠宝，早经由所有者，转辗销售于暴富户中，不再重入典门，珍贵皮货亦然，其余不甚值钱之衣服，既非典当所欢迎，同时所得细微之钱，实不足供一人一日食宿之需，此皆押店交易，与典当业无关。至满期当品，更无不赎去，即无力赎取者，亦必出售当票，由他人代赎。最近沪市不乏专营此项业务者，去年均获巨利，此当业"架本"日趋减少之一种主要原因。至押店营业，亦并不见佳，新春以来，尤感清淡，洵属今日沪市民生恐慌声中之一种矛盾状态，足供研究。惟西区一带，押店营业，近来异常发达，此系专特一般赌徒，作孤注一掷之需，无关平民日常生活上救济用途也。②

上海，随其作为近代中国大商埠的崛起，典当业也获得了空前的发展。据有关档案文献显示：

---

① 吴拯寰《旧上海商业中的帮口》，载《上海地方史资料》（三），上海社会科学院出版社 1984 年 7 月第 1 版。

② 据《北京典当业之概况》第 83—84 页转摘。

　　上海的典当业起步较晚，但发展速度却相当快，尤其是在上海开埠后，成为我国最繁盛的都市，全国经济重心转移，工商荟萃、人烟稠密，因而典当业较其他省市更为发达。抗战前，全市当铺共计 150 家，其中华界 40 余家，租界 60 余家。沪市的当铺之资本，大抵自 3 万元至 5 万元不等；而押店的资本额为数千元至万余元不等。其中的运转资金（即放款额）号称"架本"，即所谓的架上陈列之本也。当铺的架本自 10 万元至 30 万元不等，鼎盛时押店的架本仅为数千元至 4 万元不等；对于质典物品的种类，当铺与押店也各不相同。前者倾向于珠宝首饰、绸缎衣类及上等木器等中高档物品，而后者则不论何物，只要有价值便可质押。关于满期期限，当铺为 18 个足月，或 12 个足月，并有放宽五天之优例（即取赎时，时逾期 5 天的，不计逾期利息）。押店的满期期限相对短一些，大都以 6 个月为满期。

　　由于华界与租界当局对典当业的定位不尽相同，因而对其管理和态度也有一定的区别。在华界典当业由社会局主管，认为典当业与平民福利关系甚巨，因而对其采取慎重登记，轻其捐税的政策，每年按其资本额分等征收营业执照捐，并允许其分四季交纳。在营业萧条的年景，还可享受 8 折征税的优惠。但规定典当业包括栈租每元每月取息不得超过 2 分，尤严禁押店冒用"当"字。而租界当局仅将典当业视为商业中的一个种类，以向其课征捐税为目的，因而只由捐务处主管并允许其任意设立。但必须认真课捐，规定根据其营业额取息的高低按季课征营业执照捐，至于用"当铺"还是"押店"的名称，利息的多寡则放任自流。

　　民国以来，上海的典当业步入平衡发展时期，但也为动荡不安的时局所左右。此外，工业的进步，也使一些原来的质物身价一落千丈，例如妇女衣服，因时代进步及式样的改变，使原来颇有身价的服装变得无人青睐；同样服装面料的变化也会造成原有衣服的价值缩水。如大量生产的人造丝原料的出现，造成了不少服装价格的逐步跌落，以至架本日减。一二八事变以后，经济不景气更是笼罩整个典当业。截至1935年度止，各种满期当货只及当本十分之六七，同业莫不遭受亏损。全市共有30余家店铺宣告停业，以至当铺的平均架本减至10万元以上，20万元以下。

　　日寇发动侵华战争以后，上海的环境日趋险恶。"当押"两业每况愈下。原有的当铺除曾遭兵燹外，其余的尚能在租界内照常营业。然而随着日寇侵略战争的日益扩大及对华经济掠夺的加剧，许多店铺日渐难以维持而纷纷闭歇。1942年6月，汪伪政府又颁布所谓的两对一政策，即以伪币1元抵销及收换法币2元，强制实行，致使上海的典当业原有的法币架本，在很短的时间内，被当户以伪币纷纷取赎一空，损失原有资金之半。

　　由于典当行业雇佣的伙计较多，日常开支无法缩小，致使战前该业的残余资力，又遭重创，营业难以维继。加之伪币的恶性通货膨胀，更使许多店铺深感无法支付而纷纷倒闭。至1945年8月抗战胜利时止，全市仅有不满20家的当铺尚在苟延残喘。押店在抗战时期与当铺的遭遇相同，只是由于其规模较小，雇佣伙计较少，开支相对来说要小于当铺，加之其质押的面较广，又属中低档，而这正好面向了大多数处于日寇铁蹄之下水深火热之中的中下层人民。故能随机应变，因而其经营不但未见减少，相反却增至 770 余家。其之所以获得发展的原因，除了开支较省外，主要手段便是提高利息，缩短期限，将危机转嫁到普通的劳苦大众头上。好不容易迎来了 8 年抗战的胜利。当时典当业界普遍认为，在如此万象更新、民气异常蓬勃的形势之下，币制如能稳定，典当业不难恢复战前状态，不料首先迎来的便是国民党当局采用的二百作一的政策，即用法币一元收销伪币 200 元。这样一来，使典当业的所有架本几乎顷刻之间丧失殆尽。前后三年多时间，典当资本损失达 400 倍之重。再加上连年战争，物价高涨，捐税繁重。至解放初期，整个典当行业仅剩下 529 家当铺和押店，其中又以押店居多。①

总而言之，旧上海的典当业主要是由徽商所垄断的行业，当铺押肆随处可见，时有"徽州朝奉"之说。徽商在上海开设典当的历史较早，大约是在十九世纪八十年代。清末上海 69 户典当，徽商所开者达 30 户，占 42%，常有一人开设两三座当铺，多者可达四座。如戴静波设有源泰、润泰、义丰等四座典当。典业公所董事余鲁卿、汪安山均独资开设典当三号之多。典当铺与衣庄联号经营，典当期满不赎的衣物交衣庄标价出售，则系徽商首创，为清末沪上衣业特有景色之一。有诗人以竹枝词之形式咏述道："几家当满旧衣裳，积存如山发售忙。粗细皮棉单与夹，分析价目任品量。"徽商所经营的典当，在经营管理上有一套较完整的

---

① 杨天亮文，见上海档案信息网·申城变迁·淞沪百业（http://www.archives.sh.cn/shcbq/shby/200401090001.htm）。

成规，对典当物品的鉴别力较高。典当以大型为多，雇佣职工一般在 20 人左右，大多为同乡人，内部分工明确，管理井井有条。此外，徽商尚经营烟叶业、瓷器业、参业、漆业及炒货业、京广杂货业。设在公馆马路之巨成昶号，先营京货，民国后兼营东西洋庄，范围很大，资力也厚，亦相当著名。①

1952 年天津最后关闭的老当铺
"万成当"（此处现为国际商场）

二十世纪三十年代前后，上海还有一种俗称"跑当"的行当。所谓"跑当"，即将从押店或旧货摊收购来的衣物加工改制或修饰一番之后，再送至典当，额外取利，或是转让当票获利。当时以"跑当"为业者，曾多达几百人。"跑当"是寄生、往来于典当业缝隙中间牟利的行当，属投机倒把甚至诈骗性质的经济活动。

至二十世纪五十年代初，大陆（内地）的各类典当几乎全部停业，从业人员均改从别的行业了。但港、澳、台的典当，由于所行社会制度的关系，仍然存在。台湾当局于 1956 年 3 月 1 日曾由内政、经济二部门共同颁布"当铺业管理规则"，并于 1965 年 11 月修正重新公布。除对典当利息、期限等重要问题作有必要的规定外，其第二十五条称："直辖市或县市主管机关或乡镇公所，

---

① 旧上海的徽商/http://www.hzwh.cn/htdocs/xxlr1.asp? ID＝5577。

为调节平民经济需要，应设立公营当铺。"倡导建立公立典当为平民服务。据 1977 年夏的统计，台北市时有公营当铺 12 座，私营当铺 184 座。[1]

二十世纪八十年代后期，在经济体制改革中，一度歇业三十多年的典当业，又在温州、沈阳等一些大中城市中重新出现。八十年代的新典当，就其所有制性质来看，有国营、集体和个人集资的三种类型。有的由工商银行出资创办，有的是信托公司创办并同时经营拍卖行与之配套，有的是政府部门借资兴办的商业服务项目，情况不一。在服务对象方面，这些新兴的典当业既按惯例面向一般市民，但它们同时把目光放在为中小型工商企业、个体工商业者解决资金临时不足上。从经营效益考虑，它们尤其关注于后者。在国家有关部门尚未重新对典当经营管理作出统一规定之前，各当铺大都在其《典当须知》中，对其经营宗旨、当值比率、月息、当期及收当范围等，逐项作出规定性的说明。这里试以沈阳市和平区北市典当商行打印并张示的《典当须知》为例，由此可窥知一斑。

### 典当须知

一、经营宗旨：支持生产，方便群众，活跃市场，热情服务，估价合理，信誉第一。

二、凡是单位典当物品，根据单位介绍信签订典当契约，个人典当物品提交本人身份证（公民证）户口本或介绍信。

三、收费标准，为四大类：

---

[1] 参罗炳绵《近代中国典当业的社会意义及其类别与税捐》一文。

1. 古玩字画、高档手表眼镜、照相机等物品，按典当金额的 5% 收月息，不收保管费。

2. 各种电视机、录音机、录放机、皮毛制品、毛料制品等，按典当金额的 5% 收月息，加收 0.5% 保管费。

3. 电冰箱、洗衣机等物品，按典当金额的 5% 收月息，加收 1% 保管费。

4. 单位典当的动产或不动产，除按典当金额收取 5% 的月息外，保管费可根据物品保管方式进行协商。

四、典当物品起当金额为 100 元。

五、典当期限为三个月，到期不赎，可交清利息办理续当手续。到期既不赎取又不办理续当手续，即按死当处理，所当物品全部归本商行所有。

六、典当票据倘有丢失，速来挂失，如挂失前，物品已被持票赎出，责任由典当人自负。

凡此可知，当代典当非但收当动产，尚收当企事业单位的不动产。其"起当金额为 100 元"，亦可就此窥知时下当地市民的基本消费水平，乃至币值状况。倘临时急需三五十元钱，邻舍、同事间随时挪借一下已不成难事，因而即无典当的必要。我在访察时见到，有的当主来此是为处理旧物，只当不赎的。

笔者在实际考察中看到，一些旧时典当的从业人员，仍在这些新开设的典当中，以其经验与当行知识发挥着经营骨干的作用。例如，沈阳市和平区北市典当商行的创办者兼经理，退休前是市内一家大型国营商场的经理，而伪满洲国时，他就是当时本市大兴公司当业的从业者。虽然现在的典当商行已不用行话，他仍记得当年大兴当业一至十数的数码隐语：喜道廷非罗，抓现盛玩摇。在访谈中，他谈到现有流动资金仍然仅是 1988 年 11 月初创时借的 5 万元，银行不予贷款，难以扩大经营规模，只能维持现状。对此，他感到忧虑。

我国当代新典业的宗旨、经营管理体制、发展方向，乃至资金问题等，均有待于在试办和调查研究的基础上，作出一些必要的统一规定，以规范这一既古老又新鲜的行业健康发展，使之更好地为现实经济生活服务。

## ［附］ 历史上的各地典当业掠影

### 1. 浙江乌镇典当业

现代著名作家茅盾的故里，是浙江省桐乡市的乌镇。有着 1000 多年历史的乌镇，是江南众多古镇之一。在茅盾的作品中，多次描写过家乡的人文历史和水乡风光，也多次写到过家乡的当铺。《故乡杂记》是茅盾 1932 年回故乡乌镇时写下的见闻实录。个中，他写道：

> 天气骤然很暖和，简直可以穿"夹"。乡下人感谢了天公的美意，看看米缸里只剩得几粒，不够一餐粥，就赶快脱下了身上的棉衣，往当铺里送。
>
> 在我的故乡，本来有四个当铺，他们的主顾最大多数是乡下人。但现在只剩了一家当铺了。其余的三家，都因连年的营业连"官利都打不到"，就乘着大前年大保阿书部下抢劫了一回的借口，相继关了门了。仅存的一家，本也"无意营业"，但因那东家素来"乐善好施"，加以省里的民政厅长

(据说)曾经和他商量"维持农民生计",所以竟巍然独存。然而今年的情形也只等于"半关门"了。

**接着,又就乡民出当的情景,作了一幅速写:**

早晨七点钟,街上还是冷清清的时候,那当铺前早已挤满了乡下人,等候开门。这伙人中间,有许多是天还没亮足,就守候在那里了。他们并没有什么值钱的东西。身上刚剥下来的棉衣,或者预备秋天嫁女儿的几丈土布,再不然,——那是绝无仅有的了,去年直到今年卖来卖去总是大亏本因而留下来的半车丝。他们带着的这些东西,已经是他们财产的全部了,不是因为锅里等着米去煮饭,他们未必就

《典当论》所载某当铺柜台前拥挤的当户

肯送进当铺,永远不能再见面。(他们当了以后永远不能取赎,也许就是当铺营业没有利益的一个原因罢?)好容易等到九点钟光景,当铺开门营业了,这一队在饥饿线上挣扎的人们就拼命的挤轧。当铺到十二点钟就要"停当",而且即使还没到十二点钟,却已当满了一百二十块钱,那也就要"停当"的;等候当了钱去买米吃的乡下人,因此不能不拼命挤上前。

挤了上去，抖抖索索地接了钱又挤出来的人们就坐在沿街的石阶上喘气，苦着脸。是"运气好"，当得了钱了；然而看着手里的钱，不知是去买什么好。米是顶要紧，然而油也没有了，盐也没有了；盐是不能少的，可是那些黑滋滋像黄沙一样的盐却得五百多钱一斤，比生活程度最高的上海还要贵些。这是"官"盐；乡村里有时也会到贩私盐的小船，那就卖一块钱五斤，还是二十四两的大秤。可是缉私营厉害，乡下人这种吃便宜盐的运气，一年内碰不到一两回的。

茅盾曾谈到，"在我的故乡，本来有四个当铺"。其实，这个地处两省三府七县交界之地，由于交通便利、商业发达的水乡古镇，商铺林立，曾经很是繁华。在历史上，乌镇曾经不止有过四座当铺。据宋代末年隐士沈东皋编写，之后又多次续修的中国历史上第一部镇志《乌青镇志》的记载，这个小小的江南古镇，最多时，当铺曾多达 13 座。太平天国之前还有 7 座。清咸丰十年（1860），乌镇成了太平军与清兵的一处交战的战场，战争过程中，街市大半被毁，典当也未幸免于难。同治、光绪年间，开始陆续有葆昌、宝生、汇源、丰泰、淳泰五座当铺得到恢复。民国以来，由于兵乱、湖匪劫镇、经济萧条等缘故，加之南栅大火，镇上的典当损失惨重，除了汇源典当还在勉强支撑外，其余四当相继歇业。抗战爆发后的民国二十八年（1939）汇源当当房中弹起火，连续烧了数日，除柜房、铺面之外，其他几乎全部焚毁。从此，乌镇的典当也就绝迹了。2000 年，为保护古镇风貌，桐乡市乌镇古镇保护与旅游开发管委会，复将汇源当幸存之铺面、柜房按原貌修复，以存历史旧迹，并供人们参观。

汇源当系乌镇首富徐东号业主徐焕藻创设于清道光（1821—1850）年间，位于乌镇中市传统商铺林立的常丰街，处于应家桥与南花桥之间。上海的"乌镇路"的命名，便同乌镇"汇源当"

乌镇"汇源当"门首封火墙
上的"当"字招牌

直接相关。汇源当铺的铺主徐东号在乌镇最盛期发了财之后，便于1923年在上海的苏州河北岸买下了一条不起眼的小路，命名为"乌镇路"，在这条路上开设了乌镇商人在沪上的第一家典当"汇源号"。2002年春，笔者曾经借讲学之便前往乌镇一游，特别考察了茅盾笔下所说的当时"仅存的一家"而且也已经处于"半关门"样子的当铺，亦即"汇源当"的旧址。我现在所见到的，是桐乡市乌镇镇保护与旅游开发管委会为保护古镇风貌，于一年之前刚刚在汇源当幸存的铺面、柜房原址基础上，按原貌修复的供人参观的古镇典当博物馆。

"汇源当"的铺面，是座上下两层、四周油封火墙围绕的五开间营业大厅。入得典当博物馆门来，是个过道，只见一个高约3米的繁体大"当"格外醒目。迈进数米高的封火墙——乌镇第一高墙的院门，越过天井，迎面的便是汇源当的营业铺面——"柜房"了。像其他传统典当营业设施一样，铺面是高达1.8米居高临下、压人一头的柜台，柜台上面是留有营业窗孔的木栅栏。柜房的后面，是"暗房"；再后面，是正厅、客房和后厅。正厅的东面，是厨房和客房。整个的二楼，都是"号房"，亦即盛放当物的库房。在当铺柜房通往二楼的门口供着两个神位，一个是"火神"，另一个是"号神"。当地传说，清代以前镇上的当铺是不能养猫的，原因在于猫是"耗子"亦即"号神"的克星。进入柜房和大厅，房子里按照原样陈设着"朝奉"验货、收当等营业时坐的高木凳。由于柜台太高，那木凳较比普通凳子高出十多厘米，"朝奉"坐在上面脚沾不着地板。再就是挂着卷包绳儿的"卷包床"，收当后在床上卷包、编号之后就送到楼上的"号房"保管起来了。"卷包床"一边的墙上，挂的是用《千字文》为序的"号板"。上得二楼"号房"，里面除了一排置放贵重当物的"首饰柜"，更多的则是按编号有序存放当物的货架子。

乌镇"汇源当"号房的
收当物品货架

乌镇"汇源当"供奉"火神""号神"神牌

义乌位于浙江省中部，地处金衢盆地东缘，东与东阳，南和永康市、武义县、金华县、兰溪市、浦江县、诸暨市相邻，是秦嬴政二十五年（公元前 222 年）开始设置的江南山乡古镇。义乌辖内有个柳村，柳村有个与典当业直接相关的别称，叫作"当典里"。相传，清代乾隆年间，柳村有位杨永伸，字舒远，号畅斋。杨永伸膝下有五个儿子。长子杨思堆，20 岁时就到兰溪做佣工谋生，他为人忠厚

乌镇"汇源当"首饰柜

朴实，颇得客商的信赖。这一年，苏州有位客商到义乌收购大枣，以枣花论价。那年，正值枣子丰收的大年，枣花如雪。谁曾想，签订下契约不久，却一连下了半个月的暴雨，十里八村儿的枣花几乎全都落得精光。那位无可奈何快快而去的苏州客商途经兰溪时，偏偏又把盘缠给丢了。恰巧，正被忠厚老实、拾金不昧的杨思堆给拣到了，并把银两如数归还了原主。深受感动的那位客商，一时无以回报，便随手把原所签订的买枣契约回赠给了这位杨思堆。巧就巧在没曾想那遭受暴雨的枣树花开二度，当年的"枣秋"之季，仍然是硕果累累，大丰收。结果，杨思堆喜出望外地发了一大笔意外之财。为此，他还特地带了数船加工后的成品南枣到苏州，答谢那位客商。通过在苏州一时传为佳话的这件事，杨思堆的为人品格赢得了许多大客商的出资扶持。

有了雄厚的资本支持，他开始改做典当生意。到清乾隆四十九年（1784）时，杨思堆先后在义乌的柳村、稠城、佛堂，东阳

县城，浦江黄宅等地开设了数座当铺。传说，他设在浦江黄宅的典当行，由于经营得当，曾经一度抢占了浦江典当生意的相当份额，并由此而引起了当地一些当铺老板的忌恨。他们暗地里串通起来，采取用自己铺里收当的他人财物转当到杨思堆的当铺，企图挤兑杨思堆的当铺因为付不出当金而下不了台。果然，短短几天之内，杨思堆当铺的日经营额迅速暴涨，一时间库存银两告罄。当地的典商们于是就鼓动一些人上门

当铺朝奉在卷当打包

闹事，雇了一些地痞无赖起哄："没钱做生意就滚回义乌去！"并扬言要砸当铺。杨思堆接到急报之后，火速筹集了 40 筐银两，分载了 20 辆手推车押往浦江黄宅当铺。不料，车子行到浦江城区街头，一位车夫不慎绊倒，车上的银子洒落一地。押送的伙计们只好纷纷去拾，无形中也就耽误了行程。这时，骑着高头大马走在车队前面的杨思堆传话下来，说："黄宅那边催得很紧，洒落的银子让别人拾去一些没有关系，还是赶路要紧！"这信息立即就传到了一直在密切关注事态的浦江黄宅当地当铺老板们的耳中，不觉惊叹杨思堆竟有如此雄厚的财力，恐怕继续弄下去难免会弄巧成拙，"偷鸡不成反蚀米"，于是赶紧纷纷前去赎当。事实上，他们正是弄巧成拙了。因为，这样一来，足足让杨思堆的黄宅当铺大大地赚了一把。直到事情过去多年之后，当年那些挤兑

他的当铺老板们方才醒过腔儿来，当时，杨思堆只不过略施了一点小计而已。原来，那 40 筐银子当中，只是洒落的那两筐真正是装满了银两，其余的 38 筐都只是在大半筐的石块上面铺了一些碎银子作为伪装。发迹了的杨思堆，从乾隆至道光的数十年间，先后出资在家乡柳村建了花厅、东山家塾以及桂馨堂、攸芋堂、慎余堂、存厚堂、厅奖堂、锄经堂、漱润堂等设施，形成了一个颇具规模的宏大建筑群落。由于他是做典当生意发的迹，后来，人们就把柳村这里称作了"当典里"。

**2. 常州典当业①**

有文章写道：豆、木、钱、典被列为清末民初常州的四大行业，典当业是其中之一。典当业按其规模和性质可分为典、当、按、押、质和代当 6 种。常州的典当业从其经营范围和规模看大都属于当、押、质性质。典当业主大都是朝廷退职还乡的官僚及当地的殷实富绅，他们手头颇有点积蓄，想坐地生息，单靠置地收租获利太慢，且受年成好坏影响太大，靠投资经商风险又大，投资典当业既没有风险，因为有物押在手，获利又厚，最低时月息 3 分，高时 16 分，民国后期竟高达 60 分之多，所以趋之若鹜。据史料记载早在清乾隆三十年（1766 年）常州城乡就有当铺 55 家。道光二十二年（1842 年）有当铺 61 家，年征典税银即有305 两。同治六年（1867 年）城内由恽禹九、恽季申在史家弄开设的济丰当铺规模就比较大，以后陆续开业的有惠民桥的济恒，大井头的德源等。光绪年间，武进县有当铺 32 户，年征典税银160 两加耗银 11.2 两，阳湖县有当铺 29 户，年征典税银 145 两

---

① 薛达奇文，《常州晚报》2001 年 12 月 5 日第 15 版。

加耗银 10.15 两。到民国六年（1917 年）据武进商会统计常城乡有典当牌号 16 家，其资本额在 6 万—10 万之间，折合大米约在 1 万—1.6 万石之间，资金不足时还可向银行业借贷，所以当时典当实有架本（即当出资本总额）都在 15 万—30 万之间，旺季还有上升 1/3。民国二十一年（1932 年）当铺 16 家资本总额 68.10 万元，营业额达 331 万元。民国二十六年（1937 年）日军侵常，当铺大半被焚，损失巨大。日伪时，日本人和朝鲜人在常开设泰盛、泰兴、庆昌等当铺六七家，月息 6 分，手续费 1 分，期限 2 个月。随后也有 20 多家华商集资开办当铺，后因物价波动，黑市利息高达月息 20 分，营业日益萧条。抗战胜利前夕月息高达 60 分，仍赶不上物价上涨速度，当铺纷纷倒闭。抗战胜利初期，物价一度趋稳，呈请复业的当铺达 23 家。此后，不到一年，通货恶性膨胀，终因经不住物价狂涨的打击，再次倒闭。解放初，部分典当业失业员工集资兴办惠元、信大等 7 家当铺，资本总额 1.05 万元，后逐步增资到 3.6 万元，架本总额达 5.09 万元。1955 年因经营亏损有 3 家转业。1956 年在对资改造中成立常州小额质押贷款处。随着物价的趋稳，利息一降再降，由月息 1.5 分，降到 0.72 分。1966 年"文化大革命"破四旧被勒令关闭。从此，常州典当业画上了句号。

**3. 山海关当铺**[①]

清季到民国时期，山海关有 6 家当铺，清代的庆和当和公裕当，是比较大的两座；民国期间 4 座：义和当、敬合当、义福当和裕民公当，其中"裕民公当"是比较大的一家当铺。日伪时

---

① 刘建、刘学勤文，《秦皇岛晚报》2004 年 6 月 30 日。

期，日寇侵占了榆关，山海关的当铺大都停业。"榆关事变"后，日本人长野在南门外开了一个规模很大的当铺叫"长野当"，实质上是日本人在山海关的一个特务机关，主要的是刺探我军情报，为日本侵华和对山海关统治提供有利的战机。山海关的当铺大多设在城里，庆和当坐落在柴禾市西上坎，是一个典型的三进四合院，门房五间，坐北朝南，窗子都安上防盗铁栏杆，外上门板，大门厚重，钉钉铁皮里面十字闩杠。当铺的内部职务分工一般都是财东，总管、当家的，二缺、三缺、踩八角的就是：二掌柜、三掌柜的和伙计。另外账房称为先生。在当铺学艺的徒弟往往一般是学期三年，学徒要有人介绍，要有人保、铺保，才能进入当铺，三年之内没工钱，要写文书。当铺徒弟不受打骂、歧视，干一些卷当、取当，待客沏茶、掸柜台、抹桌子的活计，有时间还得练习毛笔字记账，打算盘，学业务。当铺收当时物品比较杂，除衣物、皮毛家具、金银外，还有一些专业较强的物品。例如：玉器、珍珠、古玩等。这些东西要有一定的鉴定知识才能收当，否则往往上当受骗。当票都写有赎当的时间、日期，到期不取，当铺按价值加息，利息一般2分5厘，期限24个月，逾期不取、不交利息被称为"死当"的物品由当铺自行处理，当铺利息规定"过五不过六"，如35天以内，按一个月计息，到了36天就按两个月计算。当铺是用安徽方言作为业内行话，比如：一、二、三、四、五、六、七、八、九、十，被称为么、按、搜、臊、歪、料、俏、笨、缴、勺。庆和当是个由清到民国的老字号，柜上为了分清职责，每个伙计都有代号，当票签上本人的代号，这号不是姓名而是按柜上规定。如：光、明、正、大、吉、祥、平、安等，以便出现问题追究责任。

**4. 太原典当业①**

民国时期，太原的典当业非常兴盛。据市政当局统计，1934年太原市批准注册的当铺有 10 家：元隆当（四岔楼）、晋和当（棉花巷）、隆记货店（上肖墙）、聚和当（东校尉营）、义隆当（上肖墙）、广和当（三桥街）、广益当（西夹巷）、庆丰当（开花市）、晋义当（棉花巷）、济仁当（上肖墙）。七七事变前，太原城内的当铺有十四五家。在小店、北格、向阳店、黄寨、兰村等地还有不少规模较小的当铺或由城内大当铺出资的"代当"。太原当铺中，四岔楼的元隆当和上肖墙的义隆当开张最早，太原当铺中，资金最雄厚、气魄最大的也是这两家，元隆当是由清末巨富、祁县人渠本翘出资创办的，义隆当其财东则为祁县乔家。其他比较有名的当数义和当，它开张于民国初年，资金为五万两银子，折合六万银元，原来是独资，后来合资，合资后最大的东家朵珍，曾是山西红门（洪帮）堂主，还担任过阎锡山的团长、旅长、师长。

1937 年后的日伪统治时期，典当业也被称为质当业。这时，"小押店"（大当铺多是一月开票，质押日期较长，不搞三五天短期的，而小当铺质押日期则比较短，有三五天的，有十多天的，一般不超过 30 天，这些小当铺和"代当"被称为"小押店"）开始盛行，这些小押店多是朝鲜浪人经营，仅在旧城街四道巷妓院区及大、小水巷，察院后料子馆（吸食鸦片处）及高丽妓院一

---

① 据政协太原市委员会文史资料研究委员会编印《太原文史资料》第十四辑，崔汉光整理。

带就有七八家小押店。新道街六号房院，日伪时期也被朝鲜浪人强占来开设"质店"。民国时的太原当铺利润十分稳定，一般只要不遭火灾、兵灾根本不会赔钱关门的。当铺的利润主要来自利息，月息通常是 1 分，也有 2 分或 3 分的。日伪时期的"小押当"，利息从 10 分起，高达 40 分。此外，当铺还有许多经营花样，一是"晨当晚赎"，这主要对穷人而言，一些人力车夫、搬运工、脚行，生活困难，家中没有粮食，常常在清早将衣被入当，质钱买粮，赚一天钱后，晚上再赎回来，这叫"晨当晚赎"。可即使这一天，也要付一个月的利息。如果到期未赎，过五天就要再加一个月利息。另一种是"死当"，"死当"就是当户因为没钱或者因为死亡、失踪无法赎取抵押品，当票过期，抵押品即归当铺所有，当铺有权处理。处理的方法，高档商品贵重财物卖给金银首饰行、珠宝行及估衣店、中、低档物品低价售与店员，或集中到庙会去卖。太原几家当铺的老板既开古董金店，又开估衣铺，它们和当铺结合起来，利润不可谓不丰。

而且，当铺所收的抵押品范围很广，但并不是任何物件都可以用来典当的，当铺不收土地房屋等不动产，但可以用契约文书抵押，大公司的股票也可抵押；笨重铁木器家具不收，但上好的楠木家具、大理石条案、太师椅等可通融；古玩字画不收，因为真假难辨，但如果通过鉴定，确是真品，还是非常欢迎的。有的当铺还规定，一般军用品不收，但真正的将校呢、马裤呢也还会收的。太原的各家当铺，除了经营典当外，都进行地下钱庄的洗钱活动，它吸收游资办存款，利息高于银行钱庄，办理无抵押的信用贷款，它向银行号庄以一分利贷进，又以二分至三分，甚至高达五分贷出。而且当铺的手续较简单，很受人欢迎。一些从银行、号庄贷不到款的客户，纷纷向当铺贷款。在 1945 年日本无条件投降后，由于物资紧张，相同商品在不同地区之间差价很大，而且物价一日三涨，早晚市价不同，所以当铺又搞投机倒把，有的还大搞黄金、美元及白洋的贩卖活动。有的还囤积大量棉纱、面粉、纸张、布匹，其利润较典当要高几百倍。可谓一本万利。

在七七事变前，太原的典当业还有一种迷信，就是腊月三十关门时最后一位当户及正月初一开门时的第一位当户（称为天字第一号），要求质当多少，便立即写当票给贷多少，不打折扣，不起争执，这表示善始善终，取个吉利。

**5. 山西平遥汇源当**[1]

清代前期，全国开设典当最多的省份是山西。清康熙年间，全国总有当铺 22357 座，山西有 4695 座，占全国总数的 21%；平遥有 60 余座，约占全省总数的 7%—8%。据对清咸丰三年的统计，在北京开设当铺的，晋商占了 60%。

据认为，平遥城里（西大街 49 号）的汇源当，是清代规模最大、信誉最高的一家当铺，现在辟为平遥典当博物馆，通过展示馆内汇集的大量实物资料，生动地介绍典当业的起源、发展及衰败的过程，以及本行业的特征和经营特点。汇源当创办于清乾隆十八（1753）至民国十八年（1929）歇业，经历了 176 年的历史，由平遥乔家山的乔鼎元开设，乔家以前是靠在外做官开始起

① 详见平遥汇源当博物馆的"汇源当简介"网页。(http://huiyuandang.pingyaotrip. com/chinese/n/)。

家的，从第五代开设当铺。

**汇源当建筑结构**

**当厅** 汇源当前后共三进院，坐北朝南，布局合理，结构严谨，为"目"字形院落，整个院落是临街而设，前院是当时外缺人员在前线与顾客直接洽谈办理业务的地方。后院是后勤人员工作的办公场所及仓库。从建筑形式上看，当铺建筑物具有明显的封闭性，崇垣环围，窗棂狭小，但坚固无比，处在街市屋群之中，其建筑高大挺拔，深墙厚院，独具特色。

**营业室** 典当业对外营业室一般是由三到四人组成，它们仅次于铺中经理的地位，是当铺的中坚力量，专门负责验收定价，决定收当与否，直接与顾客交易，只管对外营业，不负责当铺内部事务，故旧时行内称为"脸朝外"的人，其中，以辨别典押物真假良劣的能力最为关键，因此，营业员的要求甚高，按责权大小，能力高低，分为头柜、二柜、三柜、四柜，其中以头柜最为重要，是个业务经验丰富，倍熟人情事故，办事精干老练而圆滑的行家里手。当铺经营好坏，头柜至关重要，三柜又叫三掌柜，是当铺的中级营业员，地位与首柜、二柜相差甚远，一般专门负责赎当工作，责任相对较小，实际是总务性质的差事，哪缺哪补，头柜、三柜站于铺面柜台前工作，二柜、四柜在二柜房工作，柜房内设一张红木八仙桌，放置取赎单据和登录本，周围有四张小板凳，为中缺写票员和内缺管账员在前线工作时所用，他们的工作流程为：业务成交时由营业员拿当物来账桌前掣一号牌，高唱报账，写票员根据所报物品和金额，开具当票，接着由管钱的负责付款，待以上手续办齐以后，将当票和钱一并交给顾客。

二柜房是当小件物品与不动产的典当，二柜也叫二缺，称为二掌柜，主要职责是协助首柜处理日常业务，并在首柜缺席时，负责代行其职，许多二柜无论是知识还是能力均不在首柜之下，是典当业中的关键性人物。四柜也叫帮柜，是当铺的低级营业员，地位远在三柜之下，一般负责处理当铺杂物，业务上很少参与意见，大多的时间站在二柜房工作，协助二柜负责一些小件物品的典赎。典当业的营业时间采用夏秋两季更换制，夏季从早五点到晚八点，十五个小时，称之为"五八下"；而秋季则改为从早八点至晚五点，九个小时称之为"倒打五八下"，可谓争分夺秒，时间就是金钱。营业时铺内员工不仅需有一套识货估价的好本领，更得具备一套"好缸口"，即能说会道的好口才，因为每项业务虽说少当则少赎，但来这里的人大多是急等钱用的，希望能多者故须往反协商，磨牙斗嘴，有时，还得请经理人看货评价，称为"过眼"，成交以后，高唱写票，称"报账"，眼力与口才缺一不可，技术含量高，业务要求精准，所以旧时行内流传着一句顺口溜"当铺饭，真难吃，站柜台，下地狱，没有金鸡独立功，莫来这里当长工"，深刻地反映了其工作的难度。营业要准确合理地估价，是典当过程中最难做最关键的一环，因为估价需考虑物品本身的质量、性能、特征，又要考虑到估价时物品的市场行情，供求状况，市场物价上涨与下跌的因素，尤为困难的是有些物品的价值无法从物品外观上给予估算，这就要求营业员必须具有某种专业知识，按照惯例，一些大宗业务都必须由首柜来经手，其他人员则处理取赎手续，核对收款。

**客房**　为接待来访和持有大宗业务的顾客而设，室内的布置略同于一般的接待室，同时也有贵宾的休息室。

**内缺房**　西厢房是内缺房，是内勤工作人员的工作场所，内部管理员划分为保管和财务两个部门。保管专门负责当铺所抵押物品的收藏，检查及存取事宜，又分为管首饰和管包两个工作的岗位。管首饰是当铺的专职保管人员，责任十分重大，通常挑选极为信任之人担任此职，并且要求绝对忠实可靠，因为首饰房是用来保管珍贵物品的库房，是当铺内的禁区，非指定人员不得擅入。管包是当铺普通库房的专职保管人员，业务量最大，负责衣

旧时北京某典当行的库房外景照片

服、铜锡、钟表、器皿等类物品的，码放存储及日常保管。而财务专门负责当铺一切银钱进出及账目管理，由管账、管钱的组成，管账员即会计，是当铺财务部门的核心人员，也是当铺维持日常经营活动正常开展的下账，尊称为"先生"，担任此职均需精通财务，负责当铺每日的流水收入情况，编排账目，分类造册，还负责月、季、节等汇报总表，协助经理掌握当铺资本的增减，利益盈亏的

旧时北京某典当行的库房内景照片

具体数据，为其在经营范围，放款数量，利息高低等方面提供必要决策依据。因此颇受经理赏识和信任。有时还因业务的繁忙而设有帮账，管钱者则起着对外营业内部结算的桥梁作用，责任重大，工作繁忙，当铺的利率高低与当期长短一样，是典当双方损益之晴雨表。典当行支付典押人典金后，按该典金数额向典押人收取一定比例的利息，通常是按月计息的。

南京大学收藏典当账簿之一

在清朝后期，利率多为二分，高者不过二分五，低者仅一分五，民国以后，逐渐增高，由二分升至二分五，后来又升至三分，也有按当物价值高低与当额大小区别对待。即使当天回赎，也要付一个月的利息，以后每月可让五天，名为"过五"，即一个月零五天仍为一月，到了第六天，就成为死当。

当铺每天早晨七八点钟开门营业，由管钱者分发各伙友银钱若干，以备营业时周转资金所用，各部都备有一定的账簿，由专员看管，经手之收付，现款数目受押物品，到

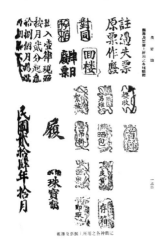

民国年间某典当账簿和票据上所用的各种印鉴

晚间停止营业时，结一总数并结出当日出本若干，取利若干，与手中的现款，并缴入钱房，由管钱者集中登入账簿，并查对各伙友缴入现款与账簿上的是否相符，有无错误，一方面核对，一方面叫号，其特征是：口唱号码、名目，当本门账以及与其他的账簿的核对，声音另有韵调，街上行上都能听到。核对相符以后，由主管人盖印戳记，由管包者将押物按顺序，分类存入库房。当铺每年都需盘货一次，为避免发生弊端及错误，由东家在冬腊月亲自举行。

**号房**　号房，是专门用于保管除珍品以外，全部架货财产的地方。里面竹木搭设架子，架子分层分格，名为"架眼"，两排架子中间有一条走道，名为"号桶子"。

**更夫房**　更夫房是当铺所特有的用于值更守业人员夜间值勤、白天休息的房间，更夫直称伙计，素称司更，是当铺专门聘请负责巡更守夜的人，类似于现今的警卫，值勤兼开门、上门、生火、扫地甚至帮厨。

**地窨**　1900年八国联军入侵北京时，百姓的生活不得安宁，平遥老百姓在自家院中挖设有不同大小的地窨，以备藏身之用。而当铺设置此地窨，是为存放一些资本银钱。在以前是隐蔽式的，开发为博物馆之后才公开。窨内供奉着地藏王菩萨和他的左右胁侍神道明和闵公。

**中缺房**　中缺房是当铺下层员工工作的地方，地位远在外缺、内缺之下，包括写票、清票、卷包、挂牌四个不同的工作性质，是收赎和保管双方的中间环节。

### 6. 兴化典当巷与"万兴大典"

在历史文化名城兴化的历史上，工商金融业都很兴盛繁荣。明万历二十三年（1595），江宁府句容县戴家边商人杨达斯、杨宜卿率其家族来兴化创办"元顺"油坊、油店，同时开设了"和太""和丰"两爿当铺。清咸丰元年（1851），祖籍高邮的扬州盐商李半园在兴化四牌楼东侧创办"德本大典"，传至其孙李小波后，于民国初年歇业。其后，杨春华又在"金东门"城外，创建"乾源""恒源""庆衡"三爿大典。其中，历史最为悠久、规模最为巨大、典当范围最为广泛、融资资金最为丰厚、最负盛名的当数位于北城外大街上的创建于清乾隆年间的"万兴大典"了。

正月下　正月中　正月上　賣訖　留取

民国年间某典当账簿和票据上所用的各种戳记

"万兴大典"坐落于北城外大街与当典巷交叉处，占地近4000平方米，建筑面积2736平方米，占据东西近250米当典巷的北侧一边，是一组建筑布局十分合理、结构特别奇巧、造型尤为独特的，用上等杉木、大青砖精心设计施工的融江南、徽式建筑风格并集当时国家及地方仓储、保密机构建筑特点之大全的建筑群。全部建筑群共有大小院落7座、大小天井9个、上下楼房屋64间以及与之相配套的平房用房12间，外加门楼、营业店面等辅助建筑共有近百间房舍。自上向下俯瞰"万兴大典"，恰似三个既重叠又分开的"日"字形状。其保管当物的库房，在广为借鉴了苏、粤、桂等地钱庄、当铺建筑物之长的基础上，高薪聘请本地及扬泰等地能工巧匠精心设计施工，系统而周到地做好防尘、防盗、防水、防湿、防火设施，每座楼之间除建有高高的防火马头墙（又称风火墙）之外，所有楼层屋面木椽上面都钉有非常紧密的，经防潮、防蛀处理过的竹篾帘子。同时，在建筑群的三座有分有合的楼宇之间，用若明若暗的通道连通。平时，上下、左右楼之间互为通畅无阻。一遇紧急情况，又可随时随地关

闭其中的门道而使其独成单元。这样就形成了楼串楼、楼连楼，明室与暗室相配套、大室与小室互交错、宛若迷宫的建筑格局。对于防盗、防抢来说，可谓固若金汤。有学者认

江苏省兴化万兴大典

为，它比目前尚在经营中的世界上最大的墨西哥怜悯山典当行（今为集团公司）历史更早、规模更大。

"万兴大典"的业主王志广（约1701—1771），字方永，号秋浦。王氏家族世居兴化北城外，其父王凤喜（人称王九）为鱼贩出身。王志广少年贫苦，但聪明智慧，于乾隆年间以"例士"授南河漕运（衙署设在今淮安市楚州区）同知，后又任广西柳州、梧州知府。最后官至管辖柳州、梧州二府的苍梧道守道（正四品），并诰授中宪大夫。由于他为官清正、廉明，兴化四牌楼上悬有旌表他为"粤西召杜"的牌匾。同时，兴化城民间至今仍然流传着"王九之子做知府——万想不到"的歇后语。王志广在几十年官宦生涯中不但积聚了很多财富，而且还养成了较为发达的商业头脑，故他在买田建房的同时，不忘经商发财的念头。他在辞官回乡后，从兴化发达的工商业中寻找到有着无限商机且有利

可图的典当行业，于是他就在自家（即"王府"）附近购地建房创建了"万兴大典"。

由于王志广奉行诚信经商、童叟无欺的经营之道，经营范围之广、服务质量之高，均属当时兴化城典当业之首。不仅经营金银器皿、首饰、古玩古物、名人字画，还包括有价票据、田地房产及其契约各类货物；营业地域所及，北起盐阜、南至扬泰广大城乡地区。"万兴大典"之所以享誉苏中苏北而生意兴隆、长久不衰，更重要的还有其几代业主都善于选用专门人才；无论是柜前的"朝奉"还是库房保管人员，均坚持聘用既有典当经验学识又有敬业奉献精神的人才。其中的大多数经理亦即"朝奉"，都来自著名的典商之乡安徽。因而，其"财运长久"，自清乾隆年间至二十世纪三十年代末日寇入侵兴化前夕，先后传至六代，时间长达 200 年之久，成为兴化地区典当行业的重要支柱。①

**7. 温州典当业**②

宋代温州就有了典当业。据知，此时的温州典当业以收取抵押品而借款与人为己职，借款多少，按抵押品的估价而定，到期不赎，抵押品归当铺所有。它凭借款利息及拍卖赎品来维持经营，因其能解决典当人经济上的燃眉之急，故能长期生存。南宋淳熙五年（1178），乐清县令袁采在《袁氏世范》卷下《治家》中云："今若以中制论之，质库月息自二分至四分，贷钱月息自三分至五分，贷谷以一熟论，自三分至五分，取之亦不为虐，还者亦可无词。典质之家至有月息什而取一者。"这里虽然有实物

---

①　兴化新闻信息中心·昭阳故事·地方掌故·兴化老字号（三），张从义、张培元文 2005-4-26http://home.jsinfo.net/xinhua/web/zhengfu/xinghua/Html/2005426194241-1.html。

②　俞光《温州典当业源远流长》，《温州日报》2003 年 12 月 13 日。

金融因保存物品占用库房、存在损耗、物品估价有风险等促使经营成本较高的因素，但是10%的月息毕竟太高，这无疑是一种高利贷，显示出典当业在高息时盘剥百姓的一面。而且，宋代的温州，也有不以营利为目的公益性典当。据王瓒等撰明《弘治温州府志》卷一二《人物》三载："陈光庭，乐清人，嘉熙庚子（1240）大旱，岁饥，死、徙不可胜计。光庭创东、西二仓，节己口腹，聚谷于中，令里人以物质谷，不取其息。春耕则纳质以取谷，秋收敛则纳谷而取质，民咸德之。"

据认为，至清代，温州典当业更加兴盛，乾隆初年（约1736），永嘉城内设善赉当铺；嘉庆间（1796—1820），瑞安县城设大赉当铺；道光元年（1821），乐清县大荆镇设张氏当店，五年，永嘉城区设德丰当铺；同治二年（1863），永嘉城区又设仁和当店；同治间（1862—1874），平阳县设鼎盛当店；光绪间（1875—1908），永嘉城区相继开设通济当店、公大当店，平阳县金乡镇亦设殷大同典当。此外，温州城乡还有为数不少的代当（当店的代理者）。

由于市场竞争的结果，清代温州典当业的利率已趋于正常。道光二十一年二月底，瑞安赵钧在《过来语》中记道："瓯俗典铺起息，比省会重三倍有余，如当钱三十五千，一月该利八百七十五文，省会五十两，八厘起息，一月只合二百八十文。"这里要说明的是，清代对典当业的利率有统一的规定，省会典铺的利率仅八厘，为温州的三分之一，似不大可能。是否作者将省会钱庄利率误为典当利率，或者当银利率与当物利率有别？但是，他提供了这样的史实：当时温州典铺（代当）当钱三十五千文，月利八百七十五文，即月息2.5%，按通俗的说法，月息二分五厘，比宋代已大幅度下降了。正因为典当的经营成本较高，加之利率比前大有下降，故当店并非都能盈利。如乐清大荆张氏当店开设后，由于规模过大、人员过多，造成资金浪费，同时辨别贵重物品的真伪和质量时常有失误，以致经济损失严重，在苦撑四年后，不得不将当店廉价变卖给金氏。此外，战乱及社会动荡时，当店往往遭受其害。道光二十六年七月初二，《过来语》又记道："昨夜海安所（代）当铺，突来数十人行劫，得长桥人相救而遁。"同治元年，太平天国义军占据大荆当店达 3 个月之久，太平军撤走后，地方恶棍放火烧毁当店，致使大荆当店在苦心经营 41 年后，不得不关闭。

清末，永嘉县署《温州府永嘉县光绪三十四年实业统计表》提供了当时永嘉县典当业较完整的统计数字。该年永嘉县有当店 5 家：善赟、德丰、仁和、通济、公大，共有房舍 135 方丈（即 1500 平方米）、143 间，总资本 11 万余两。店主分别来自宁波、瑞安、永嘉，经理聘请宁波、永嘉人担任。店伙合计 93 人，杂役 20 人，贷出资财 56 万两，行息率二分三厘，止赎期限 27 个月，合计年盈利 5000 两，各店每年四季节缴官规费 40 元，当、赎物品有金银、珠玉、铜锡、绸纱、丝布、衣服等类共 400 多种。由此可知，当时永嘉县典当业的资本利润率为 4.5%，并不算高，也可能在填表时店主有所保留。《温州市金融志》还指出，在当期内，物主可随时付本利取赎，不满 1 月者，按整月计息，到期不赎，当店即可没收典当物拍卖抵偿。当物的估价，由店方当面讲定，不容讨价还价。柜面定价后，出具当票，以作取赎凭证。典当人因不慎遗失当票，只要注明该票的花色、当本、日期，可以挂失，但赎回时需有担保。此外，有下述情况不受当：典当物属公物或贼赃；典当人形迹可疑者；珍奇物件不能估定其价值者。

## 8. 扬州当典业

清林溥竹枝词《扬州西山小志》的《市肆诗一首》之三咏道："便民何事最相宜，周制经营重质剂。鼎峙由来三解库，就中开闭更谁知。"随词注云："西乡以陈家集为适中，故旧有解库

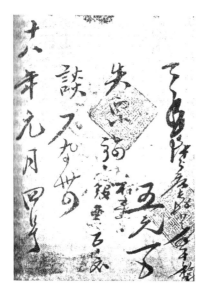

某典当 1929 年的一份挂失票

三家，他镇典质者皆赴之。西街一家，南街一家，此皆道光间新开设，已前多不可考矣。咸丰癸丑，粤匪陷郡城，各镇戒严，捐务纷至，闭歇居多，集中德茂、增兴二典，亦俱止当矣。""解库三家"，即指当时三家著名当铺。"德茂、增兴二典"，当属当时的著名当铺。

据认为扬州历史最为悠久的当铺，见于乾隆年间扬州城区运司街口。其根据，则是乾隆年间董伟业写的《扬州竹枝词》。董氏《扬州竹枝词》有两处咏及典当，一是说"嗜饮耽吟王侠儒，相寻相遇便提壶；那堪近日贫兼病，典尽图书酒不沽"，说的是当时一位嗜好"杯中物"的儒士，为解贫病交加之困而上典当典尽了赖以生计的家藏书籍，一时间已经顾及不上"杯中物"矣。此例说明，当时扬州的典当业还是很"便民"的。再就是他在吟咏市肆著名商家如"伍少西家绒袜贵，戴和美店看毡鞋"时，破题首句则咏及"运

司门口查原当"。显然，当时的"运司门口"应是一座或数座当铺的所在。也就是说，乾隆年间那里的当铺当是扬州早期的典当，唯惜董氏《扬州竹枝词》未能咏及当年那里的当铺字号。应予指出的是，视其所言，这三座扬州当铺显然未必就是当年"运司门口查原当"所咏当铺。不过，倒也说明自清初以来扬州的典当业一直比较发达。之所以如此，有其市场需求使然。

后世有人感叹"运司门口查原当"，可惜未留下这家当铺的招牌名称。不过却据此推测，后人但知这家当铺屡经改组，屡换招牌，直到光绪四年（1878），改称阜成当铺。独资15万元，经理崔益稔。民国三年（1914）经理为袁仲廉。民国十五年，由周谷仞出面，改组为阜成公，有常州大成纱厂民族资本家刘国钧的投资，资本八万元，股东刘幼培、刘居仁，经理崔兰生。民国二十一年（1932），该典又恢复阜成的原有招牌，东家刘叔培，仍由崔兰生当经理，有职工50余人，房屋有百间左右，由于资金雄厚，架本常在20万元左右，深得社会金融界的信任。民国二十六年（1937）冬，扬州沦陷，城区的当铺仅阜成"硕果仅存"，由周谷仞之子周积成任经理，因向交通银行和伪中央储备银行承做抵押透支，后因受伪中储券比价影响，难以维持，于民国三十一年（1942）后，宣告闭歇。该典职工为维持生计，推举吴仲英就原址重新组建，改名为裕民典，于扬州解放前停业。作家郁达夫的夫人王映霞与郁离婚后所嫁的钟贤道，抗战前曾在阜成典担任过"内缺"的职务，解放初，他偕夫人王映霞来扬州，重访阜成这一百年老典的旧址，并会晤了吴仲英，游览了瘦西湖。①

--------

① 本段及以下内容详请参郑红《扬州的三家当典》，今日扬州网/扬州老字号/http://www.yztoday.com/laozihao/index.htm。

　　江西人陈简亭1922年在石牌楼独资创办的敦吉当铺，注册资本金先是25万元，1934年则增资为30万元，经理赵伯昂，规模仅次于朱长龄典，有房屋50间，职工50余人。自朱长龄典闭歇后，不论从自有资金还是从营业额的角度看，城区内的当铺要算他是第一位。自开业以来，逐年均有盈余，民国二十年（1931）后，每年盈余一万余元。民国二十六年（1937），日寇侵华，扬州的一些富商大户避居四乡，纷将家藏的珍贵古玩、金银器皿以及带不走的四季衣服送往敦吉典寄当。冬月十二月（12月14日），日寇进入扬州城，首先冲入石牌楼敦吉当铺的大门，进行抢掠。随之有大批平民百姓涌入哄抢衣物，日寇当场打死一人，继在三祝巷口追击与堵截，又打死一人。入夜，日寇复纵火烧毁了敦吉典的全部房屋。一时间火光烛天，东至皮市街，西至教场，南至丁家湾，北至东关街，都看得见一片熊熊大火。扬州市区实力最雄厚、收当衣物最多的敦吉当铺，竟成为废墟，直到20世纪50年代初，那里依然是一片瓦砾场。如今，犹有不少老人痛心地追忆与谈论着这家老字号被焚掠的往事。

　　据知，比较上述两座当铺开设更早的是朱长龄当铺，其前身为朱、魏二姓合资开设的吉祥典，后盘让给江西人朱长龄独资经营，典址设在埂子街，今其地尚有"当典巷"的名称，供人指认。其具体开设时间不详，但知清代扬州官府常有公帑发典生息，盐运司每月待发的恤嫠、育婴款，江都县义仓每年的积谷款，就曾明文规定发交该典生息，使它得以扩大经营周转，虽历政局的变幻或经济萧条的冲击，其经营的生命力一直延至民国年间而未衰。该典架本40万元，浮存经常保持在20万元以上，拥有职工60余人。民国三年（1914），经理朱鲁臣，继任者为安徽旌德人朱伯彤，故其内部管理及经营形式，一直保持着徽商遗留下的格局。人入其境，但见牢狱式的大门，一人多高的柜台，长声慢气的朝奉，昆曲韵白式的报账，快书连珠调式的叫号，以及符箓般的当票，无一不使人油然而生发出一种特殊的阴沉感与神秘感。民国十六年（1927）北伐战争胜利后，扬州典业工会掀起涨资风潮，朱长龄系独资，慑于当时工运的蓬勃发展与本典职工的发难，于民国十八年（1929）十月，经股东代表陈少云呈请歇业，几经交涉，终于民国十九年（1930）宣布清理闭歇，每个职工分给三千至四千银元的遣散费，家在外地的另给川资，当户未赎的当物由留守人员继续办理赎当。同年将房屋及地基售与盐商萧怡丰的遗孀萧老太太，建造愿生寺，作为长生寺住持可端和尚的下院。朱长龄典当闭歇时有架本 60 万元，出售房地产后，又收回一笔资金，故扬州人说："别家是穷关门，朱长龄是富关门。"

### 9. 苏州典当业①

典业是商业的影子，商业发展到哪里，典业就跟着发展到哪里。明清时期徽州典当业在长江三角洲这一商品经济发达的地区有着较为普遍的分布和高度发展，这在商业繁荣、人口集中的大城市尤为突出，扬州、南京、苏州和上海是徽州典当业集中分布的地区。明代中期以来，苏州的商业已经相当兴盛，万历时有人称之为江南首郡，"财赋粤区，商贩之所走集，货财之所辐辏，游手游食之辈，异言异服之徒，无不托足而潜处焉。名为府，其实一大都会也"。进入清代，苏州的城市经济更是达到了高度繁

---

① 徐玲《明清以来徽州典当业在城市的分布和发展》，《徽州社会科学》2004年第 1 期。

荣阶段。清代孙嘉淦《南游记》中有这样的描述："姑苏控三江，跨五湖而通海，阊门内外，居货山积，行人水流，列肆招牌，灿若云锦，语其繁华，都门不逮。"完成于乾隆二十四年九月的写实画卷《盛世滋生图》（又名《姑苏繁华图》）非常直观地向我们展示了这一盛况：画面有熙来攘往的人物一万二千多人，可辨认的商铺二百三十余家，主要涉及的行业有丝绸业、棉布（花）业、染料（坊）业、蜡烛业、烟草业、餐饮业、典当钱庄业等五十余个，清代前期苏州工商业的繁荣景象跃然纸上。

　　在苏州档案馆保存着清末民初几份典当业统计资料，它们分别是《苏州商务总会题名表·典当业》（光绪三十四年）、《苏州商务总会题名表·典当业》（宣统二年编刊）、《江苏全省典业商号经理姓氏营业所一览表》（民国二年）、《吴县县商会名录·典当业》（民国十七年）、《吴县典业同业公会第二届会员登记调查一览表》（民国二十二年）、《吴县质业同业公会会员名册》（民国三十四年）、《吴县典当商业同业公会会员名册》（民国三十六年），这些典业登记名册同时记录了店址所在，虽然统计会有缺漏，但是正规典当均有登记，可以从一定程度上反映清末民初苏州典当业的分布状况。将登记表中的店址一一标识到地图上，我们可以发现，这一时期，苏州城区典当业主要集中在三大区域（均为今地名）：一、从虎丘到阊门的山塘街和从枫桥到阊门的枫桥路的阊门内外；二、以玄妙观为中心，北起中市街、南到道前街十梓街，西起学士街、东至平江路的市中心区域，包括其中的主要纵横大街；三、胥门、盘门、葑门、娄门、齐门内外。这一分布与上文所述苏州的商业繁华区相当吻合，在此基础上还增加了水陆交通便利的几个城门内外。这充分证明，典当业虽然不是原生性行业，不经营自然物产，但是它仍然往热闹的区域聚集，寄生在这些商业经济高度发达的区域中，在寻求自身生存发展的同时，也为其他行业提供便利。

# 第三章

# 典当行事与典当文化

一位香港学者，在对典当业进行一番研究之后，不无感叹地写道："中国典当制度，颇富科学管理精神。典当铺的内部组织，分工很细，纪律甚严，故效率高而弊端少。……可惜此一科学管理技术，没有受到士人的注意，而应用到传统藏书楼及工商管理方面去。否则中国的管理科学，早就在本土上生根发芽了。"① 所言不无道理。

　　的确，我们这个古老的农业文化大国，由于封建制的漫长历史，闭关锁国太久了，一旦打开瞭望世界的窗口，真有令人眼花缭乱、应接不暇的新鲜之感。世界本来就是在交流中获得协调、平衡和进步的。当代众多经济发达国家的科学成就，应予及时吸收、利用。然而，也不能因此完全弃置或否定我们文化传统中的精华与成功经验，二者不可偏废。否则，当我们向有些西方著名成功企业学习，发现人家竟然灵活运用了《周易》原理或《孙子兵法》等经典来管理企业时，你又会作何感想呢！我以为，阿伦·A. 肯尼迪在为他与特伦斯·迪尔合著的《公司文化》中译本写的序言

---

① 罗炳绵《近代中国典当业的社会意义及其类别与税捐》。

中说的，还是公允的，也颇令人深思："敢于写，甚至于出版一部论述文化（甚至是各类公司文化）的中译本，对我来说是如此的鲁莽冒昧，以致羞愧难当。许多世纪以来，中华民族一直在教我们，我们现在所了解的文化。而且，作为一个民族，它的文化的世界性给我以深刻的印象。它的文化及其独特性正在更广泛地为世人所了解。人们已经开始有意识地把这一文化作为一种实体来进行建设，而不是忽视它，仅把它视作一种无关紧要的软资源。……我应就这个专题请教中国教师，而不是你们来读我所写的东西。"① 所说不乏客气意味，却让人感到实在。

中国一些经典可被国外借鉴乃至发展性地运用于企业管理中去，取得令人瞩目的成功。中国现代工业起步较晚，但千百年来的民族工商业管理中是否还有值得研究和发掘、借鉴的东西呢？我想，答案应该是肯定的。只不过是，这一点往往被忽略，进行这方面的研究、考察工作较少，或说还很不够。典当作为一种抵押借贷的高利贷行业，在我国已经有一千多年的历史了。文献史料所提供的零散信息也已表明，宋代以来尤其是明清以来，中国典当业已经是一个积累了丰富经营管理经验，并形成了本行业固有文化模式的行业。且不论其高利贷盘剥渔利，以及利弊诸项，仅就典当的组织管理、工作秩序和比较完整的规约制度来讲，也已显示出独有的营运机制与知识体系；加之各种相应的当行习俗惯制，已构成具有本土民族文化传统的特定行业文化模式。这种营运机制的核心在于尽可能有效地谋利，其特点是积极、紧张、严格、有序，其他均为此而产生和存在。

因而，考察、了解典当行事不止在于研究典当史所必须，而且还有助于发掘、辨析民族工商业的企业管理方面的经验，取其精华，去其糟粕，弘扬传统的企业精神，为现实社会经济建设服务。这同有选择地积极吸收、消化国外先进的现代化管理经验并不矛盾，而且相辅相成，是不可偏废的两个方面。显然，在借鉴外来经验的同时，深入发掘根植于本土文化的经验，给予科学的阐释，比单纯依靠"舶来品"的效应要好得多。当然，在现代科学眼光审视下的旧典当业的企业文化，未必尽如人意，肯定存在诸多痼疾或弊端，但历史总会给人以启迪或反思的，多视点地看待一件事物总会获得较多的信息。

## 第一节　典当类型

"典当""当铺"，是明清以来对各类典当业的一般性通称、泛指。根据历史上发生过的情况，按照产权拥有者的社会身份来区别，则可分为四大类型，即：（1）佛寺的长生库、寺库；（2）皇帝、皇室贵族的"皇当"；（3）官府或官僚资本的"官当"；（4）由商贾兼营或典商的"民当"。从分类学来讲，这种分类实际上属于发生学分类法。这种分类法，便于考察典当业与社会政治、经济方面的历史背景，研究相关的社会制度、经济政策。

此外，则习用形态学分类法。对于典当业的形态分类，主要是就其经营规模而言，兼及其他。近人徐珂《清稗类钞·农商类·典质业》云："典质业者，以物质钱之所也。最大者曰典，次曰质，又次曰押。典、质之性质略相等，赎期较长，取息较少，押则反是，所收大抵为盗贼之赃物也。"此即按形态分类。半个多世纪以前，亦有人就此视点为中国典当划分类别，摘录如下：

> 典当种类之分别，虽无一定明文可考，但据老于斯业者云，典、当、质、押四者之间，亦稍有数点可分，固非仅就资本大小为标准也。如云典者，今几与当混称，实则典为最大。在昔凡称为典者，其质物之额，并无限制。譬如有人以连城之璧，而质万千，其值固不止万千，则典铺决不能以财力不及，拒而不受。当铺则可以不受，盖当铺对于质贷之额，可有限也。逾其额限之数，虽值过数倍，当铺可婉辞而却质，此典与当之分别一也。典铺之柜台，必为一字形，而当铺应作曲尺形，盖典只有直柜，不设横柜，当则直柜与横柜并设，此典与当之分别二也。在前清季叶，闻可称为典者，尚有二铺，一在北京，一在南京，后皆因故自行收歇，以后典遂不存，当亦称典，质贷之额，固不能无限制，直柜横柜，更无定制，一以视财力之厚薄，而自为伸缩。一以视装修之便否，而定设备。故典与当，不特名词之混称，而实质上亦难以区别矣。至取利之高下，期限之长短，亦可稍示区别。如汉镇昔年二分取息，二十个月满当者，即称典。其余取息稍重，期限稍短，即称当。此因区域不同，而典当二者之分，亦稍异其旨也。

> 至质与押，则其规模视当犹小，当质之分，大抵在纳税上，如苏省当之领帖，需纳帖费五百元，质则只需三百元，押则只需一百元。其他地方公益慈善等捐，质押亦视典当为小。至押犹小于质，其期限极短，不过数月，其利息极重，多三分九扣。……是就原始之典当质押四者而言，则典之资本最大，

期限最长，利息最轻，押值亦较高。当次之，质又次之，押则适得其反耳。……故我国之典当业，虽有典当质押四种名称，第因时代之迁延，地域之暌隔，而欲严为区，盖亦难矣。

此外尚有所谓代当者，多设于乡曲小邑，领用典当之款以作资本，押得之货，再转押于典当，或将货运送至典当，或由典当派人监察，此则视双方所订契约而定。而典当患资金过剩，及当地不能以谋营业之发展者，借此得以运用其剩余之资金，法亦犹善。犹普通商店之有代理店也。①

迨至几年之后，宓公干著《典当论》时，则提出"我国典当，通常分典、当、质、按、押五种"，并称"山西、安徽称质，广东、福建称按"②，实际仍不外乎杨氏所说四种。据了解，"按之名称，民国后始见于《典税简章》（案：1914 年广东政府制定）。按店当期二年，为斯业较旧之组织。其始创想在民国以前"③。民国期间广东的典当业一般依资本大小和当期分为四种，即：当店，当期三年；按店，当期二年；大押，当期一年；小押，当期三至六个月。④ 据说，清季前，由于以白银为币制，金融较稳定，开设的多是以三年为赎期的当店。辛亥革命后，军阀各据一方，又逐渐使用纸币，金融动荡，当商为尽量避免损失，缩短赎期，改"当"为"按"。1913 年 3 月，新会县"礼和当"当商陈兆祥，即呈准改"当"为"按"。至 1932 年，此县会城镇的 34 家典当业，除押店和"广益当"等外，即美和、恒茂、元

---

① 杨肇遇《中国典当业》第 5—7 页，商务印书馆 1929 年 10 月初版。
② 《典当论》第 69 页。
③ 《典当论》第 217 页。
④ 据林仲荣、李达才《旧社会广东的当押业》，载《广东文史资料》第 13 辑。

和、同德等 10 余家按店。① 以典、当、质、押为名，多好理解，而以"按"为名，或缘方言文化之故，一般则难于解释。

有人根据《中国经济年鉴》（1932—1933 年）② 所载，1932 年时，上海有典铺 40 家、当铺 43 家、押店 84 家和质店 5 家，反驳杨肇遇《中国典当业》一书所谓至清季尚可称典者，仅北京、南京各一铺（详见上摘引的原文），而认为"清代以前，典与当分别殊为明显，民国以后就逐渐混淆难分"了③。然而，据上海市社会局于仅时隔三年（1935 年）填写一份《上海市典当业调查表》④，"种类"栏诸项又无"典"铺一类，唯"当、押、代当"而已。是受限于统一制订的调查表格而将典填入当类了呢，还是已无"典"铺了呢？尚难推究。若据当年《中国经济年鉴》所载，显然尚有 40 家"典"铺。

综鉴上述，笔者认为，清以前"典""当"或有分别，亦缘时、地而论，已难于就信史、文献考究确切。事实上，在明清文字及口语中，典当业的各种叫法大都混用，并无定制。具体的个别区分，则或专有缘故、背景。诸分类因素中，当期、利息等项，均受制、派生于所拥有的资本，而资本则制约着经营的规模大小、当物品类范围。所以，用形态学分别典当业，就清季民初以来一般情况，视其规模之大小，则有典当与质、押及小押、代当四种。

同时，依资本、产权所有制而论，又有公、私之别。据内政部民国二十年（1931 年）调查，全国江苏等十六省呈报县份 218

---

① 何卓坚《新会当押业》，载《广东文史资料》第 56 辑。
② 陈公博主编，实业部年鉴组纂辑，商务印书馆 1934 年初版。
③ 罗炳绵《近代中国典当业的社会意义及其类别与税捐》。
④ 系《典当论》作者宓公干转托中国征信所调查所得，详见是书第 263—264 页。

县中，官立典当 18 家。上海等十五市 8 家。合计全国官立典当 26 家。① 例如当时南京的市立公济公典：

> 南京在民国初年，尚有典当十余家。第二次革命之后，焚劫一空，升斗小民，称贷无门，度日维艰。时巡按使韩国钧向江苏全省典商预征典税三年，计十万元，并由省库拨款十万元，合成二十万元，设公济公典于城南珠宝廊（现改称白下路——原注）。该典于民国三年（1914 年）三月间开张，当时南京仅此一典，故营业异常发达。当户拥挤，日数千人。前门柜台，不敷应用，复于后门设柜应当。未及一月，放出当款达六万余元。……公济典于开创十年间，年有赢余。现在资本累积，达五十万元，公积金尚不在内。②

至于私典，一如前章所记天津商贾、大地主、军阀、官僚等所拥有、经营的典当业，即反映了民国以来一般概貌。

## 第二节　典当设施

在历来各类金融、工商设施中，典当业的设施，尤其是它的营业铺面的构造，是比较特殊的。最典型的，则是当铺的高大柜台。

1922 年冬，鲁迅在为其第一部小说集《呐喊》所作的自序中回忆道："我有四年多，曾经常常，——几乎是每天，出入于质铺和药店里，年纪可是忘却了，总之是药店的柜台正和我一样高，质铺的是比我高一倍，我从一倍高的柜台外送上衣服或首饰

---

① 《典当论》第 287 页。
② 《典当论》第 287 页。

丰子恺的漫画《高柜台》

去，在侮蔑里接了钱，再到一样高的柜台上给我久病的父亲去买药。"读至此，即使我想到丰子恺那幅题为《高柜台》的漫画。一个衣着褴褛的男孩子踮脚仰视典铺柜台前的朝奉，左手扶着柜板以求立稳，扬起的右手向上举起一包要当的东西，然而那被高高举起的当物尚未够及高柜台的上沿。尽管画面上的柜台并非鲁迅文中说的那样有他当时个子的一倍高，但亦约比画中男孩的个子高出一半。

日本学者宫尾茂，在其所著《支那街头风俗集》介绍到中国当铺时，亦注意到店堂前七八尺高、带围板的大柜台，当客举起手还仅仅伸到距离柜台上沿一尺多远的地方。足见其特征之明显。① 当然，在外国人眼里，那实在更感其高而不便，令之惊讶怪异。因为，他们尚未看惯这种柜台设施。

鲁迅生于清季光绪六年（1880 年），1902 年去日本留学，时年二十二岁。1922 年他撰《呐喊·自序》，当时回忆的少年时代其父病殁前，出入当铺的感受，已相去二十多年，还是清代末年的事。也就是说，据鲁迅少年时代的经历所见得知，典当铺面设

① 详见是书《支那看板集·质屋（当铺）》，（东京）实业之日本社，1939 年 5 月出版，第 8 页。

置高柜台之制，至迟于晚清即已存在了，民国以来仍沿行其制。

一如被誉为"近代中国走向世界第一人""诗界革命的一面旗帜"的黄遵宪①出身于屡代经营典当的大商人家庭，可顺便说及的是，鲁迅出身的绍兴周氏家族，亦曾"靠经商，特别是靠盘剥敲诈的当铺业而发家"；"在周氏家族子弟身上，流着商人与士大夫两种血液，遗传着这样两种不同的气质基因"②。其族叔周冠五写的《回忆鲁迅房族和社会环境 35 年间（1902—1936）的演变》，在述及周氏家族各色人等时，亦有所言及。

在浙江两级师范学堂
读书时期的鲁迅

宗祠中所接触的是哪些人物呢？粗率地观察分析，可说是行行皆有，色色俱全，薰莸同器，良莠互见。有官绅胥幕，地主奸商，有衙役地保，乞丐小偷，有媚富傲贫的钱猢狲（绍俗呼庄中人为钱猢狲，以其手腕敏活，动即为其攫去），有剥蚀贫民的镴夜壶（镴夜壶即绍人呼当［铺］"朝

① 黄遵宪（1848—1905），清道光二十八年三月二十四日（1848 年 4 月 27 日）出生在今广东梅州梅江区东山下市一个屡代经营典当的大商人家庭。其高祖黄润是开当铺的商人，其祖父黄际升亦早年弃儒从商，其父黄鸿藻，字砚宾，咸丰六年（1856）举人，曾任户部主事、广西知府。

② 彭定安《突破与超越——论鲁迅和他的同时代人》第 17 页，辽宁大学出版社 1987 年 7 月第 1 版。案：当时浙江典当业主要为安徽帮和绍兴帮所把持，周家典业显系绍兴帮。

奉"的鄙称,绍人呼"尿壶"为"夜壶",呼"锡"为
"镴",意味用锡制夜壶,锡即等于废料,不能改制他物,以
其臭不可闻也),……(下略)①

时去若干年代之后,少年鲁迅出入当地当铺之时,其家族业
已败落,那当铺恐已未必是周家所有。当然,即或是同宗族人所
有的当铺,恐亦是朝奉高居大柜之前,认钱认物不认人的。

典当业独特的高大柜台之制始于何时,已难究考,是否滥觞
于唐代僦柜的铺面陈设,尚难断言。杨肇遇在记述清季民初典当
"内部设备"时,曾写道:

> 典当大门之内,常陈列一巨大屏风,足以遮掩质物之人,
> 不为街衢行人所见,其故有二:可免市声之喧嚣,一也。以物
> 质钱,足见经济之困难。场面攸关,借屏以隐,人不易见,二
> 也。至柜高盈丈,无非为谨慎起见。柜式直曲,昔为典与当之
> 分别,今则视营业之大小,与装修之便否而定。受质之物,亦
> 须妥为收藏,故须装置货架,备首饰柜。货架多建于楼上,恒
> 以杉木为之,近亦间有以钢铁制者,架分若干格,视楼房之高
> 低而异。每格约高二尺,阔三尺,深一尺五寸之谱。底装薄
> 板,于架柱上签条标明字号,按次排入,故寻货时,极为便
> 利,两架相离,约容一人出入之地,首饰柜多以木制,取其成
> 本廉也。柜之大小不一致,内有抽屉多间,亦分字号贮藏,其
> 柜多置于管首饰者房中。其余如包房等,多在后进,以不碍营
> 业为得,此典当内部设备之大概也。②

---

① 转摘于上书第34页,"〔铺〕"字为本书所加。
② 《中国典当业》第15—16页。

《典当论》所载某典当的"号房"货架

不过，此仅一般情形，各地情形并不尽一致，如"柜高盈丈"，即唯杨氏一书所记。试看广东：

> （门里的）巨大木屏，所以遮蔽典质当物之人……屏后为当柜，高越人，上有木栅或铁枝屏蔽，以昭缜密，拒开当窗二，司柜司之，为当物出纳之所；当柜之内则为当厅，即营业之办事处，陈设极简；位当柜之后者为票台，此外则有折货床，床下暂贮日中当物，日中始运置当楼。[①]

另篇材料记述得更为详细：

> 当押店的建筑，是一种特殊的结构：当押店总门，一般

---

① 区季鸾《广东典当业》，中山大学调查处 1933 年出版。

都辟为两度不同方向的门口，由这门口进，经那门口出，成为一条通道。其用意：一方面是使该店的目标显眼，易引起来往人的注目。一方面使有些为着面子，不愿进当铺的人们，认为是通道，则进出也不成问题。大门口建大木栅或铁栅，大门内留一条巷，或一个空间，才到达当楼柜台。

当楼高出地面大约一个中等的人伸手仅到柜台为准。柜台下段用麻石为外墙，中间镶钢板，里面才砌三隅或五隅青砖。柜台上面到顶点，建造坚固的铁栏，内加一重铁丝网。柜台前面，开两个至三个窗口，仍有铁门可以开闭，也可以扩大，以便大件押物的进出。这个地方，一般名之为当楼。

当楼旁或经一条小巷进去第一度铁栅内，是一间大厅，为会客之用。厅后一所大空间，以贮放押入家私及笨重杂架。再进第二度铁栅内，一条长形冷巷，直到铺尾，才进第三度铁栅，里面便是当楼货仓。仓里构造如碌架床形，是贮放皮革，衣服，及细软货物；另建有火柜，以备春季开炉烤烘皮革，另设一大夹万，贮放金银珠宝及贵重饰物。凡贮放货物的货仓，四面是旱墙（不受天雨淋），以防潮湿。

当楼之上尚建有三楼或四楼，天面是平台，设备一千数百个大埕，内贮清水或沙土，如在乡间则贮白石灰，也有用竹筒载石灰者，为防火及御盗的准备。

建筑当店，必与四邻屋宇有相当距离，以防附近失火波及本店。临街的墙壁下段，用麻石砌成外围，中间隔以钢板，内里用三隅或五隅青砖筑砌内墙，以防盗匪挖掘墙壁。每层楼四面多开小窗，窗里四面砌小麻石，中间竖小铁枝，只使空气流通，虽小猫也不能进出，于必要时，可据作枪眼，以抵御盗匪进攻。这种坚固的建筑，在城市较简单一点，若在乡镇墟集等地方，通常建于扼要隘口，据作碉堡，并备有枪械弹药，以为防守之用。①

又如武汉典当的建筑设施：

当铺的房屋及一切设备，对保证安全防止天灾人祸，考虑得相当周到。房屋多半做的是风火墙，有的还是夹墙，夹墙之中用竹子作筋，浇以糯米浆。门板厚至三四寸，木质甚坚，外包铁皮，或加一层竹条用铆钉铆上。建筑坚固，屋内有宽大的楼房，也就是库房，房内是密密层层，以木柱或竹子装置如叠床式的架子，将收进的质押品（衣服等）分为"存箱"和"入楼"两类，按照收当的月份、字号，顺序放置于架上，每一件上系一个小木牌，牌上写明号码及当本金额。所谓"存箱"，并不是真的将衣物置于箱内存放，而是将衣物折叠成一个正方形，用一张牛皮纸一包，再用麻线一扎放在架上。所谓"入楼"，就是将衣服卷成一个约一尺二寸长的圆卷，用麻线一扎，系上木牌放入架上。至于金银首饰，则于内账房设有首饰库，将收进质押品按号用皮纸包成一个长方形小包，顺日顺号放入铁保险柜内。每家当铺除投保火险以外，店内还购备消防器械。

当铺的柜台与其他商店不同，柜台的高度达两公尺，在坚厚的木质外面还镶着竹条，在竹条上钉上密密麻麻的铁靴钉。这种钉子钉头圆大而厚，钉脚较长，质量牢靠，是特制

---

① 林仲荦、李达才《旧社会广东的当押业》，载《广东文史资料》第13辑。

的。柜台内面为柜房，装设较外面平地高两尺多的地板，这种设备，不仅防范森严，而且气势凌人。[1]

各类建筑设施，多因地域及行业因素而形成相对不同的地域性、行业性（即功能性）特征。典当业的建筑设施亦不例外，要受这些因素的制约，在大体相类的同时，又因地理文化环境而异。例如北方气候、温湿度，比南方干燥，即可不像南方典当那样特别强调防潮问题；而南方冬季远莫如北方寒冷，故无须备有取暖设施，亦无因取暖火炉不慎失火之虞。但典当业因其储藏来往钱财、细软，防火、防盗是首要的安全问题。一旦有失，非但造成损失，引起索赔纠纷，尚将影响信誉，破坏人们对其稳定可靠的信赖心理。因而，建筑与设施尽量坚固、完备、合理。由此，则又使之增添许多神秘的森严色彩，严如监狱或城堡似的。据知，有些典当为防盗窃劫掠，专门建有值更守夜的鼓楼。清顾禄《土风录》卷四"鼓楼"条即载："城隅有楼曰鼓楼，典质家亦起楼置鼓，以守夜。"

典当业财大招风惹眼，保证安全首先从建筑与设施等基础方面着手。前天津当业会长回忆说："在建筑方面，按当行旧制，所有城区老当商，均系自建高大坚固的铺房，铁门铁窗。库房、首饰房内部均有护墙板；尤其是首饰房，多建在天井中心，四面不靠街道，除经管人和副经理坐柜以外，其他同人一概不准进首饰房。当铺的门柜，比一般商号高出一尺以上。至于租界当商，因限于地势，多系租房改装，很少自建铺房。约在1924年，法租界义生当

---

① 董明藏、谭光熙《武汉典当业略谈》，载《武汉工商经济史料》第1辑。

白昼被抢，各当商纷纷在门柜上安设木质或铁质的栅栏。"①

　　清代"山东首富"丁氏家族是"典当世家"。② 据《龙口市志》记载，山东龙口市丁氏庄园是清代黄县城丁氏家族的故宅。当时号称"丁百万"的丁氏家族，是一个以开典当发家的典当世家，丁家的当铺曾一度分布京、津及东北三省等 11 个省市，资产金折合白银 5400 多万两。庭院深深、风格独具的丁氏家族故宅建筑群，既有京城官僚府第之庄严，又兼具胶东民居之古朴。作为全国重点文物保护单位，丁氏庄园的规模要比山西的祁家大院、乔家大院、王家大院以及山东本省的栖霞牟氏庄园都要"大得多"。如此规模和门楣上刻写着的刘墉、林则徐、左宗棠、郑板桥等显宦名士所题楹联遗迹，均显示着曾号称"富可敌国""山东首富"的丁氏家族曾有的烜赫。

　　正因典当业如此暴利暴富，便难成为市井之徒劫掠敲诈所觊觎的目标。

　　出于当物的安全考虑，历史上的许多典当建筑都采取了军事堡垒建筑的坚固特点，成为中国商业建筑史的一道风景。

　　历史上的广州，曾有过"当铺多过米铺"之说。据资料记载，清代以前广州已经出现典当业。咸丰朝之后，典当大盛。清季民初是典当业发展最快的时期，据不完全统计，共有押店 400 多间。1931 年前后，新式银行出现使旧式典当业逐步衰落。2004 年，广州市第四次文物普查过程中，发现明清至民国初期旧当铺建筑

---

① 王子寿《天津典当业四十年的回忆》，载《文史资料选辑》第 53 辑。
② 《"山东首富庄园"门庭冷落黄金周不见"黄金"》，新华网济南 2003 年 10 月 13 日电，记者尹洪东，http://www.xinhuanet.com/fortune/gq2003/gdcz.htm。

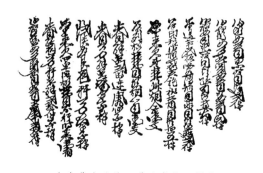

广东典当业的"典当书体"样式

文物线索 14 处之多。当铺建筑规模之大、结构之完整，超过了著名的澳门典当博物馆。规模最大的当铺当数白云区的"平和大押"。平和大押建于 1928 年左右。据说当时建筑费用高达 3 万多银元，称得上是一笔巨款。当铺建筑规模宏大，简直就是一座巨大的"堡垒"。它分为前厅和主楼两部分。前厅是当年典当物品的柜台，后有账房。随着楼梯而上便可以到达通向主楼的吊桥。吊桥一起，外人要进主楼便无路可寻了。主楼高 20 多米，内部边长达 15 米，共分 9 层，地下有一个十几平方米的储粮用的地窖，当中有一口井。这样当有外敌入侵时，便可在高大坚固的当铺内避敌。地上的 8 层都是用铁钩由上而下吊在半空，并用上等木材铺设而成的，专门用作摆放典当的财物，既可防虫、鼠，又可防潮。最顶层则用木材支撑，再铺上大阶砖而成，周围还堆放了不少大石块，以便于御敌时作战。由于年代久远，中间 8 层的木板已经拆除，现在仅存顶层的楼板。当铺外墙用大块的青砖砌成，建筑十分坚固，密布射击口，远看形似炮楼。据说当年日军侵略广州时，花了 3 天时间才攻下。即使到了今天，它在周围的建筑群中依然有鹤立鸡群之势。从化市太平镇的太平当楼，是清季建筑，石门口的双掩铁门厚达 4 厘米。抗战期间，被日军占作弹药仓库。东山区大东门当铺仓库楼，楼分 4 层，历经沧桑仍然挺立，构建非常牢固，光是墙体就砌了五层砖。尽管发现了这么多的典当建筑，但旧当铺的当票、账册等可移动文物的发现率几乎为零，直接影响对建筑文物的客观评价。于是，文物专家呼吁市民献"宝"。①

1929 年 至 1930 年是佛山当押业的全盛时期，当押铺星罗棋布，在全镇各个角落都有一座座碉楼式的建筑物（俗称当楼），楼下是铺面，楼上是当铺的货仓。当押由于抵押期限长

广州最大老当铺坚固如碉堡

短不同，分为当、按、押 3 类，当铺门前，悬挂不同形状的木招牌

民初广州的当铺状如碉堡

写上当、按、押的大字加以区分，当的招牌是圆形的，按的招牌是葫芦的，押的招牌是长方形的，使人一目了然。店内的当押柜台，是以石砌成墙，比一人高，当押柜台侧设铁闸，经常关闭，以防盗贼。

----

① 《羊城晚报》2004 年 8 月 9 日。

当押业对防火防盗特别重视，建筑当楼是一笔大投资，当时一座当楼的建筑费大约要 20000 至 30000 两银子。当楼采用碉楼式建筑，十分坚固，楼上墙壁四周，遍开直形小孔（俗称枪眼），既有利于通风，又便于射击。每层设置铁闸，且备石灰和石块作补充武器。夜间由看更巡逻守望以防盗劫。每层楼上设有木架，按号牌分格储藏当押的物件，贵重的则放入铁柜内保存。每排木架之间，仅可容一人来往取放物件。另外，备有太平缸、烂棉胎、山泥，以防火灾。

当铺的大门口建有铁门，有的甚至有双重铁门，每天早上 8 时开门时，先打开第一道铁门，派一个年青人出去侦察外面有无歹徒埋伏，确信安全后，才招呼打开第二道铁门。下午 5 时收市后，立即紧闭铁门，店里的伙计也不许出入。有些当押铺更为谨慎，晚上由司理将存放金饰的保险箱锁匙带走，在外面存放，白天才拿回来，这样，即使遇劫也不致有大损失。①

典当招幌8——澳门"德成按"的招幌

无独有偶，北京当铺李的建筑也形似炮台。当铺李在东城东直门北小街内的门楼胡同 3 号、5 号。原为李姓人开设的当铺。3 号和 5 号原为一院。坐北朝南，临街为一面砖墙，类似城墙。大门开在西边，现为 5 号。门上部

---

① 中国佛山网/历史文化/传统习俗/http://www.chinafoshan.net/history/3i/200205220044.html。

有一碉堡状砖砌方楼，为瞭望台，上有六孔，可以暸望、守卫。因形似炮台，又属李氏，故俗称炮台李。门框为石质，铁门，铁门内还有可推拉的铁栅栏。大门内上有一楼口，登梯子可进入瞭望台。5号院有倒座3间，北房5间，东西厢房各3间，东部有走廊通往后院，后院有5间后罩房。为东城区重点保护文物。①

　　既然典当建筑和设施因地理文化关系而略有异，现即看一下北方的情况。据一位老当铺从业者介绍：

　　当铺是一种独特行业。

　　当铺房屋是按业务需要建置的。

　　柜房——这对外的营业室，一般占房五至七间。迎门通面栏柜，柜台高达一米五六（外地栏柜竟有高达两米的）。柜台高的原因是怕顾客情急殴斗。由于柜台高，故在柜内设有踏板，高约四十厘米，有的用两层踏板，高达六十厘米，这样，就在形式上把营业员摆在比顾客高人一头的地位了。柜房是过堂式的，前后设门。从后进绕进，进门处有一层罩壁，罩壁顶部设有一个悬龛，龛内供奉着三尊财神，通称

澳门"德成按"卷当床头备用的"钱串"

"三财"，即赵公元帅、关夫子和增福财神，罩壁前面设一条桌，通称大桌，是放置取赎单据（当票）、登录本（花取）等的办公桌，两旁有条凳，以备一般店员休息之用。罩壁后面放置一张比通常床铺大而高的木床叫"卷当床"，床头备有成束的麻绳，此种麻绳叫"钱串"，是在整理和叠卷所当进的衣物时用的。罩壁两边，一边近墙角摆放账桌，账桌后面是宽大的坐凳，这就是账房先生＝（帮账）记门账、开当票、签小号、穿号、算账等的办公桌。靠近账桌，另有一张柜橱式的桌子为管钱桌，是管钱的（出纳员）办公之处。另一边设一桌两椅，名曰客座，是经理人的座位。踏板上，分左右设置四个高凳，是营业员按等级定座的座位。此外，柜台外面门楣上挂有"望牌"，两边墙上还挂有"过五牌"和"过半牌"。一般柜房设施都是如此。

客房——是为接待来访和持有大宗业务的顾客而设置的，也用作经理休息室和宿舍，一般备有两套或三套，每套占房二至三间。室内布置略同于一般的接待室，无甚特殊，只是在正客房墙上挂有木牌，名曰"小牌"，记载着昨天的业务数字，是供经理人看的日报表，半公开的。

首饰房——是用来保管珍贵物品的库房，又是内账房。房内设有备以收藏瓷器、座钟等的木橱和用以放置首饰、佩表等小件珍品的屉柜、存储银钱的钱柜以及算账用的办公桌、椅、橱等。所以它是铺内重地，是禁区，非指定的人不能擅入。

号房——是保管所当进来的衣服、财物的库房，也是存储除了珍品以外全部架货财产的地方，一般占房三四十间。建筑设施要考虑到防火、防潮、防鼠、防虫。基于迷信观点，主号房门旁建有两个小洞即小龛，砖砌门楣，左龛供奉火神，右龛供奉号神（即耗子——鼠），都写有牌位。号房内用竹、木搭设架子，架子分层分格，名为架眼。两排架子中间是走道，名为号桶子，最底层架下离地约三四十厘米，其空隙名为下架子，备以存储锡器品。一般架子的构造，为通高二道梁的架梯子，竖置钉牢，然后横放粗竹竿缚住，架梯子之间也要设置高低梯子、折梯、高凳若干，以备提取物品之用。晚间，号房不能点灯，另置玻璃手提灯笼若干盏，放置在柜房外专设的灯架上，以备取用。

《典当论》所载某典当"号房"与伙计

　　更房——这是当铺所特有的。备值更守夜人员夜间值勤、日间休息的房间。一般要占房两三间。①

_____

① 高叔平《旧北京典当业》，载《文史资料选编》第23辑。在"更房"之前，还述及住房（宿舍）、饭房、厨房设施，略之。

凡此可知，典当业的建筑和设施，因行业性质与地理文化因素的制约，其基本特征是颇有特色的。

### 第三节 典当招幌

所谓"招幌"，即"招牌"与"幌子"的复合式通称。成书于公元前的《韩非子》《晏子春秋》记述的酒家"悬帜甚高""其表甚长"，是迄今我国最早见诸文字记载的商业招幌。[①] 如果说，以高大、森然的营业柜台为特有的显著标志的典当建筑设施，使人望而即知是什么店铺，具有某种标志功能的话，那么，典当业专门用以作为行业标志的招牌、当幌则更加独特、别具一格，属独行专有。

典当招幌分为两类，一类是文字招幌，一类是象形招幌或标志幌。

先说文字招幌。

文字幌在各类招幌中是继实物幌和标志幌后起的一种市招，但在迄今所知典当业招幌中，它又先于实物幌、标志幌。

典当业的文字幌，是将直接表现本行业经营内容的"典""当""质""押"之类单字，颇醒目地书于墙、屏或悬挂的招牌上面，招徕顾客。今所见最早的典当业招幌形象，是北宋张择端《清明上河图》中"赵太丞家"对过巷中那座解库门面上的"解"字招子，系当时"解库"名称的简称。明清时，由于质铺多称为"典当"或"当铺"，在铺门前挑挂两面大书"当"字的

---

① 详可参拙撰《古今招幌》一文，刊《百科知识》1990 年第 11 期。亦可参阅拙著《副语言习俗》第五章《图腾与招幌》，辽宁大学出版社 1988 年 6 月第 1 版。

"一字招"木牌，成为一时的行业习惯。长方招牌四角用铜片包饰，"当"字之外间或书以小字铺号；至清代，因迫于政府律令而以小字在牌下端标示"军器不当"字样。①

《清明上河图》中的"解典铺"

（右下角招幌）

清季民初，广东典当业不实行领当帖缴帖税制度，而是缴饷银，因而其字招则多书以"饷按""饷押"字样。而且牌子形状亦有区别。"当押店的招牌式样，是由清政府规定而相沿下来的，三年当店是葫芦形，两年按店是圆形，一年大押和半年小押，均属方形。在招牌上除店名外，还要刻明'当''按''大押'及五两二分、十两分半和押物期限。至半年期限的小押，则仅刻期限，不刻小押，只刻'饷押'，也无五两二分或十两分半的标明，这是当押行一般的通例。"② 例如在广东新会县：

> "当铺"一般设在大街小巷里，各在自己的门首，挂上一个高约三尺，红底黑字方形木质招牌。"当""按"为葫芦形，"押"为日字形，根据收赎的年限，分别在招牌的两面，刻上一个大的"当"字，"按"字，"押"字，以资识别。并在当、按、押字之上，横刻着两个字体较小的店名，如公兴、人和，

---

① 关于"军器不当"之故，俟于本书卷下论及。
② 林仲荦、李达才《旧社会广东的当押业》，载《广东文史资料》第13辑。

合和之类。每天早上开当时把招牌挂出来，晚上收当时把招牌除回去，习以为常。并在入门当眼的墙上或档中上，分别写上一个四五尺见方大的"当"字，"按"字或"押"字，这些做法，无非是使目标明显，易于识别而已。①

这种按照典当经营的规模类型而分别张写不同字招的情况，在武汉也是如此：

当铺分为"典当铺""小押铺"与"代当铺"三种类型。规模大的"典当"，它的金色招牌上自称为"某某典"，当期以六个月至一年为满，利率月息二分至二分五，只收正规衣服和金银首饰、铜锡器皿，古玩珠宝有的收，有的不收，其他什物一概不收。其次是"小押铺"，它的招牌上是写一个大黑色的"当"字，在当字上面以红色写一个小"质"字。而"代当"的招牌上则以红色写一小"代"字，含有当铺代理店的意思。代当本身只有少数资金，多是在当户中赚手续费、搬运费。②

旧时，有些比较讲究的当铺，即或使用比较简单的文字招幌，亦不用木牌，而是用铜制的铜质字牌，以示庄重。例如，山西祁县民国时的"复恒当"便是。当年十四五岁即进入复恒当学徒的段占高，进铺当学徒时所干杂役之一即每日挂这铜字牌。他回忆道："我们'复恒当'三个字的招牌，是用黄铜制成的，大约有十市斤重。每天早晨五点左右挂出去，晚上十点钟左右摘回

①　何卓坚《新会当押业》，载《广东文史资料》第56辑。
②　董明藏、谭光熙《武汉典当业略谈》，载《武汉工商经济史料》第1辑。

来。春夏秋冬，日日如此。复恒当在祁县西关北巷中段，但牌子必须挂在距号上一百多米远的十字路口醒目处，以招揽顾主，这个差事当然是进号不久的学徒们干的。春秋两季还好办，冬夏季节困难就大了。尤其到了寒冬数九，气候酷冷，抱上牌子出去挂，横杆高，钩子孔眼又小，用木杆挑着往上挂，实在费劲。一般情况下，没有十几、二十分钟是挂不上去的。那时我年龄小（十四五岁），个子又矮，老半天挂不上去，气得直想哭。"①

旧时北京典当行的当幌子"钞桶"白描图

一如古代酒店大书"酒"字的酒旗字幌，典当业的文字招幌所具有的简洁、醒目的特点，亦如此。

现在说说典当业的象形幌。

旧时典当业使用象形幌或标志幌，主要是北方，而且兼以字幌为辅助幌。个中，北京是比较典型的。一如杨肇遇所说："北平颇为特异，其他之典当，墙上并不大书其当字，惟门前悬特制巨大之缗钱两贯，初至者，往往误以为钱铺，实则为典当之标记耳。此因习惯不同，而设备以异也。"② 北京典当业使用象形幌较早，继而亦渐为字幌所取代。即如所记：

北京商铺，以营业种类，榜书墙壁之上，除酱园、煤铺

① 段占高《我所目睹的复恒当号规》，载《山西商人的生财之道》，中国文史出版社1986年9月第1版。

② 《中国典当业》第15页。

而外，典当亦其一也。每在街巷，见墙上，有一大"当"字，即知为当铺之所在。津沪等处，亦皆如是。盖欲显明目标，使人易于寻觅也。大门以前，悬挂特制之商标，名曰"钞桶"，人亦呼之曰"当幌子"。最初之构造，上下皆为铜质，中部为黑布，下部为红布，统以幌竿悬于大门之左端，形同古刹之旗杆，悬一贯商标。后因交通不便，此特制之商标，则悬于门前，通常为二贯。又以中部黑布，容易破坏，或遇阴雨之天，种种不便，中部之布，乃以木质易之，髹以黑漆，仍名之曰"钞桶"。"钞桶"之意，殊难索解，有人谓象形当物者，以青布褶裙裹铜钱一串，其用意是否如斯，则无从究定矣。此两贯之商标，各垂于一个鹅头式之铜管上，故俗呼为鹅脖子者以此。

近代典当之建筑，多改新式。旧日所谓"当幌子"之商标，一律废弃，第于大门两旁，挂两座铜牌，书名字号，此亦为典当业演进之一也。[1]

典当招幌是典商用以标示经营内容、规模和招徕顾客的特殊标志，也是一种别有意义的装饰，其是否醒目、庄重要直接关系到当铺的生意与信誉影响。因而，一向为典商格外看重，并形成相应的习俗。这种有关招幌的习俗，亦正是典商固有心态的体现。有人回忆说：

（北京）当年当铺门前设有旗杆，有的还设有牌坊，旗杆或牌坊上挂着幌子，铁勾铜头和木制大钱两串，下悬红布

---

[1] 《北京典当业之概况》，第15—16页。

飘带。这幌子是被看成神圣不可亵渎的。平时不许让它落地，如有落地即被视为大不吉利。每天开门，由更夫用幌杈挑起，挂在旗杆上，名曰"请幌子"。关门前，将幌子挑下来挂到门洞内房梁的铁环上。进入二十世纪，市面设施改变了。由于市容关系，由当时政府提出要把牌坊、旗杆拆除。各家迫于形势，竞相仿效东安门内路北一家于一九

旧时北京"义盛当"老式招幌照片

〇〇年后开设的裕通当幌子式样改建。裕通当由于位在东安门内，临近皇城，是禁区，不许设旗杆、牌坊，因而他们就在栅栏门楣上做块铜质的三面牌。牌面錾有"云头""方胜""万字不断头"等花样，形如挂檐，叫做"云牌"；后部嵌在帽檐上，前面伸延半方形，再在云牌檐角上挂两个幌子。对此，当时同行觉得新颖，称为"双幌子裕通"。以后这种式样得到推广，在拆除牌坊时，双幌子成了通行式样。不过当时我所在的当铺，没有设幌子，只在门前两侧挂两块字号铜牌。所谓铜牌是木制包铜的，遇到雨雪天气，改挂同一式样的包铝板的牌子，名为雨牌，也和幌子一样每天按时挂摘。①

--------

① 高叔平《旧北京典当业》，载《文史资料选编》第23辑。

据了解，近几十年香港、澳门的当幌，则是扁盾形连缀一个圆圈形状。据认为，其形状是由蝙蝠衔制钱的造型演化而来，象征"福"与"利"。"其意义是于人于己均有福有利，自己获利同时又可造福社会群众。"①

旧时北京"丰和当"当铺铺面

二十世纪八十年代沈阳的典当招幌，取现代铺面装饰惯例，采用写字灯幌的方式。如北市典当商行，即在店门一侧穿街方向镶探出一固定的（无需摘挂）当字圆形灯幌，中空，可置灯。

综观典当招幌的演变，基本上是一种由简而繁再由繁而简的变化轨迹。然而，无论如何变化，其性质与功能，以及它的特有性（专属性）却始终如一。

## ［附］　典当楹联选辑

旧时当铺门面贴用的诸多楹联，颇具特色，既反映了典当的功能，又显示出"儒商"风格；含蓄幽默，饶有风趣，成为典当企业

---

① 罗炳绵《近代中国典当业的社会意义及其类别与税捐》。

文化中一道绚丽的风景。本书作者从各类文献中选录若干（其中的
主要部分辑自民间钞本《通用对联
大全》），以供欣赏：

攘攘熙熙；有无相济。

笑待当剑客；欣迎典衣人。

利人终身益；克己自无私。

日记百家姓；月书千字文。

赎衣权子母；典物救缓急。

物多银子厚；本大利自长。

清末北京"阜和当"铺面

缓急相宜处；公私两便家。

利人复利己；当物乃当钱。

当去休嫌少；赎来莫怨多。

雅度金相玉质；芳名北斗泰山。

谁肯怜君束手；我能济尔燃眉。

贫富交易通参赞；有无相通大经纶。

接续国家真气脉；流通天地大精神。

利取三分遵国制；期宽二载体人心。

谩羡崑山多贮玉；且夸丽水有通财。

品端金玉连城重；德润璠璵济物多。

满架珠玑真富贵；注明年月是春秋。

千字文周而复始；百家姓去了还来。

品物衡人周易象；编年纪月鲁春秋。

金银入手须防假；珠宝从头要认真。

春当绫罗衣满架；秋收珠宝玉盈箱。

束手进门舞手去；愁颜来时笑颜回。

晋璧赂虞藏外府；何珍归赵价连城。

游说列国少囊制，季子拆钗求功名。

君子困穷须寄物；英雄失志暂留衣。

当卧银龙招日月；局藏金马镇乾坤。

缓急相需非侠义；有无供济是真心。

上输国课裕国富；下济民急慰民生。

以物质当遵国制；因本求利顺人情。

但凭本票知人物；不管何时任往来。

裕国便民双有益；济人利己两无亏。

凭人取号难从命；束手来赎是枉然。

能解君子燃眉急；善济佳人剪发心。

此间更有方便路；吾家广造渡人舟。

谁人能开愁眉锁；此处善解束手绳。

济一朝燃眉之急；供万家不时之需。

当当抵当当还在；当当取当当抵当。

南北客商来南北；东西当铺当东西。

以质得财亲疏无异；因贫生息尔我相安。

攘攘熙熙，易其所无；生生息息，尔我均安。

典当从公周急，有同君子；回赎莫容应怀，不愧古人。

十万牙□，记取赵钱孙李；三千锦字，标题天地元亨。

急处来当，亦缘彼此两便；缓时取赎，只因义利双全。

利取三分，赎来必权子母；期宽二载，当去切记日时。

架阁凌云，常存裴公锦绣；号清似水，宝藏苏氏金钗。

当少易赎，美物仍归自己；贫多畏利，锦衣定属他人。

当去必嫌少，不知其可也；赎来又怨多，是谁之过欤。

济尔急，任汝用，情斯玉矣；还吾本，加吾利，理所当然。

上裕国富，富时取物困时典；下济民急，急处当衣缓处赎。

当钗求名，苏季子六国封相；典衣赴选，裴晋公三世贤卿。

济困扶危，显接邦家高血脉；裕国便民，流通天地大精神。

指号说钱，依人心谁能一定；将本图利，遵国制不过三分。

缓急迎人，先利人而后利己；公心估物，名当物而实当心。

当济燃眉，老幼无欺天地意；赎忌角口，束廉不愧对贤心。

估物当时，劝君休嫌当价少；为钱赎日，然而专恨赎钱多。

事在危急，此间更有方便路；身居困海，吾家广造渡人舟。

翰墨生涯，架满珠玑真富贵；图书事业，注明年月是春秋。

德君子周济不继富之雅色；救先王以羡补不足之方规。

为游赤壁当金貂，东坡逸志；因赏桃园赎玉斗，谪仙高风。

当珠当玉当金当银，军器不当；赎年赎月赎日赎时，过期难赎。

南通州，北通州，南北通州通南北；东当铺，西当铺，东西当铺当东西。

以其所有，易其所无，四海之内，万物皆备于我；或曰取之，或曰勿取，三年无改，一介不以与人。

习见横批：

| | | |
|---|---|---|
| 当钗求名 | 当剑求名 | 当少易赎 |
| 当卧银龙 | 典当无私 | 典衣赴选 |
| 端金品玉 | 公平贸质 | 公私两便 |
| 缓急应人 | 缓时取赎 | 济人燃眉 |
| 局藏金马 | 利取三分 | 利人利己 |
| 裴公锦绣 | 品物衡人 | 期人二载 |
| 恰君束手 | 通商质当 | 应急银钱 |
| 裕国便民 | 裕国通商 | 注明年月 |

## 第四节　经营管理

由于典当业是中国除钱庄、银号而外的又一民间金融流通设施，每日过往、收支的主要是钱财实物，乃至珍宝，从验物收当、记账、保管、付赎乃至死当处理，各个经营环节如不能秩序井然地安全运行，非但不赢利，恐怕连本都将赔进去。因而，在长期经营实践中，典当业逐渐形成了本行业固有的经营管理模式与运营机制。

黄贤（字幼松，1910—1978）《海门竹枝词·典当》描写了江苏省海门当地典当业收当的基本操作过程："看包同事手披忙，宛转悠扬唱姓王；大票书来颁铁券，不容增益与商量。"相传典当初始，票上须书姓名，而质者多以王姓答之，相沿成习，故每于唱件时，必冠以王字。大票以三十日为满期，当票既书，就像"铁券"一样，不容增益取利。月以一分计，逾期不赎，即行变卖。典当业的经营管理，首先在人员设置格局及分工合作方面是颇有讲究、自成系统的。各个环节既环环相扣，又有严格的分工，各司其职，各负其责。①

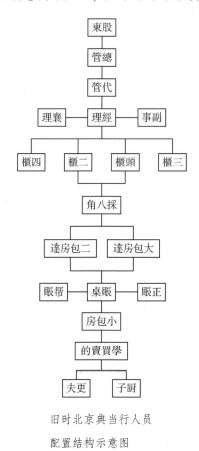

旧时北京典当行人员
配置结构示意图

一般情况下，典当业的人员设置与分工，大抵分为五部分、四个等级层次。

首先，是名为"外席"的总管，亦即铺中经理，一般由典商亲任或聘任，由其总理铺内一切事物，地位在"一人之下，众人之上"，权力高度集中，对内系"一元化"领导，兼出面办理对外各项社交往来应酬。

---

① 海门竹枝词//海门新闻网 http://www.hmrb.com.cn/2005/5-30/11923.html。

其次，是"外缺"和"内缺"，为日常营业和保管钱财的两个平行环节。

外缺，由头柜、二柜、三柜、四柜组成，依各自身份、等级从左至右排列坐于铺面柜台之前，负责验物、定价、决定收当与否，直接与顾客交易，即所谓"朝奉"。其中，尤以头柜最为显要，是个富于业务经验、谙熟人情世故、办事精干老练而圆滑的行家里手。其余各位，均属协办人员。当铺经营好坏，头柜至关紧要，因而其薪俸等待遇均受优惠，在同事中地位亦高。当铺的社会形象，亦即人们对典当业的基本看法、印象，悉由此出。

内缺，由保管、出纳钱物的人员组成。其中，管楼的（即管首饰楼）负责金银首饰等细软贵重当品，其余衣物器皿之类由管包的负责，管账的负责管理总的账目，管钱的负责银钱出入。

中缺，根据柜台交易，按其唱述内容，负责书写当票，清理当票，将收当物品打包、挂牌等项事务。

当铺学生在整理收当物品卷当

学生，是未满学期的学徒，负责上述除柜台交易而外的其他业务环节中的辅助性工作，如到架上按牌寻找取赎的当物，检点核对打包当物后往当簿上盖印之类，以及指派的其他杂役。

此外，还有守夜更夫、厨房伙夫等人，是当铺日常营业的辅助、内务人员。

旧时北京当铺的人员设置，较上述一般情况略为复杂一点，如多设一个地位仅次于三缺而在其余之上的"踩八角的"角色。他是个总揽一切杂务的多面手，从头柜、管账的到打包的，如逢缺勤或一时繁忙，就去顶替或协助工作，有如球赛中的机动替补队员。可以说，这一角色的设置是颇有见地的，在人员精干、紧凑的典当业中，其应急的作用对于保证正常营运秩序是十分重要的。

当铺采用的从业人员多少一般都据其经营规模而定，七八人、十几人不等，但人员的等级、地位以及待遇，悉因其担负的职责而层次分明。例如，二十世纪中北京一座典当从业人员的工资待遇，十几个人，即各有分别（详附表）①，月薪由5角到1元，零钱从没有到二股，等等。但这些又并非一成不变，职位晋升，待遇亦增；营业效益好，股金则增值，显系一种鼓励、刺激从业者积极向上、努力奉献所在企业的人事管理制度。当然，从业者的报酬与企业产权拥有者所得，差距甚大，但两者是成正比关系的，因而才产生这种管理机制。

附表：1949年前北京某当铺从业人员薪酬一览表

| 职称 | 月工资 | 零钱 | 分红 | 月车费 |
|---|---|---|---|---|
| 总管 | 24元 | 2股 | 1.5股 | 4元 |
| 代管 | 12元 | 1股 | 7.5厘 | 2元 |
| 当家的 | 17元 | 1.2股 | 1股 | 无 |
| 副事的 | 12元 | 1股 | 7厘 | 无 |
| 打三的 | 10元 | 8厘 | 5厘 | 无 |
| 大缺 | 10元 | 1股 | 100元 | 无 |

---

① 据高叔平《旧北京典当业》所列。

| 职称 | 月工资 | 零钱 | 分红 | 月车费 |
|------|--------|------|------|--------|
| 二缺 | 8 元 | 8 厘 | 约 70-80 元 | 无 |
| 三缺 | 7 元 | 6 厘 | 约 50-60 元 | 无 |
| 正账 | 8 元 | 5 厘 | 约 50-60 元 | 无 |
| 帮账 | 7 元 | 5 厘 | 约 40-50 元 | 无 |
| 包衣哒 | 6 元 | 5 厘 | 约 40-50 元 | 无 |
| 大包衣 | 5 元 | 4 厘 | 约 30 元 | 无 |
| 小包衣 | 3-4 元 | 3 厘 | 约 25 元 | 无 |
| 学徒 | 0.5-2 元 | 1-2 厘 | 约 1-10 元 | 无 |
| 厨师服 | 7 元 | 无 | 约 10 元 | 无 |
| 打更的 | 4 元 | 无 | 5 元 | 无 |

典当每日工作单调、琐碎，但业务营运始终保持井井有条，已成惯制。试以北京为例。

每晨七八时即行开门营业，全体同人，须在营业时间以前起床，预备一切。由管钱者分发各伙有银钱若干，以便受质物件之用，各部备有一定账簿，专员司之。经手之收付，现款数目，受押物品，至晚间停止营业时，结一总数。并结出当日出本若干，取利若干，一一结算清楚，同人手中所存现款，一并缴入钱房。由管钱者，集中登入账簿，并查各柜友缴入现款，与账簿上，是否相符，有无错误。一方面核对，一方面叫号（叫号即口唱号码，名目，当本，与门账及其他有关系账簿相核对，其声音另有韵调。门外过者。皆能听之），核对相符，即由主管人盖印戳记，由"大包房达"将押物按序贮入库房，存放于标明字号之架上。首饰则由管首饰者，收入首饰房。各种核对复核手续完毕，方得停止工作。每年例须盘货一次，根据门账上之未经取赎者，由当家的亲自检验，按照字号将该物品检验相符，盖一图记。此项手续，多在冬腊月举行，用以防备平时是否有疏漏之处。总之典当业之组织，较称完备，故在管理方面，因各部份互相牵制，甚难发生弊端及错误也。①

　　据北京"老当铺"回忆，北京当铺的对外营业时间，分为夏、秋两季更换制。夏季从早五点至晚八点，营业十五个小时，称之"五八下"。秋季改为"倒打五八下"，即从早八点营业至晚五点，九个小时。上述官方调查所记，仅系一般营业活动梗概情况，而在"老当铺"这些亲历者说来，则要较之更为细致、生

旧时北京某典当行的库房货架照片

动，个中还颇有一些当行的专门行业习惯用语（行话），尤可说明其经营管理之严密。且再举一位北京"老当铺"的忆述如下，以详察其日常营运情形。

　　每成交一笔，算做一号。其手续，通常在账桌前设有排好号数的成串竹牌，每牌上系有二尺多长的白小线，成交时先由营业员拿着当物来账桌前，掣一根号牌，高唱报账；账

---

①　《北京典当业之概况》第22—23页。

桌先生根据所报物品和金额开具当票，接着由管钱的负责付款。待以上手续办齐以后，即将号牌拴在这一号的当物上，并将当票和钱一并交给顾客。在收当时，照例大宗业务需由大缺来经手，其他人员应尽量相让，但在接待赎取时，因其业务只需核计收款，手续比较简单，所以可由地位较低的人如大包衣等抢先办理。新开张一般没有赎取业务，但由于在特殊情况下也有当天即来取赎的，称为"打即"。这时需由账桌先生在账内注明收当日期的地方写一个"即"字，以表示此账即时注销，但不写"即"字而写"大吉"。

当铺是按月计息的，当天回赎也要付一个月利息，以后每月可让五天，名为"过五",① 即一个月零五天仍算一个月，过了五天即须按两个月计算。这种办法至一九二九年有所改变，即不满一个月可按半月计息，过了十五天才算满月，称为"过半"。

收当以后，当物如是衣服，由徒弟整理，或折叠打包（扁包）或

澳门"德成按"卷当床上已经整理完毕拴着标签的当包

———

① 案：北方俗语"过三过五"，"过三不能过五"，当源于此，即其民俗（行业习俗）语源。

打卷，名曰"卷当"。卷当完了，插上号牌，送交账桌先生等待穿号。如是首饰，需由先生用纸包好然后穿号。所谓"穿号"，即是把已经填写好品名、件数和金额的"小号"，与牌子的号数核对相符（这里门账、小号、牌子的号数必须一致），然后用号锥（一种特制的锥子）将小号上部斜线划开。小号是同样三个数，扯下一个斜角（上有号数，这斜角名为"号崽"），披在包内或卷内，以防小号被蹭掉后查对，另一斜角捻成纸标，穿在包皮或衣里布上。穿完以后撤下牌子，由徒弟分别放在临时货格上等待归号（入库）。当铺掌柜（即营业员），不仅要有一套识货估价的本领，更要具备一套好"缸口"（即能说会道的口才），因为每项业务，虽说是少当则少赎，但来者大多是急等钱用，希望能多当，故需往返磋商、磨牙斗嘴。有时请经理人看货评价，名为"过眼"；往返协商，名为"磨买卖"；成交以后，高声唱叫写票，名为"报账"。

当铺卷当完毕送库房上架

当的一经上号，就得等待入库，取时也有固定手续。……柜房罩壁前有一张大桌，这张桌子又名取赎桌。上面放有一本取赎票据的登记册。这本登记册是就所收到的取赎单据随来随登，不排次序，所以取名为"花取"。需得事后再根据每日排好了次序的票据另录清册，名为"清取"。此处还备有"票押"（形如说书艺人所用"醒木"），以及备为找零的零用钱。营业员在收票子（办理计息及收款手续）后，要在票上签上自己的代号①，由徒弟登记"花取"并签上代号，拿赴号房取货。收进价款暂放在这张桌上，待物品取来，核对号数，掣下小号，然后解绳发当（即将当物交付赎取人）。发当后即将票据、现款押在一起，以便于由管钱人按份核对收款后，随手将当票连同小号插入票签（有的单位，在这里另设专人核查，将进位零头款扣下，名曰"得成"），等到晚上业务终了以后，应将当日所收单据汇订成册，供先生算账。每天临近上门时，要将当日收进的当号归号，即由徒弟叫号，先生核账盖印，打更的抱号入库。包衣哒②在库房验收。归号时的叫号，也和"对点"时的叫号一样，要悠扬宛转地唱出韵调来。

　　每天上门以后，由先生主持算账。先结门账，打票子，等数字汇齐，由先生唱数；由三缺以下的包衣、徒弟等人，则各持算盘，环坐打数。算账完了，一天的行事就算结束。只剩下徒弟磨墨，贯牌子，练算盘，学当字，打更的择钱串了。③

　　凡此，均系当铺营业中的内部营运、管理一般内情，而对典

---

① 所用代号，并非人名缩写，而是号行指定的专门用字，如"光、明、正、大吉、祥、平、安"之类。一经指定，即不改变，除更夫、厨师之外，经手钱物人员悉以此签署，以便出现问题可逐环节追究各人责任。

② 案：北京当铺谓打包的，"哒"系满语。

③ 贯牌子，弄号牌。择钱串，摘下钱串形的当幌。此段忆述据高叔平《旧北京典当业》摘录，略有删动。

当交易活动印象至深者，莫如掌柜的朝奉（大缺、二缺等柜台营业人员）在收当时的唱述当物情景。他们例行将好说成次、将新

当铺掌柜核对当账

说成旧、将完整说成破损、将贵重说成低贱，意在压低估价，和避免取赎时的纠纷。因而，当面怎么唱述的，也就怎样写到当票上去，不管顾客认可与否，最终以落笔票据为凭。例如，凡衣服多称之"破"，皮毛称之"虫吃破光板"，书画称之"烂纸片"，翡翠、白玉称之"硝石"，碧玺称之"皮石"，鸡血、田黄贵

重石料称之"滑石"，赤金称之"冲金""淡金"，锡称之"铅"，紫檀、红木、花梨木等称之"杂木"，等等，悉依此例贬称落笔在票据上面。旧时北京郭全宝有段著名的传统相声叫《当行论》，说的正是这一情况。不妨摘录一段：

甲：我一想，两块就两块吧，少当少赎，还少花利钱哪。我说："您给写吧，我当啦。"他拿起我的皮袄先褒贬。哎！听说这也是他们这行的规矩，新绸子也说旧的，新大褂也告诉你是旧布。他这一褒贬的？

乙：怎么褒贬的？

甲：拿起皮袄来先喊："写——"这儿喊"写"呢，那么写票的先生把笔准备好了，净等写什么东西和号头儿。

"写！老羊皮袄一件……"我一听，不对呀，我爸爸那件袄
是羔二毛剪茬儿呀，得咧，老羊就老羊，反正赎的时候得给
我这件东西。他往下一褒贬可难啦。"老羊皮袄一件，虫吃
鼠咬，缺襟短袖，少纽无扣，没底襟儿，没下摆，没领子，
没袖头儿！"我说："拿回吧，我赎出成尿布啦！"①

目前能够见到最早的天津
天顺当铺的当票

尽管是民间艺术中的夸
张说法，但仍是真实情况的
形象写照。这种行业规制，
各地当铺都如此。一如前天
津当业公会会长所说："写当
票时，无论所当物品质量新
旧，一律冠以破旧字样。比
如：一般衣服，每每冠以
'虫吃鼠咬'字样；完整无缺
的皮袄，也要写成'光板无
毛'；金表说成破铜表等等。
目的是预防万一在存储期间
有所蚀损，可以堵塞当户争
执。但当行对架贷保管，特
别经心，多少年来从无蚀损，
为的是死当时可多卖钱。"当然，这样预为贬值性处理，亦不外
欺诈当户以渔利的盘剥手段之一。然而，其乘当户用钱之急一时

---

①　沈阳市文联编印《传统相声汇集》第六集第 199—200 页，1980 年 12 月。

顾不上许多，当面将所要写入凭据的贬语照直唱述给当户，终归是一种迫人认可的恶劣做法。①

收当物品的保管，是当铺除营业而外的又一重要管理工作。这些"架本"，是其最重要的基本流动资产。北京等北方的典当业，对收当物品大都例行挤架子、对点、抖皮衣之类的定期清理、养护习惯，成为一项管理规制。

挤架子，即每两三个月由管理库房的人员对架上物品进行一次集中清理，摆放整齐，并例行享受一次洗澡、吃客饭的待遇。清理过程中，要将赎出的空号眼补上，故称挤架子。

对点，是每年春秋两季由当家的或副事主持的架货盘点。事先，抄出一份库存清账，准备出"春典"（春点）或"秋典"（秋点）印章。然后，主持者指挥包衣等杂役逐件将架上物品搬下来，并唱说架号、数量、金额等，每见与账上所记相符，即盖上一印，再整理上架。一般每次这样的盘点，都需要十天半个月，人手不够，就同行间互请人员协助，此间例行改善伙食。如清点后全部无误，说是"喜相逢"。清点之后，即行"封印"，酬谢清点人员，名为"谢将"。一般情况下，很少有账物不合的。

抖皮衣，是春秋两季对收当的皮毛制品进行去潮防虫养护，春季在谷雨、立夏之间，秋季在秋分前后进行。届时，由管库头目率领各位属下徒弟逐号取出皮毛制品拆验抖晾，但不能晒，凌晨开始一直干到晚间。发现有生虫子的，立即采取措施处理，虫蛀严重的还要找人修理才行。结束后，亦例行洗澡、吃客饭。

典当业掌握、查验收当物品赎期，是架本保值、周转的重要

———————
① 王子寿《天津典当业四十年的回忆》。

一环。大多数当铺都在柜台旁挂块"望牌",用以显示当期,按照所执行当期月数选择《千字文》开篇一些字依序表示各个月份,如"天、地、元、黄、宇、宙、洪、昌、日、月、盈、者、辰、宿、列、章、安、来",即代表十八个月赎期的各个月份,这些字分别记在各号收当的当票、架签上,同时用望牌显示哪个字号收当期满。所选用《千字文》中的用字,以为不吉利者,即以另外的音近字代替,如上述的

| 六月<br>水 | 五月<br>力 | 四月<br>生 | 三月<br>金 | 二月<br>相 | 一月<br>鴌 | 十二月<br>吉 | 十一月<br>戶 | 十月<br>雨 |
|---|---|---|---|---|---|---|---|---|
| 拾 | 拾<br>壹 | 拾<br>贰 | 拾<br>叁 | 拾<br>肆 | 拾<br>伍 | 拾<br>陆 | 拾<br>柒 | 拾<br>捌 |
| 本月<br>朱 | 二月<br>付 | 一月<br>巨 | 十二月<br>好 | 十一月<br>見 | 十月<br>山 | 九月<br>昆 | 八月<br>在 | 七月<br>玉 |
| 現 | 贰 | 叁 | 肆 | 伍 | 陆 | 柒 | 捌 | 玖 |

旧时北京某典当业的"望牌"

"昌"代"荒","者"代"戾"之类。当商的文化心态,亦由此可见一斑。望牌上的各代用字可顺序推移,如天字牌当票到了第二个月期,即将其移至二字上面,余亦依序移动。这样,取赎者持票赎当时,掌柜的根据当票上的编字即可从望牌上知道其已经收当的月数和是否超过赎期。

可以说,"望牌"是典当业根据本行业营运特点而形成的一种特有的有效管理手段,为旧时各地当铺所普遍采用。

## 第五节　当字、当票与隐语行话

《红楼梦》第五十七回写史湘云、林黛玉不认识当票是何"账篇子",既因她们不曾见识、经历过这东西,还在于上面的内容多用"当"字书写,典当业之外的其他人很少有谁能够识辨、书写这种专门的行业用字。

"官凭文书私凭据"。古来经商贸易,即讲究以契据为凭证。

早在周秦代，我国即已使用质、剂一类契券作为交易凭据，并于肆中设有管理人员，名为"质人"。《周礼·地官·质人》记载："凡卖价者质剂焉，大市以质，小市以剂。"其中质为长券，用于马牛畜类交易；剂为短券，用于兵器、珍异之物的交易。是知我国经济贸易中的契券制度由来已久。

澳门"德成按"的当票

南北朝佛寺中的质贷契据，迄无类如后世"当票"形制、内容的直接记载。但据文献记载及敦煌寺院其他各类质借交易文契实物、文字的发现，可以断定，中国典当从其最初的寺库质贷活动起，即有了使用质契（当票）的制度，并得以延续。

据文献记载，当票在金代称为"质券"，《金史·李晏传》载："故同判大睦亲府事谋衍家有民质券，积真息不能偿，因没为奴。"至元代，又有"解帖"之谓，是因当时谓典当为"解库""解典库"而得名。《孤本元明杂剧》所收元缺名《刘弘嫁婢》第一折："这厮提将起来看了一着，昧着你那一片的黑心，下的笔去那解帖上批上一行。"至明代，因行"典当""当铺"之谓，而始有"当票"之称。明季邝露（湛若）因贫困而典当二琴，撰《前当票序》《后当票序》各一篇，原文虽可能已经失传，但清代有几种文献记载此事，并非讹传。有清以降，又有"典票"之名。清褚人获《坚瓠五集·贫士徵》："典票日增，质物日减。"又清毛祥麟《三略汇编·小刀会记略》："章公字可元……囊固空，死后检其笥，惟典票数十张。"至今，最为广泛的叫法，唯有"当票"。今所能见到的当票实物，多清代以来的遗存。中国第一历史博物馆收藏的乾隆五十九年（1794 年）顺天府广裕等两座当铺的当票实物，当属年代较久的两件。①

　　当票为典当给与质物者之凭证，以便日后赎取押品之用，为典当之重要证据，故典当对于此种当票，颇为重视，向多山典内学生自行印刷，但其字迹模糊，不易辨认，近则渐由印刷店代印，惟须具连环铺保，以昭慎重。当票上载典当招牌，

当铺学生在更换书写当票用的序号字头

地址，抵押期期限，利息计算，以及虫蛀霉烂各安天命等语。中列一行，上有当本二字，下空之处，即为填写当本数目之用。其右一行，填写押品名目件数。再右一行，上列字号，字则以千字文中之字为标准，每月一字，顺次而下，号则一月一排，自一号起，逐次做成交易而递移，至月底届若干号，即为此月所做成交易之号数，下月初一起，则顺次另换一字，又自一号起矣。左方最末一行为年月日，即填做成交

---

① 韦庆远《明清史辨析》第 69 页印有该票实物照片，可参看。

易时之年月日也。

典当大都沿用阴历，虽亦间有用阳历者，然不多见，

南京大学收藏的20世纪初江南某当铺按照
《千字文》字序编制的典当账簿

……有时因当票幅位有限，以一人而典质多种物品者，必须另票书写，如衣服与首饰，须分写两票，一则可免鳞次杂乱，一则便于检查者，即就质物一方言，分写亦较有利，盖诸物均写一票，当本太大，赎取之时，款项不足，不能抽取一部分之押品，亦殊感不便也。①

一旦当户不慎将当票遗失，前往当铺挂失，当铺经审查核定无误后，另补予挂失票。"挂失票又称'补票'，即质物者将典当给与之当票，自行遗失时，请求典当另行补给之凭证，挂失票后，前项当票发现时，即作为无效，其票系用白纸裁成，与当票大小仿佛，上写典名字号货名当本等等，一如当票，盖代当票之用。"②"挂失之时，手续颇为繁重，质物者必须将所当物品花色式样日期当本等等，报明清楚，典员检查符合后，再须就近托人代为保证，始允挂失，其费约占当本百分之十，倘当本颇巨，亦可请求通融酌减，不过其权系操于典员，因此项小费，不归营业

---

①　杨肇遇《中国典当业》第30—31页。

②　杨肇遇《中国典当业》第30—31页。

上之盈项，而为典员之收入故也。至其所以如此严重者，亦自有故，诚恐不肖之徒，于他人当物时，记明花色日期，故意挂失，赎出货物而去，迨原来质物者持当票来赎取时，则物已为挂失者赎去，所以挂失须有人代为保证，不幸异日发生错误，典当可向证人是问，故作保证之人，亦必为典员所信任而后可。"鉴于关系重大，所以补办挂失票即非轻而易举之事，这也是典当业经营管理比较严密的体现。①

当票作为典当取赎凭证，也是事实上的有价证券，而且其所标明的面值往往低于抵押物品的价值。因而，也就在典当业之外产生了倒买倒卖当票的交易。当票贩子以低于取赎钱数的代价，从临届满期而又一时难以赎当者手中收购来当票，或转手高价卖出，或径往取赎，均可从中轻易获利。有的当票贩子打小鼓走街串巷收购，有的干脆就守候在当铺门前向典当者收购，有的则张贴广告坐堂收购。据二十世纪三十年代末有人调查，仅北京前门外西珠市口大街一带，当时即有六七十家收购当票的铺摊。有的店铺，在经营其他项目的同时，兼事收购当票。

旧北京收当票的铺子

---

① 《中国典当业》第29页。

当票贩子从中渔利，非但加重了对当户的盘剥，同时也降低了典当的架货的满期死当率，导致其利润下降，引起了全行业不满。于是，由典当业公会出面，要求由当局有关方面明令取缔。当年，北京特别市的社会局和警察局，即曾专门为此发布公告，内容如下：

为布告事，查本市当铺给付持当人之当票，因系不记户名，往往有转让他人取赎之事。惟近以中外杂居，户口日增，闾阎之间，竟以买卖当票，漫无限制，发生种种纠纷。例如打鼓小贩，坐立当铺门侧，专候持当人当毕，劝留其票。不问其当物之来历，是否正当，实足以便利销赃，妨碍侦查，此其一。又外籍商民，近亦登报收买当票，不肖小贩，乃至以伪造当票，或满期止赎之当票，或被物主申请挂失之当票，向外商求售。外商不察，亦即收买，持向当铺取赎，因致发生争执，此其二。甚至互相勾结，向当铺滋扰，种种纠纷，不一而足。均为法令所不许，若非加以限制，不独正当商民，蒙受损害，抑且影响社会秩序，本两局，有保护营业，维持秩序之责，兹特厘定取缔事项如下：（一）收买当票，应先持向当铺问明，如非满期挂失，或伪造之票，始可收买。如不问明，而滥行收买者，其所受损失，应由收买当票人负之，与当铺无干。（二）打鼓小贩，在当铺门前，向持票人，强劝让票者，应严行禁止。（三）帮助盗贼销赃者，一经查讯明确，定予依法究治。除与日本警察署连络，通饬外籍商民遵照，并通令各分局侦缉队查禁外，合亟布告商民人等，一体遵照勿违，特此布告。

　　由此当局布告证实，当时北京城内不止当地做当票生意的不在少数，而且连外籍在华商人也竞相从中牟利，个中不时发生纠纷案件。然而，布告仅例行一般性的限令而已，并未明令取缔这种交易，事实上又认可了它的合法存在，此举并未能从根本上维护当户和当商的基本权益，唯官样文章、例行公事而已。

　　现在说"当"字。

　　"当"字又谓典当书体。"典当书体，另成一格，业外之人，多难辨识，创之何人？始于何时？即业中耆老，亦无有能言之者。尝考其字之形态，似脱胎于草书之《十七帖》，而兼参白字土语。所以求其便捷，其变化太甚者，几与速记之符号相仿。然世运递进，品物更易，有今有而昔无者，有昔多而今不常见者，故典当书体，亦随之变迁，据业中人云，典当所用字数，仅一千余，而日常应用者，仅三四百耳。盖城市繁盛之区，所典当之物，自以金银首饰绸缎衣服占其大宗，而铜锡器皿粗重农具不常见。至乡镇简僻之地，则所质押之物，适与之相反，是以城市繁区典当所用之字，而乡镇简区不习用。反之，乡镇简区所常用者，亦为城市繁区所鲜见也。况其书体又无法帖，学生入典习业，无事之时，其用以资摹仿者，则取旧当簿为范本，

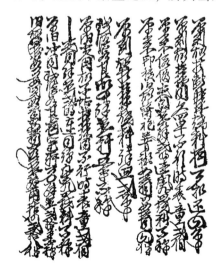

广东典当业的"典当书体"样式

人自变化，惟期迅速，故典当书体，匪特今昔异致，即各地亦不一类。"①

　　山西典商是明清以来中国典业的主要地域行帮之一。一如近人卫聚贤在《山西票号史》中所说："明季清初，凡是中国的典当业，大半系山西人经理。"② 典当业中传说明季山西民间书画家兼江湖郎中傅山首创当字，编有《当字簿》，虽无文献可证，却不乏可能。③ 典当业向有《当字簿》之类范本传抄临习，亦为事实，许多旧时当铺从业人员对此仍记忆得很清楚。"徒工入铺，必需学习当字，每人都给《当字本》一册，是请内行善书者写的。当字本一册有几十页，实际草字并不是太多的，多数仿照开票样式，举出各种实例来。"④ 当代北京一位学者收藏的清代佚名手录的《当字簿》，即属此类。这册《当字簿》全部40页，每页上下各竖书两行、计四行当字，内侧小字标注相应的当字内容，如"灰文布夹袄""蓝塔布夹袄"等。全册录当字凡约八百余，悉按实际典当常涉内容成句连书，每行最末一字的末笔大都略顿一下向左上方急提一笔。天津典当业学徒入号的第一年里，也是例行要"认当字，有当字本，又称'当字谱'，约一千余字"⑤。

　　察当字间杂汉字草书写法，多系由草书减笔或变化而成。当字应用于书写当票，功能显然，一为迅速，一挥而就；二为行外人难以辨识、摹仿，可以防止篡改、伪造；三则因行外人不识而

① 杨肇遇《中国典当业》第38—39页。
② 转引自张正明《山西工商业史拾掇》第196页，山西人民出版社1987年2月第1版。
③ 详见本书第二章第五节《明代典当业》所说。
④ 高叔平《旧北京典当业》。
⑤ 王子寿《天津典当业四十年的回忆》。

又可被不法当铺用来作弊欺诈盘剥当户。凡此可鉴，"当"字事实上已成为旧时典当业内部流行的行业秘密字。因而，我在一部书中提出："究其实，典当书体，不过是将文字变化而构成的记录语言的秘密符号而已，是文字的社会变体。"①

据知，清代曾国藩出任两江总督时，曾通令当地当铺，改写当字为正楷字，以便当户能识。于是典当业赴总督署请愿，要求派人领导书写当票。曾国藩派人去了，适值交易繁忙，使去用楷书写当票的官差应付不了，即取消原令，仍允许照用当字写当票。此事在典当业中作为笑资，久传不止。就此，前江苏省典业公会联合会常务委员周谷人说："典当之所以创此字体者，实因所当物品，巨细兼收，每日所用之当票，或超过千号，皆出于写票员者一人之手。……如写正楷，实属应接不暇。……如欲令当典改易字体，当典即无法营业。"②

曾国藩像

二十世纪三十年代，当时政府内政部制订的《管理典当规则草案》第四章，亦曾试图取消使用当字写票："当票应以正楷详细载明当户姓名、住址、当物品名、花色、当价及受当日期。"对此，在当时江苏省典业公会联合会

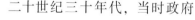

① 《中国民间秘密语》第 140 页，上海三联书店 1990 年 8 月出版。
② 《典当论》第 139 页。

签注的意见中提出异议："当票号数繁多，例用省笔当字书写货物花色。从无因当户不识此字，而售其诈欺者。有悠远之历史，可以证明。若改用正楷，在当户拥挤之时，实属应接不暇，且恐易于摹仿，而伪票发生。故票书正楷，为万难实行之事。"事实上，至典当业二十世纪五十年代初基本停业时为止，各地当铺始终使用当字书写当票，业已成为一种行业固有的习俗惯制，终未因硬性规定而改变。

以往传统医学的中医郎中，均用毛笔书写药方，个中颇有一些书法精美者流传下来，受到书法界的赞赏、看重。源于草书字体的当字，以传统书法艺术为本，在当业得以发挥、运用及传承过程中，亦有许多可资鉴赏的珍品。既属民间行业文化形态之一，亦堪称汉字书法艺术园林中的一枝别具风格的奇葩，理应受到书家乃至文字学家的青睐。发掘、整理当票、《当字簿》中的当字遗墨，无论对于研究典当史、文化史，还是书法艺术，以及汉字改革等，均具有一定学术价值和实际意义。因而，汇集、选辑有关资料，举办专门展览，出版专书，都将是具有抢救意义的别开生面的工作。

再说典当业的隐语行话。

隐语行话，又称秘密语，江湖上谓之"春典"，是一种以遁辞隐意、谲譬指事而回避人知为特征的社团语俗。从已有文献所见，唐宋以来即已经出现了许多行业群体的隐语行话。明清江湖秘密语中称典当为"兴朝阳"，而典当业亦有其本行业流行的隐语行话，例如其一至九数，分别用"口、仁、工、比、才、回、寸、本、巾"来替代。因何以此九个字来表示，已难详作考究。如同其他金融、商业行业一样，数字在典当业交易中多与银钱直接相关，因而数字的保密至关重要。在柜前主顾双方争讲当值时，朝奉与同事用明语商议颇不方便，而使用当户听不懂的隐语行话，则可随便许多。

综观古今五行八作乃至江湖社会诸行隐语行话，其共有的一个规律性特点，是其隐语行话的语汇多具行业特点，即以反映本行业、本群体行事所涉事物为主要内容。即或典当业的"当"字，亦多因书写当票所及的货色、数量、时间等内容而创制。虽仅一千多个，也足以应付营业需要了，而常用者也不过三百多个。典当业的隐语行话，也不外如此。例如，清季民初的典当业，称袍子为挡风，马褂为对耦，马夹为穿心，裤子为叉开，狐皮、貂皮为大毛，羊皮为小毛，长衫为幌子，簪为压发，耳挖为扒泥，戒指为圈指，耳环为垂耳，烛台为浮图，香炉为中供，桌子为四平，椅子为安身，金刚钻为耀光，珠子为圆子，手镯为金刚箍，银子为软货龙，金子为硬货龙，鞋为踢土，帽子为遮头，古画为彩牌子，古书为黑牌子，宝石为云根，灯为高照，等等。

由于时代、地域乃至行帮的不同，同是典当行业，隐语行话亦有所区别或变异。例如，民初以来江南典当业的一至十数，说成"由、中、人、工、大、王、夫、井、羊、非"，已不是上述的"口、人、工、比、才……"了。而在东北沈阳的伪满大兴当业中，则用"喜、道、廷、非、罗、抓、现、盛、玩、摇"十字，来代表一至十数。在天津，又有与上述迥然不同的"术语与暗记"①：

这是当商压低当价的一种惯用手段。术语是代替数字的

---

①　王子寿《天津典当业四十年的回忆》。

隐语，如"道子"是一，"眼镜"是二，"炉腿"是三，"叉子"是四，"一挞"是五，"羊角"是六，"镊子"是七，"扒勺"是八，"钩子"是九，"拳头"是十。如果当户嫌价低，拿着当品要走的时候，坐柜掌柜必要过来打圆盘。比如站柜的说拳头眼镜，用意是已经给过十二块钱了，坐柜的认为可以再加两块，就说拳头叉子，暗示给十四块钱。总之，比较值钱的东西，他们是尽量不让当户走开的。如当户坚持高价，不能达成协议时，他们知道一定要往别家去当，照例把所当衣物给当户整理包好。但是整理当中，他们就运用了一定的技巧，使第二家当铺打开一看，就知道已经经过当铺了。一般的方法是：衣服上身，在折叠的时候，把一个袖子反叠，袖口朝下，裤子折三折；金货用试金石轻磨一下；表类则将表盖微启一点。第二家一看，就心里有数，所给当价，与第一家上下差不了多少。因为当商给价，是全有一定标准的。这样，当户最后还是只得用低价当出。

由此可知，一些地方的典当业非但有当行隐语行话，而且还使用着一种非言语的标志语形态的当行隐语行话，即"暗记"之类。

旧时在北京从事典当业经营的，主要是山西、安徽和本地典商。其中，由徽州帮（皖帮）经营的典当，流行的隐语行话，多是以徽州方言语音急言谐音方式的，实际是借方音而用，虽非严格意义上的隐语行话，亦起到了保守当行秘密、回避人知的作用。

（北京）当铺的行话，是一些谐音字，原来叫"徽语"，即是用似是而非的徽州土音来说北京话。使用行话的目的，是为了在业务进行时怕有些有关质量、价格和对方身份等方面的谐音说得不够准确而引起不必要的纠纷，因而用一种代用语来使对方听不懂。这种行话，类似江湖切口。其他行业，有的也有。如通行于晓市的，把一、二、三、四、五说成"土、月、牙、黄、叉"；在金珠店则把数字编成只有本屋（单位）人才能听得懂的十个字。二十年代，劝业场有一个蚨祥金店，他们是用"蚨飞去复返祥瑞自天来"来代替十个数码，作为隐语。其实当业的行话并不难懂，因是谐音，听熟了自能"破译"。例如：①

幺按搜膘歪（一二三四五）

料俏笨缴勺（六七八九十）

子母饶（咱们人，即同行人）

得（第四声）合（当行）

报端（不多）妙以（没有）

抄付（吃饭）搂闪（拉屎）

勒（第三声）特特（老太太）

豆官呢儿（大姑娘）

洗玄分儿（小媳妇）

照个儿（这个）

闹个儿（那个）等②

这种隐语行话传到东北徽帮典商经营的当铺继续使用时，则又因受东北方言语音的影响而稍有变异，主要反映在个别记音用

---

① 案：视其所述材料，并非属切语形式的"徽宗语"。

② 高叔平《旧北京典当业》。

字的差别，如这里称一至十数为"摇、按、瘦、扫、尾、料、敝、奔、角、勺"。① 显然，这一传承扩布过程中的细微变异，主要受制于东北方言与北京方言土音相差别的因素。

典当业独有的书写当票的"当"字，及其形式各异的当行隐语行话，以其固有的行业文化特征与功能，进一步显示了典当业经营管理体系的严密。

## 第六节 行规与行会

中国民族工商业五行八作、三百六十行，在漫长的经营实践历史过程中，大都形成了具有本行业特点的规约制度。这些规约制度，是适应、应付外部社会环境和协调、管理内部人员与活动的经验总结，是传统的人文精神在行业运行机制中的集中体现。在行业营运过程中，这些规约制度，具有行业习惯法的功能。中国民族工商业的习惯法，产生、形成及传承扩布，均处于漫长的封建社会的文化传统之中，因而也就决定了其带有浓厚的封建文化传统色彩。在主观上，行业习惯法是工商业试图摆脱分散性的小农自然经济的文化模式，以适应行业生产经营的实际需要而产生的。但在一个长期以农业经济为本的文化土壤中，民族工商业的产生与发展终究是因现实与发展的需要而行的，其赖以生存的社会环境与服务对象，万变不离其宗。因而，即或在后期出现了资本主义经济的萌芽因素，也是极微弱的，传统的行业习惯法在经营管理机制中，仍然长时期地发生作用。

---

① 金宝忱《关东山民间风俗》第 219 页，吉林省民间文艺研究会等编印，1985年 10 月。

　　典当业以其在诸行业中的特殊性、自我封闭性，形成了显具当行特色的规约制度——习惯法。职业活动的单一、特殊，经营管理的内向、封闭，使之在其他行业习惯法之间显示出较强的个性，即特殊性。这一行业习惯法的特殊性，比较突出地反映在行业人才培训与内部规约方面。

　　先说典当业的人才培训，即其学徒制度。

　　如同民族工商业诸行一样，在旧的历史条件下，其从业人员的培训，基本上都是采取以师带徒的师徒传承制度，而不是由专门学校进行专业培训，仍属传统的小农经济的手工方式。但同其他行业有所区别的，一方面是学业内容较为专门，而且由此一举定终身，难以跳槽再谋他业为生。因而，典当业从业人员父子相承者多，亲故关系较多，这一情况本身，则反而又进一步加强了行业的封闭性。

　　旧时对于拥有一定资本的人家来说，开当铺是个比较稳靠的蓄财发家渠道，故有"要想富，开当铺"之说。对于谋求生计者来讲，进当铺则是个终身有靠、不受风吹日晒之苦、令人羡慕的职业。然而，要想在当铺从业，学徒一关是颇难过的。

　　早在二十世纪三十年代，报上曾刊登一篇署名袁无为的《典当学徒自诉》①的文章。署名或系化用的，却也道出一番苦衷。文中说："我在十二岁时受了家庭环境和经济的驱使，跑进那大家都认为理想职业的典当尝试学徒的生活。当我踏进那活地狱的典当门后，就感到典业的陈旧和没有生气。尤其是终年不准走出，好比那狱囚犯了罪判决了无期徒刑一样。白天到晚做那牛

①　《新闻报》1935年12月26日。

马般的工作，什么扫地啦，抹桌啦……简直是替典里帮佣。到了晚上，又要在那黯淡无光的油盏灯下，画龙画虎地练那当铺字，一天到晚不使你有休息之时。现在糊里糊涂的已经混了六年了，缺也升了，生活也优逸了。成天过的那醉生梦死的生活，若问我六年来学会些什么本事呢？我说：是吃香烟，唱徽调，唉！真是蹉跎岁月，贻误终身。现在典当业一败涂地，收束清理，时有所闻。我战栗在'当铺朝奉夜壶锡'的徽号下，不禁为我的前途忧虑悲叹！"学徒期间干杂务，伺候掌柜的，这是旧时许多行业学徒的通例。然而，终日长年不许学徒者外出、守在铺子里，却是很多典当所共有的行规。究其理由，自是戒备学徒私自往来带走钱物，或避免受人诱使内勾外联危及铺中钱财。当然，便于随时听候差遣指派和促其专心学习业务，也是一种因素，但主要还在于安全方面的考虑。

对于没读过书或读书很少的典当学徒来说，每晚或闲暇时练习识写当字、熟读《当谱》来说，尤其是艰苦的必修课。没有一定识字和书法基础的人，识、写当字颇为困难，那一千多个当字，传承多代，加之因时、因地变化，更增加了一层难度。如欲达到熟练地识、写水平，绝非易事，却是必须掌握的从业基本功。

明清以来，作为当业经验、常识总结和培训从业人员的启蒙读物

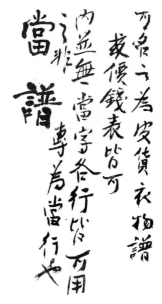

《当谱》手抄本封面

的《当字簿》和《当谱》的出现，已比其他行业单凭口传身教传授业务、技艺的方式，略为进了一步。就笔者目前所见，即有《当字簿》《当谱》《典务必要》和《当行杂记》四种当业知识读本，均可作为典当学徒的启蒙读本。这些清季的手写传抄本，很可能当年都曾为培训典业从业学徒发挥过教材作用。

2004 年 9 月 6 日至 9 日，由上海社会科学院历史研究所、台湾"中研院"明清研究会、台湾中央大学文学院、杭州师范学院近代史研究所主办，苏州大学社会学院协办的"器物与记忆：近世江南文化"学术研讨会在上海、苏州、杭州三地召开。复旦大学历史地理研究中心王振忠教授在会上交流了题为《清代江南徽州典当商的经营文化——哈佛燕京图书馆所藏典当秘籍四种研究》的论文。论文根据哈佛燕京图书馆所藏的典当秘籍《典业须知》《至宝精求》《玉器皮货谱》和《银洋珠宝谱》四种善本古籍，结合其他典当业文献作出综合性探讨，

《当谱》手抄本内文之一

从内容结构上论证此四书同属一个文书群，利用《典业须知》及相关文书研究徽州典当业的经营文化和典当业者的社会生活，对《典业须知》等书所反映的典商心理，作出初步的文化分析，在研究的角度上，除关注经营规范、商业道德之外，更注重对典商

社会生活史的揭示。论文认为，由杨联陞教授标点整理的《典业须知》①，是有关清代徽州典当业运作记载最为系统、内容最为丰富的一份商业文献，但在二十世纪七十年代杨氏标点此书时，因徽商研究尚未充分展开，故而此书的内容及其学术价值并未得到应有的认识。此后，涉及典当业研究领域的学者，也未对此作过系统、深入的探讨。此外，哈佛燕京图书馆另藏有《至宝精求》《玉器皮货谱》和《银洋珠宝谱》三书，也是反映清代典当业经营的相关文献，与《典业须知》应属于同一批文书——这是杨先生所未曾注意到的。

有鉴于此，本文拟结合其他典当业文献（包括私人收藏的一批徽州文书），对上述四书（尤其是《典业须知》），作一具体而微的综合性探讨。首先从内容结构上论证《典业须知》和《至宝精求》《玉器皮货谱》以及《银洋珠宝谱》同属一个文书群，其次利用《典业须知》研究徽州典当业的经营文化和典当业者的社会生活，最后对《典业须知》所反映的典商心理，作一初步的文化分析。在研究角度上，除了考察经营规范、商业道德之外，本文更关注对典商社会生活史的探讨。

《典业须知》亦作《典业须知录》，文中纪事有"咸丰乙卯"（即1855年，咸丰五年），故其编纂的年代应在清代后期。其序称："吾家习典业，至予数传矣。自愧碌碌庸才，虚延岁月。兹承友人邀办惟善堂事，于身闲静坐时，追思往昔，寡过未能，欲盖前愆，思补乏术。因拟典业糟蹋情由，汇成一册，以劝将来。不敢自以为是，质诸同人，金以为可，并愿堂中助资邗［刊］

---

① 《食货月刊》复刊第一卷第四期，台湾，1971年。

印，分送各典，使习业后辈，人人案头藏置一本，得暇熟玩，或当有观感兴起者，则此册未始无小补云尔。"该序下署"浙江新安惟善堂识"。惟善堂是徽商在杭州开办的善堂之一，作者出身典当业世家，可能于暮年在杭州主持或襄办惟善堂事务。另外，在《典业须知》正文的"谆嘱六字"中曾提及："金陵为繁华之地，近日学生习气，专以好吃好穿为务，银钱不知艰难，吃惯用惯，手内无钱，自必向人借贷，屡借无还，借贷无门，则偷窃之事，势有不能不做。"由上述的这段文字看来，作者似乎是对金陵典业中人的不良习气有感而发。据此推断，他很可能在接手惟善堂事务之前，曾从业于金陵典铺。而从该书序文、署名以及正文的内容（如文中多次提及"我新安一府六邑""吾乡风俗"和"吾乡俗语"等）来看，《典业须知》的作者出自徽州，当为江南一带徽州典当业界的耆宿无疑。因此，可以将《典业须知》一书，作为研究徽州典当业的重要文献。《典业须知》《至宝精求》《玉器皮货谱》和《银洋珠宝谱》四书中抄录的文字颇多讹误。从上揭的简略著录可见，四书或为徽商编纂，或与徽州人有关。四部书的字迹相当接近，抄录文字的纸张也完全相同，而且同属于哈佛燕京图书馆的"二齐文书"（即齐耀珊、齐耀琳文书）。其中有明确纪年者为"同治三年"（1864 年），应均为晚清以后之钞本，从其内容上看，四书涉及的门类，与一般典当业文书的结构极为相似。[①]

现藏浙江省图书馆的《典务必要》，凡分幼学须知、珠论、

---

① 王振忠《清代江南徽州典当商的经营文化——哈佛燕京图书馆所藏典当秘籍四种研究》，"器物与记忆：近世江南文化"学术研讨会交流论文，2004 年 9 月。

宝石论、论首饰、毡绒、字画书籍、布货、皮货、绸绢等九篇。其中，珠论，细分有大小珠目、病珠二十一种、珠筛、湖珠名目、湖珠论、名珠定价规则、湖光一变、明目重辉、长行采漫法、平头珠、时光珠、光白珠、挨精珠、精子珠、湖珠、衔泥珠、水伤、胎惊、嫩色、珠钉、珠价总目诸内容；宝石论，细分有宝石名目、假宝石、假猫眼、看宝石之法、看西洋红法、看阻马绿法、看子母绿法、看猫儿眼法、看各色宝石法、看柴窑片法、看玛瑙法、看水晶法、看各件玉器法、金刚钻、叶子金、试金石、吊水平金法、吊水平银法等内容；论首饰，分为金镯、累丝首饰、夹粘、羊贯肠、白铜粘银、孩锁、银杯、银壶、包金镯、金簪、冠骨、帽饰、三搭、银镶茶酒盅、镶筷、玉器、古铜器、香炉、铜盆镜、成锭低银、假金杯、南京金丝髻、扬州镏金、试石用钻、炉瓶、锡等内容；绸绢，分为绸缎、各色宫宁绸西纱摹本缎正裁料、南京货、镇江货、湖州货、盛泽货、杭州货、苏州货、苏州洋货等内容。

凡此，主要内容均围绕典当从业人员必须掌握的基本知识而设，其详细着实，皆从实际需要出发而述，从对学徒的品格行为规范到业务常识，俱入其中。一如卷首《幼学须知》所称："此书名为《典务必要》，所有稽考珠宝贵贱，以及首饰高低，乃至前辈老先生已费一番斟酌，细叙书中，使后学者一目了然，大为简便。若学生见之，不加谨详察，亦非向上之人也。凡遇闲时，必须紧记。"同时，又对其他在业人员提出要求："学生初入生理之门，茫无见识，伏望时辈诸公，就近指教，使学生胜阅繁言。"看来，典当业培训从业人员，是既往经验总结的书本知识与实际指导操作并重的，颇讲究"理论与实践的相互结合"。恐怕，这也是在旧工商诸行培训从业人才方面，典当业的独到之处。

由清光绪二十四年（1898年）至民初断续辑就的《当行杂记》，内容、体例与《典务必要》相近，是当时一位从十几岁即从此业者的笔记心得。其"十有五入于当行，尝受业师之训，曰：'汝等年幼，乘此年纪不学，再□□□洞然无知。'或有所见闻者，心如草记之，久则忘之矣。十日，每有所见闻，偶即抄记之，积之渐多，是以乃有耳目见闻，有书中所记载者，经久凑成一本，暇日观之。"这位未留下姓名的"老当铺"，如此用心，既是其自幼学当的经验积累，也在于"有能习即可熟记矣，有能抄者亦可传人"。显然，是为后来学习当业者提供一个专业知识读本，足见一位过来人的用心。所以他说，"虽伤吾心，吾亦愿矣"，是深悟当初学当之不易，期以见闻经验为后来者启蒙铺路。是书凡分当行论、看衣规则、西藏土产、看金规则类、看宝石规则、看铜锡类、看瓷器规则、看字画谱、各省绸缎花样别名等，计九大类，又若干小类，悉经营中辨物验质、估价、辨伪等必备的从业知识。

旧时典当业习惯把学徒称为"学生"。考其不像诸行那样称之"学徒"之类的原因，或与当业从业者多需具备较强的专业知识，并时与账籍号簿文字打交道有关，同其他粗重劳动相比要斯文儒雅许多，因而用以显示行业之尊。加之，高据柜前、衣着较讲究的朝奉，在同仰递当物、衣衫褴褛的穷当户交易时，尤显尊贵高傲，不时流露出自得与轻蔑的神色。其实，都是一种行业自我优越感的体现。

然而，尽管每座当铺采用的从业人员不多，少则几人，多则十几人，很少有数十人的，但每人在业中的身份地位却三六九等。即或是学徒者，亦据其进铺时间顺序排为一二三四。而且，颇多苛刻规定。在中国典商之乡之一的山西祁县一座规模并不大的复恒当，铺中规定学徒进号十年之内不予设置座位，每日必须以立正的姿势站上十几个小时的柜台，除非接待当户时，双手不许放到柜台上。因而铺中伙计编了个顺口溜说："当铺饭，真难吃，站柜台，下地狱。没有金鸡独立功，莫来这里当长工。"在学生练字、学打算盘的基本训练方面，这座复恒当也很严格。有人回忆道：

> 学徒期间，每天晚上关门之后，除侍候掌柜和干完杂活外，还得练习写字、打算盘。写字时，端端正正地坐在板凳上，三个指头提笔，手腕不挨桌面，笔梢对准鼻子尖，"点如桃""撇如刀"，一笔一画地写。每隔两三个月，掌柜就把你写的字贴在墙上，请来"上司"（即介绍人），"参观"、评议。……有两个伙友，就是因为不好好练习写字和打算盘，多次"考试"不及格，被打发走的。①

至于学徒之间的等级规矩，一位早年从业于北京当业的过来者回忆道：

> 我开始学买卖，因为不是这个行业的世家，进入当铺是托亲戚本家引荐，所以从开始进店的那天起，就受到不公正的待遇。这家当铺是新开业的，我们师兄弟三个全是新学买卖的人，按照传统规定，先进山门为师兄，后进山门为师弟。我在事前曾由举荐人打听到这家当铺将在哪一天开伙进人（行内叫进将），其实他所打听到的开伙日期比实际进将

---

① 段占高《我所目睹的复恒当号规》，载《山西商人的生财之道》，中国文史出版社 1986 年 9 月第 1 版，第 74 页。

的日子迟了一天。而我的两位师兄却是由联号的近人举荐的，所以近水楼台先得月抢在前面，当上了师兄，而我是第二天才由举荐人送去的，作为后进山门，只好做个小师弟。如果按年纪排列，二师兄比我还小一岁。开业的第一天，我们三人被分派做招待贺客、沏茶灌水等琐事，就在这里也表露了待遇上的差别。大师兄派在东客房，因为东客房是股东、总管陪客的地方，较为高级；二师兄被派在柜房，可由他来接待同业和有关商业的经理人等；而我呢，被派到很少人涉足的西客房，很是冷落。至于在业务学习方面，因为我是小师弟，虽然在当业里没有侍候人的业务，但每晚业务终了后要研墨、掼牌子（即将弄乱了的号牌顺序贯入铁条上），抽不出多少时间来从事认当字、学算盘等基础学习。而两位师兄，则一开始就能享受到一般需要经过一两年才能享受到的权利，可以从容地学习，显得比我进步快。①

由此可知，即或同为学徒，按当业规矩，也要根据"先入为主"的原则来分别其地位、待遇。而且，除特别破格者外，一般当业内的职务递升，也根据这一原则。从学徒到大缺掌柜，"多年媳妇熬成婆"，回过头来施行、维护的，仍是当初自身经历的老规矩、旧模式。

1930 年至 1936 年期间，山西太原城区各家当铺的学徒多是 15 岁左右，三年为限，第一年是管吃饭没工钱，第二年是除吃饭外每月给一元（银元）零花钱，第三年起每月增加五角至一元，

---

① 高叔平《旧北京典当业》。

期满后再干一年。第四年起就可以"顶生意"。"顶生意"就是所谓的"以身代股",可分二厘至三厘的红利。同样大掌柜(经理)、二掌柜(副经理)、账房先生、内柜也没有工资,都是"顶生意",按照身份的不同,分别按一股、八厘、七厘至五厘分红。在当铺的人员当中,"晋中帮"势力非常庞大,太原十多家较大当铺的二掌柜或柜头(三掌柜),几乎全是原来祁县、太谷、平遥等县钱庄、票号、当铺中的老店员。

辨认和学会使用"当"字,是典当学徒要掌握的一种从业技能。这种字在当户或别人看来是很难辨认的。熟悉内部交流"暗语",这是一种行话,每当当户送当时,在内部商定贷金数目多寡时,柜上的掌柜、内柜、站柜及学徒间相互交流,用的便是这种"暗语"。此外还有"暗记",当铺铺间为了自身利益,彼此通气,不会哄抬当价。"暗记"就是它们相互通气的法宝,如果当户坚持当高价,当铺不给,双方交而不成,他们退还你的当物时,当

二十世纪二十年代
天津的"同福当"

铺便在当物上做了"暗记",这样,当户走到第二家当铺时,站柜的人打开包皮一看,心中有数,开价也不会高,最后使你只好低价

当出。这也是学徒必学的三种"特技"之一。①

典当业学徒制度，是其最基本的具有代表性的行规之一。此外，还普遍存在各种成文或不成文的其他行业规约。例如天津典当业，从上自经理到学徒，都吃住在当铺，均不得带家眷。最初规定五年给一次探亲假，假期十个月，往返路费自理，后改为三年一次，六个月假期，给负担一半路费。在平时，从业者不许随便外出，外出需准假才行，但必须在下午四点前归宿，不得在外吃晚饭和留宿，所带出的包裹要经人查验。而且，从业者生病，铺里照例不负责治疗，只许喝小米稀粥。民国期间太原义和当店规是：不准携带家眷，不准嫖妓宿娼，不准吸食鸦片，不准参与赌博，不准假公济私，不准私蓄放贷，不准打架斗殴，不准承保他人，不准浮挪暂借，不准结交邪恶，不准私分落架（落架就是"死当"）。后来又增加了不准以本号股票抵押贷款。此外，还有几条不成文的规定，如店里的伙计离店时，包括请假探亲，衣物行李必须交给账房先生或内柜验看，称为"亮相"；不准学徒吸烟、酗酒；不准留宿朋友亲戚等。还有一条专为外人订的店规，在柜台内都挂着"本店谢绝承保，亲朋贵友免开尊口"的帖子，为了避免麻烦，店内还贴着"免谈国事"的帖子，这既是对顾客而言的，也是对店伙的一条约束。

当铺还有一套固定的典当程序：首先，当户送上抵押品后，通过店员看贷，出价协商，同意后即填写当票。接着，当铺为了避免发生误差，惹出麻烦，影响声誉，对每件抵押品都要进行编

---

① 据政协太原市委员会文史资料研究委员会编印《太原文史资料》第十四辑，崔汉光整理。

号。他们编号的程序非常严格，每件物品都要有三个"扉子"
（号鉴），一个在包皮外，很醒目；一个在包皮内；一个在物品内
（如衣服口袋、表壳里、戒子上），这样很难发生差错。为了保
险，另外还挂有查对期限的木牌，称为"望牌"或"月牌"，按
月推动，将到期的移到第一、二架，一看便知押了多少时期，逾
期没有。一旦逾期，抵押品便从存架上取下放另一处，这叫"落
架"，落架之后，抵押品就成了死当。

在保管方面当铺也很负责，对应该加放樟脑（卫生球）的，
应该打开包皮翻晾的都及时处理。看库的还要注意堵鼠洞，放鼠
药，捉蟑螂。

最后一道程序是赎当，当抵押人来赎当时，当铺规定认票不认
人，凭票赎当。万一当票遗失了，也可找保补票。赎当时首先要问
原抵押品的品种、名称、数量，所以一般人拾到当票或小偷偷了当
票，由于不能知道当品的名称、数量，冒领的事情就不能发生。一
旦确认赎当人无误，当铺清算本息，收回当票，便可退还当品。

近代上海的一些典当，甚至把一些规约细则付诸文字，张示
出来。例如：（1）典员进退，应于每年废历正月财神日决定。逾
时无论如何，均须留任。（2）已歇典伙，不得留宿。即服务典
伙，除有眷属住居本地者外，亦须在典住宿。如有事故出外，迟
至夜深十二时，必须归典。否则视情节轻重，禀由管事处罚扣
薪。（3）典伙如有包裹携出，须经多人拆视，以避嫌疑。否则如
有质物缺少，责令赔偿。（4）柜友收押物品，如遇赝鼎或估价太
贵，将来满期不赎，须凭经手柜友赔偿损失。（5）学徒除三节假
日外，非有家长亲召，不得擅离职守。（6）典员不得透支银钱，
及共同出游（以一二人为限）。（7）典员每年请假，照例二个足

月，多至三月为限，薪水及其他分润不扣。如不愿请假，则每隔五年，可休养一载。或支付薪金一年，以作奖励金。（8）自经理以下，以位置之高下，为管理之等级。例如头柜朝奉，可以约束或劝告二柜朝奉，而三柜又须谨遵二柜之命不得违拗。余则依此次序类推。

甚至，同业互访或晚间叫门及吃饭，亦专有规矩。在北京，同业来往，进门后要依行规"撂圈子"，即先至柜房，由门旁绕罩壁一周，对各位同行人员逐次作揖问候"辛苦"，然后再随让进入客房用茶。晚上叫当铺的门，不用敲，只需喊一嗓子"嗷"，里面即知是同行，便会开门。当铺营业时，一般分两拨儿轮换吃饭，谓之"拨儿饭"。每班分由大缺、二缺率领，并由当家的或副事分拨坐下位陪饭。按规矩例由大缺或二缺坐在上首，依位次入座。饭菜上来后，须由首席先动筷子并招呼大家后，众人才能开餐。

综上可知，典当业的经营运行秩序，是以其各种规约制度为规范和保证的。种种巨细规约所渗透着的，是传统的等级观念。这种等级观念是诸规约制度赖以存在和施行的组织保证。两者互相依存，互为作用，合而构筑了当业营运秩序，及其行业文化的精神模式。

值得指出的是，典业种种规约制度，是为从业者乃至社会所认可的，甚至受着法律的保护。例如："陈关伯在海宁城内元恒典学业六年，至本年四月初旬，不听管束，私自出外。该典协理，即被告周子楣，以其有坏典规，令照向例在关帝像前，罚跪一小时。至四月十四，陈关伯又私赴峡石晋丰典伊叔陈尧钦处。但未声明被辱罚跪，仅言不愿回店学业。意欲至上海汉口另觅生意。……五月二十八日陈关伯在上海忽染伤寒，……六月一日，复送同德医院，调治无效，于次晨在院病故。"1930 年，海宁法院检察院对此诉讼，不予起诉。上面即关于这一典当学徒因病毙命而决定不予起诉的法律文件中的一段，视文中所述，对典当管理、惩罚违犯典规学徒的作为，持的是一种认可的态度。

现在，考察一下典当业的行会。

从《东京梦华录》《梦粱录》及《为政九要》等历史文献提供的信息得知，远在宋代，中国典当业即已形成了自己的行会组织。① 我国早期的行会组织，在其民间性、行业性这一基本属性之外，还带有较浓的官方色彩，如可由官府指派行首、代行官府征收税赋、派差、进行行业管理等，恰是官本位传统在民间行会组织形态上的反映。就文献所见，这种格局至清代已有所转变。

有清以来，典当业的行会组织渐多。有的是按乡缘关系的行帮结为团体，如咸丰五年（1855 年），浙江新安的典商以行业改良为宗旨创办了名为"唯善堂"的行业团体。"唯善堂"编写了一部《典业须知录》②，试图以此来规范和改进所联系的各座当铺的经营管理。更多的典当业同业组织，是所在营业地区内的行业公会团体。这种由同处一个地区的同业结合而成的近代典当公会，主要出现在京、津、沪、穗等商业比较发达的大都市、大商埠。

据《典当行会馆碑志》称："南海地当省会，当行凡数十间。其先原有会馆，以垫隘弗堪，聿谋创建。至雍正十一年，始卜地于状元坊。"是知广州在清雍正十一年（1733 年）前即成立有典业行会，并建有会馆作为集会议事和办公场所。而且，就连当

---

① 详见本书第二章第四节"宋金元典当业"，此不赘述。
② 载台湾《食货月刊》1971 年 7 月一卷四期。

时仅有 20 余家当铺的番禺县，亦组会建馆于"老城流水井"。

北京典当业行会，始创于清嘉庆八年（1803 年）九月，初名"公合堂"，后改为当商会馆，以后又先后易名为当业商会、当业同业公会。庚子年间，又由典业省宿刘禹臣发起，集资筹建了"京师当业思预堂保火险公益会"（简称"思预堂"），交由同业公会管理，为投保的当铺保火险。北京当业公会是当初京城较早而且较大的行会之一。清光绪三十年（1904 年），北京总商会，即由当、炉、绸缎等一些大行会倡议组建的。

清嘉庆十七年（1812 年），天津当商在北城濠购地建房八十余间，建立了当行公所，作为同业组织，并于 1928 年改为典业公会。后来又于 1946 年与租界的质业公会合并，成为

旧时北京"典当商会"照片

由当地 80 多家典当业结合而成的统一行业组织。

从《上海县为批准典业同业规条告示碑》及《典业公所公议章程十则碑》得知，清光绪三十年（1904 年）时沪上已建有名为典业公所的行业组织。

上海作为中国近代的大商埠，其行业组织也比较发达，典当业也不例外。据介绍：①

---

① 杨天亮文，见上海档案信息网·申城变迁·淞沪百业（http://www. archives. sh. cn/shcbq/shby/200401090001. htm）。

上海典当业的行业公会，最早为成立于清光绪中叶的上海典业公所。公所设置于老北门内吴家弄公所自有房产之中。最初的公所事务由三人制的董事负责处理。主要职责是尽可能的使同业按业规开展业务，处理相互之间的关系及化解业内的矛盾、纠纷，此外还兼办业内救济、子女小学教育等。至 1931 年 2 月，由傅佐衡、杜云初、方敏甫等十余人鉴于当时各业已纷纷按各业公所依据"工商同业公会法"改组为同业公会。遂发起将典业公所改组为上海市典当业同业公会，于 4 月 10 日召开会员代表大会，正式宣告成立。傅佐衡为主席。共计华界会员 50 余家（租界中同业不入会）。至解放前共发会员证 1174 张。内中除已宣布退会的，实际共有会员 900 家。至解放初期还有 529 家。

据上海档案馆公布的信息得知，馆藏上海市典当商业同业公会（全宗号 S187）文献非常丰富并完整。其馆藏相关简明信息表明：

上海市典当商业同业公会成立于 1931 年，其前身是典当公所。后经数次改组，1942 年上海特别市典当业同业公会和上海市区典当公所合并为上海特别市典当业同业公会。1946 年该会重组，并定名为上海市典当商业同业公会。该公会以维持增进同业之公共利益及矫正弊害为宗旨。会址侯家路吴家弄三十九号，后迁塘沽路九十弄六号。主要负责人先后为傅佐衡、张应礼、余斌及郭勉农。成立时有会员六百家，1949 年会员减至二百二十五家。该会于 1958 年结束业务。

馆藏上海市典当商业同业公会全宗档案共 180 卷，排架长度 3 米，档案起止时间 1917 年至 1958 年，该全宗档案已经系统整理，编有案卷目录 1 册，著有文件级卡片 198 张。

该全宗档案主要内容为：

1. 总类

有该同业公会章程及历史沿革；典当公所执监委员联席会议记录；该会成立及常务委员会和理监事联席会议记录；整理委员会会议记录；历次会员代表大会会议记录；有关劳资协议的文件；同业间调查表；人民团体负责人就职宣誓书；工作总结报告；私方人员参加社会主义竞赛情况的报告；爱国公约；理监事照片等。

2. 业务

有该会为调整当期当息事与社会局的文件；有关处理业务纠纷的文件；会员业务调查表，会员业务统计表及营业情况调查统计表；质押利息率历年变动记录，当赎情况比较表及过期满当押品调查统计表；"中国典当业实录"，"统一押当业簿议简义"，及"十年来典当业演变情况资料调查表"等。

3. 组织人事

有该公会组织章程；正式更改名称的有关文件；理监事名单；会员名册；会员入退会、变更登记的文件；会员入会志愿书；关于会员变更负责人以及地址；成立沪南办事处的文件；工作人员调查表；各区干事分配名册；职工任免；公会委员"五反处理情况调查表"等。

4. 财务

有该会经费收支对照表及预决算表；会员清产核资、固定资产表、财务报表及固定资产明细表等。

馆藏上海市典当商业同业公会全宗档案记载①，上海的典当业在抗战之前有三个同业组织，即上海市典当同业公会、上海市押店业同业公会和租界内的押当公所。上海市典当同业公会的前身是典业公所，该公所成立于清光绪中叶，设于老北门吴家弄39号。1931年2月典业公所改组为上海市典当业同业公会，仍设于原址，主要负责人是傅佐衡。当时会员有50余家，多为架本（即放款额）在30万余元的大型典当。上海市押店业同业公会，成立于1928年6月，会址设在小南门大街，负责人是翁雨田、许叔航，有会员40余家。押当公所是当时租界内典当业的同业组织，设在上海公共租界文监师路（今塘沽路）902弄6号，负责人是翁国英、郭勉农，有会员400余家。1942年9月，上海市押店业同业公会与押当公所合并改组成立上海特别市押店业同业公会，沿用押当公所会址，张应礼任理事长。1944年12月又改名为上海特别市押当业同业公会。1942年发行中储券后，不少大型典当关闭，剩下部分典当要求转入押当业同业公会，因此原典当业同业公会遂告解体。1945年8月抗战胜利后，国民党市政当局对押当业同业公会进行接收整顿，成立了整理委员会。丁12月间召开会员大会，宣布成立上海市典当业同业公会，张应礼出任理事长。1946年5月，又改为上海市典当商业同业公会。据档案记载，上海的典当业有过两次重大的改组。在抗战之前典当按资金和规模分为典当和押店，分别成立有上海市典当同业公会和上海市押店业同业公会，租界内的典当业也设有押当公所，之间素少联系。1942年9月在上海特别市社会运动指导委员会的指导下，成立了上海特别市押店业同业公会整理委员会，将上海市押

---

① 张海《旧上海典当业档案一瞥》，《档案与史学》2002年第2期。

店业同业公会和押当公所合并，改组为上海特别市押店业同业公会。后上海市典当同业公会因中储券发行而关闭多家，余下的亦加入上海特别市押店业同业公会，上海市典当同业公会亦告解体，这是上海典当业组织在特殊历史条件下完成的一次统一。另一次改组发生在抗战胜利后，国民党上海市政府发布《上海市各业同业公会整理暂行通则》，1945 年 8 月典当业成立了上海市押店业同业公会整理委员会负责接收和整理工作，于同年 12 月召开会员大会，宣布成立上海市典当业同业公会，1946 年 5 月正式更名为上海市典当商业同业公会。

在此丰富的馆藏文献中，调查统计类文献对于中国近现代典当史研究尤其珍贵。主要内容在于：

> 典当业的调查统计档案是经过系统整理的有针对性的资料，有中国典当业实录、十年来商业演变情况资料调查表、上海特别市押店业同业公会会员调查表（1943 年）、上海市典当商业同业公会会员业务调查表（1947 年）、上海市典当商业同业公会会员数统计表（1947 年）、上海市典当商业同业公会会员架本金额与房屋等级调查表（1947 年）、上海市典当商业同业公会会员营业概况调查表（1948 年）、上海市典当商业同业公会关于本业质押利息率历年变动记录（1949 年—1956 年）、上海市典当商业同业公会会员增资、变更登记项目调查表及增资统计表（1951 年）、上海市典当商业同业公会会员增减情况表、上海市典当商业同业公会业务统计表（1951 年—1955 年）、上海市典当商业同业公会年终结算统计表（1952 年）等。

中国典当业实录由上海市典当商业同业公会于 1947 年 3 月编写，有三部分构成：（一）我国典当业之概况，指出"典当之制"在史记司马相如传、后汉书刘虞传等古籍中都有载述，"实则初创于南齐之寺僧"，以及典当业其后的发展。根据 1931 年内政部对当时 218 个县的调查资料，统计出共有典当 4573 家遍设全国。总结了典当的诸多特点：手续简便；不要保人；放款额零星；还款期限较长；不问放款用途；绝对

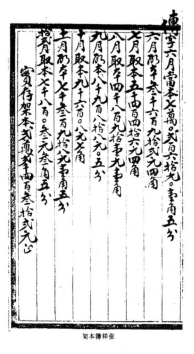

架本簿样张

民国年间某典当的典当"架本簿"样张

对物信用；内部组织严密等。提出如保全典当传统善良习惯；提高典当的公益性；典当业务得到政府确认；准许派员列席法规的订立和修正等完善典当的意见。（二）上海市之典当业与押店业，解释了上海市典当业主要形式典当与押店之间的区别：视营业资金之多寡、利率之高下、质物之零整及满期之长短而定。沪市典当资本大抵自三万元至五万元，架本自十万元至三十万元；押店资本在数千元至万余元，架本自数千元至四万元。质物种类，典当欢迎珠宝首饰、绸缎衣类及上等木器等；押店则只须具有价值，一概收受。满期期限，典当为十

八个足月或十二个足月，并有到期宽放五天的优待；押店大都以六个月为满期。分析了华界与租界对于管理典押两业的方法，"华界当局认典押两业与平民福利所关甚巨，慎其登记，轻其捐税，而以社会局为主管机关；租界当局视典押业为纯粹图利之商业以向诸课征捐税为目的，故以捐务处为主管机关，许其任意设立，而认真课捐"。阐述了上海市典押业由繁荣到衰落的变化。（三）结论，认为典当业是救济平民唯一的金融机构，同社会关系密切非银行钱庄等金融机构可比拟，列举了美、英两国典当业服务于社会的重要性，希望政府为维持平民金融机构，安定社会秩序，应予典当业积极的扶助，发挥其服务社会的机能。

这些由同业集体出资组建的典当行业民间组织，以对内协调经营活动、解决纠纷和对外沟通与政府等外界联系、维护行业整体权益为宗旨。例如，通过集会协商公议的方式统一利息与处理死当物品售价，禁止互相诱夺业务能力强的经营人员，从而减少和平息同业竞争中的纠纷。对外，则主要协调、沟通行业与政府有关当局的联系，防备劫掠盗窃及其他滋扰所可能给本行业带来的危害。实际上，典业行业组织是一种以维护行业共同利益的自治、自卫团体。这一点，在一些公议执行的条规中均极为明确。试以初订于同治初年、后于光绪二十八年（1902年）重加修订后的北京典业公会条规为例：

　　一、因昔年原有各衙署官款发商生息，由首事当商，轮流值年，严查各当分领虚实，以免拖欠官款。后又因各当柜外，常有无赖匪徒，以及宗室觉罗，讹诈行凶，强当硬赎，或持凶器，自相残伤等事。种种不法，层见叠出，受害非浅。故此本行前辈，公同商酌，创立公合堂。如一家遇有被讹诈之事，众家帮同经理，嗣后渐见平安。复于咸丰年间，因各种大钱钞票，受伤至重，将各当架本，取赎一空。旋于同治初年，各当空房，缓缀措本，小作生理，已稍见起色。不意至光绪庚子大变，我当行京乡二百余家，尽遭涂炭。不但架货被土匪抢掠一空，即砖石铺面亦被拆毁，东伙均一贫如洗。而领商诸公与铺中经手私债，约有数百万之多，万难抵偿。仰国家宽仁厚泽，所有各官署各款，发商生息数十万两，概免追究本利，全行豁免。各当欠款数十万两，亦代为补还，实乃出诸意外。现今复开新当，不足百家，殷实甚少，多半集股试办，暂维生理。嗣后各官署若再有存款，发商生息，断不敢分领，亦不敢具连环互保。倘该铺本绌亏累，拖欠官帑，应由各该铺自行负责。今即屡蒙尹宪传谕，令当商仍仿旧章，择首事当商，轮流值年。倘有交派本行官事呼唤，以便知照各家。其各号每季应交报效及当税，仍自行办理。今特公拟择请轮流首事值月十二家字号列后。

一、现在本行多因资本缺乏，元气未复，其各家月限利息，皆未能按照旧章生理。倘有柜外之人，因月限利息，搅扰不遵，讹赖成讼者，以及用假银洋圆行银砂片私钱；或无赖之徒，包揽赎当，不遵街市通行行市，取巧分肥，因此成讼者，均归公议办理，但不可倚势欺人。

一、倘有拒外无赖匪徒，吃酒行凶，强当硬赎，以及手持器械讹诈，自相残伤。又现今各处兵勇甚多，难免不发生意外。倘有不能了局之地，非成讼不可，由公议办理。如私自殴打，公议不管。

一、倘有柜上当下铜假首饰，以及假改当票，顶包吃错，以及脱顶假银洋回头，脱顶银钱票打退，因此讹诈成讼者，公议办理。如实系本铺错误，或私自殴打成讼，公议不管。

一、大门以外，附近之处，若遇有无名倒毙，以及自缢身死；或他人斗殴，因伤未移，凶事原与该铺无干。倘本地面官厅勒令牵连该号，实系被屈，因此成讼者，公议办理。如用小费，可以自备。

一、倘有该铺被窃、被灾，以及误当贼赃，因起赃等事成讼，官费归公议办理。其所失财物，以及赃本多寡，抑或本铺自己遗失银钱货物，致成讼者，公议一概不管。

一、倘柜上伙友，公事出门，半途之中，遇有匪徒劫路，以及打抢财物。并拒上素有交易不投恨怨之故；或系当铜首饰之人，有此等情形，不能了局，因而成讼者，归公议办理。所失之财物多寡，或私自出门，另有他故，自行招摇，不与铺务相干者，公议一概不管。

总二十条，除后十几条均系有关会务事宜外，上述几条悉属行业对外自卫、维护本行权益内容。其"归公议办理"者，是同行集体维护当事铺商的方式；而"公议不管"者，则是对同行的提醒与规范。由此可知，议立这一纸典业公会条规，纯系以应付、处理来自行业之外的可能侵害的防范措施。其所涉及种种现象，都是曾经发生过的，因此要防患于未然。之所以产生这种对外防御性行业条规，原因在于北京典业当时屡遭劫难、滋扰，已难以维持正常经营秩序。相反，几乎与此同时议立的上海《典业公所公议章程十则碑》的内容，则主要是针对同业间的竞争而提出的。且摘录几款如下：

一、宪颁通行定章，收当货件，按月二分起息。连闰十六月，宽限两月，以十八月为满，各同业务皆遵守。如有私自改章，查出公同议罚。

一、收当物件，照部例原系值十当五，省颁新章金银七八成收当。沪市向来金银首饰早径值十当八，与新章已无不合。即衣件亦照售价值十当八居多，此原因质押林立，此弃彼取，不得已而至此。然当价过昂，实属血资有碍，嗣后同业收当，总以值十当八为率，其有自愿贱当者，不在此例。

一、凡城乡各典，倘有被痞棍欺诈情事，关碍大局者，务宜推诚助理，毋相观望。应需使费钱洋，同业公贴一半。若事由自召，概不与闻。

一、上海典铺，星罗棋布，已遍城乡。倘再有新创之典，必须同业集议，基址离老典左右前后一百间外，方可互相具保，以营造尺一丈四尺为一间，一百四十丈为一百间。如在一百四十丈以内，非但同业不能具保，须要联名禀官禁止，以免有碍发存公款。所有费用，公同酌派，受害者应多出一份。

一、沪市向有质铺，除有力之家领帖改当外，其余各质前在息借案内，（摊认）借款，业经报官，奉上宪饬，俟有力后改当。以后无论城乡，如有违（章续开）质铺情事，应由附近当铺通知司年，同业公同禀官押闭，不能徇隐。

这个条规，唯恐对内缺乏约束、规范力量，因而议定后又请上海县衙批准立案，并勒石立碑于当时南市区吴家弄典业公所厅前，使之兼具地方行业行规的性质。由此亦足见当时沪上典当业之盛与竞争激烈，不得已而利用同业组织订立条规来加以协调之，这也是典业同业组织的基本对内功能之一。

## 第七节　其他行业习俗

可说，举凡典当类型的分别、设施、招幌，经营管理方式、当字、隐语行话、行规、行业组织等，均属具有当行传统风格、特点的习俗惯制。虽经历代传承，时有变异或新制产生，又有地域、行帮之间的差异，但始终保持着鲜明的行业基本特征，使之区别于其他诸行。

除上述一些主要的基本当业习俗惯制外，还有一些值得注意的与当行经营活动直接相关的行业习俗。这些习俗产生、存在于典业各种行事之中，服从并一定程度上制约着其营运机制，是构成其行业文化、行业精神的基本要素，也是从业者和产权所有者经营心态、价值取向的直接反映。

早在宋代的"东京"（汴京），"质库掌事，即着皂衫角带不顶帽之类"，使过往"街市行人，便认得是何色目"[1]，已形成了当行的服饰习俗。一方面，这种特别的服饰是一种对外的行业标志，使人易于辨识，同时又因典业向有禁止从业人员随意离铺出外的规矩，亦便于内部监督管理。

典当以钱串为原型的特殊招幌，既是其流通钱币、调剂金融

---

　　[1]　宋孟元老《东京梦华录》卷五。

的象征，也是一种比奉祀财神更为隐讳一些的逐利心理的写照。因而，挂招幌时要求格外小心，不得落地，否则便认为晦气、不祥。他们把幌子视为生计的象征。的确，得罪或对象征招财进宝、招徕生意的铺幌（而且是以钱串为原型的）有所失敬，对于以此为生计者来说，岂不是要找倒霉吗！

店铺开张，都要求个大吉大利，不愿一开头就背运气，因而格外讲究排场。典当业作为诸行中的富贵行业，自然尤其如此了。因而举行隆重的开张典礼仪式，总要讨些个吉利的"口彩"，以兆好运。

北京当铺新开张这天，当家的一大早就带领全体从业者在财神牌位前烧香、磕头祭祀一番，祈求好运。等柜前掌柜的等各就各位之后，大缺即喝令："请幌子开门！"小伙计挑出幌子后，先不放当客进门，而是等柜上掌柜的在鞭炮声中各用算盘敲三下柜台并朝外摇三通，意在驱赶煞神，然后才将由三位新徒充作童子上柜作象征性交易，用意在于讨口彩。第一个童子抱着一锭银元宝，名为"利市元宝"；第二个童子抱一只瓷瓶，取"平安吉庆"之意；第三个童子抱一柄三镶如意，象征"吉祥如意"。三位童子口念贺词向掌柜贺喜，掌柜开出第一、二、三号当票，以示开张大吉，然后正式对外营业。早年除三童子外，还有把第四号当票用作"吉祥当"名目的，即由一人举着一条白腰的土黄色布库，要当二两白银，称之"金银宝库"。要价虽高出当物价值，但掌柜的为求吉利，也照价开票，并将这当然不会取赎的布裤作为镇库之宝收存起来。

天有不测风云，月有阴晴圆缺，人有旦夕祸福。一如世事多有沉浮，开当铺逐利虽比世间有些行业显得稳靠一些，但其亦需巧为经营，亦难免有各种灾祸的伤损。当人们一时对事物的某些变化现象不能作出确切解释或驾驭它的时候，往往本能地用崇拜或禁忌的方式求助于神灵，以朦胧的精神寄托调解心理平衡。行业崇拜作为行业信仰民俗的一种形态，除具有调解从业者的自身心理平衡与精神解脱而外，还具有团结与约束同业及行帮的社会功能。同社会诸行比较，典当为后起行业，但也形成了本行业的行业神崇拜。

木、瓦、医、卜等业的行业崇拜主要是行业祖师崇拜，是将庇佑行业平安发达与规范同业的力量寄托于人们口耳相传、同行共认的行业祖师身上。典当业源于佛寺，却未直接崇奉佛祖释迦牟尼为行业祖师，而是从自身行业特点和经营活动的现实需要出发，选择了直接与财富相关的财神，和与保管收当物品相关的"火神""号神"，比起祖师崇拜来，它求庇禳灾的现实功利性尤其显著。既祈求一向以施财护财为旨的财神庇佑，亦向恐遭其伤害的火与老鼠的主宰神灵求助，是一种充满矛盾的行业崇拜。这种充满矛盾的行业崇拜，亦恰恰是典当业矛盾心态与追求现实功利的市侩意识的充分暴露。

在"典当设施"部分已经谈到，旧时北京当铺柜房罩壁顶部的神龛里供奉着"三财"，即赵公元帅、关夫子和增福财神。在主库房门旁分别有供奉"火神"和"号神"的神龛。显然，在典当业的行业崇拜信仰中，"三财"为首，是主神；火、号二神次之，是副神。

《周易》以天、地、人为"三才"。老子哲学以三为极数，即所谓"道生一，一生二，二生三，三生万物"。在中华民族数文化意识中，"三"是个大数、吉祥之数。供奉"三财"亦正在于求财源茂盛之吉，典当业以取高利为旨、求利若渴、以谋利为生计，当然不能仅求一位财神庇佑赐财，广开财源则以三财为恰到好处。因而，开张之初，四时八节，典当的首要大事即祭祀三财。盈利少或亏损了，求其庇护大开财源赐财；谋利丰厚，则要酬答三财，娱神、贿神，继续更多赐财。

求"三财"之中的赵公元帅这位著名的财神与增福财神赐财，情可理解，且久有此俗，是除钱铺、当铺而外几乎诸商各行乃至寻常百姓都有尊奉的民间崇拜。然而，典当业将向有"武圣"之尊的关夫子拉入"三财"之列奉为"财神"，却未免有些别出心裁。考其缘故，当系请关夫子来充护财之神。财大招风惹眼，如不谨护，必将得而复失，拉来"武圣"护财，顺理成章，于是干脆亦一并奉为"财神"，保财不失，即为蓄财。

在宋人洪迈《夷坚支志》甲集卷九载有这么一段轶闻旧事：

> 潼州关云长庙，在州治西北隅，士人事之甚谨。偶像数十躯，其一黄衣急足，面怒而多髯，执令旗，容状可畏。成都驭卒王云至府，巫祝喻天佑见之，以为与庙中黄衣绝相似，乃招至其家，饮以酒，赂以银，行且付钱五千，并大幞头范样，语之曰："市上耿千开此铺，倩尔为我与钱，使制造一顶，须宽与数日期，冀得精巧。"云不解其意，以意外有获，即从其戒，至耿氏之肆。耿默念安得有人头围如是之大者，亦利五千之入，约为施工。而云持公家符帖，不得久驻，舍之而归，竟不以喻生所嘱告。耿候其来取而杳不至，后数日，因出郊，入关王祠，见黄衣塑像，大骇曰："此盖是去年以钱五千令造大幞头者也。"阴以小索量其首广长，

还家校视，不差分寸，悚然谓为神，立捧献之。事浸淫传一
府，争先瞻敬。天佑正为庙史，借此鼓唱，抄注民俗钱帛以
新室宇，富人皆乐施，凡得万缗，天佑隐没几半。历十年，
云复来潼，人见者多指点笑语，怪而问其故，或以告之。云
曰："此喻祝设计造诈，借我以欺神人。吾往谒之，当得厚
谢。"于是走诣之。天佑恐昔诈彰败，了不接识。云恨怒，
诉于官。天佑坐黥窜，尽籍其货。

简言之，即关王庙的巫祝喻天佑设计贿使相貌与关云长像相
似的成都使卒王云去耿迁的幞头铺，定做一个与关云长像上相同
的大幞头，庙祝借此散布舆论，结果造成了关圣显灵亲往商肆的
假象。一时间，富商纷纷捐施钱财修饰云长庙，以求庇佑，使庙
祝从中贪得半数之多。后来，成都驶卒王云于十年后重来潼州，
见状揭穿了庙祝"设计造诈""以欺神人"的真相，迫使天佑逃
之夭夭，便没其不义之财充官。

这段轶闻表明，远在宋代已有商肆供奉关云长为财神之俗，
其取意亦在于护财而并非生财。在这一用意及民俗心理上，后来
的典商做法与之一脉相承。清人黄斐默《集说诠真》云："俗祀
之财神，或称北郊祀之回人，或称汉人赵朗，或称元人何五路，
或称陈人顾希冯之五子，聚讼纷如，各从所好，或浑称曰财神，
不究伊谁。"显然"各从所好"，是以现实功利性为出发点的。典
当业将关云长奉入财神之属，其功利性心态即在于护财，也是从
当铺钱物安全这一本行至关重要的实际问题出发。

典当业主要的家当全在其库房收存，防盗而外则以防火为最
紧要的安全大事。除在铺面设计及库房建设格局上采取了与四邻

留有隔离带，以防邻火殃及等措施外，再即求助神灵庇佑了，因而对火神格外看重。客观上，奉祀火神的实际效应，起到的却是时时提醒从业者谨防火灾的警钟作用。

在古代传统的民间神话信仰中，"火神"多指祝融、吴回兄弟。《山海经·海外南经》："南方祝融，兽身人面，乘两龙。"晋郭璞注云："火神也。"又《左传·昭公二十九年》亦称："火正曰祝融。"是说祝融为司火之官。《山海经·大荒西经》："有人名曰吴回，奇左，是无右臂。"晋郭璞注云："吴回，祝融弟，亦为火正也。"而中国上古神话中最早的火神是炎帝，相传是炎帝最先作火，即如《淮南子·氾论训》所说"炎帝作火死而为灶"。又《淮南子·时则训》："南方之极，自北户孙之外，贯颛顼之国，南至委火炎风之野，赤帝、祝融之所司者万二千里。"高诱注云："赤帝，炎帝，少典之子，号为神农，南方火德之帝也。"北京典当业所奉祀的火神即炎帝与祝融。继1912年组建"京师当业思预堂保火险公益会"之后，"思预堂"又于1929年在当业会馆增建了火神殿，专门用来供奉火神。据《当业公益会增建火神殿记》称："我当行商业，得以维持不坠，渐复旧观者，佥曰：微神灵之呵护不及此。今虽废止淫祀，国有明令，然合祭素飨，在物且然，矧帝曰炎帝，神曰祝融。"足见其对火神的看重。

典当库房专门供奉一种"号神"，是祈求老鼠不要啮损收当的衣物，以免造成损失。老鼠，俗称"耗子"，典当库房行中人称之"号房"，奉祀"耗神"在于保护"号房"，恰"号""耗"音同，故又称之"号神"。老鼠虽然在十二生肖中列居首位，但其实际所为尽是损物、传病之类恶行，向以为害。然而典当业非但不积极捕杀防患，反而尊之为神，以求禳灾，实属财迷心窍的愚昧陋俗。甚至，连库房中现实为害的毛鼠亦严禁捕打，唯恐惹怒了"号神"。北京当铺例于每月初二、十六两日由库房总管率众祭祀号神，每天还要由学徒至号神位前烧香祈祷一番。而且，当铺不准饲养作为老鼠天敌的猫，以免激怒号神降灾，因此又加重了鼠患。愚昧的媚神、贿神陋规，令人啼笑皆非。无独有偶，旧北京的粮商、官仓等与仓储有关的行业、地方，竟然也奉祀老鼠，称之为"大耗星君"。据清人韶公《燕京旧俗志》的《岁令篇·添仓》记载："相传仓神为西汉开国元勋韩信，俗称之曰韩王爷，不知何所根据而然。其神像系一青年英俊者，王盔龙袍，颇具一种雍容华贵之相，神前旗伞执事等类甚多。……尚配享之神四尊：一老者，两壮者，据称为掌管升斗之神。另有一面目狞恶者，则系为流年星宿中之大耗星君。所以配享此君者，系传掌管仓中之耗子起见。"如此在主神之外另供配享的副神，要"大耗星君"管制老鼠不为患人类，这种价值取向则远比典当业祀号神而纵鼠的单纯消极媚神心态，要积极许多，似乎来得"高明"一些。

行业崇拜是一种群体性的信仰习俗，是同行业共有价值观念、深层意识的体现。因此，它理所当然地化为行会、行帮的规约制度，并借以规范、制约同业者更多的行为。在北京当业会馆中，建有财神殿、火神殿，供奉着财神、关帝和火神。在此，火神已由号房中供奉的副神升格为主神了。每逢旧历三月五祀财神日、六月二十三祀火神、关帝日，当商则云集于会馆出席祭典。这些祭祀行业神的活动，也是当商们借以交流信息、商议共同事宜的例行聚会之期。会馆大都建有戏台，届时还要请戏班演戏娱神、酬神，同时也是当商们的同业自娱、自乐。

明冯梦龙辑《警世通言·金令史美婢酬秀童》中说:"有个矫大户家,积年开典获利,感谢天地,欲建典坛斋醮酬答。"迄无文献说明当时典当业是否有火神、号神的行业崇拜,但奉财神习俗由来已久,当时的典当敬奉财神是极可能的,做生意的以及居家百姓均有敬财神的习惯。而"矫大户"开典获利之后要专建典坛祀答天地庇佑之恩,则是对行业神之上的民间信仰中的总主宰的祭礼,是更高层次的祭祀。一如北京当铺开张所求"利市元宝""平安吉庆""吉祥如意""金银宝库"之类口彩,同行业神崇拜的功利性宗旨都是一致的,都出自同一种行业文化心态。

旧时北京典当业的当字解读

## [附]　典当竹枝词选辑①

### 1. 开张

新张伊始喜气扬,平安如意当吉祥。

---

看街德子献宝库，二两白银酒肉香。

2. 收当报账

掌柜报账曼声吟，绢缎袍套袄裤裙。

件多提高须写紧，先生洗耳莫嫌频。

3. 当票当字

如律令敕天师符，虫吃光板鬼画图。

写来当字龙蛇舞，照票付货两相侔。

当铺朝奉在检查整理库房货架标签

4. 当物标号

十账倒有九个减，剩下一个当和尚。

因甚甘演武大郎，只缘登台不能唱。①

---

① 末句指当铺掌柜的有识货估价本领而且能说会道，全段言掌柜的收当后由其他人辛苦标号、整理以备归库。

5. 叫号入库

唱出九腔十八调，胜他龚处天齐庙。①

不见包卿喊甚冤，原来当铺叫归号。

6. 结账

诸人动手一人呼，劈里啪啦算盘珠。

口到手到声才住，一声高报数已出。

7. 请饭

天长夜短人犯困，忽听请饭精神振。

哪来幌杆挂窝头，四菜一汤何足论。

8. 开菜

眼望盘中急难奈，掌柜迟迟不开菜。

一声您请下家伙，风卷残云抄得快。

9. 抖皮衣

小湾麦穗西口板，貂鼠猞猁金银欤。

阳春四月抖皮衣，挨过立夏到小满。

10. 撂圈子

撂圈辛苦道声高，此公定是子母饶。②

当家欠身离客座，拱手相让客房邀。

11. 晚间叫门

看戏归来夜色深，栅门紧闭气象森。

几度轻敲门不启，一声嗷字便开门。

---

① 龚，著名京剧演员龚云甫。《天齐庙》，即《遇皇后》，龚云甫唱的一出名剧。

② 子母饶，系模仿徽籍典商说话腔调，意指当业同行。

12. 春节

正月初一锣鼓频，初二启明敬财神。
欢度元宵望燕九，撤供换饭大开门。

13. 祭号神

初二十六祭号神，一股高香酒一樽。
寄情糕点花生豆，上供人吃徒众分。

14. 年关

一年四季春复夏，就怕年终说官话。
当家怀揣记事珠，眼望谢意心害怕。

15. 当规

自出书房进典门，搬包查当代管盆。
典中也有先生管，各样条规要恪遵。

16. 先生

先生即是管楼人，指教严明最认真。
莫要自轻常打骂，诸凡事情要留神。

17. 差讹赔偿

号头花色看分明，设有差讹过不轻。
典中赔偿都有例，任他亲戚不徇情。

18. 核查漏号

匆忙时刻要留心，漏号尤其仔细寻。
打到对同俱看出，莫云遗漏却无凭。

19. 查失票

代查失票有钱文，积少成多照股分。
莫把银钱看容易，还须半折半当荤。

20. 学算学书

收门以后有余闲，纵有余闲莫要玩。

学算学书皆有益，勿教提笔问人难。

21. 节俭

爱穿须要费多钱，粗布衣裳便可穿。

试想银钱容易否，恐钱用尽费周旋。

22. 升迁①

一事精通百事能，岁金渐渐可加增。

果然勤谨无差错，不待多年即可升。

23. 查当升卷包

查当新升到卷包，此时却比小官高。

莫将旧伴轻看待，喝出呼来作小妖。

24. 晓起堆包

晓起堆包不可迟，开门又到卷包时。

楼翁纵有包含量，过失还须自己知。

25. 莫务浮华

按月才能起俸金，银钱可见是难寻。

除添衣服无多用，莫务浮华枉费心。

26. 内缺

立缺全凭立品高，楼中货物重丝毫。

些须要小俱违例，纵会弥缝咎莫逃。

27. 精通业务

有已成方有幼年，升提总想在人前。

---

① 本段述从业者恐怕失业之情。

不拘内外俱烂熟，另眼相看势必然。

28. 莫误声名

诸公莫自误声名，有坏声名人便轻。

高不成来低不就，将来难以自为情。

卷下  中国典当史论

第四章

# 典当与佛教文化

据了解，西方的典当业最初也是滥觞于宗教。早在公元前675年，意大利的寺院金库即经营存款、贷款业务，并于14世纪前后逐渐发展成为公益典当。东瀛日本的典当业，最初也是先由来中国留学的僧侣将汉化佛教的无尽藏、长生库制度传回去，从而形成了日本寺院用以增殖财产的方式，并在此基础上产生社会的典当业。凡此，均与中国典当业源于佛教寺库质贷相同，都滥觞于宗教事业。

那么，为什么各国典当业大都滥觞于宗教事业呢？

简而言之，典当作为一种既可便利贫民而又兼可赢利的高利贷活动，既符合许多宗教教义所宣扬的扶弱济贫的慈善主张，又兼为一种似乎于情理上说得出的正当取利自养自助的生财之道。在慈善事业的招牌下取利生财自给，要比单纯依靠信徒的施舍捐赠性供养更具有主动性和稳靠性。因而，宗教事业的质贷活动，即成为其接受捐施而外的、与经营各类工商活动并举的又一生财渠道。

在中国历史上，佛教是与道教并称的两大主要宗教之一。

中国典当滥觞于佛教，以及佛教寺库经营质贷，均有其不可分割的深刻的文化渊源和历史原因。

中国典当为什么会起源于南朝佛寺？这是一个颇为复杂的文化史课题。在此，我们试图从佛教文化（主要是汉传佛教）方面，对这一问题作一个初步的简要考察与探讨。

## 第一节　魏晋南北朝的"兴佛"制度与佛经中的"无尽财"思想

近几年里，由于学术活动的关系，笔者曾几番脱离书本直接接触和考察佛教寺院活动。除陪同来访的国外学者作一般性访察之外，今年①里曾三度造访辽宁千山的寺院，实际接触了一些僧人和居士。其中，一次是出席香岩寺举行的学术会议，在寺中食宿三日。末一次是应邀考察瓩源寺的佛像开光活动。在这些活动中，大家了解到，一些寺院都经营有为数不等的工商企业，除经营所得自给外，余者用于修缮寺院设施及建筑旅游景点道路等公益性活动。此间，则时或闻有同行者不无惊讶地私下议论：出家人不是讲究六根清净么，怎么也像俗人一样经商牟利来了呢？怕不是真和尚吧，等等。的确，在担任佛教团体要职的某著名居士递过的名片背面，亦赫然印着商业广告文字。如：

　　××市大雄商店经营范围

　　主营：二类以下机电产品、水暖器材、橡胶、塑料制品、建筑材料、洗涤用品、办公用品。

　　兼营：电子原件、日用百货。

　　经营方式：批发零售。

----

①　即1990年。

下面还印有开户银行及开户账号，同时下所见一些工商企业购销员使用的名片相差无几。

时人对此表示惊诧，实可理解。因为，在一般常识或印象中，僧人是脱凡超俗、自耕自食以朝暮课诵为本事，或托钵化缘布道的苦行僧形象。孰不知，在汉化佛教文化中，尚有着经营工商取利生财的悠久传统，佛门教义中的"无尽藏"制度亦由来甚久。

《成唯识论》卷六云："云何无贪？于有、有具，无著为性，对治贪著，作善为业。""无贪"是梵文 Alobha 的意译，是指对生存及维持生存的所有条件均无贪欲之心。佛家讲禁欲，主要是指禁忌对物质或精神上的贪欲。然而，僧人"得道成佛"之前总需依赖物质生活而生存，才能修行；寺院及其佛事活动，亦需有必要的基本物质条件来维持和保证，虽谓"空门"亦无凭空存在之理。按照佛教传统，寺院非但要供应本寺常住僧人衣食，还要招待过往客僧，视僧物为僧众共同所有，即所谓"十方普同，彼取自分，理应随喜"①。至于临时接济、救助一时落难的"俗人"，既属布道结缘之需，亦是其倡行的慈善之举。凡此，有哪一样能脱离开物质基础呢！

既往佛寺的供给，除些许自耕劳作所获外，更主要的是依赖外间的施舍捐助。

唐诗说："南朝四百八十寺，多少楼台烟雨中。"② 事实上，南北朝实有寺数，远非这个泛指的虚数可比。沈曾植《南朝寺考序》引《释迦氏谱》说："东晋偏安一百四载，立寺乃一千七百

---

① 见《行事钞》卷上二《僧网大纲篇》。
② 杜牧《江南春》诗句。

六十有八，可谓侈盛；而金陵寺数，方志无文。自宋迄梁，代有增加，梁世合寺二千八百四十六，而都下乃有七百余寺。陈承梁乱，……末年都计寺一千二百三十二。"① 堪知一代佛教之兴盛。

兴建如此众多僧寺，供养偌大个僧人队伍，当需消耗多少财力、物力？但是，由于梁武帝等统治者的率范倡佛，借以作为治国治民的精神工具，他们并未以如此惊人的用度为过。大同（535—546 年）年间，仅改建梁京城阿育王寺塔，除设置无数金银供具外，还施钱一千万作为寺院基业。随后该寺再造二塔，除装入金罂玉罂等外，王侯妃主富室又施以金银镶钏不计其数。据《梁书·武帝纪》载，梁武帝曾三次舍身同泰寺为奴，由公卿"以钱一亿万奉赎"而还。《广弘明集》卷二二萧子显《御讲摩诃般若经序》记载，中大通（546—547 年）年间，梁武帝在同泰寺无遮大会亲自讲《摩诃般若经》时，"皇帝舍财，遍施钱绢银锡杖等物二百一十种，值一千九十六万。皇太子……施僧钱绢值三百四十三万。六宫所舍，二百七十万。……是时朝臣至于民庶，并各随喜，又钱一千一百一十四万"，总计达 2800 多万。

从皇室到庶民百姓的众多捐施流入寺院，远远超出了日常开支所需数目，于是便沉积蓄藏为寺库的储备财产。据《南史·南丰伯赤斧传》所附《萧颖胄传》载，南朝齐国的江陵长沙寺僧，竟然"铸黄金为龙数千两，埋土中，历相传付，称为下方黄铁"。这个长沙寺，也就是《南史·甄法崇传》所载，法崇孙甄彬以苎质钱赎时得金而后还之的那个寺院。② 至于舍宅建寺、舍田归寺，

--------

① 转引自韩国磐《南朝经济试探》第 180 页，上海人民出版社 1963 年 6 月第 1 版。

② 事详见本书卷上《典当源流考》之二。

也是一时士人富室竞相效尤的"雅事"。在当时供施佛门的社会风尚倡行之际，贫苦农民为逃避赋役也出家为僧，或寄身寺院为佣。甚至，为乞讨方便，亦有削发为僧的。《陈书·徐孝克传》即载有一例："梁末，侯景寇乱，京邑大饥，饿死者十八九。孝克养母馐粥不能给……又剃发为沙门……兼乞食以充给焉。"

寺院资财富积而后，衣食供给及佛事用度余下的大部分，即用于侈费和质举生息增殖。如上述长沙寺，将余资铸金龙藏诸土中，并不等于播种繁生而使之增殖，而将余资以抵押方式有息地借贷给需要接济者，既属慈善之举，可以扩大佛教影响，同时又是一个稳靠的取利增殖渠道，实为两便互益之计。于是，寺库质贷应运而生，成为南北朝至明清以前中国寺院兼文化与经济为一体的"长生库"制度。

有人说："当铺内部主要是各种库房，收存当来的各种物品……俗话把当铺叫作长生库，正是指这些库房说的。"① 此说未免牵强臆断，或为误解。长生库本为寺院质库，即如陆游《老学庵笔记》所说："今僧寺辄作库，质钱取利，谓之长生库。"《宋宝藏岩长明灯碑》亦载："本院诸殿堂虽殿主执干，尚阙长明灯。遂募众缘，得钱拾叁贯，入长生库。置灯油司，逐年存本，所转利息买油。"就是说，这个寺院将向众人募缘所得的十三贯钱作为本金存入寺院的质库，将每年所获得的利息用为购买用于殿堂长明灯耗油的专项开支。否则，这十三贯钱只能用作一次性支出，作本存入质库，则可逐年以利息开支，反复地不断取用。有息质贷方式使寺库中的资财不断增殖，这当是"长生"的本义所在，因称

----

① 邓云乡《红楼识小录》第49页，山西人民出版社1984年6月第1版。

开展质贷活动的寺库为"长生库"。又如《续高僧传·释僧旻传》载："旻因舍什物吱嗾施，拟立大堂，虑未周用，付库长生，传付后僧。"其意亦然。对此，宋人洪迈《夷坚志》癸集卷八所说，"永宁寺罗汉院萃众童，行本钱，启质库，储其息以买度牒，谓之长生库"。亦颇明了。

"长生库"作为寺库质贷之谓，是宋以来才见诸文献记载的，南北朝时多称之"寺库"①。但是，在《高僧传》卷一三"僧慧传"中，已见有稍早于南北朝的关于东晋僧人的、同"长生"取义相近的"生长"这一同素异序提法。即："释僧慧，未知何人。少来好修福业，晋义熙中②，共长安人行生长，立寺于京师破坞村中。"其所谓"行生长"，或即以本求利以增殖，而后用于"修福业""立寺"所需费用。然而，却未径言明入于寺库，故未能据以断之寺库质贷始于东晋，亦未便据这一条语义未详的"行生长"孤证即判定为"质贷"。因为，凭立契举贷之类经济活动在中国起源颇早，质押借贷是后来派生的又一种高利贷形式。

不过，《高僧传》（又名《梁高僧传》）是南朝梁僧人慧皎所著，"生长"之说，显然是当时取义为谋利增殖的用语，与后来的"长生"说法取义相近。

在南北朝寺库出现质贷取利活动之先，寺院已有收取"僧祇户"的"僧祇粟"制度。

恩格斯在《家庭、私有制和国家的起源》中谈到，法兰克自由农民因战争和掠夺破产之后，"只好乞求新兴贵族或教会去保

---

① 如《南史·甄法崇传》"就州长沙寺库质钱""送还寺库"之类。

② "义熙"为东晋时安帝司马德宗使用的年号之一，起于公元405年，讫于公元418年，计十四年。

护……不过这种保护使他们不得不付出很高的代价，像以前的高卢农民一样，他们须得将自己的土地所有权交给保护者，再以种种不同的条件把这块土地向他们租回来，不过总离不开服役及纳贡"。无独有偶，魏晋南北朝时一些破产农民，为逃避官府赋役而沦为寺院的僧祇户后，其命运亦不外如此，只不过给寺院增加了利与役的资源。

《魏书·释老志》载："昙曜（向高宗）奏：平齐户及诸民，有能岁输谷六十斛入僧曹者，即为僧祇户，粟为僧祇粟，至于俭岁，赈给饥民。又请民犯重罪及官奴以为佛图户，以供诸寺扫洒，岁兼营田输粟。高宗并许之，于是僧祇户、粟及寺户，遍于州镇矣。"其结果如何呢？仍如《魏书·释老志》所载尚书令高肇的奏言："谨案：故沙门统昙曜，昔于承明元年（476年），奏凉州军户赵苟子等二百家为僧祇户，立课积粟，拟济饥年，不限道俗，皆以拯施。又依内律，僧祇户不得别属一寺。而都维那僧暹、僧频等，进违成旨，退乖内法，肆意任情，奏求逼召，致使吁嗟之怨，盈于行道，弃子伤生，自缢溺死，五十余人。岂是仰赞圣明慈育之意，深失陛下归依之心。遂令此等，行号巷哭，叫诉无所，至乃白羽贯耳，列讼宫阙。悠悠之人，尚为哀痛，况慈悲之士，而可安之。请听苟子等还乡课输，俭乏之年，周给贫寡，若有不虞，以拟边捍。其暹等违旨背律，谬奏之愆，请付昭玄，依僧律推处。"可见，寺院对僧祇户、寺户（即佛图户）剥削、奴役之惨剧，与封建地主庄园无异。

寺院既可实行僧祇户、寺户制度，那么经营举贷取利又有何不可呢！寺院将依法所获"僧祇粟"作为本钱出贷取利，亦在《魏书·释老志》中有证，如世宗永平四年（511年）夏的诏书即说道:"僧祇之粟,本期济施,俭年出贷,丰则收入。山林僧尼,随以给施;民有窘弊,亦即赈之。但主司冒利,规取赢息,及其征责,不计水旱,或偿利过本,或翻改券契,侵蠹贫下,莫知纪极。细民嗟毒,岁月滋深。非所以矜此穷乏,宗尚慈拯之本意也。……尚书检诸有僧祇谷之处,州别列其元数,出入赢息,赈给多少,并贷偿岁月,见在未收,上台录记。若收利过本,及翻改初券,依律免之,勿复征责。或有私债,转施偿僧,即以丐民,不听收检。后有出贷,先尽贫穷,征债之科,一准旧格。"是知寺院出贷僧祇粟取利已为政府认可,即或"收利过本""翻改券契"等过甚之举,亦不过"依律免之"了事。有朝廷如此保护甚至是纵容,寺院一方还有何可顾忌的呢!

更有甚者,寺僧放债,有时官府还为之都讨。据《北齐书·苏琼传》载,苏琼任齐州太守时,"道人道研为齐州沙门统,资产巨富。在郡多有出息,常得郡县为征"。至苏琼在任时,道研数次为请求代寺讨债来访,总是被度知其意的太守"见则谈问玄理,应对肃敬"而"无由启口"。

在此兴佛利佛的社会背景中,寺院高利贷活动岂能不兴盛起来,设寺库质押举贷仅是其中的方式之一罢了。

但是,佛门本清净之地,僧尼"或因三宝,出贷私财"[①] 像市俗商贩那般逐利蓄财,其教规允许吗?答案是肯定的。

所谓"三宝",即佛、法、僧;"三宝物",亦即佛物、法物、僧物。《大正新修大藏经》卷四〇所辑《善生经》云:"瞻病人不得生厌。若自无物,出求之,不得者,贷三宝物。差已,十倍

---

偿之。"也就是说，出于慈善之举，可动用三宝物出贷，但需偿之以十倍之利。如此高利，可能是表示三宝物的贵重。阐释佛教戒律的《四分律行事钞》卷中《随戒释相篇》引《十诵律》说："以佛塔物出息，佛言：听之。"是知佛教古律即允许以佛门财物"出息"，亦即获取收益。《随戒释相篇》对有关出贷三宝物获利的具体事项，亦据有关戒律作有若干原则的规定。例如，根据《僧祇律》："塔僧二物互贷，分明券记，某时贷，某时还。若执事交代，当于僧中读疏，分明唱记，付嘱后人，违者结犯。"又如，根据《十诵律》和《僧祇律》："塔物出息取利，还著塔物无尽财中。佛物出息，还著佛无尽财中，拟供养塔等。僧物文中例同，不得干杂。"佛门三宝物尚可出息取利，寺院蓄积的其他富余资财不更可用于出举或质贷取利了吗！以本取利，再以利生利，不断"生长"增殖，岂不即"长生"与"无尽"了么！

佛教用以一灯点燃诸灯来比喻用佛法诱导众生，名为"无尽灯"。即如《维摩诘经·菩萨品》所说："有法门名无尽灯，汝等当学。无尽灯者，譬如一灯燃百千灯，冥者皆明，明终不尽。……夫一菩萨开导百千众生，令发阿耨多罗三藐三菩提心，于其道意，亦不灭尽，随所说法，而增益一切善法，是名无尽灯也。"佛家又称佛法广大、作用于万物而无穷尽为"无尽藏"。《大乘义章·无尽藏义》谓："德广难穷，名为无尽，无尽之德苞含曰藏。"佛法无尽的重要物质基础，是"无尽财"，即寺院资财的"无尽"。既然戒律允许，魏晋以来朝廷律令又予保护和支持，用高利贷方式来使寺财变成"无尽物"也就顺理成章、兴于一时了。一如北宋释道诚辑的《释民要览》所说："寺院长生钱，律云无尽财，盖子母展转无尽。故……《十诵律》云：'以佛塔物出息，佛听之。'《僧祇》云：'供养佛华，多听转卖入佛无尽财中。'"

关于上述佛教以寺财取利使之"长生""无尽"的思想，似乎尤以律藏《根本说一切有部毗奈耶》中说得比较直白、明晰。例如："尔时之众苾刍<sup>①</sup>种种出息，或取或与，或生或质；以成取成，以未成取成，以成取未成，以未成取未成。言取者，谓即收取他方，爱乐所有货物；载运将去觅防守人，立诸券契，是名为取。言与者，谓与他人物，八日十日等而立契证，是名为与。言生者，谓是生利，与他少物，多取谷麦，或加五，或一倍、二倍等；贮蓄升斗，立其券契，是名为生。言质者，谓取宝珠等，同前立契，求好保证，与其财物，是名为质。言成取成者，谓以金银等器，取他成器。言未成取成者，谓以金铤，取他金器。言成取未成者，谓以金器，取他金铤。言以未成取未成者，谓以金铤，取他碎金。苾刍如是交易，以求其利。时诸外道见是事，已皆生嫌贱。云：'何沙门释子，出物求利，与俗何殊？谁能与彼衣食而相供给？'诸苾刍闻，具以白佛，佛言：'广说如上，乃至制其学处，应如是说。'"凡此，佛教律藏所倡导的如此种种交易方式，均在于"出物取利"，事实上与俗间交易的本质并无差别。

在此，应予注意的是，在这部来自印度的佛经所解说的各种"出物取利"方式中，已出现了以珠宝抵押为"保证"并"立契"而质与人财物的取利方式。由此则给我们提供了一个新的历史信息，即文献中记载的南朝寺库质贷不仅为既有佛律所允许，

---

① 苾刍：即比丘。

而且早在印度佛教中即已倡导和实行。也就是说，印度佛教寺院经济活动中的"质"，在中国佛教寺院经济中得到了沿用，并在与本土传统经济、文化融合的过程中，产生了唐宋以来的中国典当业。换言之，中国典当业是佛教中国化过程的产物之一，是佛教"无尽财"思想与本土既有的"高利贷"经济意识相融合的结果。

## 第二节　慈善救世与高利贷

无论是寺库质贷还是唐宋以来的典当行业，其所面向的对象都主要是经济地位较低的下层社会的平民。因而，尽管明明是一种高利贷手段，却始终以慈善事业的面目出现。

《法华经·譬喻品》说："大慈大悲，恒求善事，利乐一切。"《大智度论》卷二七亦称："大慈与一切众生乐，大悲拔一切众生苦。"这是佛经所宣称的以大慈大悲普度众生出苦海，即《万善同归集》卷下所云"驾大般若之慈航，越三有之苦津"，简言之即"慈航"。这也是佛教向信众宣教的基本教义，并以此来吸引信徒。佛教传入中土伊始，既注意争取上层统治阶级的支持，亦十分重视通过种种方式在传统社会中人口占绝大多数的下层社会民众中扩大影响。其中，对于广大身处下层社会的民众来说，慈悲行善则是最易于接受的教义。在传统文化观念中，渴盼有"清官""救星"等拯救人们出苦海的"救世主"观念，同佛经宣称的"慈航"说教，恰可吻合。

由于所处经济地位的关系，下层社会的民众尤其富于注重实际的精神。说得天花乱坠，尚须眼见为实。因而，寺院在运用各种迎合民俗心理的方式传经布道同时，亦实施了一些类如平素救助贫病、灾年赈济饥民等"善举"，作为示现佛法和扩大影响的现实方式。利用寺院财产出贷取利，即属这类以行善布道为说教的经济活动。至于由此而取利于人，亦可自圆其说，即仍然用之于佛事，佛事活动当然还在于慈悲众生。在《根本说一切有部毗奈耶》经中，即以取利修寺为例阐说了这种教义。

其舍经久，多并颓坏。施主见已，咸作是念："我等现存寺皆破坏，命过之后，其欲如何？我等宜应施无尽物，令其营造。"便持施物到苾刍所，报言："圣者，此是无尽施物，为拟修补，当可受之。"诸苾刍报曰世尊。制戒，我不合受。时诸苾刍以缘白佛，佛告诸苾刍："若为僧伽有所营造，受无尽物。"时诸苾刍得无尽物置房库中。时施主来问言，何意毗诃罗仍不修补。苾刍报言："贤首，为无钱物。"主曰："我岂不施无尽物焉？"报言："贤首，其无尽物，我岂食之？安僧库中，今皆现在。"施主报曰："其无尽物不合如是，我之家中岂无安处？何不回易求生利耶？"苾刍报曰："佛遮我等不许求利。"时诸苾刍以此因缘具白世尊。世尊告曰："若为僧伽，应求利润。"闻佛语已，诸有信心婆罗门居士等，为佛法僧故施无尽。此三宝物亦应回转求利，所得利物还于三宝而作供养。时诸苾刍还将此物，与彼施主索利之时，多与诤竞，便作是语："圣者，岂我己物生斗诤耶？"时诸苾刍以此因缘具白世尊。世尊告曰："不应共彼而作出息，复共富贵者而为出息。"索物之时恃官势，故不肯相还。佛言："不应共此而作交易，复共贫人而为出息。"索时无物，佛言："若与物时，应可分明。"两倍贡质，书其券契，并立保证，记其年月。安上座右及授事人字。假念信心邬波索迦受五学处，亦应两倍而纳其质。又无犯者，谓最初犯人，或痴狂心乱，痛恼所缠。

对这段说教，有如下几点值得注意：

其一，用作质贷取利的"无尽物"，原系施主为修缮寺院的捐施之财；而且，这种经营取利之道还是出自施主的建议。

其二，世尊（佛祖释迦牟尼）非但指出"若为僧伽，应求利润"，尚指示所应与之交易的对象及对策。

其三，强调了同贫人交易时，要求除有"两倍贡质"外，还要出具写上保证及时间等内容的契据。这一点，后世典当的当物估价比率及当票与之相近。

总而言之，其财取之于信徒，又"回转求利"于众生，再用之于供养佛，佛则在于普度众生，众生自当施财于寺。从一定意义上说，至寺库质贷的人们，客观上即在进行被动的施舍。无尽财如此循环取利，唯寺院不断蓄财致富而已。慈善、事佛，成了寺院以自圆其说的一种堂皇名目。究其实，仍与寺院之外的高利贷无异。一如有人指出的："寺院口头上要做社会的慈善事业，借着佛祖慈悲的招牌，欺骗民众，诈取钱财，用以增殖寺院的财富，供上层僧侣挥霍。"[1]

同寺院质贷这种"慈善"之说一脉相承的是，唐宋以来乃至民国的典当业，亦均以慈善或公益设置来掩饰其高利贷的实质。一若当代一位香港学者所言："典当业的起源和中国中古时代佛教寺院有密切的关系，当铺创始之初，有慈善救世救民的意义，

---

[1] 李幹《元代社会经济史稿》第 296 页，湖北人民出版社 1985 年 12 月第 1 版。

后世开设当铺的也可能仍有救济贫民之心的。因此，社会上很多人士把当铺视为'善门'。①然而，无数历史事实证明，皇室贵族、官僚和典商们之所以竞相出资开当，对其最根本的诱惑性刺激，全在于逐利生财。咸丰初，浙江新安典商的"唯善堂"组织，虽说"目的在改良典业，冀能真正达到既造福社会而又可兼获利润"②，事实上是难以做到的，"唯善"的背后仍然是"唯利"。当然，历史上也的确出现过一些典商出资为地方创办公益事业的可嘉事例，但其经营活动仍不失取利生财这一宗旨。③

陈果夫在为《典当论》所撰序言中说："我国典当业发源甚早，初创于南齐之寺僧，仅为慈善性质，以济贫救灾为旨。降及唐宋，富绅大贾，出其资力，群起组织，乃益臻发达，遂递遭而演成近世救济平民唯一之金融机关。"事实上，即如南齐寺僧的质贷，亦是在慈善名目下以谋利来扩大寺院经济储备的一种高利贷活动。至近世，典当在调剂平民经济生活中取利，亦说不上是"救济平民"的慈善事业。因为它毕竟是典商以谋利生财为本的高利贷生计，绝非以救济为本的慈善性社会福利设施。多年从事中国典当业调查研究的学者宓公干，试图以创办公益典当业来改变现实典当业由于单纯逐利而产生的诸种弊端，在进行中外比较研究的基础上，提出了"公益典当之设计"，虽然获得一些人士赞许，到头来仍不过空留一纸良好愿望而已。在高利贷业可"占商业界之领袖地位，举凡社会上发生特殊事故，无不惟其马首是瞻"① 的经济制度和社会政治条件中，欲将其改良为公益事业唯空想而已。旧时俗语"穷死不当当，屈死不告状"，虽消极处世之言，却深刻暴露着高利贷盘剥平民之剧、之苦。若说近例，二十世纪政界要人张治中将军就有过类似的一段亲身经历。张治中先生青年时在江苏仪征的十二圩当警察，穷极无奈，曾两次由十二圩跑到大码头肇大去典当衣物应急，因十二圩当典估值低，折扣大，押款少，利息高，才不得已多跑十几里路程。多少年笔者都不信此事是真，1984 年后阅读中央文史资料，刊载了张治中先生自述片段，青少年时在安庆杂货店学徒，因在家时学习刻苦，有一定的文化基础，认为学徒做生意没有出路，很想外出闯一闯。清光绪三十三年（1907）十二圩盐务兴旺，桐巢地区在十二圩的人很多。张先生离开安庆来十二圩投亲靠友，谋事栖身。盐场多数是盐工，同乡多是船工来往行船长江，没有适合他做的事。他就要求从军。十二圩街区的警察局员额不足 30 人，无缺不补，盐务税警虽有 300 人，一时也无缺额。只能待机候补，先充临时代班，即某员警有事故不能上班轮值，由张去代替，且都三天五日，每日得代班费二角多钱，多时无班可代生活发生困难，只有典当衣物之路。十二圩典当条件苛刻，有人建议他跑仪征肇大可多押点钱。张先生曾说："气死莫告状，穷死莫当当。"此语不假，他是亲身体会的。仪征肇大当典，业务遍及全县，凡是代当、代步，全靠该店资金。即使正式当典也与肇大挂钩，如库存已满，周转不灵，也将库存运至肇大，拨毕资金。1930 年后仪征发现一批珍贵秦汉镜鼎仪器，当时的县长以寄存在肇大为

---

① 陈果夫《典当论序》。

名，变相地索了一笔钱财。当时肇大在仪征地区可称为当典业的"托拉斯"，一点也不过分的。①

同贫民无奈才当当正相反，典商如无利可图何苦开当。开当利微，又何故竞相开当！

明清以来，即鲜见寺院有经营质贷之类高利贷活动的记载。考其缘故，想是典当市场已大多为典商所占据，而典业的高利贷声名之恶，也实在难以继续与以慈善为诩的寺院直接发生联系，为长久之计，舍此生财之道还是上策。

究其实质，慈善事业与高利贷本来就是两种难以共存为一体的事情。中古时期，中土佛教初兴，在当时尚属神秘的神圣宗教氛围中，生硬地将高利贷与慈善济世捆在一起，则是特定历史条件下的畸形产物，历史的前进终将使之还原及大白天下。

佛教在中国化的过程中，为在人数众多的下层社会赢得信众，促使其多方与下层社会接触，顺应和吸收传统的民间文化。下层社会的平民大都比较贫困，寺院在慈善的说教中拿出部分寺库资财以抵押借贷的方式临时调剂处于经济拮据境遇的贫民，虽收取利息，却也可暂时缓解眼前的困难。对于贫民来说，多了一条救急之路；对于寺院来讲，则增加了一种既可扩大影响、争取信众而又能获利增殖的"双效益"渠道。于是，就将慈善救济与高利贷这两种本质相悖的事物，在宗教迷纱的裹罩下差强其旨地演为一体，并讹传延续了若干年。至于其最终自消自灭于寺院，当属历史的正本清源的剥离之功。同时，也是中国佛教在争取存

① 见沈捷《肇大当典》今日扬州网/扬州老字号/http://www.yztoday.com/laozihao/65.htm。

在与发展过程所必然的结果。

以高利贷来慈善救世，不仅在寺院行不通，将之推行于现实社会仍然与理相悖。可以说，用高利贷的典当业来救济下层社会贫民这一出自佛教文化、寺院经济的拙劣方式，注定失败。同时，还往往遭到饱受高利贷盘剥之苦的平民们的反抗。清季的天津杨柳青年画《北京城百姓抢当铺》（贡笺），即表现了这一历史的必然结果。据曾祖就是杨柳青裱画工的研究民间美术著名学者王树村先生介绍："此图作于 1902 年，图画城市贫民、手工业劳动者、农民以及和尚、道士等各类人物四十七人。正中为当铺门面，上有一方'裕国便民'的门额，旁有'钱龙戏柱'招牌，一如旧式局。""清光绪二十六年（1900 年）北京劳苦大众在饥饿难忍的情况下，群起走向繁华闹市，向平日盘剥穷苦人民的当铺抢回自己的衣物。当时人们已顾不得《大清律例》中的'抢夺财物者斩'的专制王法。这种在天子脚下敢于造反的精神，激动了杨柳青的民间画师，他们绘刻出一幅《北京城百姓抢当铺》的年画，且运销到华北、东北及西北各地，……辛亥革命第二年（1912 年），北京、天津又兴起了一次大抢当铺事件，杨柳青又刻绘了一幅同一题材的新画样。"① 画中当铺门面上的"裕国便民"匾额，可谓"慈善救济"的翻版，而年画所反映的历史事实，恰恰成为对它的绝妙讽刺。相反，那"钱龙戏柱"的招牌，却是其高利贷本质的真实写照。

在高叔平、王子寿等人的忆述中，也都言及上述年画所反映

----

的历史事件。①

杨柳青木版年画《清末北京抢当铺》

凡此，从上述两个视点的考察探讨，从中国典当业源于佛寺质贷这一渊源关系中，亦可窥得佛教文化之于传统经济生活相互双向联系与影响之一斑。

---

① 详见《旧北京典当业》和《天津典当业四十年的回忆》。又杨典诰《庚子大事记》载："京城内外城当铺二百余户，连门窗户壁以及地砖，靡有孑遗，其未被劫或劫之过半者，不满十户……南柳巷之汇丰，出银四千两以保险，廿四仍被劫一空。"《高枏日记》是年 7 月 22 日亦载："南城唯春元当未抢，掌柜请已散之练勇六十名保护。乱民全抢当铺、绸店，洋兵旁观，挟物走者，命开包与看，有银则拿去。"云云，悉可为证。

第五章

# 典当与政治生活

政治制度与经济制度是互相密切联系着的、互相依存的。在从文化史的视点来探讨中国典当史的过程中，我们不能不注意到，在传统政治制度与经济制度相互制约作用之中，典当业与政治生活发生着许多重要的联系。这些联系中的历史事件与现象，亦对我们多方位地全面认识传统社会的政治文化，打开一扇别有洞天的新鲜窗口。这个窗口虽小，仍不失为窥视全豹之一斑的特殊视点，自有其独特的文化史意义。

## 第一节　典当与宦海沉浮

有清以来中国典当业的空前繁荣，是以出现了皇当、官当与典商（或称之"商当"或"民当"）并举的格局为显著特征的。皇当、官当的出现，也是刺激和促使清代典当业成为历史上极盛时期的一种主要因素。

"做官发财"。历来为官者的生财、蓄财方式是多种多样的，其财源亦颇为广泛。利用权势贪污受贿，或巧立名目搜刮豪夺，是历来习见的官僚敛财致富手段。举凡各代，都有一批著名的贪官污吏名垂青史。经商、办实业取利生财，是以往官场中的又一致富渠道，虽然要出动资本经营，毕竟要比上述手段更易于为人接受、障人耳目，而且稳靠得多。

中国向有轻商观念，商贾居"四民"之末。但相比之下，官吏经商取利总要比其他赤裸裸的敛财手段要"体面"许多，"保险"许多，即有骂名也比"贪官污吏"的帽子分量轻。何况，清代实行生息银两制度，其本身即对官员经商的鼓励和保护。

唐宋之后，中国典当业在明代获得了进一步发展。从一些典商的成功，清代官员们受到了启发，他们对这一经营容易、风险较小而可稳靠获利的行当格外青睐，于是乎竞相效尤，公私官当蜂拥而上。这样一来，典当不仅成了生利发财的运营工具，亦成了一种固定产业，其本身即一种财产。

帝王率范出资放高利贷生财，早在元代已有先例。元朝皇帝把银子交给西域回回去放高利贷，从中收取利息作为私财，并以"贷斡脱钱而逃隐者罪之，仍以其财赏首告者"等律令加以保护，这已是有史籍明载的事。清代皇帝在这一点上承继了同是北方少数民族帝王的遗制，直接拥有和令内务府官吏为其经营典当。

清帝拥有的典当，一方面是其积聚私产的工具，同时也是其用以赏赐王公以及官员的固定产业。这在元代亦有先例，如文宗图铁木尔即曾赏赐燕铁木儿质库。在清帝赏赐或收回给予官员的当铺过程中，从一个侧面反映着政治生活中的宦海风云与沉浮，成为一支小小的晴雨表。

清雍正皇帝的舅父隆科多，曾被他加封为太保并赏赐给当铺。当与隆交结擅权的朝廷重臣年羹尧被处死之后，雍正于1725

年 10 月下谕给内阁大学士马齐等人说："隆科多肆其贪婪，巧诈网利，家资至数百万之多，实出朕之意外，则朕之加恩赏给典铺者，甚属错误。尔等将典铺中现存之价银物件查明，并典铺中现有之人俱行撤出，赏给果郡王。"身为万民之首、贵尊天子的皇上竟对下臣说赏赐隆科多当铺是个错误，这已非同小可。果然，即在几个月之后的雍正四年（1726 年）将隆科多罢了官，最后将其夺爵幽禁而死。而将原赏隆科多的当铺收回，改赏果郡王，自然也是对其皇子果郡王的恩宠待遇了。

即或是对诸皇子、皇孙的赏赐当铺，也是因皇帝对其器重、宠爱的程度而有分别的。据清代档案记载查证，在乾隆皇帝的十七个皇子中，先后只有四子永城、六子永瑢、八子永璇和末子永璘等四人获有加赏当铺的待遇。"从封爵等级及赏赐财产数量等方面看来，以上数人均是乾隆比较器重和宠爱的。清制不同于明制，清帝的儿子不一定封王，被封王的也并不一定被封为最高等级的亲王。乾隆诸子中有被封较低等级如贝勒以终其身的，但以上数人，老四永城最早被封为履郡王，其后晋封为亲王；老六永瑢最早被封为质郡王，其后晋封为亲王；老八永璇被封为仪郡王，幼子永璘被封为庆郡王，在诸兄弟中均得位较高，地位亦较显赫。还应注意一点，即以上数人在分府时均已被加赏过当铺一或二座，其后又由内务府奏请或径由乾隆授意，再加赏一或二座，这是'殊恩'，而非'常格'。……绵恩是乾隆诸孙中最受宠爱的一个，他分府时已受加赏本银四万两的当铺一座，其后又再被赏本银三万两的当铺一座，在当时也是罕见的。这说明，皇帝对于自己的儿孙们，是否赐予当铺，赐予的次数、多少以及价值大小，完全决定于是否受到宠爱器重和受宠的程度。"①

在将当铺作为产业赏赐皇子、皇孙上尚且如此，当然在用来赏赐臣下时也就更有分别了。然而，史料记载的清帝赏赐臣下当铺的情况并不多，而且在一赏一收之中，颇可见宦海沉浮之迹。且以张廷玉、舒赫德这两位曾受乾隆帝赏赐当铺之幸的汉、满重臣为例，以窥其微妙变化。

张廷玉，字衡臣，安徽桐城人，康熙三十九年（1700 年）进士，是一位历事康、雍、乾三朝的元老大臣，历任吏、户、礼部尚书等要职，乾隆时受命主持内阁和军机处，还被破例封为勤宣伯。舒赫德，字伯雄，满洲正白旗人，雍正六年（1728 年）由笔帖式授内阁中书，历任内阁中书、兵部尚书等职，乾隆时又有"才兼文武"之誉。乾隆皇帝曾分别将内务府所管皇当中的恩丰、春和两座典当赏赐给这两位重臣，体现了对他们的恩幸。然而，当二人命运不佳受到皇帝冷落乃至责处之际，两座当铺亦随其他赏赐被收缴回内务府。据《内务府奏销档》所载乾隆十五年（1750 年）二月一份奏折报称："原任大学士张廷玉所交恩丰当一座，尚书舒赫德所交春和当一座。臣等随派员查收，得恩丰当原赏给时成本银三万五千两，现存利银一万二百四十四两三钱六分，二共银四万五千二百四十四两三钱六分；春和当原赏给时成本银一万八千二十一两四钱一分五厘，现存利银二百四十四两九钱，二共银一万八千二百六十二两三钱一分五厘。今二座当铺所有架本并现存银钱，俱与原数相符。"云云。

———————

① 韦庆远《明清史辨析》第 104 页。本节的设立即受是书启示，并对书中清代史料多有参用，谨此说明，并致谢。

原来，这时的张廷玉因要求皇帝对他死后准予配享太庙的待遇给以确认，而一再遭到公开的严旨申斥，配享被罢，随即则令其将以往历年的赐物全部缴回，恩丰当即在其中。至于宦途坎坷的舒赫德，虽刚于头一年十月新调任兵部尚书，此间亦"正处在蹭蹬失意的倒霉时期之一"①。

凡此，清代在以当铺为产业赏赐皇子、臣属（含再行收缴）的做法中所反映出的亲疏、冷热信息，虽非决定性因素或主证，但均可视为有关风云、事态的旁证材料。宦海沉浮并非由这些当铺引发，却由此而波及当铺，得到反映。

有清以来，一些官宦纷纷以开设典当为保值生财之道，或直接投资或间接合股经营当铺，成为一时官场风气。官吏们利用这一财源及其营业之便，进行行贿、纳贿结党营私活动，要比其他方式来得隐蔽、便利，成为其借以攫取更高的职位利禄的工具。有些典商开的当铺，甚至也要为买官职者代存银钱，以及代办具体事宜。

然而，一当这些官吏在宦海失势乃至获罪之后，其所拥有的当铺亦即随之易主，或抄缴充公，或转手让出。其中，更多的则是遭到同其他私财一道被查没抄收的命运。例如，乾隆五年（1740年），原内务府总管大臣、淮关监督年希尧之子年如才，在其父获罪之后被迫交出两座当铺充公。乾隆六十年（1795年），原内务府总管伊龄阿之子、内务府员外郎昌德，在其获罪的父亲死后，仍被迫交出以前私匿未报的架本利银达99400两之多的两座当铺。前面亦曾述及，重臣和珅获罪被抄的家产中，亦先后有

① 《明清史辨析》第82页。

当铺多座被查缴。由于清代官僚们开当成风，每有被抄者多包括作为其私人财产的当铺在内。乾隆时备受皇上恩宠的宠臣福长安，曾任首席军机大臣、一等公并因功被封侯，与和珅同为当朝班首，红极一时。一当嘉庆当政，即将其早就对依附和珅揽权好货怀有不满的福长安治罪并抄没家产。被查抄的家产中，即有"当铺三座，计房一百七十八间，原价本银七千两，钱十四万五千五百吊"。

清代官僚有做官开当发财之习，而一当政治气候有变或宦海覆舟，其拥有的当铺及其他财产亦即随之倾覆卷走。

## 第二节　典当与官僚资本

早在中国典当业初兴的唐代，即已经出现贵族、官僚以经营质库等高利贷产业谋利的现象。唐武宗曾在文告中指出官僚"私置质库"[1]，而唐玄宗时早即敕令"禁九品以下清资官置客舍、邸店"等逐利[2]。五代时，镇宁军节度使慕蓉彦超也开过质库[3]。宋以降，官僚经营质库等高利贷产业较前尤甚，据《梦粱录》卷一三记载，仅一个临安府，"府第富豪之家质库城内外不下数十家，收解以千万计"。而且，当朝政府对官僚放高利贷是持认可态度的。据《宋史·李允正传》载："（李允正的）女弟适许王，以居第质于宋渥。太宗诘之曰：'尔父守边二十余年，止有此第耳，何以质之？'允正具以奏，即遣内侍辇钱赎还。"皇帝仅诘其出质缘故，而未对官僚间的质贷加以责罪。

---

[1]　《会昌五年（845年）加尊号后郊天赦文》，详本书卷上。

[2]　《旧唐书·玄宗纪》下。

[3]　《新五代史·慕蓉彦超传》，参本书卷上。

　　如上述所见，自典当业兴始，贵族、官僚们即将其视为一个生财致富的极好行当，纷纷染指，以蓄私财。然而，官僚资本开设典当逐利风气之盛，最属有清以来至民国初年。

　　清代虽未公开倡导官僚们开当铺逐利，甚至还不时查办一些经营典当与民争利的官员，但内务府率范为皇帝本人及王公、公子等皇室经营、管理典当，皇帝还以当铺赏赐王公、重臣，这就为官僚们私置典当取利创造了一个顺理成章的借口。实际上，是一种默许。尤其是清代实行的生息银两制度，用生息银两开当赢利更为官僚们鱼目混珠地经营私有典当，提供了有利的条件。

　　据《宫中档雍正朝朱批奏折》的资料统计，仅雍正年间各省衙署营运生息银两的营运方式中，以开当铺生息者，各地即达20多处，动用生息银两达20多万两。[①]

　　据多年着意清代典当业的韦庆远先生认为："当时，亲王、郡王、内阁大学士、军机大臣、各部、院、寺、监堂官司员、八旗都统，地方上的督、抚、将军、藩、臬、提、镇、参、游，以至道、府、州县等官及其佐贰、书吏、衙役、长随，整个国家机器中从上到下，兼营典当业的都大有人在，已经成为一种趋时而实惠的副业。"[②] 可见，开当铺业已成为有清一代官吏的一种主要的"做官发财"途径。

　　清季，位居三品的福建候补道在籍道员刘翊宸，其一人即在江南一些地方开了20多座当铺，并兼营存款、放款和汇兑业务。这位道员拥有这么多当铺，显然是其为官期间的主要副业财源

　　---

① 据《各省衙署营运"生息银两"情况简表》，载《明清史辨析》第226—228页。
② 《明清史辨析》第133—134页。

了。据光绪十年（1884年）江苏巡抚卫荣光在向皇帝参奏中说：
"福建候补道员刘翊宸，曾署盐法道篆务。同治初回籍，历在江
阴、丹阳、溧阳、江宁、扬州等府县，开设典铺二十余处，均系
他人存项，又在各典私用汇票数十万金，于本年二月间倒闭，共
亏欠八十一万有奇，内有公款五万余金。"他经营若干年，平安
无事。后来，因"稍一亏耗，即将余资席卷逃匿，甚有并未亏
耗，意图侵吞，纷纷倒闭"事发，受到参奏查处。对此，光绪皇
帝曾下谕"从严惩办"："着先行革职，交卫荣光查明该革员资财
房屋，有无寄顿隐匿，勒提到案，严行究追，分别抵销，以示儆
戒。"① 原来，刘翊宸借亏损将当铺关闭，还在于以此手段乘机侵
吞包括公款在内的各方存款，要的是奸商伎俩。

　　清代官僚开当营利虽成风气，但终非正道，一方面碍于正统
观念的舆论，另一方因未被朝廷正式认可而易犯事，同时经营中
又难免有种种龌龊隐私，因而机灵、世故者往往采取各种迂回、
间接的方式经营。例如，与典商合伙，或使用他人的名义等。这
样做还有一个好处，即因事被查抄时，尚可隐匿下来作为劫余之
财。曾任内阁大学士、直隶总督、两广总督兼粤海关监督等要职
的琦善，就曾采取这类隐蔽方式开当。琦善的家人王福在接受负
责查抄琦善家产的步军统领奕经等人的讯问时供称："天津大沽
地方，有义和当铺一座。道光四年（1824年）间，我主人入本制
钱两万串，与山西人岳泉等伙做，铺内系岳泉管事。又于五年
（1825年）间，与山西人陈宝书，在宁河县北塘地方，伙开全和
当铺一座，我主人入本制钱两万串，陈宝书在当铺管事。六年

－－－－－－－－－－

　　① 清李慈铭《越缦堂日记·荀学斋日记》己集上。

（1826 年）间，又与山西人曹流得在盐山县属羊二庄地方伙开时和当铺一座，我主人入本制钱两万串。以上三处，俱系我出名，写立公中合同。我将我主人使妾二弟刘二荐在天津义和当铺内做买卖，我主人在直隶总督任所，一切来件具系家人跟随经营，我只在家中照料。"看来，琦善做得十分隐蔽，以家人名义投资与富有经验的山西典商合伙开当，既着另一家人"跟随经营"（实系监督），还将亲属派进去作"眼线"；既掩人耳目，又不失控制，真是万无一失。若非家人王福供出，这三座当铺中的私产自然就隐匿下来了。

又如康熙年间先后曾任巡视两淮盐课监察御史、两淮盐运使肥缺的李陈常，"原属贫寒之家，今有好田四五千亩，市房数十处；又有三处当铺，皆其本钱，但未知本钱有多少在内。总之陈常买产开当，并非自己出名，多借他人名色，行踪诡秘，瞒人耳目，以饰清官模样，而家道却已富足。"[①] 然而，尽管其"行踪诡秘，瞒人耳目"，仍被苏州织造李煦侦知，并于康熙五十五年（1716 年）六月，直接密奏给了康熙皇帝。康熙闻奏，曾颇愤懑地对吏部尚书张鹏翮说："伊所置产业，俱以他人出名，若与己无与。如此行诈，殊为太巧。"[②] 在这一点上，琦善与李陈常采取的是同样策略手段，目的均在于既保有权位、名声，而又不失时机地蓄积私财。殊不知，谁也说不清像这样而未遭暴露的开当取利的官吏，在清代又该有多少呢！

如果说，在清代朝廷的一统天下，官吏开当取利行为还需半

---

① 据《李煦奏折》。
② 《康熙起居注》五十五年丙申十月。

公开或隐蔽地进行，那么民国以降则因军阀割据、各自为政而转为公开化了。一如前清钱铺小伙计出身的杭州巨商胡光墉由富商转而居官场显位，各霸一方的军阀们往往又是一方财神。据徐一士《一士类稿》和刘体仁《异辞录》称，胡光墉"以商业称霸，名著中外，声势烜赫"；他"借官款周转，开设阜康银肆，其子店遍于南北，富名震乎内外"，即拥有"银号一、典二十有九"，是个以经营典当为主业的大典商。他利用官款经商，同时亦为时政服务，被朝廷赏以布政使衔道员，位尊二品，这种官势则又进一步成了他用以经商逐利的政治资本。

土匪出身的奉系军阀头目张作霖，在其还未升任奉天督军兼巡按使之前，即已出资设置了银号、典当等产业取利蓄财。他曾在黑山县姜家屯收买大片土地，设立了拥有 5 万元资本的三畲成当；还一并收买了营口大高坎镇大客店和路北对门的当铺，又以 5 万元资本开设了三畲和当。

天津开埠已来，是近代典当业比较发达的地区，也是军阀开当比较集中之处。例如，北洋军阀张勋的松寿当，吉林督军孟恩远的庆昌当，黑龙江督军鲍贵卿的金华当，西北军军长高桂滋的德懋当，国民二军军长郑思诚的义和当，江西督军陈光远的德华等四当，直隶总督曹锟的万成等七当，等等。至于其他官僚资本在天津开设的私家当铺，还有许多。

民初军阀割据的政治局面，为军阀、官僚们公然开当以及经营其他产业积蓄私财，提供了基本条件。同时，外国资本的输入和半封建半殖民地的经济制度，对官僚们的这些做法也造成了一种似乎顺理成章的社会环境。在当时看来，无论要在军界还是政界立稳脚跟，必须据有雄厚的财力。那么，哪里去开辟财源呢? 若非贪污受

亦不时动作，试图乘机在中国领土上攫取更多的非法利益，进一步推行殖民主义政策。在此内忧外患不息的动乱年代，时时变幻的政治风云直接危及本已很贫弱的中国经济。个中，典当业亦不时因战乱而首当其冲地遭到劫掠打击，遭遇一次次重创。其中，尤其以当时处于政治风云中心的京、津及南京等一些大都市的典当业受挫最为严重。这些挫创，使得在资本主义经济因素日渐增加的刺激下，本会进一步得到发展的典当业，出现了萎顿、衰败之势。

民国初期某典当的门面，厚实的高墙上没有一扇窗户，防护森严。

清光绪二十六年（1900 年），八国联军大举侵华，7 月 14 日攻陷天津，8 月 14 日北京失陷。八国联军所到之处烧杀劫掠，典当自然首当其冲。据统计，庚子事变之前，北京有当铺 210 余座，事变期间，大都遭到了洗劫。据杨典诰《庚子大事记》和《高枬日记》的记载，当时北京的 200 多座当铺，大都连门窗、地砖都被一抢而光。未遭劫掠或损失不足资产一半的当铺，还不足 10 座。位于南柳巷的汇丰当，尽管花了四千两银子保险，还是未能幸免遭劫。在南城，仅有一座春元当没被抢劫，原因是请了 60 名散兵作保卫。抢当铺时，外国兵在一旁看着，以便从抢者的所获中搜取银子。① 又据《北京典当业之

---

①　原文详见前一章末的注释。

概况》介绍："自逊清季迄今，典当业因内乱之蔓延，及社会经济之凋敝，日趋衰落。倒闭之讯，时有所闻。按光绪庚子以前，统计北京当业共有二百一十余家，迨民国元年壬子兵变以后，则一落为一百七十余家，后又递减为一百二十余家，目下全市仅存八十七家。典当业之衰落，几有一落千丈之势。……北京在昔年为首都所在地，又为精华荟萃之所，国家遇有事故，则北京必首当其冲。例如拳匪之乱①，壬子之变，北京典当同遭兵匪抢劫，罄尽无余，可谓全部消灭，甚有将房屋烧尽者。经此一劫，即无继续营业之可能。自壬子以后，频年内乱，工商各业动遭损失。若以损害程度而论，实以典当业所受打击为最大也。"

壬子兵变时，受袁世凯唆使的曹锟军队首先于夜间纵火烧北京东安市场，于是乱兵莠民则在枪声中趁势抢劫当铺、金店等以财富引人注目的商号。事后，袁世凯曾假称要抚恤遭劫商户，却并不兑现。当铺因为所损失的在架当物、钱财所引起的债务等纠纷，仅由商事公断处出面做了一些调解。

此间，天津的典当业亦同样因兵变而遭到普遍的劫掠。在这里，变兵劫掠的主要目标，就是当铺。据《典当论》载："天津典当，在光绪初年，城厢合计，共四十四家。其后遭庚子拳匪之乱，一班宵小，实行趁火打劫。典当被劫者二十余家，损失约五百两。旋经李鸿章提倡保护，得勉强维持继续营业者，仅二十二家。迄宣统初，增至二十四家。民国成立后，又逢壬子兵变。……典当在此一夜中，罗灾者达十七家。事后满途遗物，不计其数。民国十三年（1924年），直奉二次战起，吴佩孚军溃败。天津市顿陷混乱

---

① 即八国联军以镇压义和团为名的侵华战争，此系蔑称。

状态。一班伤残军人，三五成群，夹破衣烂物，掷上当铺柜台，一面漫骂，一面以武器威胁，索价数元数十元不等。"

军阀混战中，各系乱兵骚扰、勒索当铺已是家常便饭一般。1926年4月，张宗昌带领的直鲁联军开进北京后，联军士兵便用本只用作纳税而不能兑现的山东军用票去当铺以赎当名义敲诈勒索，与抢无异，掌柜的敢怒不敢言，只好忍受损失，自甘倒霉。这同吴佩孚的败兵用破烂衣物在天津强行当取高价，并无区别。

此间古都南京的典当业，亦与京津同一命运。1913年，张勋所部进入南京城，大抢三天，典当无一幸免。事后，袁世凯以每百元补偿37元的比例拨公债补赔损失。但典当业若领取这些许损失费，尚需对当户的损失作出赔偿，于是索性未领，致使当地典当业一时全部歇业了事。至1913年，为解决贫民典当无门的困境，省政府只好创办了一座公济典来应付局面。

典当业估价收当、凭票取赎，依据的是一时一地币值、物价。一旦发生政局不稳或动乱，则往往出现货币贬值、物价暴跌暴涨的情况。币值与物价的起落不稳，对典当业，尤其是对赎期较长的大当铺来说，往往是一场如同劫掠的灾难。1931年"九一八"事变后，各地物价普遍大跌。这时，一般小额当户已无必要按原价加利息来赎当了。然而，一向作为"死当"物资销售渠道的估衣行、皮货行、旧物业等的物价这时也已大跌下来，当铺再将到期当物用近于原值的价格出手，已无人接受了。这时北京当铺库架上的到期当物，即或不计利息也得亏本达10%—20%。迫于库满为患，当铺只好"卖扣头"，即低价出手。这时如不歇业，也只能以压低估价和紧缩营业额的办法来支撑门面，以等待币值、物价恢复稳定再找回损失。

尽管典当业是一种传统的高利贷行业，但在以往封建社会和半封建社会的传统经济结构中，自有其存在与发展的功利价值。从上述种种微观具体事例和宏观的总体而言，典当业同其他传统经济形态一样，均与以往国家的兴衰与地方政局的稳定与否，同步起落，而不能游离于政治生活所左右的这种大背景、小环境之外，受制其间而又以自身的兴衰起落印证着历史，从而构成政治文化的一个有机方面。

第六章

# 典当与社会生活

从寺库质贷起，典当业与社会生活的基本联系，即在于它调剂平民经济缓急的功能，一切都是围绕这一基点发生的。当然，身处中上层社会的人等亦向有出入当铺之例。例如，南齐司徒褚渊以皇上的赐物当钱使用，文天祥亦因一时急需钱用而将金碗押给了当铺；清代曾官至山西道监察御史的著名文士李慈铭，在其《越漫堂日记》中时有典当解窘的记载，如光绪三年（1877 年）十月二十七日日记记载："夜检点质票，没入者已数纸。内有袍褂缎裁一袭，……仅质京钱百二十千。"云云，足见他已是当铺的常客了。至于清初曾为翰林的谢山先生全祖望，潦倒之际竟将心爱的书质押银两以缓拮据，亦是有其《春明行箧当书记》详为记述的事实。文中尚谈到前朝文人邝湛若亦曾用自己珍爱的琴剑炉钵等古物割爱拿给当铺质钱用，并写下前后两篇"当票序"，尤其影射出全氏切感凄楚的心境。非不得已，他们总是不愿割爱和放开面子求助于当铺的。《红楼梦》中岫烟当袄使钱，也只能打发使唤丫头悄悄去办呢！

　　不过，历来同当铺打交道的，仍以身处下层社会的平民为主体。至于其他阶层中人出入当铺，亦可说明典当业同社会生活相联系的广泛性和非封闭性。无论是它所经常接待的主顾，还是涉及国计民生的各种局面，都显示了以往典当业与传统社会生活有着比较密切而广泛的多种联系。

## 第一节　典当业与国民经济

典当业与国民经济的最直接的联系，莫过于税收及正常课税而外的其他额外输纳。

先说税收。

据《册府元龟》所载后周（951—960年）时的《开封府奏文》称："其有典质，倚当物业，仰官牙人业主及四邻人同署文契。委不是曾将物业，已经别处重叠已当，及虚持他人物业。税印之时，于税务内纳契日，一本务司点检，领有官牙人、邻人押署处，及委不是重叠已当财物，方得与印。如违犯，应关联人并行科断，仍征还钱物。如业主别无抵当，只仰同契牙保命人均分代纳。"这是迄今从文献中见到的一份最早也是措施最为详细的有关征缴典当税税务的文件，但尚不知税率怎样。这份历史文献表明，典当业兴于唐代，而距唐朝灭亡仅半个多世纪（或还应早一些，然无史证）时，国家已着手开征典当税了，而且制订了颇为周详的税印规则。可以毫不牵强地据此推断，唐五代典当业从一开始就是一个获利甚丰而兴盛一时的新行业，在诸行百业中颇为引人注目，因而被视为一项亟待开发并予严格管理的税源。

至明代，典当业得以更大发展，于是万历间的河南巡抚力主向典当征收重税，认为对拥有价值数千金资产的典当仅征收不足十两银子的税，实在太少了些。有鉴于当时分布在城乡的典当资产规模不等，大都市的当铺比乡村当铺富得多，于是又有人根据

"分征有难易"进而主张区别对待,根据资产多寡(及所处地理位置)分类征税。这样,非但进一步完善了征收典当税的政策,亦有利于增加国库收入。

有清以降,沿行前朝之制,典当税的征收已趋正常化,但税率仍然较低,每座典当年纳税银仅为 5 两,低的甚至仅二三两。直至清季的光绪二十三年(1897 年),在国家财政支出日绌的情况下,继十年前(光绪十四年,即 1888 年)实行预收二十年典税之后,才进一步提出提高税率,改为每座典当年纳税银 50 两。具体动议是由户部奏请批准的:

> 查臣部则例,各省民间开设典当,呈明地方官转详布政使请帖,按年纳税,于奏销时汇奏报部,其有无力停止者缴帖免税。直隶、江苏、安徽、江西、浙江、福建、湖北、湖南、河南、山东、山西、陕西、甘肃、四川、广东、广西等省,每年每座税银五两;云南省税银四两,贵州省三两,奉天省二两五钱,各等语。历经各省照例征收,奏报在案。……唯查京外典当,以光绪十四年座数计之,约共七千数百座。臣等公同商酌,拟自本年起,无论何省,每座按年纳税银五十两,岁可共征银三十余万两。应由各省州县查明现在座数,分别造册详司报部,税银照征,足额统解藩司汇总专案,随册奏咨候拨,不须外省截留。其有光绪十四年已预缴二十年税银者,除已经歇业不计外,凡现经开设者,均自本年起,准其案照预缴之数分年扣除;已缴五两者补缴四十五两,已缴四两者补缴四十六两,准此类推。……此外,则例未报各省如吉林、黑龙江、新疆等处,无论新旧,一律照征,以昭平允。唯既加税额,则应概裁陋规。闻从前各商,

呈允领帖换牌，藩司府道州县各衙门，均有使费，各地方官吏年节亦有陋规。拟请饬旨下各省将军督抚，严谕该管地方官概行禁革，……姑容以恤商艰而重课税。①

此奏议获准实施，迅即引起一些地处偏远、经济不发达省份典商的抵制。例如，当时陕甘总督陶模奏称："兹据甘肃布政使曾鉌详据各道府厅州县转据各该当商禀称：甘肃各当商资本少者仅二三千串，多亦止五六千金，从未有及万两者。每年获利细微，与繁富省份实有天壤之别。……若将税银增为五十两，输将不及，实有闭歇之虞，恳请核减等情。该司查甘肃地瘠民穷，前此每当商奉饬捐银二百两，请准减收一半，已甚竭蹶；兹再以五十两税额按年勒征，则闭竭之虞信非虚语。一再筹酌，拟将每年每当五十两，减为二十五两。"云云。此奏未得获准，又经再次上折奏请，方予准奏。

也就是说，从清初（至迟为顺治九年即 1652 年）所制定的典当的年 5 两税额，至清季（光绪二十三年即 1897 年）这二百多年一直未作改变，直至国家财政十分困窘时，才增至 50 两税额，并对少数经济贫困地区实行减征的优惠政策。这一事实说明，清代征求典税的税额，是根据国民经济和地方经济发展的实际需要来制定和作出相应调整的。无论这数万两典税在整个国民经济中比重多大，发挥多少作用，其毕竟是国库开支的一支重要税源，否则即不会引起朝野的注重。但清季改税额为 50 两后，"岁可共征银三十余万两"，再加上是预征二十年，总计约 600 多万两，则已是十分可观的大数目了。这么一笔巨额收入，在当时

① 见《清朝续文献通考》卷四七《征榷》一九。

国家经济中的作用就显然具有举足轻重的地位了。因此，朝廷上下对于迅速将这笔税银收齐解清入库是十分关注的。《清朝续文献通考》卷四七所载光绪十四年（1888 年）李鸿章奏折，即反映了这一迫切现实：

> 十四年直隶总督李鸿章奏略称：准户部咨议奏，筹备河工赈需，当商预行交课一条，遵饬司道督同府厅州县，查明每州县当铺若干座，每年例交税银若干，劝令遵照部议，预交二十年课银，不准吏役借端需索。旋据各地方官禀报：直省当铺本少利微，又值频年灾欠，迭次减息，商力拮据，且有将次歇业之商，预交不易。臣复批饬认真谕劝，一律交足，其有二十年内歇业者，准将接开之新商应交课银，抵还旧商预交之项，俟扣足二十年后再由新商交官，以资平允。

同时，他还就所查明的顺天等十府、遵化等六州"尚未解银一万九千一百四十两"的情况提出，"业经分饬赶紧解清，应造清册，详请复奏"。无论是否含有李鸿章表忠邀功之意，均透露出这样的信息，即这笔税银于国家经济一时关系甚重，业已是朝廷非常关切的一项主要应急财源。

应顺便提到的是，当初顺治时所制定的税额，对于在京的典当未必与各地一率，或有关照、优惠之类。从顺治九年"定直省典铺税例"的文字中，不能不给人以这样的印象："在外当铺每年定税银五两，其在京当铺并各铺，仍令顺天府查照铺面酌量征收。"显然有内外之别，对内实行的是"酌量征收"政策，则意味着不能免税但未必照京外各地的额度去征收，当然更绝对不会额外多收了。清季改典税额度为 50 两之后，是否仍沿行旧制对京城典当给予优惠性关照，尚无材料说明这个问题。"无徽不典"，徽商典当与晋帮票号一度成为当时国家的两大主流金融业支柱。合肥典当业早于清乾隆年间就已存在。据《合肥金融志》所述，清嘉庆八年（1803）时，合肥全城有当铺 13 家，而且业主主要是达官巨贾。如其中李鸿章家族便经营有德生、德成、德盛三座典当。光绪十六年（1890）时，李鸿章之子李经元在城南经营的德盛当铺，雇工多达百余人，是合肥典当业中最大的一家。其内部组织健全，估价、收当、管账、保管、跑乡等，货楼以千字文顺序编号，店伙分工明确，各司其职，管理比较规范。业务辐射到周边邻近许多地方，如巢县、无为、庐江、舒城、六安等临近城镇的当铺因资金有限，即将所收当值较高的当物转当给德盛当铺，收益两方分成。合肥周边较大的乡镇，如临河集、长临河、撮镇、梁园等也曾设立过典当。①

位于安徽省会合肥市淮河路中段的李鸿章故居，是一座典型的江南清代民居建筑。坐北朝南，4 进 50 余间，一、二进临街，便是李府开当铺的旧址；第三、四进是格局为"回"字形的二层楼阁，是"小姐楼"或称"走马楼"，是李家女眷的住处。据知，抗战前，在合肥东门大街上有两家当铺，一曰义和当，一称德成当，都是合肥历史上资本最雄厚、经营势力最大的李府当铺。义和当（今天正中典当行旧址）为李鸿章、李鹤章兄弟所开。清同治十一年（1872 年），李鸿章任直隶总督后，志得意满，很想为

---

① 倪友林《徽商与典当》，http://www.hf365.com，2002 年 7 月 23 日《江淮晨报》。

故乡办点好事，便找其弟李鹤章商议，在合肥开个当铺，裕国便民，并亲自命名为义和当，说：对乡亲要讲义气，对穷人要讲和气。这是李府第一家当铺，人称老当铺。在北洋政府时期任过陆军总长的段芝贵，曾在这家当铺做过跑楼学徒，后因赌博输钱，中途离去。德成当是李鹤章次子李经羲开设。时在清宣统元年（1909 年），李被擢升为云贵总督，群僚献金祝贺，他便用这笔款在家乡开了当铺。这家当铺在今天李府西邻，中间隔条五圣楼小巷（俗称当铺巷），四间大门面，比老当铺规模大几倍，人叫新当铺。这两家李府当铺，对合肥乡亲开始还搞点小恩小惠，月息只收一分多，每逢腊月寒冬，还让利五厘；除夕让利一分，并通宵营业，至大年初一寅时，方才放炮竹迎接财神后关门。以后，城内三家小当铺被其挤垮后，两家当铺马上翻脸不认乡亲，月利息抬高至二分以上，当期则由三年缩短为一年半时间，过期即为"死当"，当品不准赎回，归当铺自行处理，被百姓骂为"阎王当"。①

至于，李家的典当是否亦如其奏折所提请的那样"预交二十年课银"了呢？不得而知。

再说典税之外的其他捐饷征缴。

既然将典税纳入国家财政收入的正常来源，那么其他临时性的用以补充国家经济专项支度的其他额外输纳，亦必然放不过向以富业而引人注目的典当行业了。

早在尚无征收典税明确记载的唐代，已开向典当收取临时专项输纳之先河。唐德宗（780—783 年）当朝之初，为筹集军费，

---

① 牛耘《李府当铺》，《合肥晚报》2002 年 6 月 20 日。

即曾按照"四取其一"的比率"取僦柜纳质钱"。建中三年（782年），"少尹韦镇，又就僦柜质库法，拷索之，才及二百万"。可见，于中国典当业初兴之际，即已被国家纳入临时专项征缴以补充经济开支不足的视野。

北宋末年为筹集抵御金兵南下的军费开支，朝廷曾向当铺征缴了数以千万两计算的费用。其数额之大，也是令人瞩目的。

明季倭寇侵犯沿海地区时，浙江地方官胡宗宪，曾"悉召城外居民新安之贾于质库者"，集资招募了数百士兵抗倭。①

清以降，税外向典当业征缴各类费用以缓解国家经济拮据的事例尤多，远远超出了以往历代。当然，其最主要的名目，仍是军费开支。预收若干年典税已属额外征缴，但仅此尚不足以使用，于是即一再补征。如光绪二十三年（1897年）户部奏折称："光绪十四年（1888年），因河工需款，臣部奏令各省，每当商一座缴银一百两，作为预完二十年当税，奉准行知。旋据先后报部，共预交银七十余万两。光绪二十年（1894年），复因海防筹饷，由臣部奏令中外典当各商于额外捐银二百两，报部候拨。计各省已报部者，共捐缴银三十余万两。该典商等两次报缴巨款，当时事艰难，臣部亦知体恤商情，未便强令再申报效，无如度支万分奇绌，银行铁路在在均需部筹。即归还洋债要需，实已挪无可挪，借难再借。虽核扣中外俸廉，裁汰各营兵勇，加抽土药厘税，提扣放款减平，究竟每年腾出款项若干，尚难预料。"于是，在此基础上即一改前制将典税提高至十倍（详前述）。据《清实录》咸丰八年（1858年）记载，在此之前，广东肇庆府"捐银

---

① 据丁元荐《西山日记》卷二，详参本书卷上第二章第五节引述。

三万余两之当商，止给所捐之一半奖叙"，已足见额外征缴数额之大。

像税收一样，将诸如用于军费等专项集款长期制度化，是清朝政府向典商额外征缴的又一重要措施。据李鸿章等纂修的《光绪大清会典事例》的《户部杂赋·牙帖商行当铺税》载："光绪十一年（1885 年）奏准：湖北自军兴以后，各当铺荡然无存，嗣经绅富凑集资本，开设质当，均未照章领帖纳税。应令各州县查明境内质当若干座，无论城乡市镇、资本大小，一律捐银一百两，遇闰加增银八两。从本年春季起，按季呈缴，报解库藩，另储充饷。"亦即说，估且不论其尚未缴纳帖税，先将饷银以制度规定下来。

民初各地大都沿行了向当铺征收附加军饷的制度，据说是源于太平天国举事后，广东地方政府饬令将私押捐助的军费改为押饷，此后则出现当铺径以"饷按""饷押"相称，并以此刻写在店前的招牌上面。

民国以降，政府向典当业额外征缴的名目、数额不断增加。"迨民国三年（1914 年），财政部以典当为大宗营业，又有厘订当税，加重征收之举，较昔加倍。余外尚负担各种捐款，如铺捐、慈善、冬防、地方借款、御匪、供应等，亦均较前增加。虽此种杂捐不限典当一业，但典当在各业中，一般视为第一等，当业所负担之数额，自较其他营业为多。"[①] 由此可见一斑。

凡此，无论是用于军费还是其他经费支度而向典商征缴的税外收入，都在一时国民经济中占有一定比重，均属典当业被动

---

① 《北京典当业之概况》第 71—72 页。

（不情愿地）对国计民生发生的额外作用。

其次，还应谈到历代"官典"在国民经济中的作用。

早在金大定十三年（1173年），金世宗即提出创办官典不仅可以改变民间质典利重"小民苦之"的状况，而且还可以"十中取一为息，以助官吏廪给之费"，即有补充政府的经费支度之益。这种思想，至清代则获得了进一步发展，并大面积实施，在有清一代国民经济中占据了相当重要的地位。在《内务府奏销档》中载有雍正七年（1729年）五月的这样一段文字："奉旨赏给内府文武官员等生息银四万两，除派司员开设当铺，其所得利银内，有出差人等盘费等项除用外，其余剩银两，年底汇总分给各员。"是知内务府管理的当铺所得利银，主要用于补助府内支度方面。

清代相当数量的生息银两是以开当取利的方式营运"生息"的。中央政府各衙和各地方官府以开当取利相沿成制，并逐渐使之纳入例行的经济来源。一如乾隆五年（1740年）十月内务府总管大臣允禄奏报："嗣因臣衙门派往各州县查丈地亩、会审案件、张家口外出青牧放马匹、取送牛羊、热河值年等项外差官员沿途盘费，及各处添买不敷纸笔饭茶，一应公用之项，以前内府官员并无养廉及存公各项银两可以动支，遇有此项，俱系自备资斧前往办理，往往至于拮据，是以臣等于丰和当铺每年所得利银内酌量通融支给。续因盛京佐领养廉无资，又经臣衙门于乾隆四年二月奏准，亦动此项利银赏给。"而且，内务府所管各座当铺的利银使用，各有计划性安排。试看《内务府奏销档》所载乾隆十三年（1748年）十月内务府大臣三和的奏报：

　　内务府开设当铺十三座，内：丰和当一座，原成本银四万两，于雍正七年领银开设，按一分起息；此项利银系赏给内府官员应用。万成当一座，原本银三万三千八百七十四两，于乾隆五年接得海保入官当铺，按一分起息；此项利银，系赏给各司院衙门公食、纸笔及出差、养廉、帮银等项应用。赏成、恩德、承恩、裕和四当，原成本银十万两，于乾隆十年领银开设，按一分起息；此项利银，系交纳银库充旧原本。恩吉当一座，原成本银二万两，于乾隆十年领银开设，按一分起息；此项利银，系赏给太监等应用。庆裕、庆盛、庆瑞、庆泰当四座，原本银十万两，于乾隆十二年领银开设，按一分起息；此项利银，以备阿哥等应用。永庆、吉庆当二座，原成本银十万两，于乾隆十二年领银开设，按一分起息；此项利银，系赏给内府三旗红白事应用。

由此可见，这些由内务府承办的当铺收入，业已成为某些正常经费开支的主要计划性财源。如果停办其中的一座或全部，有关项目的日常支度则需另行安排。这说明，它已进入了国家经济收支的基本计划结构。这种情况，不唯中央衙门如此，在地方亦不例外，如《雍正朱批谕旨》所载雍正十年（1732年）正月广西巡抚金鉷的一份奏折报称：

窃照臣标兵丁蒙恩赏给银六千两营运生息一案。先于桂林省城开设当铺一座，及买米置货，贸易生息。自雍正八年八月起至八年年底止，实得息银五百六十余两，已经咨明户、兵二部在案。雍正九年四月内，收回买货之银，又在桂林添设当铺一座，本年一年共计净得息银六百五十余两，连

> 前共实得息银一千二百余两，将来遇有兵丁凶吉之事，遵旨
> 酌量给与济用。……俟充裕之日，仍咨明提臣，以听均匀酌
> 赏，俾得同沾圣泽。

此制一行多年，即难以改行，否则款项无从列支。即如乾隆二十四年（1759 年）八月广西巡抚鄂宝所奏："广西赏恤兵丁营运银四万一千两，缘边地无可营运，是以分派各营，专委弁目，开张典当，定以二分取息，均匀拨给。行之三十余载，兵民均沾实惠，若一旦议停，实无余款可以抵补，应请仍循旧制。"显然，一旦"议停"歇业，有关开支的财源即成空缺。由此可见，官办典当收益在军务经济中亦占据了一定地位。而军务开支，尤其是国民经济中的重要一项。

凡此，典税、税外征缴及官办典当的收益，在历代（尤其是清代）的国民经济中均有其特定的作用，程度不同地占有一定地位。这一点，亦是典当业在各历史时期兴衰、发展的诸复杂因素之一。典当业在国民经济中的地位与作用，是由不同历史条件下社会的政治、经济制度及相关政策所决定的。

## 第二节　典当业与平民生计

占人口绝大多数的下层社会的平民生活，历来是不同社会制度下政治与经济的直接写照。尽管平民的政治地位相对一般较低，但是最直观也颇为重要的是其经济地位较低。平民同典当业的关系比较密切，即在于其经济地位的低下。以往世代贫困的人们，穷怕了，因而就产生了一系列"忌穷盼富"的习俗。无论穷富人家，年节等喜庆日子要祭的主要神祇之一即财神，禁忌道出

"没有""穷"之类字眼，遇乞丐上门则赶忙开发离开，唯恐招来穷气。清厉秀芳（惕斋）《真州竹枝词·典铺》咏道："今宵质库较锱铢，来日新衣耀市衢；只恐邻家青白眼，瞅他身有绉痕无。"关于末句，有注云，"典铺衣出有绉痕"。显然，人们以因穷困而出入当铺为耻的观念跃然纸上。中上层社会中人落魄或一时经济拮据出入当铺时，总怕给熟人看见这副穷样子，因而要偷偷摸摸地去当东西。旧式当铺门前设影壁的缘由之一，即在于迎合这种当客的心理，为之"遮羞"。

典当业在平民生活中的特有的调剂缓急功能，亦是其在国家经济生活中的最基本作用。即如清林云铭《挹奎楼遗稿·徽州南米改折议》中所说："徽民有资产者，多商于外。其在籍之人，强半贫无卓锥，往往有揭其敝衣残襦，暂质升合之米，以为晨炊计者……然巨典高门，锱铢弗屑，于是有短押小铺，专收此等穷人微物，

当铺门前常见的书有"当"字的影壁

或以银押，或以酒米押，随质随赎。"典商便民，亦在求利。金世宗完颜雍曾说："闻民间质贷，利息重者至五七分，或以利为本，小民苦之。"这倒是说得颇合实际。出入当铺质贷者，主要就是这些经济地位低下的"小民"，当商拼命提高利率，受害者主要是这些人。但是，在典当还是调剂贫民生活缓急主要渠道的历史条件下，则不能因此取消此业，而只能采取措施加强管理。

明代曾任国子监祭酒、吏部左侍郎兼翰林院侍读学士的顾起元，在其《客座赘语》卷五《三宜恤》中，记述了司徒方采山有关当铺取利与"小民"利害关系的议论：

> 南都徭役繁重，所以困吾百姓者多矣。近年当事者加意铲除，始稍有苏息之望。向有议裁庄户之兼并，禁质铺之罔利，与搜富户之非法者，其说固亦有第。……方司徒采山之言曰："质铺未可议逐也，小民旦夕有缓急，上既不能赈之，其邻里乡党能助一臂力者，几何人哉！当窘迫之中，随其家之所有，抱而趣质焉，可以立办，可以亡求人。则质铺者，穷民之管库也，可无议逐矣。"

旧时北京"增盛典当行"的
"榜书墙壁"

这位司徒将典当喻为平民随时可用以调剂缓急的"管库"，意思是典当有如由人代为管理的仓库，存放颇为便利；从功能上阐述了典当与平民生活的直接关系的重要性，主张不能因其取利而废之。这是有其道理的。

但是，典商肆意盘剥取利，"贱贸短期，穷民缓急有不堪矣"①。对此，则必须严加管理。一如清康熙时《平湖县

---

① 康熙刊《扬州府志》卷七《风俗》。

志》所记："吾邑游惰日众，有田宅者鬻田宅，无田宅者典衣质
（器）以谋薪粒。城周广数（里）余，而新安富人，挟资权子母，
盘距其中，至数十家。世家巨室，半为所占。康熙十八年邑侯景
贞运，奉宪檄，行查违禁重利。"① 如若放纵不禁典商重利恶行，
即会激起民愤。庚子事变时，京、津等地出现的抢掠当铺风潮，
即主要在于积怨太重而一朝暴发。清夏仁虎《旧京琐记》记当时
北京情景说："质铺，九城凡百余家，取息率在二分以上，巨值
者亦得议减。……庚子之变，贫民相率而抢质肆，贫家妇女亦与
焉。……未被抢者，仅一家有半耳。"足见其来势之凶猛。清代
一位文士所撰咏典当的竹枝词，即径言京城典利过重一事："典
肆开张为便民，却将利息定三分。不论铜子或银币，票写京平十
足银。"又注云："他处典肆，多是二分利息，二分半间有之。独
京城典肆，利皆三分。出则银元铜币，入则京平足银。写票不论
银铜两币，一律合银。想其中必有妙诀，外人何从得窥。"说穿
了，除重利外，支付铜币、银元，赎要京平足银，既属典商保护
币值措施，亦兼额外巧取利益的盘剥手段之一。然而，这位文士
尚不知，典当"每月取利并不得过三分"，乃是清朝沿袭明制作
出的律例。②

　　平民生活多与典当发生关系，虽怨其利重而有"穷死不当
当"之语流行，却又离不开它。在这种情况下，一些肯于就此为
平民主持公道的人士，则格外受人们称颂。清乌程人童国泰，就
是一位奋起为平民向典商争利而受到尊敬的人物。据清胡承谋

---

① 见卷四《风俗》，其中括号里的字原残缺，系据上下文意补入。
② 兰陵忧患生《京华百二竹枝词》。

《吴兴旧闻》卷二引《小谷口荟蕞》记载：

> 湖郡典息，向例十两以上者，每月一分五厘起息；一两
> 以上者，每月二分起息；一两以下每月三分起息。贫民衣饰
> 有限，每票不及一两者多隔一二年，本利科算，不能取赎，
> 每多没入。自童国泰控之当道，与典商结讼十三年，卵石不
> 敌，身陷缧绁，有唆之以利者，志不少变。后巡抚金公轸恤
> 民轸，准行审勘，断定概以一分五厘起息。数十年来贫民阴
> 受其福，所省典息，何止累万？国泰字仲甫，乌程人，读书
> 不得志，以民生利弊为己任。康熙三十八年（1699 年），翠
> 华南巡，国泰条奏五款，其最要者程、安、德三县浮粮及开
> 浚湖溇港二事，湖人至今称颂之。

为平民向典当业争利而备受称颂的事例，也从又一侧面反映
着典当与平民生活的密切关系。

除收当衣物等小物件而外，有些地方的典当亦收取房地产契
据为押，甚至还有收当米谷的，这就进一步扩大了与平民生活的
联系，加重了它在平民经济中的地位。清雍正六年（1728 年），
时任浙江总督的李卫，曾就有人奏请朝廷禁止典当收当米一事提
出异议。他在是年七月初六写给皇帝的奏折中，力陈典当收米为
质之益，从中则不难看到典当同当地贫苦农民生计的直接关系。
其奏称：

> 王积簧所陈请禁湖州典铺当米一事，据杭嘉湖道暨该府
> 等复称：嘉湖二府属县，每年新谷登场，凡有田之家，以及
> 佃户小民，一时若有缓急，皆将所收之米随其多寡当银用

度，次年蚕麦成熟，新稻米未收之前赎回，以济口食，较之现买米价平贱，人以为便。即有经营之辈，买米当银复买，亦皆于次年就地粜卖，商获微利，民得资食，并无害于地方。若禁止不当，势必将现米贱粜，次年一遇米贵，并无积蓄可以救济等语。臣查米谷少则价贵，多则自平。故筹划民食，惟以积蓄为先。无如小民需用急迫，或房屋窄狭，欲求尽存仓廪，势有不能。唯当米一节，胜似贱卖。如现价一两，可当银六七钱，每两取利不过一分，以至一分五厘而止。次年即遇价贵，犹可取回贱米充食。即有不能赎回者，向例不论月日，皆以次年白露节后为满，仍在本地粜卖，所以米石仍得存留在境。若行禁止，必然随时粜散，悉归外贩，一遇米缺，即时腾贵，关系非轻。

然而，有些典商借当米而肆意盘剥农民牟取厚利，亦给农民生计带来新的危机。据乾隆九年（1744年）四月安徽巡抚范璨奏称："民因米价易昂，不敢粜尽，而又待用银钱甚迫，暂行典质，此亦人情之常。遂有一种射利之徒，避屯户之名，为典质之举。先与富户当户讲定微息，当出之银复行买卖；资本无多，营运甚巨，坐视市米缺乏，价值大长，始行赎卖取利，不顾民食艰难，视囤户尤酷。"有鉴于斯，他采取了只许少量当米的限量质当政策，即"农民余米无多，质押者听"，但是，"如数至百十石"，则"概不得质当"。可见一些地区农民向典当当米制度与平民生计关系甚大，不禁却需严为管理，否则即因典商非法牟利而为患地方。

多年里，典当业对社会生活带来的利与弊始终相伴而行。典当收当米谷亦如此，更有粮商借此之便从中牟取暴利。一当这种矛盾比较突出时，势必引起民怨官忧。乾隆二十年（1755年），汤聘曾专有《请禁囤当米谷疏》上奏，力陈典商借当米渔利之害。其疏称：

> 从前各省产米地方，向有富户，所收稻谷，囤积经年，非遇价昂，坚不出粜。然此犹一邑之中，不过以一己能故，为一家之积，为害尚未甚大。近闻民间典当，竟有收当米谷之事，子息甚轻，招来甚众，囤积甚多。在典商不过多中射利，而奸商刁贩，遂恃有典铺通融，无不贱价收买。即如一人仅有本银千两，买收米谷若干石，随向典铺质银七八百两，飞即又买米谷，又质银五六百两不等。随收随典，辗转翻腾，约计一分本银，非买至四五分银数之米谷不止。迨至来春及夏末秋初青黄不接，米价势必昂贵，伊等收明子母，陆续取赎，陆续出粜。是以小民一岁之收，始则贱价归商，终仍贵价归民。典商囤户坐享厚利，而小民受其困矣。……盖囤当之弊，江浙尤甚。即囤当之物，并不独米谷也。每年遇蚕丝告成，及秋底棉花成熟，此等商户，一如收当米谷之法，咨胆张罗，竟似小民衣食之计，止以供奸商网利之图。

是知典当收当米谷虽便利了贫民，也给粮商囤积牟利提供了可乘之机，使典当成了他们保值周转的货栈，加上典当的从中取利，使平民受到的是双重盘剥之苦。至民国以降，浙江的余杭等稻米产区的典当，仍收当米谷等农产品。据1934年江苏农民银行的统计，无锡的保泰等18座典当辟有300多间粮仓，专供收当稻米之用，是年收当稻米 18617 石，总价值达 128443 元。但其他地区的这项业务，大都转由一些信贷机构办理。

民国以来的一些调查、统计资料，为我们考察典当业与城乡平民生计的关系提供了更多便利。

据二十世纪三十年代有人经调查后作出的估计，当时全国农村有典当约 3500 座，拥有资本一亿零五百万元，营业额约达两亿多万元，大部分为农民所利用；而当时全国各银行给农村的贷款，仅占农民从典当贷款的五分之一左右。这个统计尚未将农民利用城市典当的款额包括在内。据对当时南京的会济、协济两座典当的调查，其当户亦以近郊农民为主。浙江海宁、嘉兴、平湖、海盐四县的当户中，半数以上是农民，其余为市民及小工商者；这些农民典当的用途主要用作养蚕及购买种子、肥料、农具、家畜等农副业生产资金，部分用于纳税、办红白事、购置家庭产业等方面的消费。据对广州、南京等大城市的调查，出入典当贷款的城市平民，其主要的常见原因与用途，不外乎失业、疾病、婚丧、换取生意本钱、还债、灾祸，以及染有吸毒或嫖赌恶习等需要的消费支付。[①]

据民国时中国联合准备银行的调查[②]，"北京典当与庶民之关系"，主要反映在五种当户之中。

一为"普通老住户"，亦即一般市民。典当的原因主要用于疾病、医药、婚丧、亲友交际及其他日常家用之需。

二为高中和大学学生。北京各类院校林立，又以外地来京就

---

① 所据资料悉散见《典当论》。
② 见《北京典当业之概况》第 87—92 页。

读者居多。学生为应付课外生活及社交活动的花销，不便向家长索要，便想到了当铺。甚至寒暑假回家探亲、度假临行之前，亦将行李送进当铺，既换来一笔路费，又免除了来往携带的麻烦，返校时再赎回使用，一举两得。调查者"最为意料不到者，即典当所收入之当物，以学生当物，其数额颇为惊人"。

三为"大宅门"，所谓大宅门者，即从前富有之住户，今则家道中落。此种当户，亦为典当最欢迎主顾之一。从来此种当户，绝不肯亲自赴当铺当质，多派遣仆人，故当铺对于是项仆人，亦予种种优待，当价亦可多出，并给予相当之回扣。当铺之所以欢迎这类当户，在于他们的当物贵且多，价值越高获利也就越大。

四为"梨园界"，即各类戏曲演职员。旧时北京南城一带当铺的营业，主要依靠这类当户维护。

五为"苦力界人民"，即以出卖劳动力为生计的下层市民。他们收入不稳定而且微少，不足以维护家庭生活开支，只好以当物来补助生活费用。

除上述而外，据有些"老北京"介绍，有的并非很穷人家则利用当铺保管衣物，用时随时赎取。有的人家收支不抵，只好将四季换用的衣物轮番押在当铺里，即如顺口溜说的那样："皮顶棉，倒找钱；棉顶夹，倒找嘎；夹顶单，倒拐弯；单顶棉，须加钱；棉顶皮，干着急。"

更为意味深长的是，非但清代军中官员经营当铺内外牟利，而且旗兵亦不时因贫穷而典当兵器。军中典当剥削士兵之苦，一如《雍正朱批谕旨》所记，"兵丁一月所领之饷，仅可敷其家用，除纳还典铺本利一半，又无余剩，兵丁终属艰难"。由此则致使一些旗兵竟以腰刀、弓箭、盔甲等军器典当换钱使用，而出操前，又需至有关铺子租赁应付军用。《大清会典事例·兵部·军器》亦载雍正严谕："官兵将军器质当者，官革职，兵鞭一百，革除。军器追缴入官。失察之该管官，罚俸一年。"而清代北京当铺招牌所书"军器不当"，即源于此。这一事实说明，荣为"旗兵"者，经济地位亦与城乡平民相近，亦需由典当调剂缓急。

综上所述，典当业与平民生活的最基本中介关系，主要在于其调剂缓急和补济生活开支的作用。

## 第三节　典当业与市井杂流

身处下层社会的平民，除大多数勤劳质朴的各类劳动者外，亦包括一些属于社会阴暗面的市井杂流；由于经济地位及其特殊生计与消费的需要，这些人也同当铺发生着各种悲剧、闹剧乃至丑剧式的关系。

首先，利用典当销赃，是历来贼盗的惯用方法；而有些当铺，亦因这类当物可大幅度压低收价而额外获利而乐于接受，但为历代政府所明令禁止。例如清王杰等撰《大清会典事例》卷七七七载，清嘉庆八年（1803 年）时，北京城即有专取赃物之利的小押铺。是卷载称：

> 现在街市有买零星小押铺，不过希图谋利，而鼠窃匪徒，借以销赃。并闻各街市，于天尚未明时，即摆摊售卖，最为藏奸。而售主亦贪图便宜，即明知实系贼赃，亦不查询来历，殊非日中为市之义。此时若将小押铺概行查禁，在彼生理微薄者，或不免失业无依。若不示以例禁，则奸宄公然售卖赃物，尚复何所顾忌。嗣后着步军统领衙门及五城出示

晓谕，不得仍前开设小押，其在街市摆摊者，总于日出后方
准售卖。倘其中有来历不明之物，于犯案后查出，即将知情
售卖之人按律治罪。

至民国时，有关当局仍有明令严禁收当赃物，甚至在一些典
当业规约中，亦有明文指出误当贼赃的处理方法。许多当铺怕误
收赃物而遭警方借机刁难敲诈，格外小心。山西祁县县府即有条
例规定，如当铺收当偷盗来的物品，必须及时报告，否则将予惩
处。有一次，一家鞋铺失盗，县府通知如有质当新鞋的要立即报
告。复恒当在未见到通知的情况下误收了两双新鞋，正是赃物。
案发后，县衙下票传询掌柜的，掌柜的则打发铺中学徒去过堂，
挨了20个手板，关押了五天。

尽管官府三令五申严禁收当来历不明之物，但一些当商利欲
熏心，明知故犯，甚至与盗贼相勾结。旧时，武汉"有的当铺与
盗窃、小偷有联系，几乎是公开的'黑货窝户'，其收买赃物以
要挟手段，随便给钱，不开当票（明知不会来取），如遇失主至
当铺查询，经核对相符，当铺即伪称那些赃物系以多少钱收进来
的，由失主请具铺保付清本息，即将赃物让失主赎去"。[1] 在天津
典当业，亦不乏这种情形。"小绺（即扒手）是当商最欢迎的顾
客。他们因为做贼心虚，恐怕犯案，把窃取的赃物，匆匆地典入
当铺，给多少算多少，向不计值，并且是大多数不敢取赎。当商
只为取利，虽明知其为窃盗，亦不加究诘。"[2] 前天津当业公会会
长王子寿先生，当初在松寿当学徒时，该当东主、大军阀张勋家

① 董明藏、谭光熙《武汉典当业略谈》。
② 王子寿《天津典当业四十年的回忆》。

里丢失了"珍珠蝴蝶锁"等贵重物品,被他先后从几座当铺中查回,此事则成为他在当行中发展的阶梯。① 由此可见,典商贪利忘义,岂能不代盗贼销赃。

在北京,当铺若收当了来路不明之物,例需与警方联系,并形成一些习惯做法。通常是由警察局根据失主报案,将失单分发当铺查照,有相符者即行报警。重要案件,则由警方派员"轧当铺",亦即监视收当。一旦误收了赃物,即补填一份注有"盗票"字样的当票,由警方转交失主,可免息取赎,满期仍按常例作死当处理。

其次,向赌徒、烟鬼及嫖客牟利,是当铺又一生财之道。

旧时上海的回力球场,是一座中法合资开设的以赛球为名进行赌博活动的大赌场。赌客输光口袋中的钱后,往往即到附近当铺去用随身衣物当钱再赌,致使在回力球场周围一时开设了益源、久丰等大小典当多座。这些当商除向赌客收取高利之外,还额外附加收当衣物的"存箱费",收当金银首饰等物的"另放费"。而且,当期较短,以六或八个月为限,即或几个小时就取赎亦收一个月的利息,满期即行处理。为了拉生意,当商还给那些例行代赌客典当的茶役以回佣、小费。看到球场附近典当生意好,代办的茶役可受双方小费,场内衣帽间的头目也同人凑钱干脆在场内直接受理典当。如赌客当天无力赎回,他们就将物品转当给当铺。②

旧时天津、武汉等地赌场附近,大都设有"方便"赌客的典当。由于赌博陋俗向禁未止,即也成为典当业的"正常"财源之

---

① 王子寿《天津典当业四十年的回忆》。
② 据毛啸岑《旧上海的大赌窟之一——回力球场》,载《文史资料选辑》第38辑。

一。有的地方，典商还格外设法盘剥赌徒。例如旧时广东新会的押店，不仅为赌徒开夜市，还订有所谓"举灯九成"之类的规定，即掌灯后收当均以九成付款，则乘机再盘剥一成利息。

吸毒是近代社会又一禁而未绝并泛滥一时的陋俗。吸毒上瘾者，往往会弄得倾家荡产。除平时向就近当铺当钱买毒品外，北京天桥的白面儿房往往兼营小押店。抽白面儿的瘾君子没钱时，就便在那儿押钱使，当铺既增加了日常收入，又兼获押利，一举两得，却坑害了吸毒者，危害了社会。

卖淫嫖娼，是人类社会又一长久未绝的市井变态文化现象。嫖娼这种陋俗，非但流行于中上层社会，甚至亦传染至下层社会。不仅下层社会中的江湖诸类有以此为趣者，还染及某些穷苦的特别是因穷困而无力娶妻的劳动者。囿于所处的经济地位，身处中下层社会者为出入妓院，则不时以典当财物的方式来筹措嫖资。为方便这部分当客而牟取其利，有的当铺即开设在妓院比较集中的街巷，亦有少数妓院附设小押以获取嫖资、当息双重利益。同时，妓院的老鸨、妓女，亦不乏当铺的常客。如旧时天津日本租界的妓院老板和妓女当户，在该地区当铺的当户中，比例高达三分之一。

时至当代，澳门的一些兼营赌业的大酒店附近，仍然当铺如林，当商们在方便赌客之中中饱私囊。

除娼、赌和吸毒而外，再一长久不绝的社会丑恶现象是江湖社会中的乞丐。乞丐以偶得可资典当之物每至当铺当钱，已属常见，而乞丐以种种手段行骗当铺，历代均不乏其例。清人潘永因《续书堂明稗类钞》卷一六，即记载了明代某一位北京土豪欺诈徽籍典商的事。

北京城外某街，有土豪张姓者，能以财致人死力，凡京中无赖皆归之。忽思乞儿一种未收，乃于隙地创土室，招群丐以居，时其缓急而周之。群丐感恩次骨，思一报而无地。久之，先用以征债，债家畏丐嬲，无不立偿者。已而洞人有营干之事，辄往拜，自请居间，或不从，则密谕群丐嬲之。阴使人为之画策，谓非张某不解，乃张至，嗔目一喝，群乞骇散。人服其才，因请营干，任意笼络，得钱不赀。尝以小嫌怒一徽人开质者。张遣人伪以龙袍数事质银，意似匆遽。嘱云："有急用，故且不索票，为我姑留外架，晚即来取也。"别使人首之法司，指为违禁，袍尚存架，而借无质银者姓名，遂不能直，立枷而死。逾年，张坐他事系狱。徽人子讼父冤，尽发其奸状，且大出金钱为费，张亦问立枷。而所取枷，即上年所用以杀徽人者，封识姓名尚存，人咸异之。张竟死。

事虽因所具有的传奇色彩而受到作者的注意，收载入书，却提供了当时乞丐为虎作伥欺诈典商并致使蒙冤毙命的一个案例。

清季雷君曜编的《绘图骗术奇谈》卷一，记述了乞丐合伙谋骗当铺的又一案例，题为《质库受骗》。

有衣冠华丽者，乘车带仆，至质库，脱金手镯二以质钱。掌柜人细阅之，黄赤无伪，秤各重五两。问需京钱五百贯，掌柜人还之，其人让至三百贯，北地尚钱帖，如数给之而去。旁一丐者，脱其破袄，质二十贯。掌柜人叱之，丐笑曰："假金镯当钱三百贯，我袄虽破烂，尚未赝物，何不值二十贯耶?"掌柜人心疑,复阅其镯,则已被易包金者。问丐何以知之。丐曰:"此有名骗子手,我知其寓处。"掌柜人愿给丐钱两贯,偕往寻之。至寓,果见其车在外。丐遥指其人,得钱脱身去矣。掌柜人入寓,则见其与显者共饮,未敢喧哗。因离主通其仆,唤之出,与之辩论。其人曰:"物既伪,何以质钱如此之多,明是汝换我也。"互相争执。显者闻声,邀二人入,笑谓其人曰:"我辈宁吃亏,毋占便宜,不可与市井之徒较量,有失官体。足下钱尚未用,何不还之?"其人似不得已,委屈听命,乃以原钱帖赎还二镯,掌柜人欣然领去。至晚,往钱局取钱,则已取去。出其帖比对,后帖系好手描摹者。复至其寓,则去已久矣,丐亦不知所往。

这则故事,亦见于清吴炽昌《客窗闲话》卷七。其《续客窗闲话》卷三又补有一篇欺骗典当故事:

京师布肆,大业也。有乡人来,阅布数十匹,约值京钱五十余贯。拣既,谓肆主曰:"我初学肩贩,须同伙来定,姑待之可乎?"应曰:"诺。"别为他人贸易。乡人坐半日,见买卖渐稀,谓肆主曰:"我尚未饭,伙又不来,身无余钱,所存赀本银两系合伙者,未便换钱,腹中馁甚,奈何?"肆主曰:"既有银两,无患无钱,若未便换,典之可也。"乡人欣然出银,灿然一提,揖肆主曰:"我不知质库在何处,此银二十两,请烦贵伙代为入典。但我不过饭食所需,质钱一缗足矣。"肆主交其伙典钱一串,并券交付,乡人感谢去。

未几复来，肆主曰："何速也?"曰："吾侪小人，果腹而已，不求甚佳。"余钱八百余文，掷柜上，坐守至晚，其伙竟不来。乡人惶然谓肆主曰："天将暮，难出城，我伙或以要事不得来，盍以我二十金之券，抵运布去，尚有余钱，明日偕伙来算可乎?"应曰："可。"乡人乃郑重出券，交之曰："此即贵伙代当者，请留三日，我自赎取归账。"肆主验之无误，遂收执。乡人以余钱雇驴车，载布去。候之三日，竟不来，乃赴质库取银，仅有二

质库受骗《绘图骗术奇谈》

两，肆主曰："我所质者二十两大锭也，何以仅止此?"典主查簿示之曰："是日贵伙以二十金质钱一串，我疑其所需过少，问之，曰：'是客物也，只需此为饭食耳。'我予券去。随即有乡人持券加利取去，又有二人，以此小锭亦质钱一串，汝所收之券是也。"肆主始恍然悟为骗子掉换去矣。

这类作为江湖骗子的乞丐，已非本来意义上的因衣食生计而行乞的"要饭花子"。即如在拙著《中国乞丐史》中曾说过的那样："近代以来，大多数乞丐都具有流氓无赖的性质，其主要表现即在于能骗就骗，得勒索即勒索，敲诈强乞，偷、劫、掠、

淫，乃至残害人命，危害人身安全，可谓五毒俱全，无恶不作。"① 典当向以殷实商铺著称于世，自然成为乞丐等市井流氓无赖滋扰、诈骗的主要对象。每有乞丐上门求乞，掌柜的虽蔑视穷贫者，但亦奈之不得，巴不得赏俩小钱尽快打发离去，以免招惹是非，纠缠不清，影响正常营业。每至年节，当铺例需出资与其他诸坐商一道贿赂丐头，求其庇护门面，以防群丐滋扰生事。尽管如此，当铺遭人暗算欺骗之类案件，一向颇多，难免市井黑社会带来的灾患。

常言所谓"吃亏上当"的"上当"，在历代文献中，最早见于清代小说。如《儒林外史》第54回："我怎肯眼睁睁地看着你上当不说。"又如《孽海花》第7回："空口白话，你们做官人翻脸不识人，我可不上当，你须写下凭据来。"近人丁惟汾《俚语证古》卷一四《语丛》云，"上当，入困也，当子局、困子局也。坠入术中谓之上当（读去声），上当为入困之双声音转。《诗·豳风·七月》篇，上入执宫功。传云，入为上。《魏风·伐檀》传，圆者为困，又设局骗人谓之当子局。当亦困之双声音转"。所释语义甚是，所举书证未免牵强，莫若民间传说说得清爽透彻。相传清朝末年清河地方有一个大户人家姓王，世代经营当铺，家大业大，生意兴隆。生活富裕了，各房的族人开始懒于经营了，就把资金存入当铺做入股的股东，日常的典当营业事务全交给一个名叫寿芑的年轻人来主持。寿芑酷爱读书，喜欢校刻书籍，对生意却并不精通，处理典当业务非常随便。王氏族人见此情景，都认为有机可乘，不约而同地从自己家中拿一些无用的东西到当铺

---

① 　上海文艺出版社1990年出版，第181页。

来典当。各人估定了高于物品本身的价格，要伙计如数付给，伙计不敢得罪股东老板，寿苎也心不在焉，不加阻拦。就这样，没过两个月，典当的资本就被诈骗得差不多了，一家资金充足的当铺破产了。因此，当时流传着这么一首民谣：清河王，自上当，当得当铺空了档。就是说，"上当"的原意是指到当铺去典当东西。由于当铺是一厢情愿送上门的买卖，做事很不讲情面，所以人们总"上当"（铺）同吃亏连在一起，人们上当铺典当东西往往有吃亏受骗的感觉；于是，人们把受骗叫作"上当"，"上当"的民俗语源出自典当习俗。说起来，典当业往往正是遭受欺诈的对象，也经常吃亏上当。①

明张应俞《杜骗新书·诈脱货物劫当铺》记述了另一例：

县衙边有一大典当铺，贮积货物巨万。人以物件□者不拘多少，皆能收之。一日有客人容貌雄伟，敬入堂内相拜，庠人语曰："不敢相瞒，吾是异府人，常做君子生意，屡年积得器物甚多。前月拦得贼官七个杠，多有宝贝器玩。今幸藏到贵县，一时难以变卖。尊府若能收当，原面估其值，以十分之一，先交与我。待你卖后均分，其价每千两，各得五百。明年对月来支。"店主曰："愿借货物一看。"贼曰："货物极多，共九大杠，外面难以开看。今夜须吩咐守城者勿□□。待人定后，你雇十八人在船边来，抬入宝店。当□□定，估计价值两相交付。先求些现，余者明年找完。店主曰："可。"

_____

① 董丽娟《传统典当业民俗语汇探微》，载《湖北经济学院学报·中国典当》2005年第1期。

夜间吩咐守城者留门，催十八人往江边杠货，果抬九杠入店。赏发杠夫去讫，闭上外门，贼将锁匙将九杠锁都开讫，喝一声曰："速出来。"每杠二人，各执短刀突出，将店主绑住曰："略做声便杀。"十九人争入内，把其男女都绑缚，然后将其铺内货物，尽数收入九杠内，十九人分抬出城，再嘱守城者曰："可锁门矣。"黅夜扛上船去。

半夜后，有渐解开绑者，因出解家人之缚。赶至城门，门已闭矣。问曰："汝见扛杠者否？"守城人应曰："扛杠者出城多时矣。"五鼓门开，寻至江边，贼黅夜开船，杳不知去向矣。

按：一人来店，其杠皆系自雇人抬入，谁知防之。

但彼既称九杠，何不日间躬到其船，面察其杠内货物，则贼计无所施矣。顾听其夜来，又嘱守城者留门，以延之入，致堕贼计，是开门而揖盗也。谅哉，利令智昏矣！

清代道光年间，慵讷居士的《咫闻录》里记载了一件听他人说的案例。

嘉兴某典肆中，一日来青衣数辈，袍服整洁，辄大言问肆中有银几何。肆中人曾答曰，有物尽请典质，何必虑银之有无也。其人去移时，舁一箧子，启视皆黄金重器，灿烂溢目。约其值当万两，且曰，此乃某府之物，缘主人有要需，欲质银三千。肆中人久知某府有是物，遂不疑而充之，既去，审视之，乃银胎而金衣也。然已无及矣。肆中定例，凡质伪物亏本者，由执事人摊尝，此次亏数极巨，非十余年不能清此赔项。肆主心怜执事人之被累也，因穷思得一计。先嘱不许声张，而另一券密弃于途，俾行路者拾之，必利其中之所赢，而具资以赎。则嫁祸天人，而肆无损焉。有某生者拾得此券，果为所动，某家仅能糊口，谋诸戚友，称贷足此数，欣欣然诣肆开匣。肆中人曰，当仅两日，即来赎，足下宁能买此券乎。曰然，肆中人即发匣陈示，且力绳物之贵生以歆动之，霜生遂堕其术中矣。未几事露，某生念倾家不能偿债，痛哭徘徊河干，欲觅死。忽有过而问者曰，子非赎伪金者乎。曰，子何以知之。曰吾见子之形而知之也。子急晨携所赎伪金随我往，必获偿子之母金，毋戚也。生惘惘姑从其言，随之舟行一昼夜，登岸入一宅极荒阢，果有人验金无误，好语慰藉，偿其所失，并赠资斧遗之。不数日前青衣忽挟资持券至肆，取所质物。肆中大惊，无策可解，愿受罚而已。耗资数万，其事始解。

旧时上海有一位年逾六旬、有四五十年经营经验的当铺老掌柜，先后带过上百徒弟，同行都尊称他为老前辈，每逢遇到求当珠宝而真伪难辨时，都来向他请教。然而智者千虑，亦难疏于一时。就是这么一位经验丰富的老掌柜，亦曾被市井之徒骗当得手。事情是这样的，一天午后，老前辈端坐柜中，有人持一颗冬珠求当。老前辈细看这颗大小如豆的珍珠，精滑光润，真乃千金珍品。于是，当即将来人邀请入室，商议质价，给他三百元，不允；增至四百，仍不干；坚持要五百。不成，拿回珠子要走，旋又止步说道："请您再仔细看看，这颗宝珠的价值实在千金以外。我经营珠宝，您经营典当，大家都是内行，不会不知时价。我因急需用钱，非五百不当。您若给价到四百五，我可另取 20 颗小珠凑到五百之数，怎么样？"说罢，当即拿出一颗小珠说："其他 19 颗在店里，我回去取来。"老掌柜同意了。不多会儿，那人回来，先把冬珠交给老掌柜，然后取出一盒 50 颗小珍珠让他从中挑选 20 颗。当老掌柜全神贯注地精选小珍珠时，来人在一旁斜视着嘲笑道："您真可谓缜密到家了！还是先收好冬珠，莫光在小珠上面斤斤计较，要知道一周之后我就要赎回去的。"于是，说得老掌柜面带愧色地收起大小珠子藏至内室，然后如数点交了钞票。待当客离去，老掌柜又将大小珠子分装两盒，亲自送交首饰房。这时再重一审视，那颗所谓的"冬珠"，竟然是赝品，不觉大惊失色。经他静坐回忆方才成交过程，一时顿悟：那当客先拿来的那颗冬珠的确是真的，只是借老掌柜聚精会神挑选小珠之际，巧妙地以假珠调换去了。

老掌柜经此一骗，赔本为次，更重要的是考虑到已使"老前辈"的名声扫地，无颜继续再操此业了。于是，他向典东请求辞职还乡，典东再三挽留不得，只得听之。老掌柜临行前一天，下帖遍邀同行和珠宝业代表至一座大餐馆设宴话别。席间，老掌柜当着这百多宾客的面，又拿出那颗假冬珠给众人传看，说明辞职缘由。然后，他又说："为不让这颗制造精巧、真假难辨的伪珠流传于世，使人继续上当受骗，现我就把它捣碎，以永绝后患。"说罢，要侍者拿来铁锤，猛将伪珠击碎，客人掌声四起，大家尽欢而散。然而，老掌柜因身体不适未能即于次日起程返乡。这天中午时，有人持当票和钞票来赎取冬珠。店员一看正是老掌柜为之失手的那笔生意，并要求立即办理，但原物却被老掌柜在昨天就毁掉了。怎么办，店员无奈只得结算收款，然后持票回里面找老掌柜。老掌柜闻听大喜："果然不出所料，他真的来了。"当即取出当初的那颗假珠，交店员还给当客。赎者持假珠端详再三，默无一语地怏怏而去。原来，老掌柜所毁是另一颗与之相似的假珠，设宴话别、当众砸碎，均在于制造假象和舆论，以诱使骗子重来持票敲诈。结果，正中圈套，自食其果；既为当铺补回了损失，也为老掌柜挽回了"老前辈"的声誉。

然而，像上述那样能智挽被骗损失的当铺，毕竟很少，更多的则是一骗即亏。

仍是上海的一座当铺，掌柜的结交了一位姓祝的珠宝商。两人今天喝酒，明日看戏，过从甚密，但所有花费开销均由祝某慷慨解囊，不要掌柜的破费分文。祝某交往的，或买办，或经理，大都是一时富商巨贾。一天晚上，祝某向当铺掌柜提出，因时届月结而缺少万元资金，愿以数十颗大胡珠暂抵贷一万元，因该珠已有买主，一周左右即可来赎取。掌柜视其珠果然罕见，未敢决其真假而碍于平日友谊只好应允。经珠宝店鉴别估价，果然不错，祝某亦如期取赎，致使掌柜对祝某深信无疑。此后，祝某时或以脂珠来质贷，习以为常，颇有信誉。然而，这　次到了祝某的取赎期满，却不见来赎取。这是一笔赎金三万元的大生意，过期多天仍未见祝某露面。于是，即按惯例将抵押的脂珠往别处转抵，一验竟是赝品。再转至别处，亦同样结论。掌柜的急了，即往祝某经常出入的菜馆、妓院寻访，终杳无踪影，就连平时与祝某一起经常遇到的那些商界朋友，也都看不见了。这天遇到一位同是祝某好友的某银行执事，听掌柜述说自己如何遭骗事，他竟说："别说了，你我彼此彼此！"原来他也同样上了当，真是同病相怜。

掌故名家郑逸梅先生曾说起过一件发生在 20 世纪 30 年代南

市一当铺被人设局骗财的轶事。某日，该当铺掌柜上福州路青莲阁喝茶，结识一位绰号叫梁胖子的古玩商，彼此谈得很投机，后常来常往竟成为好友。一天，梁对当铺掌柜说有一单大生意急需银两，可否质押一批古董贷款数万银元。掌柜请人验看押物，确是有年份的值钱珍玩。后梁如约赎回，从此成为当铺里的座上客。梁时常拿些古玩来押，从不失信。日久，当铺放松对来物的鉴定。谁知某日，梁的一笔数万银元的古玩取赎满期，但此老兄已多日不见，疑点重重，当铺掌柜仔细审验抵押之物，发觉铜佛、古玉、珍瓷、书画竟全是赝品，顿时瘫坐在地，连呼上当。①

市井之徒不但向当铺行骗，还不时利用假当票坑骗无辜市民。民国年间京、沪等地的当票贩子，即不时以过期当票或伪造的当票骗人。例如旧北京天桥一带，常有人干这种骗人勾当。他手持一张当票拉住行人述说苦情，如家有高龄老母而衣食无着，能当的都当光了，这件当有皮袄、皮裤、皮坎肩等物的当票行将满期，却已无力赎取了，请你随便给几个钱就转让给你吧。行人一看，他说的那当铺不远，就在珠市口，再看当票也是真的，既可怜了别人又得了便宜。于是接过当票，给了他几元钱打发走了。等回家取钱按字号到那当铺去赎，结果不是过期的当票，就是涂改或伪造的，吃了个哑巴亏。

市井之徒见当铺赢利稳便容易，一如赌场、妓院兼营小押取获，甚至有些流氓团伙也经营起典当来。清季庚子年（1900 年）以前，被官府称为"锅匪"的天津混混儿（其自称为"耍人儿的"），不仅开妓院、戏馆放债，还开设没有任何字号的小押铺，

---

① 《新民晚报》2004 年 8 月 29 日。

暗地里营业。这种由"混混儿"私设的小押利息很高，除月息五分外，还要预扣一个月的利钱，赎期以百天为限，过期即为"死当"处理。这类由市井流氓开设的当铺，不仅抢去了某些正式注册请帖（营业执照）经营的典当生意，更为黑社会销赃提供了方便之门，成为黑吃黑的获利渠道。

不过，无论是诈骗一向名声较差的典当业还是其他诈骗行为，本质上均属诈骗，都是社会公序良俗乃至法律法规所不能容忍的，都应受到社会的谴责和正义的惩处。依迷信心理而言，都应当遭受"报应"。吴趼人《二十年目睹之怪现状》第五十四回《告冒饷把弟卖把兄　戕委员乃侄陷乃叔》，讲了一个贪官山东峄县知县朱某由其侄儿欺诈当铺并杀人案发落得个横死，丢了卿卿性命的故事。书中写道：

这峄县是著名的苦缺，他虽然不满意，然而不到一年，一个候补县丞升了一个现任知县，也是兴头的，便带了两个侍妾去到任，又带了一个侄儿去做账房。做到年底下，他那侄少爷嫌出息少，要想法子在外面弄几文，无奈峄县是个苦地方，想遍了城里城外各家店铺，都没有下手的去处。只有一家当铺，资本富足，可以诈得出的。便和稿案门丁商量，拿一个皮箱子，装满了砖头瓦石之类，锁上了，加了本县的封条，叫人抬了，门丁跟着到当铺里去要当八百银子。当铺的人见了，便说道："当是可以当的，只是箱子里是甚么东西，总得要看看。"门丁道："这是本县太爷亲手加封的，哪个敢开！"当铺里人见不肯开看，也就不肯当。那门丁便叫人抬了回去。当铺里的伙计，大家商量，县太爷来当东西，如何好不应酬他；不过他那箱子封锁住了，不知是甚么东西，怎好胡乱当他的，倒是借给他点银子，也没甚要紧。我们在他治下，总有求他的时候，不如到衙门里探探口气，简直借给他几百银子罢。商量妥当，等到晚上关门之后，当铺的当事便到衙门里来，先寻见了门丁，说明来意。门丁道："这件事要到账房里和佴少爷商量。"当事的便到账房里去。那佴少爷听见说是当铺里来的，登时翻转脸皮，大骂门上人都到哪里去了，"可是瞎了眼睛，黄夜里放人闯到衙门里来！还不快点给我拿下！"左右的人听了这话，便七手八脚，把当事拿了，交给差役，往班房里一送。当铺里的人知道了，着急的了不得；又是年关在即，如何少得了一个当事的人。便连夜打了电报给东家讨主意。这东家是黄县姓丁的，是山东著名的富户，所有阖山东省里的当铺，十居六七是他开的。得了电报，便马上回了个电，说只要设法把人放出来，无论用多少钱都使得。当铺里人得了主意，便寻出两个绅士，去和佴少爷说情，到底被他诈了八百银子，方才把当事的放了出来。

等过了年，那当铺的东家，便把这个情形，写了个呈子，到省里去告了。然而衙门里的事，自然是本官作主，所以告的是县太爷，却不是告佴少爷。上头得了呈子，便派了两个委员到峄县去查办。这回派的委员，却又奇怪，是派了一文一武。那文的姓傅，我忘了他的官阶了；一个姓高的，却是个都司，就是本山东人。等两个委员到了峄县，那位姓朱的县太爷，方才知道佴少爷闯了祸，未免埋怨一番。正要设法弥缝，谁知那佴少爷私下先去见那两个委员。那姓傅的倒还圆通，不过是拿官场套语"再商量"三个字来敷衍；那姓高的却摆出了一副办公事的面目，口口声声，只说公事公办。那佴少爷见此情形，又羞又怒又怕。回去之后，忽然生了一个无毒不丈夫的主意来，传齐了本衙门的四十名练勇，桌上放着两个大元宝，问道："你们谁有杀人的胆量，杀人的本事，和我去杀一个人？这二百两银子，就是赏号；我还包他没事。"四十名练勇听了，有三十九名面面相觑，只有一个应声说道："我可以杀人！但不知杀的是谁？"佴少爷道："你可到委员公馆里去，他们要问你做甚么，你只说本县派来看守的；觑便把那高委员杀了，回来领赏。"那练勇答应下来，回去取一把尖刀，磨得雪亮飞快，带在身边，径奔委员公馆来。傅委员听了，倒不以为意；那高委员可不答应了，骂道："这还了得！省里派来的委员，都被他们看守了，这成了个甚么话！"倒是傅委员把他劝住。到了傍晚时，高委员到院子里小便，那练勇看见了，走到他后头，拔出尖刀，飕的一下，雪白的一把尖刀，便从他后心刺进去，那刀尖直从前心透出，拔了红刀子出米，翻身便走。一个家人在堂屋里看见，大喊道："不好了！练勇杀人啊！"这一声喊，惊起众家人出来看时，那练勇早出大门去了。众人见他握刀在手，又不敢追他。看那高委员时，只有双脚乱蹬了一阵，就直挺了。傅委员见此情形，急的了不得，忙喝众人道："怎么放那凶手跑了，还不赶上去拿了来！"说话时便迟，那时却是甚快，那练勇离了大门，不过几丈远，众人听傅委员的话，便硬着胆子赶上去。那练勇听见有人追来，却返身仗刀在手道："本官叫我来杀他的，谁能奈我何！你们要赶我，管叫你来一个死一个!"说罢，回身徜徉而去。众人谁敢向前，只得回报傅委员。傅委员听了，吓得魂不附体，暗想他能杀姓高的，便能杀我，这个虎口之地，如何住得!便连夜出城，就近飞奔到兖州府告变去了。兖州府得报，也吓得大惊失色。连忙委了本府经历厅，到峄县去摘了印绶，权时代理县事;另外委员去把姓朱的押送来府，暂时看管。因为原告呈子，词连稿案门丁，叫一并提了来。一面飞详上宪。等经历厅到峄县时，那侄少爷和那练勇，早不知逃到哪里去了。不多几天，省里来了委员，把姓朱的上了刑具，提回省里，原来已经揭参出去了。可笑一向还说是侄儿子做的事，与他无涉;直到此时，方才悔恨起来。到了省城，审了两堂，他只供是侄儿子所做的，自己只承了个约束不严。上面便把他押着，一面悬赏缉凶。

这件事本就可以延宕过去了，谁知那高委员也有个侄儿子，却是个翰林，一向在京供职，得了这个消息，不觉大怒，惊动了同乡，联合了山东同乡京官，会衔参了一折，坐定了是姓朱的主谋，奉旨着山东巡抚彻底根究，不得徇情回护。抚台接到了廷寄，看见词旨严厉，重新又把这个案提起来，严刑审讯。那门丁熬刑不过，便瘐死了。那姓朱的也备尝三木，终是熬不住痛苦，便承了主谋。这才定了案，拿他论抵。那时他还有些同寅朋友，平素有交情的，都到监里去看他，也有安慰他的，也有代他筹后事的，也有送饮食给他的。最有见识的一个，是劝他预先服毒自尽的。谁知他不以为忠言，倒以为和他取笑，说是正凶还没有缉着，焉见得就杀我。那劝他的人，倒不好再说了。他自从听了那朋友这句话之后，连人家送他的饮食也不敢入口，恐怕人家害他，天天只把囚粮果腹。直等到钉封文书到了，在监里提了出来绑了，历城县会了城守，亲自押出西关。他那忠告的朋友，化了几十吊钱，买了一点鹤顶红，搲在茶里面，等在西关外面，等到他走过时，便劝他吃一口茶，谁知他偏不肯吃。一直到了法场上，就在三年前头杀姓赵的地方，一样的伸着脖子，吃了一刀。

说起来，市井之徒开设典当，亦有其源流可寻。清代边地允许流犯开办小押以谋生计，可为先例。北京地区关于典当业源于狱囚的传说，亦是这一现象在口传文化中的反映。相传罪犯王某被刑部判定终身监禁，竟熬成了一个管理犯人的小头目，于是则借机勒索众囚犯银钱，鼓动犯人赌博，输即以物抵钱，使之从中渔利，积资渐多。后王某遇赦出狱，遂以开小押为业，挂出招牌写道："指物借钱，无论何物均可抵押，物值十而押五，坐扣利息，几月为期，限期不赎，变卖折本。"云云。又传说，因典当业始于囚徒，所以当铺铺面的栏柜、门栅等设施，亦仿照监狱式样设置。

当铺柜台一般都建得很高

说来亦非偶然。民初

陈炯明督粤时，限定小押赎期为六个月。而当时广东的这些小押，即清代由官方批准，经各县转报藩司（职掌财政的布政使衙门），限由孤身流犯在县衙附近开办的。当广东吸食鸦片和赌博风盛之际，典当活动益繁，小押亦益兴。迨至民初，广东的一些当铺小押更进一步成为吸毒、聚赌的秘密黑窝，即或查禁较严之际，铺内依然如故，不受干扰，则使当铺与市井之徒同流合污，牟利愈丰。

有分析认为，"扬州的当铺以清代最为繁盛。由于扬州是长江中部诸省的主要供应基地，一些富商大贾，达官贵人，麇集于此，使扬州成为一个极度繁华奢侈的消费性城市。他们挟其雄厚的官僚资本与商业资本，并吸收社会上退职官吏、客籍寓公、富孀贵妾们手头的闲散资金，纷纷开设许多大小不等的当铺，以适应破产的农民、没落的大户、周转欠灵的小商、手工业者以及四方游食之士的贷款需求"。① 应当指出的是，这种情形，非但《问俗录》所载福建仙游地方道光年间一些"军流犯贫者……开小押为生"，相对属于"内地"的扬州亦然。如清吴兆钰《姑苏竹枝词一百首》曾咏及清代"军犯"在扬州开设押当之事。诗云："便民小民押头通，昏暮常资质库穷；自此转移利更倍，行看军犯作财东。"吴兆钰生平事迹待考，尚不知其此词作于何时，所咏事物的年代。无独有偶，《邗江三百吟》也有一首咏及"军流徒犯"在扬州开设押当之事。

再如，曾在曲阜衍圣公府供职并助校《四库全书》达 14 年

---

① 郑红《扬州的三家当典》，见今日扬州网/扬州老字号/http://www.yztoday.com/laozihao/index.htm。

之久的扬州名士林苏门（约 1748—1809），晚年（嘉庆十年，即 1805 年）还乡，仿明代沈德符《野获编》体例撰写了一部于后世颇有影响的竹枝词《邗江三百吟》。《邗江三百吟》卷四《家居共率》中，有一首《抵小押当》述及当时的典当业。诗云："流成频年小押开，何尝大道也生财；百文日日一文利，三月无归抵速来。"就此，诗前小引先有解读："重利盘剥穷民，久干例禁。今一班军流徒犯，多私设押肆，凡残簪敝帨，皆可质钱，以什一权百日之息。过期则任变之，或将他物作抵，听来者之便。"

各地典当业尽管多有为黑社会销赃乃至同流合污牟利的情况，但典当业亦多为市井之徒的时有侵扰滋事、敲诈所烦恼。对于贫苦庶民，朝奉们傲视不睬或横眉立目，但对市井无赖却敢怒不敢言，奈何不得。每逢年节，军警及地痞流氓往往乘机向当铺讨赏敲竹杠，乞丐头等收了贿赂之后，即可在铺门上贴一张写有"花子见票不得闯进"之类字样的纸条，算作一时的护符。这种情况，几乎在各地均成惯例。

在天津，有的混混儿穷极无聊时常来当铺敲诈勒索。据说，有的混混儿当场取刀剁卜一节手指扔上柜台，要求当银若干两，掌柜的恐怕惹事难宁，只好付银了事。后来，天津成立了行业组织当行公所，经当商公议干脆集资雇用了两名专替当铺打架、打官司的人，用来防备、应付市井之徒的滋扰，名为"小子"。这种替当铺应付滋扰的"小子"是"世袭"制，父子相承，平时无事，遇事则替当商出面打架挨揍。每逢新年、春节，两名"小子"例行挨门给当铺掌柜拜年，每去一处，得赏钱一块。据说，这种"小子"至天津的典当停业之前已传了三代。最末两名"小子"，一名田丰，一名张顺，均为当地人。

　　典当业有许多行业习俗规矩。典商喜财求口彩,新学徒试字,写出"未登龙虎地,先进发财门"十字,即博得掌柜很大满意。[①]大年初一的"天字第一号"头笔收当交易,掌柜为讨个开市大吉,一般都不同当户讨价还价,均按当户要价收当。因而这天一大早就有许多当客挤在铺门口守候,即或挤不上第一号,也能较平时多当一点钱。至于当铺新开张,头几笔交易更讲究口彩。在广东,头两号当物务必为布裤子,取广东方言"布裤"与"暴富"同音的口彩。这两号收当的布裤给价往往超出所值,头十号之内的收当亦比平时给价高。因而,每逢这时,占便宜的大都是典商事先安排好的亲友,但不明就里者往往也于此际拥挤抢前,希望能多当几个钱。

　　有时,一些市井之徒即针对当商这种"利市"习俗与心理来报复当铺或有意滋事。例如,广东新会县当商最忌"顶当"这个字眼。因为只有经营失败、蚀本倒闭时,才会不得已将当铺"顶当"给别人。一些经常出入当铺的赌徒因其苛刻盘剥积下宿怨,于是即恶作剧地用一杆竹竿顶着当物抢在早上开业送上柜台,故意让掌柜的"触霉头"以泄怨。有的,则佯以箱盒盛贵重物品的样子来当,当掌柜的接到柜台上一打开,里面或是一些粪便、蚱蜢,或是飞出一群黄蜂,黄蜂或沾着粪便的蚱蜢到处乱飞,一时弄得难以正常营业。当铺设施森然,待到掌柜的从重重栅栏中跑出来时,恶作剧者早已无影无踪了。至于往当铺里扔粪便石头,或在铺前放死尸之类,也是常见的滋扰手段。

　　在市井对当铺的滋扰中,既有不逞之徒的捣乱,亦含有市民

---

　　① 段占高《祁县复恒当从业亲历记》。

对典商苛刻盘剥乃至骗人牟利的愤怨之情。有的当铺，亦往往借遭劫掠、火灾、兵祸之类来侵吞当户财物。例如民初上海一座由徽商经营的以宝泰为号的当铺，即事先将金银珠宝等细软偷偷运走隐匿起来，然后放火烧了库房。当户纷纷要求索赔损失，结果却被县衙派兵打死多人，引起舆论大哗，仍不了了之。[①] 如此伎俩，恰不外五代时彦超试图诱捕以铁胎假银骗质者手段的反用式翻版。据《旧五代史·慕容彦超传》引《五代史补》记载：

> 初，彦超常令人开质库，有以铁胎银质钱者，经年后，库吏始觉，遂言之于彦超。初甚怒，顷之，谓吏曰：此易改乎，汝宜伪劚库墙，凡金银器用暨缣帛等，速皆藏匿，仍乱撒其余，以为贼践后申明，吾当擒此辈矣。库吏如其教。于是彦超下令曰："吾为使，长典百姓，而又不谨，遭贼劚去，其过深矣。今恐百姓疑彦超隐其物，宜令三月内，各投状明言质物色，自当倍偿之；不尔者有过。"百姓以为然，于是投状相继，翼日铁胎银主果出。于是擒之，置之深屋中，使教部曲辈昼夜造，用广府库，此银是也。

虽系诱捕骗子之策，所用却是一种类如监守自盗手段。[②] 上述宝泰当以纵火为障眼法侵吞当户财物的手段，显然也是一种监守自盗骗局。

除市井之徒对典当业的滋扰之外，贪官污吏的敲诈勒索也属于一种市井无赖行为，只是似乎稍为"堂而皇之"而已，本质颇

---

① 详见 1919 年上海改良社会研究所编印的《中国黑幕大观》。
② 彦超的目的在于利用造假银者手段扩充库储以欺外界。

相近似。为防止各类市井滋扰，除公议若干行业规约自治自卫外，仍不得不求助于"青天大老爷"，要求助于官府的可能保护。因而，在现存一些工商业碑刻中，除间有保护性条款内容外，有的地方还专门立碑禁止滋扰事端，早在康熙二十年（1681 年）六月十四日由县官、典商和典头共同所立《常熟县永禁扰累典铺碑》，即为其一。碑文称："奉批。为照典商输税开抵，实为裕课便民。迩年兵饷□亟，奉加增典税，较倍于昔。□裕课在乎安商。值此岁歉民贫，借以公平质常，稍济时艰□恤商，原属卫民，岂容借题滋扰。本县新莅兹土，访闻此弊，正欲力除，随接奉宪批，合行勒石永禁。为此示谕通县军民人等知悉：嗣后如有指官撮借，假公乐输，及着备铺设供应，采买各色货物……并将小窃白撞细事，驾题失盗，蒙混差役行查等项者，许商人、典头立即指名报县，以凭提究，解宪重惩，决不姑宽。"云云。然而，在许多地方，仍不过徒勒其石而已，实同虚立。

综上所述，典当业与市井社会、平民生活，乃至从肮脏龌龊、人鬼混杂的黑社会到以高雅风流、堂而皇之的上层社会，均有着千丝万缕、错综复杂的多层次、多方位的联系。这也就是中国典当业与除政治生活而外的更为广泛的社会生活的切实联系。究其联系的实质，均以典商的唯利是图与社会各阶层不同需求与消费对典当业的利用为基轴。这是中国典当业在本土丰富多彩的社会生活中，之所以演绎出纷繁故事的根本所在。直观看去，典当业是一种简单而又充满铜臭气味的高利贷行业之一，然而一当将其还归于纷繁、复杂而活跃的社会生活之中，情景就是截然迥异了。这样一来，即为我们从文化史的视点审视这一社会经济与传统文化交融的社会现象，开阔了全新而真实的视野。返璞归真，对理顺人们认识或阐释某一既存的历史现象，往往是至关重要而又朦胧许久不易达到的目标。对于这种见解，仅从上述展示出的种种事象，已不难见其端倪，恐怕是无须赘述的了。有些时候，空泛的所谓"理性"议论，倒莫如朴实的记述与阐说更为得体、现实得多。

## ［附］　外国人视野下的中国旧典当

十九世纪英国伦敦精通汉学的传教士麦高温于 1860 年来华，曾先后在上海、厦门传教，并著有《中华帝国史》《厦门方言英汉字典》《华南写实》和《华南生活见闻》等书。1909 年首版于上海的《中国人生活的明与暗》，是其关于中国文化的一部代表性著作。

麦高温根据自己的了解，在这部书中谈到了当时的典当业。他写道："（除了向人借债而外）另一种非常普遍的贷款方式是典当。这是那些十分贫穷的人所采用的一种特殊的借钱方式。他们想借到一小笔钱来满足急用，并且除了诸如现在处理的衣物和家具之类的东西外，再没有其他的还钱保证。这种情况在全国各地都普遍存在。当铺一般属于那些富有的家族，他们拥有强大的势力来保护自己不受官吏的敲诈和匪徒的抢劫。

"在中国，做一名当铺的主人可不是件轻松的事。地方的官吏们总在寻找着发财的门路，他们将眼睛紧盯着当铺，像一只只在空中盘旋捕食的老鹰那样，等待机会从当铺老板那里捞一笔。邻居们也以那贪婪的眼睛盯着藏在当铺墙壁里面的财宝。当官方执法严厉时，没有人会来冒险。然而，一旦出现执法不严的情况，那些烟鬼、赌徒和地痞流氓就会蠢蠢欲动，在某个黑夜，他们成帮结队，五六十人一起前来行劫。

"为了防止这类事件发生，当铺往往被修得非常坚固。并且防御得也很严密。当铺只有一个门可以进出，它的基本建筑骨架是由大块坚实的花岗岩制成的，门则由厚厚的木板制成，并用大而结实的铁锁锁着，里面还用巨大的门栓栓住。另外，还要配备充足的枪支弹药来抵御匪徒们的围攻。尽管防范措施如此严密，匪徒们在杀死一些看守者之后，还是能够进入铺内，他们所带走的金银钱物足可让他们挥霍几个月，这样的事情是经常发生的。

"除了这些颇具影响、财力雄厚的大当铺外，每个城市中还有许多资金有限的小当铺，他们向极端贫困的人提供数目很少的借款。这样穷人的典当物是不会被有钱的大当铺接受的。他们常常典当几件破旧的长袍，从而换走了几个铜板以渡过难关。

"典当的利息大体上为每个月百分之二。如果典当物是毛织品，利息将会升到每月百分之三，因为这类物品不易长期保存，一旦发了霉而主人又不来赎回去，那它们就失去了市场价值，成为废物。在大一些的当铺里，典当物必须在三年零四个月的期限内被赎回，否则当铺有权将过期的典当品卖掉。为了不使典当物在抵押期间受潮，当铺应该按照行业惯例定期对它们进行晾晒。如当铺因疏忽而未能这样做，典当人就可要求当铺赔偿损失。

"在小一些的当铺，典当品的赎回时间通常被限定在四个月以内。从这一点上可以推断出典当品的特点。这些物品十分破旧，且沾满了尘土和油垢，这使它们不能在货架上保存很长时间，否则它就会变质，到头来变得一文也不值了。

"大当铺的主要生意虽然不是放债，但它们确也扮演了放债人的角色。乡村的当铺会把钱借给贫困缺钱的农民，带着普通中国人的不幸，这些农民不得不借下那必须忍受巨大痛苦才能还清的债。债息是根据庄稼的收成来计算的。收获时，当铺会派一名伙计到田里，拿走一部分谷物或是甘薯，仿佛这些东西就该归债主所有。田里的产品总是而且必须首先用来偿还债息，农民们只能眼含泪水、满面忧愁、内心痛苦地站在田边，他们已经预感到饥饿正在朝家人袭来，因为全家赖以生存的大部分收成已经被当铺里的伙计们拿走了。

"当庄稼获得丰收时，债息所占的那部分收成给农民们带来的苦难要小一些。但如果因干旱而导致欠收，那他们面临的将是一种凄惨的命运。即使是这样，也打动不了当铺老板的铁石心肠，他照样严格按照行业规矩办事。类似于感情或是慷慨这种交情是不会发生在账面上的，也不会影响到当铺的任何一次金钱上的交易行为。"

他认为："中国的富裕阶层对穷人极其残酷，这一点连英国人都感到震惊。每当出现干旱、饥馑或洪涝灾害，老百姓就会陷于绝境，面对这种情况，英国人的第一个冲动就是把手插进口袋里，向受难的人提供一些捐助。而中国的富人们却绝对不会如此大方。

"他们事先就在自己的谷仓里储满了谷物，尽管周围有许多人即将饿死，这些家伙却不肯拿出一粒粮食来。他们要趁饥荒时将粮食高价出售，那种将粮食白白地赠与那些哭叫着乞食的男女老少的事情，他们是绝对不会干的，在他们看来，这样做实在是荒谬之极。"

就此，麦高温讲述了一个听来的故事：

"有钱人经常对穷人干出些无情无义的事来，尤其是那些当铺老板，他们完全忘记了人类与生俱来的善良本性，心狠手辣地从穷人身上榨取着钱财。下面就有这样一个例子。

"一位拥有一小块土地的寡妇从当铺老板那里借了一些钱，当时双方达成协议——当庄稼收获时以谷物的形式支付利息。不幸的是这一年收成亦不好，这个寡妇发现如果当铺将支付债息的那部分收成拿走的话，剩下的东西将不能维持她和孩子们吃到下一年。一想到饥饿，她就恐惧不安，她必须给孩子们储备一些粮食。于是她设法藏了一些谷物，但这又怎能逃过那些当铺伙计狡猾的眼睛呢？他们很快就发现了这个女人所藏的谷物。然而，这个发现只不过是又一场悲剧的开始，因为它给这位妇女和当铺老板都带来了灾难。当铺老板的铁石心肠，使这个寡妇对前途完全失去了信心，她再也无法忍受这现实的悲哀，含恨自尽了。她的亲属立即告到当地官府，指控当铺老板是逼死寡妇的凶手，并要他赔偿由此造成的物质损失。想到人命关天的事情能以花钱的方式解决，当铺老板还是情愿的。

"此事在解决过程中，官府插手进来了。官大人早就渴望能在当铺这块肥肉上狠狠地斩上一刀。如今机会终于来了。针对当铺老板的行为，官大人表面上显得极为愤慨，严词斥责他玷污了人类的一切崇高品德，并宣称他丧尽了天良，把一个没有丈夫保护的、不幸的穷寡妇逼上了绝路。这位官员决定对当铺老板实行严厉的惩罚，使他成为一个反面教材，让其他人引以为戒，不敢再干出这种愚蠢的事情来。就这样，当铺老板被官大人和他的爪牙们榨干了每一分钱，他破产了，他的当铺也完蛋了。

"据流传的故事说，对当铺老板的惩罚到此还并没有结束。两三年以后，他的儿子突然变得疯疯癫癫，不久就得了暴病，命归黄泉了。人人都相信这场悲剧是那个死去的寡妇的阴魂导演的。她的阴魂不仅要向害死她的当铺老板报仇，还要追加到他儿子的头上。

"附近一位富有的放债人听到了这个传言，内心受到极大的震颤，于是马上向他的借债人发出通知，声称免去他们欠他的所有债息。他这样做绝不是因为良心发现，而是担心自己沦落到那位当铺老板的下场。他害怕那些生前曾受过他残酷欺压的阴魂来对他和他的家人实施报复，并希望通过自己的及时补救行为能够使阴魂们放自己一马。"①

---

① ［英］麦高温《中国人生活的明与暗》中译本第206—211页，朱涛、倪静译，时事出版社1998年出版。

第七章

# 典当与社会风尚

社会风尚，是社会生活中以习俗惯制为本位的精神文化生活所反映出的一种社会意识取向，是一时一地的群体性价值观念、审美观念及伦理道德观念的混合形态。

应该说，"典当与社会风尚"是个不小的议题；比起"典当与社会生活"来，似乎又稍为具体一些，更侧重于精神文化方面。这也不是一个能以很小的篇幅即可阐述得清楚和全面的问题。在此，我们试图从典商的行业传承与乡俗、典当与奢侈风气及收当活口与典妻陋俗这三个视点，来对典当与社会风尚的议题作一微观的辨风正俗性质的讨论。

## 第一节 典商的行业传承与乡俗

据文献记载，旧上海曾有"典当街"，宁波亦有"典当巷"的地名，杭州则有两处"当铺弄"，均以其曾是典当比较集中的地处而得名，由此则可窥知历史上江浙一带都市典当业的繁荣。据载，杭州的两处"当铺弄"，一是"东出丰禾巷，斜对严衙寺。旧有当铺两家，故名"；一是"东出金芝麻巷，西塞。因有当铺，故名"。①

举凡这类以"典当"为名的旧有地名，不仅是当地典当业兴衰的历史遗存，亦是各帮典商世代在此创业、竞争、发迹的历史印证。从全部典当史来看，各地典当业大都以外籍典商经营的居多，并在当地形成由乡缘或家族关系联结而成的行帮体系。这些行帮大都一度或长期控制着一个地区的典当业，成为当地同行业的骨干或左右力量。这种能够把握同行业的小行帮，并非临时或随机性地为应付外乡环境的简单组合，而是由其乡风乡俗以及亲缘传承关系构成的乡土文化传统作为潜在凝聚力量的构筑。

中国典当史上活跃于各地的最大典商行帮，是徽帮和晋帮这两个以地缘关系为纽带的松散型行帮群体。这一事实说明，徽、晋两地的乡土文化传统在哺育诸类英才的同时，也造就了数代长于经营典当业的典商人才，堪称典商之乡。

造就出数代典商的典商之乡，自有其深厚的特定乡土文化。

**先说造就徽帮典商的文化传统。**

中国近、现代史上的一位著名文化人胡适，即出生于安徽徽州的绩溪县的一个茶商家族。他晚年寓居美国期间，曾应哥伦比亚大学之请口述了一部《胡适自传》②。胡适以其深厚的文化素养，首先对故乡人文历史与环境作了一番回顾与描述。虽然是用异族语言（英语）口述的，言语间仍充满着乡情之恋。他以学者

---

① 钟毓龙《说杭州》（杭州掌故丛书）第742页，浙江人民出版社1983年7月第1版。

② 胡适口述，唐德刚翻译整理，此据陈金淦编《胡适研究资料》所载，北京十月文艺出版社1989年8月第1版。

的眼光对徽州乡土文化的记述，恰可有助于我们对这块造就出数代典商的土地有个简括的理解。兹将《胡适自传》第一章中的有关文字摘要辑之如下：

我是安徽徽州人。

徽州全区都是山地，由于黄山的秀丽而远近闻名。因为山地十分贫瘠，所以徽州的耕地甚少。全年的农产品只能供给当地居民大致三个月的食粮。不足的粮食，就只有向外地去购买补充了。所以我们徽州的山地居民，在此情况下，为着生存，就只有脱离农村，到城市里去经商。因而几千年来，我们徽州人就注定的成为生意人了。

徽州人四出经商，向东去便进入浙江；向东北则去江苏；北上则去沿长江各城镇；西向则去江西；向南则去福建。所以一千多年来，我们徽州人都是以善于经商而闻名全国的。一般徽州商人多半是以小生意起家；刻苦耐劳，累积点基金，逐渐努力发展。有的就变成富商大贾了。中国有句话，叫"无徽不成镇！"那就是说，一个地方如果没有徽州人，那这个地方就只是个村落。徽州人住进来了，他们就开始成立店铺；然后逐渐扩张，就把这个小村落变成个小市镇了。

当铺朝奉在书写当票、记账

徽州人的生意是全国性的，并不限于邻近各省。近几百年来的食盐贸易差不多都是徽州人垄断了。徽州人另一项大生意便是当铺。当铺也就是早年的一种银行。通常社会上所流行的"徽州朝奉"一词，原是专指当铺里的朝奉来说的；到后来就泛指一切徽州士绅和商人了。"朝奉"的原意本含有尊敬的意思，表示一个人勤俭刻苦；但有时也具有刻薄等批判的含义，表示一个商人，别的不管，只顾赚钱。总之，徽州人正如英伦三岛上的苏格兰人一样，四出经商，足迹遍于全国。最初都以小本经营起家，而逐渐发财致富，以至于在全国各地落户定居。因此你如在各地旅行，你总可发现许多人的原籍都是徽州的。例如姓汪的和姓程的，几乎是清一色的徽州人。其他如叶、潘、胡、俞、余、姚诸姓，也大半是源出徽州。

……离乡撇井，四出经商，对我们徽州人来说，实是经济上的必需。不过在经济的因素之外，我乡人这种离家外出，历尽艰苦，冒险经商的传统，也有其文化上的意义。由于长住大城市，我们徽州人在文化上和教育上，每能得到一个时代的风气之先。徽州人的子弟由于能在大城市内受教育，而城市里的学校总比山地的学校好得多，所以在教育文化上说，他们的眼界就广阔得多了。因此中古以后，有些徽州学者——如十二世纪的朱熹和他以后的，尤其是十八九世纪的学者像江永、戴震、俞正燮、凌廷堪等等——他们之所以能在中国学术界占据较高的位置，都不是偶然。

如此论之，这块土地上造就出众多典商，以及产生像胡适这样的大学者，亦绝非偶然。

《汉书·地理志下》说："凡民函五常之性，而其刚柔缓急，音声不同，系水土之风气。"以与之相近的俗语而言，即"一方水土养活一乡人"；但不仅维持着一乡人的衣食居住，亦同时积淀了规范一乡人生活模式的乡土习俗惯制。徽州地瘠民穷，物产不足以温饱之需，于是打破中华民族一向重农轻商的传统价值观念，群起而四外经商谋生，久之成为一方风习。外地人轻之贱之，而本乡本土却以为是个极富实际意义的好生计。在江浙等地，讥讽意味颇浓的"徽州朝奉锡夜壶"之说流传甚广，但在徽州人的乡俗观念中，其"原意本含有尊敬的意思，表示一个人勤俭刻苦"，胡适的这一解释虽未联系到与古代职官名称的渊源关系，恰恰道出了当地人的价值取向。只有在洋溢着如此乡风民俗的文化氛围中，才能一开经商风气之先，造就出一代又一代的典商、盐商，使之活跃于各地商埠集镇，促进了几代的商业繁荣。对此，胡适所见，恰与未曾付梓流行的清人许承尧《歙事闲谈·歙风俗礼教考》中所说切合①：

> 商居四民之末，徽俗殊不然。歙之业鹾于淮南北者，多缙绅巨族，其以急公议叙入仕者固多，而读书登第、入词垣跻版仕者，更未易卜数。且名贤才士，往往出于其间，则固商而兼士矣。浙鹾更有商籍，岁科两试，每试徽额取生员五十名，杭州府学二十名，仁钱两学各十五名。淮商近亦请立商籍，斯人文之盛，非若列肆居奇、肩担背负者，能同日语

---

① 稿本，第18册，据张海鹏、王廷元主编《明清徽商资料选编》，黄山书社1985年8月第1版。

也。自国初以来，徽商之名闻天下，非盗虚声，亦以其人具干才、饶利济，实多所建树耳。

既有如此乡土风尚，方有徽典遍地经营之盛，即如明万历年间所修的《休宁县志·风俗》所称："（徽商）最大者举鹾，次则权母子轻重而修息之（质贷）……其他借怀轻资遍游都会，因此有无以通贸易，视时丰歉以计屈伸。诡而海岛，罕而沙漠，足迹几半禹内。"又康熙时修《徽州府志》亦载："徽之富民尽家于仪扬、苏松、淮安、芜湖、杭湖诸郡，以及江西之南昌，湖广之汉口，远如北京，亦复挈其家属而去。甚且与其祖父骸骨葬于他乡，不稍顾惜。"可知，经商风尚亦使传统的归葬故里丧俗受到抑制，原因即在于"天下之民寄命于农，徽民寄命于商"。有的，甚至终老于他乡的发迹或破落之地。晚清（光宣年间）黄惺庵（鼎铭）《望江南百调》咏道："扬州好，侨寓半官场。购买园亭宾亦主，经营盐典仕而商。富贵不归乡。"所言情形，古今如一也。有的，甚至因兴败变故而终老其地。徽州典商"吴老典"，则其一例也。

清人李斗《扬州画舫录》卷一三《桥西录》记载了一位徽州典商"吴老典"兴败典实：

> 吴氏尊德，字宾六，徽州人，世业盐法。弟尊楣，字载玉，工诗，为张松坪太史之婿。吴氏为徽州望族，分居西溪南、南溪南、长林桥、北岸岩镇诸村。其寓居扬州者，即以所居之村为派。吴老典初为富室，居旧城，以质库名其家。家有十典，江北之富，未有出其右者，故谓之为"老典"。

今已中落，里人尚指其门曰："老典破门楼。"

由于长年在外经商，很多家庭的父子、夫妻多年里仅能见上有限的几次面。一当他们年老归里之后，仍依恋经商之地，似其第二故乡。在安徽歙县北岸吴家祠堂里，刻有"西湖六景"中的两景画面。据记载，明季清初这里一位吴姓大商人多年在杭州开当铺，年老还乡之后仍怀念西湖景色，因而曾专门派画工至西湖写生，并据以临摹雕刻到祠堂石栏上，以供欣赏。

《胡适自传》中注意到各地汪、程等姓以徽商居多，实际亦是亲族世代传承现象。明代人所撰《登楼杂记》中，对此所说尤为明白："今大江南北开质库或木商、布商，汪姓最多，大半皆其后人，当为本朝货殖之冠。"① 在明清话本小说、笔记、史志中，所记徽籍典商亦确多为汪姓。徽籍典商中，汪氏系主要世家大户之一。《汪氏典业阄书》便是研究徽籍典商世家的一份重要文献。《汪氏典业阄书》是道光二十六年（1846）徽州典商汪左淇等兄弟四人分析资本的凭据，析产账目载明了汪氏典业资本构成、资本规模及其经营会票等情况，是研究清代徽商典当业的一个实例。阄书表明，汪氏典业已传三代，不仅开创者（父辈）已不在世，即第二代中，二、三房亦由第三代继承。汪氏平湖德新、清浦协和、汤溪怡和、汤溪敬义四典分布在浙江，如平湖县康熙年间就有徽典数十家。②

亲缘关系的传承，则进一步使徽商典帮的乡缘关系得以加

---

① 见谢国桢辑《明代社会经济史料选编》中册，第 100 页。
② 汪庆元《〈汪氏典业阄书〉研究——清代徽商典当业的一个实例》，《安徽史学》2003 年第 5 期。

强。同时，也促使典当经营不断专业化。许承尧《歙事闲谭·歙风俗礼教考》所谓："典商大多休宁人，歙则杂商五，婺商三，典仅二焉。治典者亦惟休称能，凡典肆无不有休人者，以专业易精也。"是知徽典之中尤以休宁典商最富经营经验，是徽籍典商的佼佼者。个中，亲缘相传显然是个重要因素。因为，艺不外传，是民族工商业诸行一向恪守信条，唯有亲族间传习才较少保留。而世代的经验积累，又势必使专业技巧得以不断丰富、完善和发展。今所了解的各地典当业管理经验，即属千数年来当行积累、发展的结果。

**现在来说山西典商。**

近人卫聚贤的《山西票号史》说："明季清初，凡是中国的典当业，大半系山西人经理。"[①] 此言未免有些言过其实。同样，俗谓"无商不徽"之语亦有些夸张。但是，"无典不徽"这个旧时流行俗语，倒比卫聚贤之说，夸张的成分略少一些。明清以来的大量文献已证明，徽籍典商的足迹几乎遍及中国本土的东西南北，乃至海外一些地方。以徽州方音为特征的当业隐语行话，以及徽州典商的特有言语腔调，不仅成为京津等地典当业的一种行业性附属特点[②]，而且还传入了东北地区。例如一份资料记载[③]：

> 旧社会的"当铺"经理称为"当家的"，下有"头柜""二柜"，管库的称为"包袱褙子"。当铺内部说话，外人也

① 转引自张正明《山西工商业史拾掇》第196页，山西人民出版社1987年2月第1版。
② 详见本书卷上第三章第七节。
③ 金宝忱《关东山民间风俗》第219页，吉林省民间文艺家协会等编印，1985年10月。

听不懂，从一到十，即呼为"摇、按、瘦、扫、尾、料、敲、奔、角、勺"，老太太称"勒特特"，物件称"端修"，什么东西称为"杨木端修"。

显然，这是经有清以来由京津（主要是北京）典商传入东北的。因为，"包袱襜子"的"襜子"出自满语，意思是头目、管事的；其余数码隐语尽与京中徽籍典商所说基本相合，略有语音变异，但仍不失本来特点。这也正如近人陈去病《五石脂》所说："徽郡商业，盐、茶、木、质铺四者为大宗……质铺几遍郡国，而盐商咸萃于淮、浙。"①

尽管如此，山西典商仍不失为中国典当史上仅次于徽典的第二大地域性典当行帮，山西亦即堪称中国第二个典商之乡。

经济史专家认为："在中国商人之中，他们最能累积巨富者，却是盐商、茶商、洋商、铜商、票号、当商等。拿清代来说，号称天下巨商，有如山西商人，据闻'山西富室多经商起家，元氏号称数千万两，实为最巨'。后则有曹、乔、渠、常、刘数十姓，各拥数十万两乃至百万两的财产。"② 山西商人，以经营盐、茶、粮、布、煤、木、票号和典当者居主。这一点，国外学者亦曾注意到了，如："山西商人营业的项目很多，而活动范围遍及长江流域以北的华中、华北全境。应该指出，其营业项目的特点是多样化的，计有粮商、盐商、丝绸商、运输商、木材商、棉布商、典当商等。"③ 他有所忽略的是，山西商人经营票号亦属大宗项

① 《明清徽商资料选编》第109页。
② 傅衣凌《明清时代商人及商业资本》第34页，人民出版社1956年7月第1版。
③ ［日］寺田隆信《山西商人研究》中译本第240页，山西人民出版社1986年6月第1版。

目，山西典商尚属其次。

数十年前，一部冠有"实地调查"字样的《中国商业习惯大全》① 的第十六类"当业（质业）的习惯"，注意到了山西武乡县典当业的当票式样，平定县的减息留当，黎城县的收当估价与物价等典当业经营活动。然而，同行业间的竞争，也直接反映在徽、晋两大系典商之间。徽典所及遍数各地。因而，即或不在山西本土上也存在徽、晋典帮的竞争。据乾隆时纂修的（山东）《临清州志·市廛志》记载："两省典当，旧有百余家，皆徽浙为之。后不及其半，多参土著。今乡合城仅存十六七家，皆（山）西人。"这一记载说明，当时的竞争，终以晋帮典商获胜。

山西诸行商人活跃于全国各地，占领许多行业市场，如清查揆《燕台口号一百首》中说："（清嘉庆年间）放京债者，山西人居多，（折）扣最甚。"而晋帮典商亦不例外。据《汉口山陕西会馆志》说，清季在汉口即活跃着晋典行帮。光绪时纂修的《闻喜县志续上》卷三载："（山西人）裴秀通，梗亮有雄气，为典商顾恢奇，喜谈兵法。嘉庆初，在河南值川楚逆氛辄自募勇，防御败贼游骑。贼恨之，大股猬集，秀通被围，力不支，被害甚惨，豫抚次状上蒙恩褒恤入祀忠孝祠，并予云骑尉世职。"

当商在外经营，时有书信与家人通报情况。如清咸丰年间山西襄汾县丁村商人杨兆鳌的一封信载："于六月初六日捎泾转府一信，……所有宁号并源、大兴铺茶店、当铺诸事照常，见字勿卜。宁地街道这两月正逢空月，诸货毫无行机。"云云，是知这

---

① ［日］森冈达夫译注，东京大同印书馆 1941 年 6 月出版，下面所述见第237—241 页。

是一位在外经营茶叶、典当的山西商人。

明清以来，山西太谷的曹家为世代富商，其资本额曾高达一千余万两，商号遍及东北、华北、西北及华中诸大城市，尚远及莫斯科、西伯利亚和蒙古。曹家主要经营钱庄、典当及绸缎、药材等十数项。其中，典当是使曹家获利较大的一项经营，在各地开设了许多当铺。例如徐州的锦丰庆、锦丰典，在济南亦有当铺，仅黎城一地即有曹家的瑞霞当等四座典当。曹家典当资本雄厚，并吸收有官本入股，因而在同行业竞争中则经常收当一些本小利薄难于周转的小当铺的转当物，从中取利。曹家的经营发迹于东北磨豆腐，故此建昌的曹氏"三合当"为不忘当年创业艰辛，每年例行磨两次豆腐，并由掌柜的亲自焚香叩头祭奉"磨神"。①

旧时包头民谚说"先有复盛公，后有包头城"。这以"复盛"为字号的一些买卖，即由山西祁县乔家经营的，其极盛时期，商号几乎曾遍及以北方为主的国内通都大邑。乔家拥有的这样多的资本，首先发迹于包头。乔家资本的创业者，最先是同一位姓秦的盟友在萨拉齐厅老官营村合成当铺作伙计，积累了一些资本之后，旋至包头的西脑包开小铺，逐渐壮大。前后约近二百年里，乔、秦两家或合资或独资经营了油、粮等多种商号。当时，包头赌风颇盛，暴富突贫已司空见惯，于是两家又都同时兼营起当铺、钱铺来。而且，自家商号相互调剂，颇占优势。例如，为当铺处理到期下架物品方便，兼营有估衣铺。自家的钱铺平时至少储备三五万现金，以防挤兑或备作当铺收当贵重物品时

① 详见聂昌麟《太谷曹家商业资本兴衰记》，载《山西商人的生财之道》，中国文史出版社1986年9月第1版。

的用款。[1]

山西之成为中国第二大典商之乡，亦自有其地理及乡土文化等人文背景。清康基田《晋乘蒐略》卷二称："山西土瘠天寒，生物鲜少，故禹贡冀州无贡物，诗云：好乐无荒，良士瞿瞿。朱子以为唐魏勤俭，士风使然，[2] 而实地本瘠寒，以人事补其不足耳。太原以南多服贾远方，或数年不归，非自有余而逐什一也。盖其土之所有不能给半，岁之食不能得，不得不贸迁有无，取给他乡；太原以北岗陵丘阜，硗薄难耕，乡民惟以垦种上岭下坂，汗牛痛扑，仰天待命，无平地沃土之饶，无水泉灌溉之益，无舟车鱼米之利，兼拙于远营，终岁不出里门，甘食蔬粝，亦势使之然，而或厌其嗜利，或病其节啬，皆未深悉西人之苦，原其不得已之初心也。"是知尤其以晋南颇盛外出经商之风，而晋北虽亦地土贫瘠却不尚经商，均由土风之别使然。但总体而言，晋地仍属商贾之乡，一若明张四维《海峰王公七十荣归序》中所述："吾蒲介在河曲，土陋而民伙，田不能以丁授，缘而取给于商计，其挟轻资车牛走四方者，则十室九空。"[3]

但风俗所依之本，又多以生计为基础，这是古往今来史家共识之点。乾隆时纂修的《直隶绛州志》载录的马恕《绛民疾苦记略》亦称："绛古唐地，旧称土瘠民贸，迄今地狭土燥，民无可耕，俯仰无所资，迫而履险涉遐，负贩贸迁以为谋生之计。"光绪时纂修的《五台新志·生计》径谓："晋俗以商贾为重，非弃

---

① 刘静山《山西祁县乔家庄在包头的"复"字号》，载《山西商人的生财之道》。

② "士风"，疑或"土风"之误。

③ 《条麓堂集》卷二〇。

本而逐末。土狭人满，田不足于耕也。太原汾州所称饶沃之数大县，及关北之忻州，皆服贾于京畿、三江、两湖、岭表、东西北三口，致富在数千里，或万余里外，不资地力。"亦然。

中国向以农耕为根本生计，农耕所获不足以敷衣食之需，于是则另谋生计，故有"土瘠民贸"之风。但亦应看到，中国地广人众，不乏地瘠人稠之处，却并非都成商贾之乡、典当之乡，亦直接由习俗风尚使然。江浙等地，人多地少，剩余劳动力部分经商，而大部分则凭手工技艺以打工等方式外出谋生，则多有匠人。究其根源，或为一向奉为正统的轻商观念较重所致。

## 第二节　典当与奢俭之风

明顾起元《客座赘语》卷二《民利》说："留都地在辇毂，有昔人龙袖骄民之风，浮惰者多，劬勤者少；怀土者多，出疆者少。尔来则又衣丝蹑缟者多，布服菲屦者少，以是薪粲而下，百物皆仰给于贸居，而诸凡出利之孔，拱手以授外土之客居者。如典当铺，在正德前皆本京人开，今与绸缎铺、盐店皆为外郡外省富民所据矣。以是生计日蹙，生殖日枯，而又俗尚日奢，妇女尤甚。家才儋石，已贸绮罗；积未锱铢，先营珠翠。每见贸易之家，发迹未几，倾覆随之，指房屋以偿道，挈妻孥而远遁者，比比是也。余尝作《送王大京兆人觐文》，引'国奢示民以俭'之论。嗟乎，可易言哉！"此君由典当等业经营者的乡籍而感叹及世间奢俭风尚，事实上，典当与奢俭风习之间亦发生着许多直接关系。

首先是世人对典当所持的成见。

典当本以调剂经济缓急为基本社会功能，不止经济地位低下的下层社会平民经常借以解决一时急难，而士宦贵人亦不乏利用之例。但是，人们却颇忌讳让人看见或知道自己出入当铺，似乎一问津当铺就沾染了穷酸、破败之气，有失体面。远在南北朝时，贵族显宦出入寺院质库尚不以为然。当时社会风尚，据《颜氏家训·治家篇》载："今北土风俗，率能躬俭节用，以赡衣食；江南奢侈，多不逮焉。"南朝并非怎样富庶，唯尚外观体面，仍如所载："南间贫素，皆事外饰，车乘衣服，必贵齐整；家人妻子，不免饥寒。"然而，南朝显宦至寺库质贷，似与平民一样自然，并未见非议之辞。官宦利用典当济急非但南朝，至清代亦然。正史中记载着晚清名臣唐景崇典质购书事迹。唐景崇（？—1914）字春卿，广西灌阳人。光绪二十年（1894），典试广东。明年，主会试。历兵部、礼部侍郎，权左都御史，出督浙江学政，母忧归。光绪二十九年（1903），以工部侍郎典试浙江，督江苏学政，光绪三十一年（1905），诏罢科岁试，学政专司考校学务。1906 年罢学政还京供职，任吏部侍郎，主持考核官员和留学生，改内阁后曾三任内阁都任学务大臣。唐景崇一家三弟兄都是翰林出身，其兄唐景崧于清政府割弃台湾后被推举为"台湾民主国总统"，领导台湾抗日，声誉甚佳，却于后来局面不利时逃回广西未得善终。唐景崇一向勤奋刻苦读书，其因贫困为撰《新唐书》而不惜出入当铺典质购书事迹，被传为佳话，载入青史，写进《清史稿》。《清史稿》卷四四一三《列传二三〇·唐景崇》载：

　　景崇博览群书，通天文算术，尤喜治史。自为编修时，取《新唐书》为作注，大例有三：曰纠缪，曰补阙，曰疏解，甄采书逾数百种。家故贫，得秘籍精本，辄典质购之。殚精毕世，唯缺《地理志》内羁縻州及《艺文志》，余均脱稿。

隋唐以降，平民利用柜坊、典当调剂缓急，富户、商贾亦借以存款生息或周转。明清以来，富商利用当铺调剂经营资金缓急，更属常事。但与此同时，一如《红楼梦》中描写的那样，贵族们一方面开着当铺牟利，一方面却以当当为有失体面。显见贫富阶层与社会地位的等级观念，这时已同典当联系起来了，宁肯偷偷摸摸地质贷，也要维持外观的虚假体面。因为，这种体面即社会地位与身份贵贱的标志。

近代城镇市民，有时碍于另种世俗情面亦会淡化轻贱典当的风尚。《北京典当业之概况》的调查，即可为证："……大多数平日皆不善储蓄，开支亦不肯轻易缩减，偶遇意外事故发生，即无法应付。如告贷于亲友，北京人向好面子，既以颜面攸关，不肯开口，若采取变卖方法，或以该物为先人之遗留，不愿一旦出售。惟有典当一途，有赎回可能，又能救济一时之需也。……故当当行人情，实为司空见惯之事。此项用途，比较其他为最。"旧时著名相声演员郭全宝有一个传统段子《哭当票》，即以当当行人情为题材。相声后半段中说有人借别人家办丧事想去吃一顿，没钱随分子，就把被窝当了一块钱去了。不料，当他随人哭祭之际，"把他在袖口里的当票儿掉在炭火盆里给烧了"。等痛吃一顿之后，就哭开了当票，闹成了笑话。

当人们为经济所迫不得不频繁求助于典当"典衣易票供朝食"① 之际，当然也就顾不上什么体面与否了。又如宣统二年纂修的《建德县志》卷一九所录晚清周馥《述农村苦况》诗说道："山居宜种淡巴菰，叶鲜味厚价自殊。可怜粪田无豆饼，典衣买饼培田腴。无衣或且借衣典，邻里痛痒关饥肤。……农家无田无烟卖，忍饥不负三分债。"② 值此境地，还谈何当当体面与否！

即或古代文人骚客，有时亦不甚理会典当有失士人、名流的身份、风度。唐杜甫有"朝朝回回典春衣，每日江头尽醉归"诗句，不以典衣沽酒为耻。白居易亦以典钱沽酒为快事："归去来分头已白，典钱将用沽酒吃。"清唐甄《潜书·食难》说："大凶，则一岁之计犹可假贷典鬻，虽不免于饥，而犹不至于死。"身处其境，能有物可典亦算不错的。

清人褚人获《坚瓠五集》卷一辑录有《贫士征》十一则，颇可洞察古今世俗习尚："愁日增，意气日减；药方日增，酒量日减；奔走日增，交游日减；子女日增，婢仆日减；索债人日增，借债人日减；典票日增，质物日减；妻孥怨恨日增，亲眷奖誉日减；方外交日增，帷榻情日减；市儿牙侩之秽语日增，登临赏玩之清缘日减；厌态日增，佳思日减；慈悲心日增，计较心日减。"习俗风尚，多含世态炎凉之情。显然，典当亦常与贫困为伴，贫即贱，这是世俗之所以轻视、忌讳典当的根本观念所在。

笔者少年时，我国已无典当，但还时闻有所谓"提庄货"之语，用指旧货或降价的处理品。至于如何说成"提庄货"，直到

① 《旱灾行》，载光绪二年（1876年）二月十九日《申报》，又载《中国近代农业史资料》第924页，生活·读书·新知三联书店1957年出版。
② 同上，第926页。

后来研究典当史之际方才了然。原来，这"提庄"尚本典当业的行业用语，系就典当满期下架转卖给估衣铺、旧货商的当物而言。在北京："当物满期不赎，典当即行清查，满货确数，另行登录于货簿上。按北京习惯，满货之销售，多在夏历二八月间。然平素亦可随时售卖，并无一定限制。出售时由典当业出柬约请，各估衣商铺，钟表铺，及古玩铺，约期来柜看货。所售之货，标记号码，陈列院中。各商铺来看后，各取纸片，书写愿出之价格，用弥封投标法，交于典当经理。当日晚间由经理拆封，择价格之最高者，为承买人。……满期货售价，如超过成本时，名之曰'贯头'。……若低于成本，名之曰'亏头'。"[①] 在天津，这叫"打当"。各地打当方法大同小异。这些提庄货由估衣、旧物商贩购去后，稍事修饰整理即再行兜售。

在对待提庄货上，亦存在着奢俭风气的表现。追求浮华体面，可不惜多花钱购买全新物件。如果讲究少破费而又实惠，则往往至旧物摊上挑选一点价廉而又实用的提庄货，经济实惠。个中，颇能体现奢俭观念，从一个侧面反射着社会风尚。当然，这也直接受制于经济条件。富多讲求新的、档次高的，除古董外，旧的再好也不喜欢。贫则注重实际，不喜欢新而不实的浮华、样子货，却宁肯挑选旧而经济实惠的提庄货。至于一些商贩，有时则利用人们这种尚俭风尚欺人取利，所以人们挑选提庄货格外小心。相反，诸新颖、高档商品中，何时彻底杜绝过伪劣品或以次充好呢！

---

① 《北京典当业之概况》第 42 页。

## 第三节  典当人口与陋俗

前天津当业公会会长曾回忆道:"最骇人听闻的是大恶霸袁文会在南市经营的小押当,公然收'活号',就是以活人作当品。贫民当山穷水尽的时候,把自己的亲生女儿送入袁文会的小押当质押换,期限与利息的计算和一般衣物无异。他们知道这种当品是绝对无力回赎的,收进活号之后,立即转入所开设的娼寮,实际就是贩卖人口。"① 事实上,收押人口之例非当时仅有,中国典当业初兴之际即已出现以此方式借用高利贷的。唐代称以身充奴仆为质偿债为"典贴"。韩愈《应所在典贴良人男女等状》载:"检责州界内得七百三十一人,并是良人男女……原其本末,或因水旱不熟,或因公私债负,遂相典贴,渐以成风。名目虽殊,奴婢不别,鞭笞役使,至死乃休。"又如《宋史·石保吉传》载,石保吉"好治生射利","染家贷息钱不尽入,质其女"。《宋史·马亮传》载,宋真宗大中祥符(1008—1016年)年间,广州"盐户通课,质其妻子于富室"。《宋史·吴奎传》亦载,首都汴京"富人孙氏,京师大豪,专权财利,负其息者,至评取物产及妇女"。

至元代,《元典章·刑部·禁典雇》载,"彭六十为家贫,将妻阿吴立契雇与彭大三使唤,三年为满,要讫雇身钱五贯足"。就是说,彭六十以五贯钱的代价,将妻子典雇给彭大三使唤三年。实际上,亦即以妻子作为借债的抵押品兼偿还本息的财物。究其本质,不外是高利贷活动中的变相低价买卖妇女。又如《元典章·刑部·烧埋》亦载:"宋换儿已正典刑,据家属处合征烧

---

① 王子寿《天津典当业四十年的回忆》。

埋银五十两。既是在家母老子幼，止有妻阿徐侍养，乞化过日，别无折挫，亦无以次可以典雇人口，依准本部所拟，免征施行。"就是说，宋换儿被刑决之后，因其家中连可以典雇借债的人也没有，所以官府只好准予免征"烧埋银"。

对于借高利贷形式买卖妇女（以妻女抵押、偿债）给社会造成的种种弊端、后果，历来屡禁未绝，业已成为高利贷交易的基本罪孽之一。甚至，个别朝代竟公然使之合法化。据《建炎以来系年要录》载，绍兴八年（1138 年）七月夏，"金云中路元帅府下令诸公私债负无可偿，没身及妻女为奴婢以偿。先是，诸帅回易货缗，编于诸路，岁久不能偿。会改元诏下，凡债负皆释去。诸帅怒，咸违敕复下此令，百姓怨之，往往杀债主，啸聚山谷"。其后果，必然要遭到平民的强烈反抗。

元代回族的"羊羔利"，更是"往往破家散族，至以妻子为质"，最后致使政府不得不采取措施"以官银代偿，凡十万五千锭"。① 或者免息赎出，如《元典章新集·国典诏令》所说："……百姓因值灾伤，典卖儿女，听依原价收赎。"不计息利，但仍需给与原数债款。同时又制定律令："诸称贷钱谷，年月虽多，不过一本一利。有辄取赢于人，或转换契券，息上加息；或占人牛马财物，夺人子女以为奴婢者，重加以罪。"②

然而，元代对于高利贷主以人口为质偿债的禁令并不彻底。《元史·刑法志》："诸以女子典雇于人及典雇人之子女者，并禁止之。若已典雇，愿以婚嫁之礼为妻妾者，听；请受钱典雇妻妾

---

① 据宋子贞《耶律楚材神道碑》，载《元文类》卷五七。
② 《大元通制》第 18 篇。

者，禁；其夫妇同雇而不相离者，听。"至清，亦然。一方面禁之，同时又间有允例。清吴荣光《吾学录》卷二一载："若豪势之人违例放债，不告官司，强夺人孳畜产业，估所夺畜产之价过本利者，坐赃治罪，杖一百，徒三年。若准折人妻妾子女者，杖一百；强夺者，杖七十，徒一年半。因强夺而奸占妇女者，绞监候。所准折强夺之人口给亲，私债免追。"同时，《清律辑注》中又称："必立契受财，典雇与人为妻妾者，方坐此律，今之贫民将妻女典雇于人服役者甚多，不在此限。"可知其有禁有纵，必然难以禁绝；法律的自相矛盾，悉为社会制度与现实之相悖使然。

以人口为质押借贷或偿债财产，历来主要是妇女，这是中国长期的封建社会制度的罪恶产物之一。高利贷的发达，尤其助长了这种陋俗。尽管典当业收当人口之例并非很多，却是这一陋俗旧制的扩展。

元明戏曲中经常出现的一个市语，是谓妓院为"皮解库"，由此则道破了典当人口与典身、卖身现象的共同本质。

典质人口，历代官私文献多可见载。如《元史·仁宗本纪》五二："二年春正月乙卯，岁星犯舆鬼。戊午，怀孟、卫辉等处饥，发米赈之。己未，太白昼见。癸亥，太阴犯轩辕。丙寅，霖雨坏浑河堤堰，没民田，发卒补之。禁民炼铁。发卒浚漷州漕河。丁卯，太阴犯进贤。戊辰，晋宁等处民饥，给钞赈之。己巳，置大圣寿万安寺都总管府，秩正三品。庚午，立行用库于江阴州。敕以江南行台赃罚钞赈恤饥民。乙亥，诏遣宣抚使分十二道问民疾苦，黜陟官吏，并给银印。命中书省臣分领庶务。禁南人典质妻子贩买为驱。御史台臣言：'比年地震水旱，民流盗起，皆风宪顾忌失于纠察，宰臣燮理有所未至，或近侍蒙蔽，赏罚失当，或狱有冤滥，赋役繁重，以致乖和。宜与老成共议所由。'诏明言其事当行者以闻。诸王脱列铁木儿部阙食，以钞七千五百锭给之。益都、般阳、晋宁民饥，给钞、米赈之。"

金代，《金史·太宗本纪第三》载："二年春正月庚戌朔，以谩都诃为阿舍勃极烈，参议国政。壬子，命赏宗望及将士克南京之功，赦阇母罪。甲寅，以空名宣头五十、银牌十给宗望。戊午，诏孛堇完颜阿实赍曰：'先帝以同姓之人有自育及典质其身者，命官为赎。今闻尚有未复者，其悉阅赎之。'癸亥，以东京比岁不登，诏减田租、市租之半。甲戌，西南、西北两路都统宗翰、宗望请勿割山西郡县与宋，上曰："是违先帝之命也，其速与之。"夏国奉表称藩，以下寨以北，阴山以南、乙室耶剌部吐禄泺西之地与之。丙子，贻宋书，索俘虏叛亡。丁丑，始自京师至南京每五十里置驿。"

再如清王仁俊辑《辽文萃》卷六〇《食货志下》载："散诸五计司，兼铸太平钱，新旧互用。由是国家之钱，演迤域中。所以统和山内藏钱，赐南京诸军司。开泰中，诏诸道，贫乏百姓，有典质男女，计佣价日以十文；折尽，还父母。"事实上，"典人"陋规，直至民国亦未能禁绝。

又如"典妻"陋俗，亦堪谓同典当人口旧制并行的又一源于封建社会制度的习俗惯制。宋元以来买妾并赡养其家的"典赡"习俗，在《水浒传》中已有反映，"宋江杀惜"故事即由此演成。其第三十六回说："（宋江）不合于前年秋间典赡到阎婆惜为妾，为因不良，一时恃酒争论斗殴，致被误杀身死，一向避罪在逃。"这种"典妻"现象，在旧中国各地并不稀见，至今才取缔不过几十年。对此，有一份材料①介绍说：

在吃人的旧社会，一般是这样两种人租别人的老婆。一种是已经结婚多年，老婆不生儿子的人，在那"不孝有三，无后为大"的封建社会里，想（要）个儿子，讨个小老婆吧，"河东狮吼"不答应，就租个年轻力壮的妇女，做生儿子的工具，生了儿子就把妇女遣回。另一种是原籍家乡有妻有子的商人，为了发泄兽欲，既不敢在外面寻花问柳，有损声誉；又怕染上花柳病，于是也租个年轻妇女同居。而且绝大多数是老"夫"少"妻"，在那个男尊女卑的社会里，是不会受到谴责的。

谁把自己的老婆租给别人呢？一般是受到天灾人祸无法抵抗的人，因为夫妻感情好，又有子女，女的不愿琵琶另抱出嫁，不得不饮鸩止渴走这条道路！总想三两年后，靠"租金"，靠"减少一张嘴吃穿"攒几个钱，重振家园，不得不如此负重忍辱。

把老婆租给别人，是够残忍的。租期一般是三两年。租金以妇女的年龄、姿色而定。首要的是妇女必须身强力壮。被租出的妇女，在租期内，不准回家，丈夫来会，也只准交谈几句。如果租老婆的人有所谓"良心"的话，还可以留餐不留宿。否则连饭都不给一顿吃，只让他们"流泪眼对流泪眼"，连"断肠人送断肠人"也不允许。

在租期内，如果妇女生了孩子，是男孩，就让她哺乳到

① 黄存厚《旧社会乐平的当铺和租老婆恶习》，载《江西文史资料》第7辑，1981年12月出版。

周岁，解除租约，从此不准她来看孩子。……如果生的是女孩，就是一场溺婴的悲剧。租期内没生育的，征得双方同意，也可以续租。当然，也有极个别妇女不愿回到原夫身边去的。

凡此可见，像典妻这类"典身"陋俗，同典当人口在本质上颇为一致。换言之，像当年天津恶霸典东袁文会的当铺收当妇女这类丑恶现象，非但有其现行的社会背景，在文化传统方面，亦有其固有渊源，并非偶然。

于此尚应指出，尽管收当人口这种现象同其他高利贷以人为质偿一样，均与封建文化传统、社会风尚有着千丝万缕的联系，却仅系个别丑恶现象，并非中国典当业的主流。

第八章

# 文学艺术中的典当

中国典当业的繁荣及其社会功用，是以其同各类社会生活及文化的广泛联系得以充分体现的。鉴于典当的社会作用及其同社会生活的各种联系，则必然在不同历史时期的文学艺术作品中得到多视点、不同程度的反映。反之，从文学艺术中有关典当的记述、描写，来考察典当的社会功能和典当与不同历史时期社会文化的多层次关系，则不失为以文化史视点考察、研究典当史的一种有益方式。这样做，显然有助于将典当活动尽量送回到当时的现实社会生活背景中去，起到尽可能复原的效果，使科学研究更接近于原有的实际。

除本书前面已述及的有关典当的唐诗、宋人笔记小说而外，本章则着重从元明戏曲、明清小说以及民间文学中的有关描述，来透视典当业的历史及其同社会生活的各种联系。

## 第一节　元明戏曲中的典当

《旧唐书·音乐志二》记述乐舞《踏谣娘》时说："'踏谣娘'，生于隋末。隋末河内有人貌恶而嗜酒，常自号郎中，醉归必殴其妻。其妻美色善歌，为怨苦之辞。河朔演其曲而被之弦管，因写其妻之容。妻悲诉，每摇顿其身，故号踏谣娘。近代优人颇改其制度，非旧旨也。"对此，唐代以熟谙歌舞、俗乐并同教坊中人过从较密切著称的崔令钦，在所著《教坊记》中述之尤详，并稍有不同。《教坊记》说：

> "踏谣娘"，北齐有人姓苏，匏鼻，实不仕，而自号为郎中，嗜饮酗酒，每醉辄殴其妻。妻衔悲，诉于邻里。时人弄之：丈夫着妇人衣，徐行入场。行歌，每一叠，傍人齐声和之云："踏谣，和来！踏谣娘苦，和来！"以其且步且歌，故谓之"踏谣"；以其称冤，故言苦。及其夫至，则作殴斗之状，以为笑乐。今则妇人为之，遂不呼郎中，但云阿叔子。调弄又加典库，全失旧旨。

两书所记，均言唐时所演《踏谣娘》已非"旧旨"，崔令钦尚指出其"调弄又加典库"。那么，其"典库"何指呢？有部文学史记述至此时说："另外'又加典库'，增一角色，从中调弄。戏剧场面相当热闹。"[①] 据此理解，这后增的"典库"当为一种"角色"。那么，这具体又是个什么"角色"呢？

清代采蘅子著《虫鸣漫录》卷二："金陵黄墅富户孙姓有典库，元夜聚饮。"个中"典库"，系指后世所谓的当铺。然而，唐代虽是中国典当业初兴之季，但除此之外却未见有径以"典库"谓当铺的记载。若依此解，《教坊记》谓唐季《踏谣娘》所增加

---

① 中国科学院文学研究所中国文学史编写组编写《中国文学史》（三）第719页，人民文学出版社1962年第1版，1979年第6次印刷本。

的"典库"这一角色，当指当时质库的从业者。至于何以插入这一角色，则似可推测是《踏谣娘》中的丈夫嗜酒成性，无钱买醉则不时出入质库典当。如此说成立，即说明唐代质库另有"典库"之谓，而中国典当业初兴之季即在戏曲情节中得以比较迅速也是迄今最早的表现。不过，这些推断尚无更充分可据的文献予以证明，仅能作为一个暂作参考的未了悬案存此，有待进一步地发掘材料和考辨。

就现存流传下来的材料看，中国古代戏曲作品中涉及、反映典当内容比较多的，莫过于元明杂剧，如元关汉卿的《钱大尹智勘绯衣梦》，秦简夫的《晋陶母剪发待宾》，元末高则诚的《琵琶记》，元末明初无名氏的《马丹阳度脱刘行首》，以及元或明无名氏的《施仁义刘弘嫁婢》等。

《钱大尹智勘绯衣梦》，又作《钱大尹鬼报绯衣梦》，简称《绯衣梦》。《绯衣梦》剧情主要描写书生李庆安自幼同开当铺的王员外之女王闰香订有婚约，后来李庆安家道中落，王父嫌贫悔婚，但女儿王闰香坚决不从，暗地资助庆安钱财。不料，当李庆安于夜间至后花园赴约时，受派前来送钱物的婢女梅香却被窃贼裴炎所杀，致使他被指控为凶手判处死刑。此后，幸得开封府尹钱可复判此案，因获神示"非衣两把火，杀人贼是我"之语，得以捕获真正的凶手，使庆安冤狱平反并与闰香如约成婚。剧情之中，婢女梅香被杀及李庆安蒙冤，竟然是由王员外在当铺闲坐以言语刺恼窃贼裴炎而引起的恶果。《绯衣梦》第二折开场道白是这样写的：

> 王员外：自从悔了李家亲事，心中甚是欢喜。今日在典

解库闲坐，看有什么人来？

裴炎：两只脚穿房入户，一双手偷东摸西，某裴炎的便是。一生好打家劫舍，这两日无买卖，将这件衣服去王员外家当些钱钞去来，早来到也。员外！这件衣服当些钱钞。

王员外：旧衣服要做什么！

裴炎：好也要当，歹也要当！

王员外：你旧景泼皮，歇着案里，你快去！

裴炎：这厮无礼，怎生说我旧景泼皮！我今夜晚间把他一家儿都杀了。

（于是，即由此引出一桩血案兼致李庆安的冤狱。）

裴炎：天色将晚也，来到这后花园中太湖石畔等着，看有什么人来。

梅香：自家梅香的便是，俺姐姐着我将这一包袱金珠财宝来到这后花园中，庆安这早晚不见来了。（随即被裴炎杀死）

裴炎：得了这一包袱金珠财宝，还我家去来。（下）

李庆安：自家李庆安的便是……是什么东西，绊了我一脚？我试看咱，原来是梅香。你起来！怎么湿挞挞的？有些月色，我试看则。两手鲜血，不知什么人杀了梅香；这事不中，我跳过墙来，我走还家去者。

从上述剧情可见，王员外是户家道殷实的典东，嫌贫悔婚，恰是此类市侩常有之事。窃贼裴炎，每次作案得手，当经常来当铺销赃。这次，他无别可当，一件旧衣同以往值钱的赃物相比，自然不在王员外眼里，不屑一顾，哪里肯予收当。裴炎"好也要当，歹也要当"的潜台词则在于："以往我每次来当盗窃的贵重赃物，你已占了许多便宜，如今没的当了，这一件旧衣服也是不能拒之不收的。"岂料唯利是图的典东非但不念旧账，反而出语刺之，致使裴炎恼羞成怒而顿生了杀机。细究起来，这一情节既是全剧的一个重要发展环节，亦当是王员外嫌贫悔婚行为所表现的市侩习性的又一微妙刻画，二者呼应、一致。

《绯衣梦》这一剧情表明，窃贼出入当铺销赃，由来已久。

《晋陶母剪发待宾》，简称《剪发待宾》。《剪发待宾》剧描写晋陶侃少年时，欲设宴款待客人却无银钱，即写了一纸"信"字到韩夫人开的当铺质了五贯钱。早年丧夫守子的陶母闻之，即令陶侃将当款加利赎回字纸。为获宴客用钱，陶母则自剪头发到街上出售，适逢韩夫人买发，问明原委而非常敬重陶家母子品德，将女儿许配陶侃，至陶侃得官后结为百年之好。

兹摘录该剧第一折开场道白如下：

> 陶侃：黄卷青灯苦业儒，九经三史腹中居；寸阴当惜休轻放，治国齐家在此书。小生姓陶名侃，字士行，祖居丹阳人氏，年方二十岁。父亲辞世，有母湛氏，抬举小生成人长大，训课读书。争奈家贫，母亲与人家缝联补绽，洗衣刮裳，觅来钱物，与小生做学课钱。虽则学成满腹文章，何日是峥嵘发达之时？今日太学中有一老先生，姓范名达，来到府学。个月期程，别的书生都请了他，只有小生不曾相请，便请可也无钱。小生也无计所奈，写了个钱字、信字。有个韩夫人，他是个巨富的财主，开着座解典库，小生将这两个字，直至韩夫人家，折当三五贯长钱来，请那范先生，也是小生出于无奈。我想陶侃空学成满腹文章，几时得遂大志也

呵！正是：鲁麟周凤皆为瑞，出不逢时奈若何！

韩夫人：守志韩门愧丈夫，世传清白事非无；治家严肃闺门整，文业堪同曹大姑。妾身姓韩，丹阳县人氏。家中颇有资财，油磨房、解典库，鸦飞不过的田土。嫡亲的两口儿家属，有个女孩儿，年方一十八岁，不曾许聘他人。今日在解典库中闲坐，看有什么人来！

陶侃：小生陶侃是也。说话中间来到韩夫人门首。无人报复，我自家过去——夫人拜揖！

韩夫人：好一个秀才也！敢问秀才姓甚名谁，此来却是为何？

陶侃：小生本处人氏，姓陶名侃，字士行，嫡亲的子母二人。小生幼习儒业，颇读诗书，争奈家贫如洗，如今天下多事。母亲恐小生安逸，不堪任事，着小生朝运百甓于斋外，幕运百甓于斋内，惯习勤苦，夺取功名。今有太学中一老先生，来此经久，小生欲要相请，争奈无钱。今写了一个钱字，一个信字，当在夫人这里，怎生当与小生五贯长钱使用。小生若兑付的钱来，可来赎取这两个字。

韩夫人：量这个信字，打什么不紧？

陶侃：夫人！这个信字不轻，俺这信行为准。秀才每既为孔子门徒，岂敢失信于人，可不道人无信不立。

韩夫人：我见这个秀才，发言吐语，论议四出，久后必然峥嵘显达。秀才，你既有事，将五贯钱去！

陶侃：多谢夫人不阻！

上述即《剪发待宾》中陶侃为宴请太学的范先生，苦于家贫而以字纸当钱使用的开头剧情。无的可当，以字当钱，以"信"动人，实属典当史上的传奇故事。于此尤其需要注意的是，历史上确实曾有陶侃及其母湛氏其人。陶侃生于三国末公元259年，卒于东晋初咸和九年即公元334年，是晋庐江得阳（今江西九江）人。据《晋书·陶侃传》载，陶侃早年孤贫，初仕县吏，历任刺史、侍中太尉等职，曾被举为孝廉，拜为大将军，封长沙郡公。出任广州刺史时，以朝夕往返运百甓以习劳，不嗜饮、赌，爱惜光阴，为世人称赞。其母湛氏系其父陶丹之妾，陶侃宴请范达时，适值大雪，湛氏"锉所卧荐以饲马，又密截发以易酒肴"，致使范达感叹说："非此母不生此子！"这些，已在剧中加以传奇化得到反映。然而，一如将陶侃任广州刺史时运甓习劳移为少年故事，更进一步以现实生活为据虚构出至当铺当字，从而演绎出种种剧情。中国典当滥觞于南朝佛寺、初兴于唐代，将这一事物及其活动提前几百年，显然是出自构造剧情、演绎故事的需要而有意虚构的。至于"解典库"之名，更是宋元以来才出现的。

剧作家之信笔将当时现实生活中的事物编织到历史传奇故事中去，亦从一定程度上印证了这一事物（典当）在日常生活中的普遍与习见。陶侃道白中说开解典铺的韩夫人"是个巨富的财主"，以及韩夫人自谓"家中颇有资财"，这些剧中人寻常之语，俱是当时典商殷富实情的写照，是为口碑证史，也是作家说史之中对现实社会的直观切入。

《施仁义刘弘嫁婢》，简称《刘弘嫁婢》。《刘弘嫁婢》以"施仁义"得报的故事，宣传因果报应观念。剧情描写洛阳城典商刘弘，原本命中注定短寿无嗣，后因收留素不相识的李春郎，以及资助其娶卖身葬父之女裴兰孙为妻的仁义之举，获得增寿而又得子的善果。剧情围绕典商刘弘故事展开，述及当时许多有关典当事宜，堪资研究典当史参考。试看其第一折片段：

> 刘弘妻：花有重开日，人无再少年；休道黄金贵，安乐最值钱。老身姓王，嫁的夫主姓刘，是刘弘员外。这个是我的侄儿，是王秀才。家私里外解典库，都亏了这个孩儿。

> 王秀才：一八得八，二八一十九，三八二十六，四八一十七，这么一本账，若不是我呵，第二个也算不清……许来大个解典库，我又写又算，那等费心。姑夫不知人，这两日见了我，轻便是骂，重便是打。若是姑夫今日来家时，姑娘，你说一声方便，我也好在家里存活。

这个一向为刘弘经营解典铺逐利蓄财的妻侄，这两日何以遭此厄运呢？原来，刘弘听相士说，他寿不过五十并且命中无嗣，原因则在于他开典积财太多，欠了穷人的债，即其所唱的："我本是个巨富的明儒，开着座济贫的典库，为财主，贯满京都，掌着那万万贯的这多财物。"（《仙吕点绛唇》）这多财富哪里来的，当然是以"济贫"为名开解典铺盘剥来的。富而益恐寿短不得享用，更怕无嗣承继，积而复散，枉费辛苦。相士所言，无非反映了当户的愤怨之情，却恰恰切中了刘弘的心病隐痛。于是，主奴之间便一反往常和谐，唇枪舌剑地吵将起来，恰也展示出典商盘剥当户的某些内幕。

> 刘弘：王秀才近前来，我问你，我当初开这解典库，我正意是怎生来？

> 王秀才：这个——姑夫老人家，一法老的糊涂了。为什

么开这解典库？常言道，早晨栽下树，到晚要乘凉。可不道吃酒的望醉，放债的图利，也则是将本图利来。

刘弘：嗻声！我几曾图利息？我正意的那我则是赈人之贫波周人之急。婆婆，谁想这厮，去那解典库中，治下许多的弊病，颠倒与我身上为害。我上的长街市上，那一个相识朋友，每不看着我下言语，道您这厮忒不中，更悭波吝波苛波刻波。俺两口儿无儿，都是你这厮在这解典库中，治下弊病，都折罚了也。兀那厮，你省的那君子爱财，取之有道么？

王秀才：姑夫！为人憎爱中半，佛也不得人道是哩，君子不羞当面，我有什么弊病处，对着姑娘，你就说！

刘弘：则这君子惜财有道上取，谁似你忒无法度！

王秀才：怎么无法度？拿住作贱的，打五棍，吊在树上。怎么无法度！

刘弘：人道你忒悭忒吝忒心术！

王秀才：我有什么心术处？

刘弘：兀那厮，那的是你心术处。人家道那把时节将烂钞你强揣与，巴的到那赎时节要那料钞教他赎将去。

王秀才：他拿将钞来讨，没的不与他去不成。

刘弘：兀那厮，你听我说你那弊病，你则休赖。

王秀才：我有什么弊病？

刘弘：你将焦赤金化做了淡金。

王秀才：姑夫！也不必闹，也容易，从今后人拿的高丽铜来，我也当金子留下，等人来赎，可把金子赔他便了也。

刘弘：你看波，这高丽铜不别，这金子不别，这桩也罢，你把好珍珠写做了他蚌珠。

王秀才：也容易，从今后拿将鱼眼睛来，当珍珠留下，等人要，可把珍珠赔他！

刘弘：你看波，这鱼眼睛不别，珍珠不别，这两桩也不当紧，人家一领簇新的衣你去那典场上，你便从头的觑。是人家那簇新做出来的衣服，带儿也不曾缀，褶儿也不曾叠倒的哩。人家急着手用那钱使，将来到你这厮行当那钱，这厮提将起来看了一看，昧着你那一片的黑心，下的笔去那解帖上批上一行，呀，这厮便写做什么原展污了的旧衣服。

王秀才：裁衣不及缎子价，这个也是我间家的心也！

刘弘：噤声！贼也，岂不闻道财上分明大丈夫。比喻说到今月初一日，把这号改到那月初二来赎。你这厮，但那日数儿过来波余，你休想道肯放那赎。初二日来赎，道员外不在解典库里，明日来。不付能到那初三日来赎，你道员外人情去了，不在家。这厮兀那爱钱的心，他百般里推些个事故。

刘弘妻：老的，他为什么那？

刘弘：他则待日要所增。初三日不赎与那人，初四日合当赎与那人，你又不赎与他。婆婆，你知道他那初四日不赎与那人的缘故么？

刘弘妻：可更是怎生？

刘弘：这厮直熬到个月不过五，过了五个日头，索你怎生问他，要一个月的利钱。贼丑生也，你倚仗着我这几贯钱，索则么以撒的些穷人家每着他无是处。

仅此一段唱白，即已展示出宋元时代典当业的许多当行内幕。例如，刘家这座解典库，雇佣的是亲属（妻侄王秀才）充当掌柜负责铺面业务；而取赎由典东直接掌握，又说明他主要是亲自管理库房收存的财物。在当时，已流行超期五日取赎加收月利的行业规矩，所以掌柜有意推延赎期即意在额外牟利。从刘弘责问王秀才诸语，更可看到当时典商盘剥当户的种种习见伎俩，如将焦赤金化为淡金，将好珍珠写成蚌珠，将未上身穿过的新衣写成"原展污了的旧衣服"；用"烂钞"支付当款，取赎却须还以"料钞"①，乃至故意找借口拖延赎期以额外增收利息，等等。凡此可知，上述这些明清以来直至现代典商常用的传统盘剥当户方式，由来已久，并非后世的新发明，而是旧有的老花样。正是王秀才运用了诸此伎俩，才使得刘弘积下如此家资，当然也同时积下了民怨，更带来了他本人的心病，愧如负债。所谓"济贫"，只是牟利的招牌。《刘弘嫁婢》这一段唱白，几乎将历来典商牟利内幕来个大暴露，而这种种盘剥巧取手段，同当行经营管理经验一样，也都是长期摸索与实践的积累。

元明杂剧中涉及典当活动的情节颇有一些，又如《琵琶记》第十出写道："婆婆，奴有些钗梳，解当充粮米。"更值得注意的，却是不时有典商作为主要角色出现在剧情之中。除上述《绯衣梦》的王员外、《剪发待宾》的韩夫人、《刘弘嫁婢》的刘弘之外，《马丹阳度脱刘行首》中的一个主要角色也是个开解典库的典商。

《马丹阳度脱刘行首》，简称《刘行首》。此剧描写元代道家祖师王重阳的弟子马丹阳，奉命来度二十年前由女鬼转世为妓的刘倩娇出家修道，然而却遭到妓院鸨母以及与之相爱的典商林员

---

① 料钞，元初发行的一种以丝料为合价标准的纸币。

外的阻拦，最后终得摆脱。这些，从《刘行首》剧第三折的人物对白可略见端倪：

> 林员外：小生姓林名盛，字茂之，在这汴梁城内开着座解典库。这里有个上厅行首刘倩娇，我和他作伴，我一心待要娶他，他一心待要嫁我。争奈有老婆在家，和我生了一儿一女，我因此不好说得。前日刘大姐道，你来我问你，你肯娶我时，我嫁了你罢。我仔细想来，他有这等好意，怎生辜负了他。不若娶将他来，则在外面住，岂不美哉！今日安排酒果，亲自到他家问亲，走一遭去。
>
> 刘倩娇：我正说你，你来了也。
>
> 林员外：我一径的问你，奶奶在家不在家么？
>
> 刘倩娇：在家，你且坐。你要娶我呵？休了你大娘子，我便嫁你。你不休，不嫁你。
>
> 林员外：（我虽然不休，我且哄他。）我休！我休！将酒来咱且饮几杯。
>
> 刘倩娇：你快休了罢！
>
> 马丹阳：刘行首也，你不知来处来、去处去，你待嫁林员外。不争嫁了林员外时，着我去师父行怎生回话？须索往他家点化去咱。你看世间凡胎浊骨，谁识贫道也！

宋代汴梁即已有比较繁荣的典当行业，由《刘行首》剧可说明，至元、明之际，其盛依旧，只是这个典商林员外赚得些财富之后，即迷恋于风尘美妓。这是历来富商习有通病。

凡此，上述五剧即有四种选取开解典库的典商用作富商人物角色，自然显示着宋元以来典商在诸行商贾中由经济实力带来的显著社会地位。没有殷实财力难以开典，而开典又是敛利蓄财的稳靠行当。典当活动每每成为元明杂剧涉及内容，典商亦不时进入剧情的主要角色，正是宋元以来典当业同社会生活发生着广泛联系这一现实，在杂剧艺术中的反映。元明杂剧艺术的一个基本特点，即广泛地表现着各阶层的社会生活，尤其是经济地位较低的下层社会生活，反映得更为突出与深刻。因此，同下层社会生活直接相关的典当业进入元明杂剧故事，悉数自然。

## 第二节　明清小说中的典当

如果说，唐人白行简的传奇小说《李娃传》，较早地在中国典当业初兴之际就写及典当与典当活动的话，那么明清小说的有关描写则又进一步丰富许多。

明清两代，是中国通俗小说空前繁荣之季，也是中国典当业极为发达的全盛时期。一如元明杂剧颇有几种以典商为主要角色的剧目，很多明清小说则更为广泛地从多种侧面反映了当时典当业的现状，及其同社会生活的联系。这些，主要表现在《金瓶梅》《古今小说》《拍案惊奇》《红楼梦》《豆棚闲话》乃至文言短篇小说《聊斋志异》等著名作品之中。

《金瓶梅》中的主角西门庆，是个借助官府权势经商发家的市井恶棍。这个时任提刑院掌刑千户之职的官商，经营产业颇多，光是第五十六回媒婆文嫂帮其拉纤时向林太太介绍的即有数种："家中放官吏债，开四五处铺面：缎子铺、生药铺、绸绢铺、绒线铺，外边江湖上又走标船，扬州兴贩盐引，东平府上纳香蜡……"此外，还有一座用李瓶儿带过来的钱财开的"解当铺"。

事见第二十回所写：

> 西门庆自娶李瓶儿过门，又兼得了两三场横财，家道盈
> 盛，外庄内宅焕然一新，米麦陈仓，骡马成群，奴仆成行。
> ……又打开门面两间，兑出两千两银子来，委傅伙计、贲第
> 传开解当铺。女婿陈敬济只掌钥匙，出入寻讨；贲第传只写
> 账目，称发货物；傅伙计便督理生药、解当两个铺子，看银
> 色、做买卖。潘金莲这边楼上，堆放生药，李瓶儿那边楼
> 上，厢成架子，搁解当库衣服首饰、古董书画玩好之物。一
> 日也当许多银子出门。①

是知西门庆这座解当铺的开业资本，系新妾李瓶儿带过来的
家财，他是财色双获。至于将李瓶儿楼上辟为存当库房，则因是
内室而便于安全保管。其铺面即设于家宅门面，存取当物亦称方
便。西门庆弥留之际交代吴月娘将各处铺子变卖掉，唯独留下后
开的生药、解当两铺，"你只和傅伙计守着家门这两个铺子罢"，
其余"只怕你娘儿们顾揽不过来"②，足见这两个铺子已成为西门
庆身后全家的主要生计了。其中，解当铺就在门前，当然是既便
经管而又可稳靠敛财的缘故。在此之前，西门庆非但从这座解当
铺获取许多利息，而且还从满期不赎的死当中收用许多物品，甚
至有的珍贵器物，收当进来即攫为己用。

明清小说中对典商巧取盘剥当户种种手段，不时加以揭露。
《拍案惊奇》卷十五《卫朝奉狠心盘贵产，陈秀才巧计赚原房》

① 据清张竹坡批评第一奇书本《金瓶梅》，齐鲁书社 1987 年第 1 版，下同。
② 见第七十九回。

故事①，所揭示的用小戥子出银、大戥子收银，伪造粗劣质次当物充付原收当物等奸商手段，恰同上节所述杂剧《刘弘嫁婢》中揭示的恶劣手段互为补充、印证。

历代市井之徒因嫖、赌花费而出入当铺者，一向不乏其例。对此，明代小说中亦有所反映。先看《拍案惊奇》卷三六《东廊僧怠招魔，黑衣盗奸生杀》所写：

> 又过了几时，牛黑子渐把心放宽了，带了钱到赌坊里去赌。怎当得博去就是个叉色，一霎时把钱多输完了。欲待再去拿钱时，兴高了，却等不得。站在旁边看，又忍不住。伸手去腰里摸出一对金镶宝簪头来，押钱再赌，指望就博将转来，自不妨事。谁知一去不能复返，只得忍着疏散了，那押的当头须不曾讨得去，在个捉头儿的黄胖哥手里。……到了次日，胖哥竟带了簪子，望马员外解库中来。恰好员外走将出来，胖哥道："有一件东西，拿来员外认着。认得着，小人要赏钱；认不着，小人解些钱去罢。"

《二刻拍案惊奇》卷二四《庵内看恶鬼善神，井中谈前因后果》中，丘俊也是这样一个无赖子。

> 过了几时，伯皋与他（丘俊）娶了妻，生有一子。指望他渐渐老成，自然收心。不匡丘俊有了妻儿，越加狂肆。连妻儿不放在心上，弃着不管。终日只是三街两市，和着酒肉朋友串哄，非赌即嫖，整个月不回家来。便是到家，无非是

---

① 参本书卷上第二章第五节摘录。

取钱钞，要当头。

"要当头"干什么？自然是到当铺去当嫖、赌之资。

明清时，徽州典商遍布各地，尤以汪、卫诸姓为最有影响。这些，也在小说中得到如实反映。甚至，还对徽民经商之俗，作有历史渊源方面的描述。试看清艾衲居士编的《豆棚闲话》第三则《朝奉郎挥金倡霸》中的片段：

> （汪华）小字兴哥，祖居新安郡，如今叫做徽州府，绩溪县乐义乡居住。彼处富家甚多，先朝有几个财主，助饷十万，朝廷封他为朝奉郎，故此相敬，俱称朝奉。却说汪华未生时节，父亲汪彦，是个世代老实百姓的子孙。十五六岁，跟了伙计，学习江湖贩卖生意。徽州风俗原是朴茂，往往来来只是布衣草履，徒步肩挑。真是个一文不舍，一文不用。做到十余年，刻苦艰辛，也就积攒了数千两本钱。到了五旬前后，把家资打点盘算，不觉有了二十余万，大小伙计，就有百十余人……（汪彦只有一事不顺心：儿子汪华年已十五，还是如呆似痴，难以继承家业。）有个老成的伙计，走近前来说道："……徽州俗例，人到十五六岁，就要出门学做生意。……不若拨出多少本钱，待我辅佐他出门，学学乖起，待他历练几年，就不难了。"……汪彦道："他年小性痴，且把三千两，到下路开个小典，教他坐在那里看看罢了。"……汪彦占卜得往平江下路去好。那平江是个货物码头，市井热闹，人烟凑集，开典铺的甚多，那三千两那里得够。兴哥开口说："须得万金方行。……"那老朝奉也道他说得有理，就凑足了一万两。

（兴哥折了本钱回家之后，其父又派他出门做生意。）兴哥道："典铺如今开的多了，不去做他。须得五万之数，或进京贩卖金珠，或江西烧造瓷器，或买福建海板，或置淮扬盐引，相机而行，随我活变。"……兴哥依旧骑着那马，潇潇洒洒起身。

书中，还述及徽商选地方开典时，尚有占卜凶吉之俗，这是因商业经营竞争中的险恶难卜所产生的迷信习俗。在一般史料中，很少有所记载，而这篇小说却有所记述，为研究徽籍典商行业习俗，提供了珍贵的线索。

关于徽州汪姓典商，《古今小说》中的《蒋兴哥重会珍珠衫》一篇，亦有一例，在书中反复写及。试摘两段：

这个俊俏后生是谁？原来不是本地人，是徽州新安县人氏。姓陈，名商，小名叫大喜哥，后来改口呼为大郎。……他下处自在城外，偶然这日进城来，要到大市街汪朝奉典铺中问个家信。那典铺正在蒋家对门，因此经过。

到次日陈大郎穿了一身齐整衣服，取上三四百两银子，放在个大皮匣内，唤小郎背着，跟随到大市街汪家典铺来。瞧见对门楼窗紧闭，料是妇人不在。便与管典的拱了手，讨个木凳儿坐在门前。

旧时一些典行中人传说"无典不徽"，似乎有些夸张，却意在声称徽州是个大典商之乡，徽籍典商遍布各地，是中国典当史上的一个较大的以地缘乡谊为纽带的典当行帮。这方面，在明清小说的有关描写中不时可见。又如《拍案惊奇》卷十《韩秀才乘乱聘娇妻，吴太守怜才主姻簿》写徽商金朝奉在天台县开当铺，"一日，金朝奉正在当中算账，只见一个客人，跟着一个十七八岁孩子，走进铺来。叫道：'姐夫姐姐在家么？'原来是徽州程朝奉，就是金朝奉的舅子，领着亲儿阿寿，打从徽州来，要与金朝奉合伙开当。"也就是说，在徽州典帮的乡缘关系之中，尚有着宗族关系、亲缘（姻亲之类）关系等更深层次的联结纽带。这一点，也是中国旧时的民族工商业诸行行帮的基本结构特征之一。

描写典商故事的杂剧《刘弘嫁婢》，在明人小说中尤其表现得更具有传奇性。虽略有不同，却仍可看出其出自同一故事。此即《拍案惊奇》卷二〇《李克让竟达空函，刘元普双生贵子》，书中写道：

这话又出在宋真宗时。西京洛阳县有一官人，姓刘，名弘敬，字元普，曾任过青州刺史，六十岁上告老还乡。继娶夫人王氏，年尚未满四十。广有家财，并无子女。一应田园、典铺，俱托内侄王文用管理。自己只是在家中广行善事，仗义疏财，挥金如土。从前至后，已不知济过多少人了。四方无人不闻其名。只是并无子息，日夜忧心。……（这日清明上坟回来）将及到家之际，遇见一个全真先生，手执招牌，上写道："风鉴通神。"元普见是相士，正要卜问子嗣，便延他到家中来坐。吃茶已毕，求先生细相。先生仔细相了一回，略无忌讳，说道："观使君气色，非但无嗣，寿亦在旦夕矣。"元普道："学生年近古稀，死亦非夭。子嗣之事，至此暮年，亦是水中捞月了。但学生自想，生平虽无大德，济弱扶倾，矢心已久。不知如何罪业，遂至殄绝祖宗之祀？"

先生微笑道："使君差矣。自古道：'富者怨之丛。'使君广有家私，岂能一一综理？彼任事者只顾肥家，不存公道，大斗小秤，侵剥百端，以致小民愁怨。使君纵然行善，只好功过相酬耳，恐不能获福也。使君但悉杜其弊，益广仁慈，多福、多寿、多男，特易易耳。"元普闻言，默然听受。先生起身作别，不受谢金，飘然去了。元普知是异人，深信其言。随取田园、典铺账目，一一稽查。又潜往街市、乡间，各处探听，尽知其实。遂将众管事人一一申饬，并妻侄王文用也受了一番呵叱。自此益修善事，不题。

在此，刘元普虽不同《刘弘嫁婢》中的刘弘径直身为典商，却仍是典铺拥有者。小说未像杂剧那样历数典当掌柜种种巧取盘剥当户手段，却也借看相道人之口概称之"侵剥百端，以致小民愁怨"。至于其立意主旨，仍为宣传劝善积德的因果报应宿命思想。从考察典当史视点来看，这同一题材、内容的小说，则未如杂剧情节表现得那么具体翔实。

除上述已略述及的《豆棚闲话》外，清人小说中有关典当活动内容的描写，尤以《红楼梦》最为突出①。此外，其他清人小说亦不乏有关内容。例如《聊斋志异·牛成章》，即将典商纳入故事，"偶趋典肆，见主肆者绝类其父"。袁枚《新齐谐·烟龙》亦然："一日果有典商来，云其子患怯症。"至于典当活动，各种笔记小说中亦颇多，如和邦额《夜谭随录·袁翁》："一日窘甚，饥虚已数日矣，无如何，检点破衣襦数事，至典肆欲质钱若干。"

---

① 详见本书卷上第一章。

就连描写市镇繁荣景象，亦往往言及典当，如文康《儿女英雄传》第四回，写安公子"那天约莫有巳牌时分就到了茌平，果然好一座大镇市！只见两旁烧锅，当铺，客店，栈房，不计其数"。

清代道光年间刊行的浙江海宁人吴炽昌（字芗厈）的笔记小说《客窗闲话》及续集十六卷一百多篇，竟有数篇事涉典当，从中不难窥知典当在当时市井生活中十分活跃。见于卷五的"齐叫化神奇医术救治典商"故事，即为其一。

> 齐丐，不知何许人。江浙谓丐为叫化，因以为名。其为人似颠狂而实好义。恒乞食，有余，则与同丐中之病不能行者，故群丐皆推尊之。日者齐食于丧家，果腹而回，酣睡邮亭，悠悠自得。忽来一丐，蹴之起曰："汝非齐叫化乎？"齐张目熟视，素不识者，曰："呼我何为？"来丐曰："吾向知汝好义，今有一技传汝，愿学乎？"齐曰："愿。"来丐出红丸曰："食此，能知人病之所在。"齐立吞之，又授之针，长尺许，曰："既知病源，以此刺之，无不立愈。"齐恍然大悟，踊跃狂笑，而来丐已逝。遂游行乡市，遇跛者，针之即平。遇瞽者，针之即明。遇因风而哑者，针之即能言。于是齐叫化之名噪传一时，所到之处，病人环伺之。然齐必择人而施，其贫者不必求而治之，其富者必婪索满意而后投针。日得数金，呼同丐遍散之，不藏分毫。

> 有典商某，因风致疾，右臂已废，百药莫效。闻齐名，使人邀至，示之臂，齐曰："易耳，必予我百金则立能复旧。不则半握而已。"商不得已，与之。齐针其肩成巨孔，曰："不可封穴，俾风从此出。"拔针而臂即运动。自此逢节举

发，则风从穴出，飒飒有声，而终身不复病矣。齐得金，济生葬死，数日立尽。又与群丐游于村落，见殡者四人，舁一白木棺，血涔涔下。齐熟视而呼曰："若奈何杀活人于棺中耶？既露我等目，当为复仇。"挥丐群围之，棺不得行。舁者曰："毋得卤莽，死者为予妇，因难产，胎上攻心，亡已周日矣。"齐曰："必启棺予我观之。"舁者怒，正喧争间，有识者曰："此齐叫化，良医也。汝盍启棺，伊必有说。"舁者大悦，以棺回家，出其尸致室中，齐以针刺心下，唤众出曰："速命妇女伺之，将产矣。"众退妪入，哇然一声，子产而妇醒。齐大笑，不索一钱，掉臂竟去。

有金宦者，家佣少妇晕死于室，不知所以。家人佥曰："齐叫化必能活之。"于是厚给丐者寻之至，视少妇，笑不可遏，曰："伊夫何在？速呼来，尚可治。"宦家即唤其夫至，齐曰："我活之，必重酬我。"宦者以巨金置几上曰："若能立活，即持去。"齐又大笑，针少妇之腹，谓其夫曰："我拔铁针出，汝以肉针入，即无恙，否则虽醒不久也。"其夫忸怩应之。遂去针攫金，推宦者出，反闭其夫曰："莫管莫管我。"问："宦何不谨于房事，而令少妇潜睹，致成欲闭耶？"宦者愧谢之，齐大笑去。或病家为父母故，衣冠设席，延为上宾，齐来大怒，不顾而去。问其党，佥曰："欲得其欢心，须以矮几席地，丰以酒肉，俾独据而食之，则高歌喜笑矣。"试之果然。

《续客窗闲话》卷七的《义猫》故事，讲述了一则一向行善积德的某翁依赖典当度日家道中落者，绝境巧逢"义猫"相助的传奇故事。

　　武林金氏，望族也，代有闻人。有某翁者，救死恤生，利人爱物，至诚恻怛，人皆仰之。然厄于命，年逾强仕，家中落。夏日纳凉院中，见饥猫倾侧将毙，翁睹之惨然，自起饲之。从此猫不他往，日恋恋依翁侧。翁每饭必食以腥，即外出，必嘱家人尽心爱养。由是猫渐肥健，能捕鼠而粮无耗失。是年秋涝，粒米无收。翁家乏食，借贷无门，典质已尽，搔首踟蹰，牛衣对泣而已。猫更无从得食，嗷嗷于侧，小女子责之曰："人尚无食，汝欲食耶？主人穷困至此，心烦意乱，汝不念平日养育恩勤，何以报德，而反嗷嗷取憎耶。"猫呦然似诺，一跃登屋去。人皆异之，翁亦破涕为笑。未几，猫衔一物掷翁怀中。视之，妇女旧抹额也。上缀东珠廿余，光明圆正，大如芡实，值千金。翁惊讶失色，一喜一惧，曰："猫虽通灵，奈窃取之物，不但污我品行，且恐失物之家冤及婢仆，性命攸关，奈何？"其妻女曰："翁言虽是，但井上之李，岂无主者。廉士尚且取之，所谓饥不择食也。况此物自至，必天神怜翁，假物以济，岂尽狸奴力耶？无已，姑先质贷度岁，暗访物主，明告其故，而归以质券，似亦无伤。"翁不得已，姑从之。次年遍访，无失物家。或曰："此巨家殉葬物，年久家贫，墓崩棺坏，则猫取之矣。"或曰："有心计妇嫁浮荡子，藏此物于复壁承尘中，为子女谋。未及交代，猝病而亡。猫故取之无碍。"皆似也，要之以神天赏善之说为正。翁闻人所议近理，乃赎而货之。缘此起家，子孙发科甲，世承祖训，爱蓄猫，食必以腥。有仕至宪司者，署中猫且数十头，出入随从，专有饲猫之人，至今不衰。

就此，艻斥（作者字）闻而叹曰："人生世上，财可忽乎哉。不但饮食起居以之自奉，即庭帏行孝，棣萼联情，莫不借此，甚至爵可得而鬻焉，刑可得而赎焉。以之救济，仁名顿起；以之施与，传为美谈。信乎？金圣叹曰：'名以银成，无别术也。'彼猫乌知之，亦以此取义，且永锡尔类，岂不异哉！"

典商的社会形象一向不好，但《续客窗闲话》卷七《赵甲》则记述了一位"李朝奉"仗义施舍济困的故事。这是典当史上少见的文字。

晋人李某，在京师佐典商，岁入俸钱三百缗。有同乡赵甲者与相识，无事业，谋欲设杂贷肆而无资。商于李，慨然以百贯付之，曰："姑以此试，得意后与吾合业可也。"一言为约，并无文券，亦无人知。未几李以疾卒，典主呼其子来，扶榇而反。适赵甲置货他出，归后知李已卒，为位哭奠。由此兴旺，不十年业隆数万。李子家中落，衣食不充，亲党咸劝出外营谋，卜之大吉。适有入都者，相伴而去。至旧典主处，与父执求引荐，有人知赵与李父故交，今赵业大兴，往求之，谅可录用，浼友往说。赵闻李子来，欣然款接曰："我因尔父得有今日，我觅子久矣，奈无音耗，今自来投，若有神使。"纳为主账而不议劳金。李子安于初学，亦不计较，尽心极力随同营运。赵见其辛勤刻苦，出入无私，顾而乐之曰："子已逾冠，能自成家，应议婚娶为嗣续计。"李子曰："侄依伯父为生，尚无进益，何敢娶妇自取累乎？"

赵曰:"姑缓亦是,但尔既为主账,应将我所有总计之,现存若干。"李子唯唯,数日查毕,现资并货物合计六万余。赵曰:"我与子剖之。子应得其半。"李子骇曰:"伯父何出戏言?侄在此数年,伯父周给衣食,感无既矣。矧在小郎之列,本不应得劳金,纵伯父怜而恤之,不过年例数十贯钱而已。何若是之多耶?伯父子孙振振,非无人承受者,侄何敢越分?敬辞。"赵笑曰:"子毋却也。我自有法。"乃设盛筵,邀其荐主及乡里长者咸集。李子亦在坐,三杯后赵谓众曰:"某昔落魄京师,人皆白眼。李故友与我,非素交亦无瓜葛,一言之下,慨然助以百千,不立契券,是诚信我也。我由此起家,而李兄已逝。当时有与吾合业之说,既有此语,获利理应均分。我初晤李侄时,本欲表白,恐少不更事,入手挥霍去也。今见其勤俭能自经营,我何敢负李兄于地下乎?"乃出李子所开单目曰:"请诸公作主匀分。"众顾李子曰:"赵伯世所难得,君有福哉。一窭人顿成富室,吾等借酒以贺。"李子曰:"诸公且止,听我一言。赵伯所云并无凭证,是欲为义士耳。侄虽年幼,亦不敢取非义财。即亡父果存百千钱,以远年债一本一利,取二百贯足矣。多即非义,何敢自污?"赵笑而入,命群仆以三万数百金出曰:"今日交清,卸我重肩,惟子所欲。"李子取其百金而出,追之,遁矣。赵乃邀众作证,呈报城坊,求访恩主。有司异其事,行文山右,唤李子至,质明判给。李子曰:"吾侪小人,实无功德,不劳而得多金,暴富不祥,故不敢纳也。"官曰:"无已,今某庙久圮,汝其葺之,非功德乎?"二人叩谢去,争出布施,庙貌焕然一新。官易庙号曰"双义",而颁赵甲以额,曰

"重义轻财"。

芟斥曰：晚近之世，至亲分家不均，甚至争讼。从未闻让财而逃，官访恩主者。不意市井小民，竟超乎世家之上。忆成案，载雍正六年。豫民崔世有拾秦太遗银一百七十两，访归原主，毫不受谢。制军田文镜入奏，奉旨予七品顶戴，赏银百两，以旌其善。赵甲之事在后，当事者宜援此例官之，以昭盛世之隆，而示天下法，惜乎未及此也。

凡此，显见典当在明清社会生活中的广泛联系，小说中每每写及，或径以其构织故事，亦是明清小说艺术反映现实生活的需要。

有时，关于一种典当活动的描写，又会取得独特、绝妙的艺术效果。晚清吴趼人所著社会讽刺小说《二十年目睹之怪现状》，即有如此一例颇见功力的描写。是书第七十九回《论丧礼痛砭陋俗，祝冥寿惹出奇谈》，写一位买办李雅琴摆排场为老娘作冥寿，苦于未能留有"喜神"，又买不到现成的，于是央其好友伯明借用他家的"喜神"充数。何谓"喜神"呢？原来这"喜神"是"取生前的小照临下来的，或者生前没有小照，是才死下来的时候对着死者追摹下来的，各人各像，哪里有现成的卖"呢？借人家"喜神"当属奇闻，更具讽刺意味的，"喜神"居然还能当钱。

……（继之）说道："你想喜神这样东西能不能借，不是三岁孩子都知道的么，他们居然不懂，你还想他们懂的什么叫做'僭越'。"子安道："喜神这样东西虽然不能借，却能当得钱用。"我道："这更奇了！"子安道："并不奇。我以前在宁波，每每见他们拿了喜神去当的。"我道："不知道能当多少钱?"子安道:"那里当得多少,不过当二三百文罢了。"我道:"这就没法想了。倘是当得多的,那些画师没有生意,大可以胡乱画几张裱了去当;他只当得二三百文,连裱工都当不出来,那就不行了。但不知拿去当的,倘使不来赎,那当铺里要他那喜神作什么?"继之笑道:"想是预备李雅琴去买也。"说的众人一笑。正是:无端市道开生面,肯代他人贮祖宗。未知典当里收当喜神,果然有什么用,……子安道:"那里有不来取赎的道理。这东西又不是人人可当,家家收当的,不过有两个和那典伙相熟的,到了急用的时候,没有东西可当,就拿了这个去做个名色,等那典伙好有东西写在票上,总算不是白借的罢了。"各人听了,方才明白这真容可当的道理。

按道理,这里的"喜神"本为先人的象征,为解决一时缓急而不惜将之放到典当里去作抵押物质钱,而典当又竟然肯予收当,对于传统礼教来说,无疑是一种亵渎。这部小说,恰恰正是出人所料地以借、当"喜神"讽刺时世的。

## 第三节　《金瓶梅》的"当铺故事"

本书开篇《中国典当史说》的引言,是从《红楼梦》的"当事"说起。的确,一部《红楼梦》十余处言及当铺或典当活动。有红学专家认为,《红楼梦》有着《金瓶梅》的影子。或许,还真有其道理。一部《金瓶梅》之中,竟也至少有六回、十来处言及"当事"。或言之,诞生《金瓶梅》的明代,正是中国典当业向市场化发展的时期,《金瓶梅》演绎一些"当铺故事",实属自然。

且看如下诸例。

1. 第二十回《傻帮闲趋奉闹华筵　痴子弟争锋毁花院》中，直接写及"西门庆自娶李瓶儿过门，又兼得了两三场横财，家道盈盛，外庄内宅，焕然一新"，于是在开绸缎铺、生药店的同时，又开了一座典当，一并作为一家生计。

> 米麦陈仓，骡马成群，奴仆成行。把李瓶儿带来小厮天福儿，改名琴童。又买了两个小厮，一名来安儿，一名棋童儿。把金莲房中春梅、上房玉箫、李瓶儿房中迎春、玉楼房中兰香，一般儿四个丫头，衣服首饰妆束起来，在前厅西厢房，教李娇儿兄弟乐工李铭来家，教演习学弹唱。春梅琵琶，玉箫学筝，迎春学弦子，兰香学胡琴。每日三茶六饭，管待李铭，一月与他五两银子。又打开门面两间，兑出二千两银子来，委傅伙计、贲第传开解当铺。女婿陈敬济只掌钥匙，出入寻讨。贲第传只写账目，秤发货物。傅伙计便督理生药、解当两个铺子，看银色，做头实。潘金莲这边楼上，堆放生药。李瓶儿那边楼上，厢成架子，搁解当库衣服、首饰、古董、书画、玩好之物。一日也当许多银子出门。

就其所开经营"衣服、首饰、古董、书画、玩好之物"的一座当铺，只需两间门面、两千两银子就基本搞定，规模不算大但投资却不算小。视其情形，相对当时徽商世家开的当铺来说，也只能算是一般的小型当铺。

2. 第四十五回《应伯爵劝当铜锣　李瓶儿解衣银姐》，描写了收当白皇亲家一座大螺钿大理石屏风、两架铜锣铜鼓连铛儿的过程。依其计算，这笔生意光凭"及到三年过来，七本八利相等"这一点，就已经赚了。书里写道：

两个正打双陆，忽见玳安儿来说道："贲四拿了一座大螺钿大理石屏风、两架铜锣铜鼓连铛儿，说是白皇亲家的，要当三十两银子，爹当与他不当？"西门庆道："你教贲四拿进来我瞧。"不一时，贲四与两个人抬进去，放在厅堂上。西门庆与伯爵丢下双陆，走出来看，原来是三尺阔五尺高可桌放的螺钿描金大理石屏风，端的黑白分明。伯爵观了一回，悄与西门庆道："哥，你仔细瞧，恰好似蹲着个镇宅狮子一般。两架铜锣铜鼓，都是彩画金妆，雕刻云头，十分齐整。"在旁一力撺掇，说道："哥，该当下他的。休说两架铜鼓，只一架屏风，五十两银子还没处寻去。"西门庆道："不知他明日赎不赎。"伯爵道："没的说，赎甚么？下坡车儿营生，及到三年过来，七本八利相等。"西门庆道："也罢，教你姐夫前边铺子里兑三十两与他罢。"刚打发去了，西门庆把屏风拂抹干净，安在大厅正面，左右看视，金碧彩霞交辉。因问："吹打乐工吃了饭不曾？"琴童道："在下边吃饭哩。"西门庆道："叫他吃了饭来吹打一回我听。"于是厅内抬出大鼓来，穿廊下边一带安放铜锣铜鼓，吹打起来，端的声震云霄，韵惊鱼鸟。正吹打着，只见棋童儿请谢希大到了。进来与二人唱了喏，西门庆道："谢子纯，你过来估估这座屏风儿，值多少价？"谢希大近前观看了半日，口里只顾夸奖不已，说道："哥，你这屏风，买得巧也得一百两银子，少也他不肯。"伯爵道："你看，连这外边两架铜锣铜鼓，带镲镲儿，通共用了三十两银子。"那谢希大拍着手儿叫道："我的南无耶，那里寻本儿利儿！休说屏风，三十两银子还搅给不起这两架铜锣铜鼓来。你看这两座架子，做的这工夫，朱红彩漆，都照依官司里的样范，少说也有四十斤响铜，该值多少银子？怪不的一物一主，那里有哥这等大福，偏有这样巧价儿来寻你的。"

3. 第五十八回《潘金莲打狗伤人　孟玉楼周贫磨镜》，言及潘金莲把当铺收当的一面"四方穿衣镜"放在自己房里使用。尽管喜欢，尽管是自家开的当铺，但随意动用当户尚在赎期中的收当物品，似乎不很讲究。显然，书中未交代其字号的西门庆家这座当铺，经营管理远不够规范。

玉楼吩咐来安："你到我屋里，教兰香也把我的镜子拿出来。"那来安儿去不多时，两只手提着大小八面镜子，怀里又抱着四方穿衣镜出来。金莲道："臭小囚儿，你拿不了，做两遭儿拿，如何恁拿出来？一时叮当了我这镜子怎了？"玉楼道："我没见你这面大镜子，是那里的？"金莲道："是人家当的，我爱他且是亮，安在屋里，早晚照照。"

4. 第七十四回《潘金莲香腮偎玉　薛姑子佛口谈经》，再次写到西门庆随意动用当户物品王招宣府当的皮袄。

妇人道："我有桩事儿央你，依不依？"西门庆道："怪小淫妇儿，你有甚事，说不是。"妇人道："你把李大姐那皮袄拿出来与我穿了罢。明日吃了酒回来，他们都穿着皮袄，只奴没件儿穿。"西门庆道："有王招宣府当的皮袄，你穿就是了。"妇人道："当的我不穿他，你与了李娇儿去。"

5. 第九十三回《王杏庵义恤贫儿　金道士娈淫少弟》，写了清河县城内一老者杏庵居士王宣门前开当铺作为生计，则"家道殷实……每日丰衣足食，闲散无拘"，可见开当铺牟利安稳又丰厚。值得注意的是，这位当铺老板既以当铺牟利，又有"为人心慈，仗义疏财，专一济贫拔苦，好善敬神"之誉，名利双收，是很会做的，深得当铺源于寺院质库的真谛。

> 清河县城内有一老者，姓王名宣，字廷用，年六十余岁，家道殷实，为人心慈，仗义疏财，专一济贫拔苦，好善敬神。所生二子，皆当家成立。长子王乾，袭祖职为牧马所掌印正千户；次子王震，充为府学庠生。老者门首搭了个主管，开着个解当铺儿。每日丰衣足食，闲散无拘，在梵宇听经，琳宫讲道。无事在家门首施药救人，拈素珠念佛。因后园中有两株杏树，道号为杏庵居士。

6. 第九十五回《玳安儿窃玉成婚　吴典恩负心被辱》，或正是平素随意动用当户尚在赎期中的收当物品、经营管理不规范埋下的祸根，结果，因当物被盗而引出家丑外扬。

> 却说平安儿见月娘把小玉配与玳安，衣服穿戴胜似别人。他比玳安倒大两岁，今年二十二岁，倒不与他妻室。一日在解当铺，看见傅伙计当了人家一副金头面，一柄镀金钩

子，当了三十两银子。那家只把银子使了一个月，加了利钱就来赎讨。傅伙计同玳安寻取来，放在铺子大橱柜里。

不久事发，于是平安儿被拘至衙门受审，只好道出偷窃的原委，家中丑闻败露。

吴典恩道："你只实说，我就不夹你。"却说平安儿见月娘把小玉配与玳安，衣服穿戴胜似别人。他比玳安倒大两岁，今年二十二岁，倒不与他妻室。一日在解当铺，看见傅伙计当了人家一副金头面，一柄镀金钩子，当了三十两银子。那家只把银子使了一个月，加了利钱就来赎讨。傅伙计同玳安寻取来，放在铺子大橱柜里。不提防这平安儿见财起心，就连匣儿偷了，走去南瓦子里武长脚家——有两个私窠子，一个叫薛存儿，一个叫伴儿，在那里歇了两夜。忘八见他使钱儿猛大，匣子瘗着金头面，撅着银挺子打酒买东西。报与土番，就把他截在屋里，打了两个耳刮子就拿了。

也是合当有事，不想吴典恩新升巡简，骑着马，头里打着一对板子，正从街上过来，看见，问："拴的甚么人？"土番跪下禀说："如此这般，拐带出来瓦子里宿娼，拿金银头面行使。小的可疑，拿了。"吴典恩分付："与我带来审问。"一面拿到巡简厅儿内。吴典恩坐下，两边弓皂排列。土番拴平安儿到根前，认的是吴典恩当初是他家伙计："已定见了我就放的。"开口就说："小的是西门庆家平安儿。"吴典恩说："你既是他家人，拿这金东西在这坊子里做甚么？"平安道："小的大娘借与亲戚家头面戴，使小的敢去，来晚了，城门闭了，小的投在坊子，权借宿一夜，不料被土番拿了。"吴典恩骂道："你这奴才，胡说！你家这般头面多，金银广，教你这奴才把头面拿出来老婆家歇宿行使？想必是你偷盗出来的。趁早说来，免我动刑！"平安道："委的亲戚家借去头面，家中大娘使我讨去来，并不敢说谎。"吴典恩大怒，骂道："此奴才真贼，不打如何肯认？"喝令左右："与我拿夹棍夹这奴才！"一面套上夹棍，夹的小厮犹如杀猪叫，叫道："爷休夹小的，等小的实说了罢。"吴典恩道："你只实说，我就不夹你。"平安儿道："小的偷的解当铺当的人家一副金头面，一柄镀金银子。"吴典恩问道："你因甚么偷出来?"平安道："小的今年二十二岁，大娘许了替小的娶媳妇儿，不替小的娶。家中使的玳安儿小厮才二十岁，倒把房里丫头配与他，完了房。小的因此不忿，才偷出假当铺这头面走了。"

吴典恩道："想必是这玳安儿小厮与吴氏有奸，才先把丫头与他配了。你只实说，没你的事，我便饶了你。"平安儿道："小的不知道。"吴典恩道："你不实说，与我拶起来。"左右套上拶子，慌的平安儿没口子说道："爷休拶小的，等小的说就是了。"吴典恩道："可又来，你只说了，须没你的事。"一面放了拶子。那平安说："委的俺大娘与玳安儿有奸。先要了小玉丫头，俺大娘看见了，就没言语，倒与了他许多衣服首饰东西，配与他完房。"这吴典恩一面令吏典上来，抄了他口词，取了供状，把平安监在巡简司，等着出牌，提吴氏、玳安、小玉来，审问这件事。

那日，却说解当铺橱柜里不见了头面，把傅伙计唬慌了。问玳安，玳安说："我在生药铺子里吃饭，我不知道。"

傅伙计道："我把头面匣子放在橱里，如何不见了？"一地里寻平安儿寻不着，急的傅伙计插香赌誓。那家子讨头面，傅伙计只推还没寻出来哩。那人走了几遍，见没有头面，只顾在门前嚷闹，说："我当了一个月，本利不少你的，你如何不与我？头面、钩子值七八十两银子。"傅伙计见平安儿一夜不来家，就知是他偷出去了。四下使人找寻不着，那讨头面主儿又在门首嚷乱。对月娘说，赔他五十两银子，那人还不肯，说："我头面值六十两，钩子连宝石珠子镶嵌共值十两，该赔七十两银子。"傅伙计又添了他十两，还不肯，定要与傅伙计合口。正闹时，有人来报说："你家平安儿偷了头面，在南瓦子养老婆，被吴巡简拿在监里，还不教人快认赃去！"这吴月娘听见吴典恩做巡简："是咱家旧伙计。"一面请吴大舅来商议，连忙写了领状，第二日教傅伙计领赃去。有了原物在，省得两家领。

**于是，丑闻也就随着事情败露流传开去。**

却说陈敬济进入后边，春梅还在房中镜台前搽脸，描画双蛾。敬济拿吴月娘礼贴儿与他看。因问："他家如何送礼来与你？是那里缘故？"这春梅便把清明郊外，永福寺撞遇月娘相见的话，诉说一遍。后来怎生平安儿偷了解当铺头面，吴巡简怎生夹打平安儿，追问月娘奸情之事，薛嫂又怎生说人情，守备替他处断了事，落后他家买礼来相谢。正月里，我往他家与孝哥儿做生日，勾搭连环到如今。他许下我生日买礼来看我一节，说了一遍。

## 第四节 民间文学中的典当

民间文学形式颇多，涉及典当的亦不少。这里，且以两首明清民歌和一个民间戏曲为例。

在明代冯梦龙辑注的民歌集《挂枝儿》卷九中，有一首《当铺》歌唱道："典当哥，你犯了个贪财病。挂招牌，每日了接了多少人？有铜钱，有银子，看你日出日进；一时救得急，好一个方便门。再来不把你思量也，怪你等子儿大得狠。"从字面上看，无非说典当以救人缓急牟利。然而，冯梦龙之所以将《当铺》编入"谑部"之卷，却在于它借唱"当铺"而隐喻妓院，亦即元杂剧中所说的"皮解库"。冯梦龙的歌下批注，"讨尽典当哥便宜，应是花报"，是为一语道破其底。个中隐喻，不言自明。反其意而思，恰也是对当时典当情况的如实描述；同时，也反映了时人既需要典当调剂缓急，而又愤怨遭其盘剥的两重心理。

清华广生编述的《白雪遗音》卷一，有一道题为《嫖账》的小调："世界上最紧紧不过窑子账，挂肚牵肠，每日里打算，心里着忙，又无什么当。想当初又吃又喝又听唱，快乐非常。到如今跑腿的登门来要账，逐日吵嚷。这几天，穷死嫖客了。叫一声坑人的婆娘，你好狠心肠，怎的不来瞧瞧我，大爷穷的不像个人模样，连汤也没尝尝。你若逼急了我，一条绳子把吊上，情愿见阎王。"为嗜嫖而典当筹资者，历来不乏其事，而歌中所唱这位嫖客已至山穷水尽的地步，欲偿嫖账，却"无什么（可）当"的东西，到了"情愿见阎王"的境地。身陷如此境遇，仍未道出"悔不当初"之叹，足见其顽，至为可悲。

楚剧《白扇记》是湖北民间戏曲中的一个传统剧目，描写胡金元三岁时在一家人遭劫中与母亲失散，母亲与姐姐为贼霸占，忍辱以待复仇的机会。十八年后，胡金元流落到潜江，在一所当铺中与母亲相会，并设法报仇雪恨。原来，这个开当铺的典商，就是当年劫掠他们一家的匪徒赵老大。从是剧《当铺认母》① 一折的片段，即可略窥其情：

> 黄氏：……前辈古人遭磨难，何况我母女落典房。……
>
> 黄氏：黄氏女身困在洪升典当，思老爷想我的金元儿泪洒胸膛。老爷夫死得苦剁成泥浆，三岁的金元儿抛丢湖塘。赵老大打劫官船自开典当，娘做大逼女做小天地惨伤。
>
> 胡金元：……那一天我到了洪升典当，赵大哥支取当人争斗一场。本来是赵大哥错把账算，算过去算过来不能扰场。你的么叔在柜外多了一句口，怒恼了赵大哥跳出柜房。将算盘抛至在鱼网手上，他要我算清账方能出店堂。你的么叔出娘怀为人豪爽，用手儿接算盘不慌不忙。因乘九归把子算，算明了，取当人各自还乡。赵大哥他见我心中了亮，留在典房拜把拈香。

从佛寺长生库质贷起，古今典当几乎都以"济贫"为招牌行牟利之实；每当其巧取盘剥的种种内幕败露，则不免自我扭曲和败坏了那平素所维持的"慈善"形象。《白扇记》中这座"洪升典当"，其资本来源本即典东打劫官船、杀人害命而来，强盗开当之举不在于忏悔罪恶，而是企图以合法、少风险的方式使其赃财翻本生利。显然，"洪升典当"的发家史先以将本行业的"济

---

① 李雅樵、张云侠整理，湖北人民出版社 1957 年 9 月第 1 版。

贫"招牌浸泡在血污与罪恶之中了，继而除刻意取利之外别无其他。此后，洪升典当犹如匪巢，压寨夫人即劫来的母女，如此这般，其根本就无"善"可行，更无"济贫"可言了。

尽管"洪升典当"在现实生活中仅属个别现象，或者根本不存在，但如果将其总体作为一个符号来阐释的话，似以隐喻的方式——典当盘剥犹如杀人劫财的匪盗——透视出人们对其百般牟利而不行济贫之旨的愤懑。这是针对这一行业几乎共有之弊而言的。现实生活反映到各类民间文学中的这类信息，是颇多的。

在祁连休、冯志华编著的《中外机智人物故事大鉴》中，有一则"二拐子上当铺"的民间传说，被列为"满族机智人物故事"之属。[①]故事说：

城里的一家当铺，对待穷人的典当，又狠毒又刻薄。二拐子诚心要整治他们一下。这天，二拐子拿了一件千层补丁的褂子要典当。当铺的掌柜让账房先生写个抽据，连同两个铜板，扔给了二拐子。

一年过后，二拐子拿着当铺的抽据和应付还的铜板，来抽那件破褂子。可是，伙计没找到，原来，他们认为二拐子对他的那件破褂子，只能当，不能抽，便撕成抹布用了。二拐子却信口念叨起来：

> 褂子年头古，留给儿孙福。
> 补丁三千块，针脚三万五，两钱汗渍花，二两油腻土。
> 夏穿凉嗖嗖，冬穿热乎乎。

① 见第326页，知识出版社1993出版。

　　　　价码折铜板，是够十天数。

　　当铺不得不赔礼道歉，最后给了他三十两银子，才算了事。

　　这则被视为关涉当铺题材的民间机智人物传说的流行时间和地域，当在晚清的京津以北或是东北地区。

　　元明戏曲、明清小说和民间文学，均属通俗文艺范畴的文学艺术。这些通俗文学艺术作品之所以能比较多地涉及或反映典当——夸张些说，几乎可以编部"典当文学史"了——根本的原因在于通俗文艺与典当业之间存在一个共同的文化切合点，即它们都十分广泛地联系和接近于现实社会生活，尤其是在中下层社会生活中最有自己的市场。尽管在人们的印象中典商的形象并不好，但其在中下层社会中却以其经济力量而维持了一定的社会地位。在上层社会中，虽然许多权贵士宦乃至帝王也纷纷开当牟利，除将典商用作一行工具而外，一般是不允许其登入大雅之堂的。当然，筹集各类款项时总不会遗忘典当业。

　　通俗文艺的语言贴近生活，多以不同时代的口头语言表现现实生活。因此，从上述考察中我们不难得出这样的看法：古今对典当的雅言称谓主要是"质库""典肆"，即或清代用文言撰述而主要表现中下层社会生活的小说《聊斋志异》，亦用"典肆"之称；然而，宋元以来的"解典库""解当铺""当铺"之类叫法，均直接采自不同时代的民间口语，并与官方文件及各类以文言撰述的文献中的"质库""质当"之类叫法，同时存在。这种称谓上的文白分流共存，是汉语文化所体现的中国传统文化自然层次的一个基本的总体特征。

中国民间故事分类中特有的类型——"典当良心"。①

民间文学作为一种民间文化形态，是现实社会生活的映照和折射，也是民声的体现。在过去的相当长的历史时期里，典当直接关系着国计民生，尤其是更多地与众多平民的生活息息相关，也就在所难免地反映到民间传说这种民间文学形式之中。据知，在各地流传着一些主题各异的关涉"典当"的民间传说。诸如浙江的《王先生开当》《当个"金菩萨"》，四川的《当"象棋"》，湖北的《天地良心》，吉林的《当铺刘贪财》，辽宁的《当"良心"》，等等。个中的"当良心"故事，在民间文学领域被视为中国民间故事类型中"以商业文化为背景创作、流传广泛久远而又十分独特的一个类型"，并关注到"该类型故事在中国民间故事分类中特有的类型学意义"。

有研究认为，"当良心"型故事以我国商业领域中的典当业为核心，塑造了一位具有中华优良商业道德的典当商形象。虽然故事流播的范围、传承的异文不如其他类型故事广泛和丰富，但是它以特殊典当业为故事内容，显示了该类型故事在我国故事学领域所具有的特别意义。

流传在辽宁沈阳市、由著名故事家谭振山讲述的《当"良心"》故事的大意说，生意人张掌柜回家过年，路遇两个落难女子，将积攒几年的银两救济了她们。然而年关在即，妻儿一无所有，张掌柜只好用自己的"良心"作当物。典当行财东得知事情真相，预支银两让他渡过难关。新年开市第一天，张掌柜用五百

---

① 林继富《"典当良心"故事类型主题分析》，载《民俗学刊》第3辑，澳门出版社2002年出版。

两银子接下他人典当的一具"尸首"，无奈的典当财东只好让他把"尸首"抬回家，算作他的工钱。"尸首"到家后，张掌柜每天殷勤为他擦洗身子，不久，"尸首"变成了一尊金身。张掌柜让财东抬走金人，财东认为这是上天赐给他的而拒收，从此贫穷、善良的张掌柜过上了好日子。

《盛京时报》登载的20世纪初沈阳当铺门市新闻照片

故事情节和结构与之相似的还有湖北《天地良心》、浙江的《当个"金菩萨"》、四川的《当"象棋"》，只不过湖北、浙江的当铺伙计由生意人换成了教书先生。由典当摸不着、看不见的"良心"，变成可见可感的四个大字"天地良心"，故事情节变得更趋现实、合理。而四川《当"象棋"》，则与我国流传广泛的"识宝"故事交融，典当者当的不是"良心"，而是一副价值连城的象棋。原来当铺伙计是个读书人，他懂得不少古董知识，在典当者来当象棋的时候，他"抓出一把棋子看了看，立时开了当票"，果不其然，该象棋是皇帝赐封的宝物。像这种结构的故事，在处理人们奉为至圣至宝所当之物时，采用的手法都是先抑后扬，由真相不明到真相大白，从而完成好人有好报的民间叙事，它构成了我国"当良心"故事的第一种亚型。

"当良心"故事的第二种形态以浙江海盐流传的《王先生开当》为代表。该故事中的王先生在替张老板当伙计之时，见一可怜的妇女当裤子，给了她一两银子，却被老板解雇。王先生在众人帮助下也开起了当铺，想不到接的第一笔生意是当死婴。王先生在后园挖坑准备将孩子埋掉，想不到他却挖出了一罐银子，小孩也活转过来，自此王先生凭良心做生意，不仅意外地得到一个可爱的孩子，而且生意越做越大，最后挤垮了处处与他作对的张老板。这个故事围绕生意人的"良心"来组织结构，只不过王先生没有当"良心"，而是凭一颗善良的心赢得了众人的同情支持，才有幸福的结果。故事没有将死尸变成金身，而是置换为一个活生生的人。故事结尾的大变动，显示了该故事更加世俗化和生活化。

"当良心"型故事紧紧抓住商人品格的核心——"良心"，塑造了理想化的商人形象，寄托百姓的道德理想。作为中国民间文学中商业故事的"当良心"与其他商业故事表现的思想有许多相似之处，但是它在主题的开掘上却远远超过了其他商业类型的故事。我们常常看到一些商人也得财宝，但绝大多数却以"命中注定"的天命思想来解释，但"当良心"故事中商人发迹，不是命运，而是由于自己良好的商业道德赢得了民众，良好的思想品格招来了滚滚财源，均突出了中国民间商业故事特点，故事以聚焦的方式凸现了中国商业故事核心问题——"良心"，切中时弊而又不乏新意。

"当良心"型故事，以我国独特的商业行当——典当业为中心，展现商人在面对金钱时的良心、理智与贪婪的激烈较量和心理活动，虽然在艾伯华的《中国民间故事类型》、丁乃通的《中国民间故事类型索引》中无法寻觅到它的踪迹，但并不能否认该类型故事在中国民间文学乃至中国文化中的价值，相反它所涉猎的独特领域和表现出来的鲜明特点，充分说明了该类型故事在我国民间故事类型学上的重要意义。

总之，典当业从其兴起之初即以其同现实社会生活的广泛联系，为文学艺术提供了必要的文化素材与社会角色，并迅速在作品中得到不同程度的反映。因而，通过对文学艺术（主要是通俗文艺）中有关典当的描写的初步考察，必然会透析出类如上述一些有益于典当史研究的信息材料，并导致某些可资深入探讨的见解。可以说，这是中国典当史的又一文化视点，从这一视点所能考察到的是典当史的众多层面。因而，尽管这一章花费不少笔墨篇幅，还是颇有实际意义的。

主要参考文献

1. 二十四史中华书局点校本

2. 宋李昉等编《太平广记》，中华书局 1961 年版

3. 宋洪迈撰《夷坚志》，中华书局 1981 年版

4. 明顾起元撰《客座赘语》，中华书局 1987 年版（与《庚巳编》合订本）

5. 尚秉和编著《历代社会风俗事物考》，商务印书馆（长沙）1939年版

6. 瞿宣颖纂辑《中国社会史料丛钞》，商务印书馆 1937 年版

7. 杨肇遇著《中国典当业》，商务印书馆 1929 年版

8. 宓公干著《典当论》，商务印书馆 1936 年版

9. 《北京典当业之概况》中国联合准备银行"庶民金融丛书"第一号，1940 年版

10. 清佚名辑，丁红整理《典务必要》，刊《近代史资料》总第 71 号

11. 清佚名辑，齐思整理《当行杂记》，同上

12. 清佚名辑《当字簿》，影印本

13. 清佚名辑《当谱》，影印本

14. 张海鹏、王廷元主编《明清徽商资料选编》，黄山书社 1985 年版

15. 张正明、薛慧林主编《明清晋商资料选编》，山西人民出版社 1989年版

16. 何兹全主编《五十年来汉唐佛教寺院经济研究》，北京师范大学出版社 1986 年版

17. 傅衣凌著《明清时代商人及商业资本》，人民出版社 1956 年版

18. 〔法〕谢和耐著，耿昇译《中国五—十世纪的寺院经济》，甘肃人民出版社 1987 年版

19. 李华编《明清以来北京工商会馆碑刻选编》，文物出版社 1980 年版

20. 上海博物馆图书资料室编《上海碑刻资料选编》，上海人民出版社 1980 年版

21. 韩国磐著《南朝经济试探》，上海人民出版社 1963 年版

22. 李干著《元代社会经济史稿》，湖北人民出版社 1985 年版

23. 漆侠著《宋代经济史》（下册），上海人民出版社 1988 年版

24. 张博泉著《金代经济史略》，辽宁人民出版社 1981 年版

25. 韩国磐著《隋唐五代史纲》，人民出版社 1979 年版

26. 孔经纬著《简明中国经济史》，吉林大学出版社 1986 年版

27. 陈登原著《地赋丛钞》，中国财政经济出版社 1987 年版

28. 韦庆远著《明清史辨析》，中国社会科学出版社 1989 年版

29. 童书业编著《中国手工业商业发展史》，齐鲁书社 1981 年版

30.（卷一）〔日〕加藤繁著《中国经济史考证》，台湾华世出版社 1981 年版中译本

31. 罗炳绵著《近代中国典当业的社会意义及其类别与税捐》，台湾《近代史研究所集刊》第七期

32. 何龄修等著《封建贵族大地主的典型——孔府研究》，中国社会科学出版社 1981 年版

33. 胡如雷著《中国封建社会形态研究》，生活·读书·新知三联书店 1979 年版

34. 蔡国梁著《金瓶梅考证与研究》，陕西人民出版社 1984 年版

35. 贺海著《燕京琐谈》，人民日报出版社 1983 年版

36. 杨洪运、赵筠秋主编《北京经济史话》，北京出版社 1984 年版

37. 邓云乡著《红楼识小录》，山西人民出版社 1984 年版

38. 李乔著《中国行业神崇拜》，中国华侨出版公司 1990 年版

39. 王树村编著《中国民间年画百图》，人民美术出版社 1988 年版

40. 夏林根著《旧上海三百六十行》，华东师范大学出版社 1989 年版

41. 汪辟疆校录《唐人小说》，上海古籍出版社 1978 年版

42. 明减晋叔编《元曲选》，中华书局 1958 年版

43. 隋树森编《元曲选外编》，中华书局 1959 年版

44. 路工编选《清代北京竹枝词》，北京古籍出版社 1982 年版

45. 《传统相声汇集》（第六集）沈阳市文学艺术界联合会 1980 年编印

46. 林仲荣、李达才《旧社会广东的当押业》，刊《广东文史资料》第 13 辑

47. 高叔平《旧北京典当业》，刊《北京工商史话》第一辑，中国商业出版社 1987 年版

48. 高叔平《北京典当业内幕》，刊《文史资料选编》第 23 辑，北京出版社 1985 年版

49. 王子寿《天津典当业四十年的回忆》，刊《文史资料选辑》第 53 辑，文史资料出版社 1964 年版

50. 段占高，载田际春、刘存善编《祁县复恒当从业亲历记》《山西商人的生财之道》，中国文史出版社 1986 年版

51. 《我所目睹的复恒当号规》同上

52. 董明藏、谭光熙《武汉典当业略谈》，刊《武汉工商经济史料》第一辑，武汉市政协 1983 年编印

53. 何卓坚《新会当押业》，刊《广东文史资料》第 56 辑（工商经济史料），广东人民出版社 1988 年版

54. 王定南《忻县悦来当》，刊《山西文史资料》第十辑，1982 年印行

55. 黄存厚《旧社会乐平的当铺和租老婆恶习》，刊《江西文史资料》

第七辑，1981 年版

56. （浙江省）实业部国际贸易局编纂《中国实业志》，1933 年印行

57. 曲彦斌著《中国民间秘密语》，上海三联书店 1990 年版

58. 宋张择端画《清明上河图》，人民美术出版社 1979 年版

附

录

# 一、论"典当"与"典当学"

## （一）中国典当业史及典当研究史的简略回顾

河南大学刘秋根教授最近在台湾一份著名史学杂志上发表的论文《关于中国典当史的几个问题——兼评〈中国典当手册〉及其他三种》①，对拙著《典当史——中国典当业的历史考证》②、香港学者罗炳绵的论文《中国典当业的起源和发展》③，以及我主编的《中国典当手册》④ 中的有关中国典当业起源见解，提出了商榷、批评。刘氏见解自有其一定道理，当然亦存在诸多值得进一步商榷之处，且留待另文专门进行讨论辩证。

---

① 《新史学》第十三卷第二期。
② 即《中国典当史》，上海文艺出版社 1993 年出版。
③ 载《食货》杂志 1987 年 10 月第 7、8 期。
④ 辽宁人民出版社 1998 年出版。

关于中国典当业的起源问题，仁者见仁，智者见智，迄今仍是学术界众说纷纭、莫衷一是的问题。我把中国典当业的历史总体地、简要地概括为八句话，这就是：

初见萌芽于两汉，肇始于南朝寺库，

入俗于唐五代市井，立行于南北两宋，

兴盛于明清两代，衰落于清末民初，

复兴于当代改革，新世纪有序发展。

具体地展开一些来说，却不是三言两语、几句话所能详尽的了。譬如"初见萌芽于两汉，肇始于南朝寺库"这两句，讲的便是中国典当业的起源问题。在这里，只是就一般而言地展示大体发展脉络罢了。

这里着重要说的是，面对有着大约 1600 多年历史的中国典当业而言，学界的典当理论研究状况如何？1996 年 4 月 3 日，中国人民银行《关于下发〈典当行管理暂行办法〉的通知》中谈到，"鉴于典当行在我国社会主义制度下属于新生事物，无论在理论还是实践上，尚须逐步探索"。1998 年秋，在纪念我国典当业复出十周年的全国理论研讨会（大连会议）上，我曾经谈到，典当理论研究尚显滞后。在最近举行的以纪念典当业复出十五周年为主题的"2002 中国典当论坛"会议上，有的业内人士再次提到了这个问题。这些看法是切合实际的。因为，在我国典当业"断档"多年之后重新复出，而且新时代的典当业应当如何发展、政府有关部门应予如何监管，一时间成了"新问题"。而国内典当学术界的现状呢，首先是全国根本就没有几位这方面的专家。

在此情况下，典当理论研究怎能不滞后呢?

　　中国典当业已经有 1600 多年的历史了，可谓历史悠久，源远流长。然而，关于典当学科学理论研究的历史却很短。有关文献表明，关于中国典当的系统或专题研究始于 20 世纪 20 年代末、30 年代初。此前，基本属于零散片段言论、札记。再即业内流传下来的一些业内经验记录之类，如《当字簿》《当谱》《典务必要》《当行杂记》《典业须知录》之类。较早的专门调研文章，为 1929 年发表于《工商半月刊》第 1 卷第 23—24 号上的《上海典当押质之调查》。第一部典当研究专著，是商务印书馆 1933 年出版的杨肇遇所著《中国典当业》; 随后，中山大学调查处于 1933 年印行了区季鸾的《广东之典当业》，商务印书馆于 1936 年又出版了宓公干的《典当论》。第一部中国典当史研究专著，为上海文艺出版社于 1993 年 1 月作为《中国社会民俗史丛书》一种出版的拙著《中国典当史》。也就是说，中国典当理论研究的历史迄今不过将近 70 年。

　　近 70 年的中国典当研究历程中，总计出版理论研究专著和有关知识读本约 20 种，发表学术论文、调研报告及史料等各类文章约 100

《广东之典当业》内封书名

多篇。相对中国典当业的悠久历史而言，这些研究成果实在是不多，不成应有的比例，却是现代典当理论研究应予珍视的基础性成果。如今，我们需要在这些既有的成果基础上，结合当代实际进行新时期的典当理论研究，开创典当这一科学研究领域的新时代。

综观以往近 70 年的中国典当研究，大致可以发现如下一些特点。从 20 世纪 30 年代至 40 年代末，大约 20 年，为第一阶段。此间，适值我国典当业衰落时期而政府又极力倡导发展农村典当之际，这期间的典当研究以调查分析探讨实际问题为主，多属应用性质的理论研究，以描述、分析性研究成果居多。此间的代表性著述，如《中国典当业史》《广东之典当业》《典当论》《北京典当业之概况》《天津典当业之研究》《农村典当业的崩坏及其对策》《我国典当业之检讨》《中国典当业资本之分析》《江苏典业之衰落及问题》，等等。

中国典当研究的第二阶段，是从 20 世纪 50 年代至 80 年代中叶。这一阶段 30 余年。背景是我国典当业被取缔的时代。这一时期的研究，主要侧重于典当史的"文史性"研究。其成果大致有两种类型。一种是关于典当史的理论研究，主要有罗炳绵的《清代以来典当业的管制及其衰落》《近代中国典当的社会意义及其类别与捐税》《近代中国典当业的起源和发展》《中国典当业的起源和发展》，陈国灿的《西夏天庆年间典当残契的复原》，果鸿孝的《清代典当史的发展及作用》，韦庆远的清代典当制度研究系列论文如《论清代的"皇当"》《论清代的"生息银两"与官府经营的典当业人》《论清代的典当业与官僚资本》，等等。另一种主要是以民国时期典当从业人员的自述回忆录为主的文史资料，如王子寿的《天津典当业四十年的回忆》，高叔平的《北京典当业内幕》，段占高的《祁县复恒当从业亲历记》，姜樵林《一个当铺伙计的见闻》，廉宗渭、王恩贵《我住当铺生涯的回忆》，张恩忠《我在"大兴当"工作的一段经历》，等等。

中国典当研究的第三阶段，是 20 世纪 80 年代末至今。亦即我国典当业复出的 10 年。这 10 年的中国典当研究，主要表现为典当史的理论研究和面对典当业复出诸种实际问题的应用研究。这一时期的典当史理论研究，也主要是针对典当业复出这一现实而进行的具有为现实应用服务的基础研究，其主要成果有曲彦斌的《中国典当史》，李沙的《当铺》，以及刘秋根的《中国典当制度史》等。此间的应用性研究成果，主要如曲彦斌的《典当古今谈》《中国典当拍卖业复兴的社会学思考》，雷德的《话说典当》，徐谨的《对典当的法律认识》，史浩敏的《论对典当业的法律调整》，薛军的《对典当的立法思考》，刘自普、牟秀民的《浅议房屋典当中的"绝卖"概念》，李婉丽的《中国典权法律制度研究》，以及陈开欣主编的《典当知识入门》，陈益民的《典当与拍卖》，林日葵的《走进典当时代》《画说典当》和《现代典当拍卖新论》等。

无论相对第一阶段亦即民初的研究状况而言，还是就当前典当业复出的实际需要来讲，现阶段应用性研究是比较薄弱的。毋庸讳言，目前典当理论研究总体水平滞后于现实行业发展的要求，尚难以适应理论指导实践的需要。究其原因是多方面的，主要是长期以来典当基础理论建设的本身尚未获得科学规范，形成专业理论体系；典当专业学者队伍薄弱、零散，不成规模，缺少一定数量和质量的具有专长的专业学者和专业研究机构；对当代典当业复出、发展的态势评估不足，缺乏科学预测，以及对理论研究重视不够，等等。

1987 年 12 月，以四川成都华茂典当行的成立为标志，古老的典当业在中国当代经济改革舞台上复出了，为中国典当史谱写了崭新的一页。

我本人是在典当业复出的两年后正式着手典当研究的。1991 年 1 月 20 日，我在为刚杀青的《中国典当史》撰写的跋文中谈道："时下，适值典当业刚刚复兴之际，亟需在充分调查研究的同时展开必要的理论研究，以利有关政策、制度的制定，指导其健康发展，在现实社会发展中发挥应有作用。在此意义上，本书的出版，正是在于完成一项基础性的准备工作。为现实服务，亦即我研究这一课题的初衷之一，期待它能发生这种效应。"此言 8 年之后亦即典当业复出 10 年之际，我在感到当初所言是对的同时，亦深切感到深化典当理论研究和创建中国典当学的社会迫切需要，也是我们这一代典当学者肩负的学术重任。我深信，有各方面的支持和学者的发愤努力，中国典当理论工作一定会有更高质量、更高水平的成果贡献给社会，贡献给这跨世纪前进的时代。

### （二）典当的性质与市场定位

中国的典当业，坎坎坷坷、起落沉浮，走过了 1600 年。尽管如此，当社会文明进程迈入现代文明的今天，她还能够在现代社会的经济舞台上重新占有一块尽管很微小却令人瞩目的市场空间，说明这个不断进步着的社会生活还在需要她。需要她什么呢？显然，需要她服务市场的功能。她能够服务于市场的功能，是其基本性质所决定的。而这个基本性质，也正是决定其市场定位的最重要的因素。

典当，是主要以财物作为质押而有偿有期借贷融资的具有浓厚商业色彩的金融经营机构，是中国乃至世界历史上最为古老的非银行性质的金融行业，也是现代银行业的雏型和源头。按照现行的《典当行管理办法》，典当行属于"特殊的工商企业"。

典当是社会发展到一定时期的历史产物。无论历来的人们对其或贬或褒如何评说，这个非主导性的民间金融行业，一直延续了十几个世纪，直到现代银行等金融业比较发达的今天仍然在社会经济生活中占有一定的位置，充分说明典当以其低风险经营来便捷地调剂资金余缺缓急的功能特点，在古今社会生活中均难以为其他金融机构所取代。

任何商业机构的设立，都是适应市场经济需求的结果。如果不存在相应的市场需求，便失去了其设立之本。我国典当业的复出，亦不例外。相去几十年前被取缔的传统典当业，重新复出的典当业业已具有当代社会经济、文化和市场需求与制度规范为印记，形成了一些新旧典当业的异、同之处。

新旧典当业的基本共同之处，主要有三。首先，典当行业赖以存在的营业性质，仍然是以财物为质押，限期、有息的有偿借贷，而且仍然属于高利贷款融资。其次，新旧典当业在社会金融经济市场中，均处于非主导的地位，均属于非银行性质的金融机构。尤其是在现代银行业比较发达的今天，这种在金融市场中拾遗补缺的非主流性的辅助性地位，或说是经营的市场定位更为明显。第三，新旧典当业在社会经济生活中的功能及经营方针，均属一种灵活便利的调剂资金缓急余缺的非银行机构的融资渠道。

这一点，也是其在当代金融经济体制改革中获得重出机遇的根本所在，即社会经济生活需求具有这种功能特点的非银行性质的融资机构。

新旧典当业的基本差别，大体主要为三个方面。首先，是社会的政治经济制度及开当资本金所有制性质的差别。在以往的封建社会或半封建半殖民地社会的政治经济制度下，对应开当资本金有寺库资本、官府资本、官僚资本、商人资本乃至殖民地中的外国商业资本（如东北沦陷时期的大兴公司典业及天津租界日本浪人的小押当等），有寺库质贷、皇当、官当、民当等多种所有制类型。我国典当业重新复出之初，有国有、集体、私有、个体多种所有制形式。但按照《公司法》和《典当行管理办法》的规定，均规范为"有限责任公司形式组建"成股份制的"特殊工商企业"。这一点是基于国家根据公司法规范各类企业公司而对典当业实施的规范措施之一。其次，经营范围及出当客户发生了变化。旧时代的典当业的经营收当范围，以衣物家具等日用品和金银珠宝贵重物品居主，少量为生产工具或生产资料，出当的客户大多是城乡贫民或一时拮据窘急的中产阶层；如今则主要收当生产工具、交通工具和生产资料，兼及金银珠宝饰物等贵重物品，一般衣物家具等日用品很少收当，出当的客户以中小企业、私营企业、个体企业或急需资金的贵重物品持有者，经常以典当维持生活的贫民客户出当率较低。第三，典当行的经营方式从封建社会的传统小生产的全封闭或半封闭化，转变为开放式、公开化的经营管理。完全淘汰了旧有习用的典当业隐语行话、当字、旧当票样式和用语，以及传统的行帮组织与行规，采用了现代企业会计制度和新当票（契约）。清季曾国藩出任两江总督时曾通令禁用当字，非但行不通还落下了笑柄。如今适应当代金融市场需求的典当业，已将其自然摒弃。

不久前，在《弘扬传统典当文化，造就现代文明新典当——"2002 中国典当论坛"开幕词》中，我提出一个行业所面临的新的课题，那就是，如何弘扬传统典当文化，造就现代文明新典当。我认为，传统典当文化也是值得关注的有益于行业自身发展建设和有益于社会文明进步的行业文化、企业文化。缺乏良好文化素质的行业，只能是急功近利的、没有前途的"土老冒儿"行业。对于具体的企业来讲，也是同样的道理和规则。

人所共知，典当业的行业形象一向不够好，总有一个高柜台、刁朝奉的奸商形象阴影伴随着似的。在今天这样新旧典当行亦有很大区别的时代，应当正视历史形成的事实和影响。所以，要想营造现代典当行业的美好新形象，就像传统当铺门前的楹联说的那样："上输国课裕国富；下济民急慰民生。""济困扶危，显接邦家高血脉；裕国便民，流通天地大精神。"弘扬传统典当文化，造就现代文明典当新形象。

典当业的根本社会功能在于调剂资金缓急余缺，是其市场定位之所在。这个一向被视为"高利贷"的行业之所以能够存在、延续 1600 多年，而且我国一度中断 30 年之后得以复兴，根本原因在于社会经济生活需要它这种便捷地调剂资金缓急的功能。世界上其他经济发达国家或地区的典当业迄今仍然常盛不衰，根本原因亦在于此。我觉得，这些楹联所反映的传统典当文化还没过时，还具体地体现着这个行业的社会功能与行业精神。要用优秀的传统文化营养自身、自我教育，同时又营养社会、教化社会。典当文化亦不例外。尤其典当业，自古就是以慈善事业起步，由儒商经营发展过来的行业。中国历史上恐怕只有一个行业的学徒称作"学生"，那就是典当业。不仅从事典当业务需要文化，更在于这个行业的一个优秀的传统是注重文化。因而，现代的典当经营管理者就更应是高素质的现代企业家。要通过弘扬传统典当文化，提高行业素质，规范经营，正确处理好义与利的关系，服务社会，进而造就现代文明典当新形象。弘扬传统典当文化，为中国典当业的健康有序发展，为社会创造更大的效益！在此社会氛围之下，典当业才商机多多，为社会贡献多多。

## （三）典当学的形成及其基本原理

在中国历史乃至世界史上，典当是一种古老的经济活动和行业。在中国和世界科学史上，典当学是一门刚刚构建而有待完善和深化的新学科。我在 1998 年 5 月撰写的《略论中国典当业的历史与现实——兼"中国典当学"雏议》长文中，首次提出了建立典当学的命题。文中谈道①：

> 中国典当业的复出的现实和未来的发展，渴待并呼唤着典当理论研究的指导、支持与规范。典当理论研究所面临的现实急需完成的课题很多，需要理论工作者回答、阐释和为有关决策、操作提供科学咨询、指导的事项千头万绪，其中最核心的课题是在总结历史、面对现实的基础上，借鉴经济学、金融学理论，构建中国典当学的科学理论体系，以不断完善的典当学科学理论具体指导典当业监管与从业实践。
>
> 典当学以典当原理、活动机制、规律和典当业的经营管理

---

① 此系《中国典当手册》前言，见第 33—34 页，辽宁人民出版社 1998 年 7 月出版。

及规范为主要研究对象，借鉴经济学、金融学及社会学等相关学科的科学方法，研究典当的社会功能、操作的制度规则、制定修订有关法律法规、预测发展趋向、指导从业及政府监管实践。典当学理论是指导从业者规范行业行为的基础，是科学监管典当业经营活动的理论依据，也是社会各界正确认识典当业和典当行为的基础知识读本。目前，编著《中国典当学概论》或《典当学教程》不仅仅是一种现实需要，其条件也日益成熟。因而，需要典当学专家同相关学科、领域学者和典当主管机关、有见识的典当从业人员的通力协作，共同促成一部比较完善而适合应用的，在中国典当史上具有划时代意义的《中国典当学概论》尽早诞生，这将是中国典当学这一金融学重要分支学科正式确立的基本标志。同时，这也是典当科学理论工作对中国典当业的适时复出与规范发展，对中国经济和金融体制改革的最根本的支持和重要贡献。

如今出版的《中国典当学——典当学原理教程》①，便是这种努力实践的初步结果。书中，反映了这一时期我们对典当学基本理论框架的初步思考。

什么是典当学？其研究对象、性质和任务是什么呢？简言之，典当学就是进行典当理论与实践研究的一门社会科学。典当学以典当原理、活动机制、运行规律和典当业的经营管理及规范为主要研究对象，借鉴经济学、金融学及社会学等相关学科的科学方法，研究典当的社会功能、操作的制度规则、有关法律法规、预测发展趋向、指导从业及政府监管实践。典当学理论是指导从业者规范行业

---

① 河北人民出版社 2002 年 6 月出版。

行为的基础，是科学监管典当业经营活动的理论依据。

典当是社会经济生活中兼具商业属性的金融活动和机构，因而，典当学是一门同经济学、金融学以及社会学等密切相关的边缘性学科，其科学研究领域是个同相关学科交叉关联的领域。相关学科从各自视点进行典当研究，并关注和借鉴典当学研究成果；典当学积极借鉴相关学科的典当研究成果，多方位、多视点地进行典当的综合研究，进而构建、充实本学科的理论建设和应用研究。

典当学与经济学。典当业是应社会经济生活的需要而产生的，其一经产生便成为社会经济生活整体的一个有机组成部分。在社会经济生活中，典当的有期有偿服务的经营活动，以及当物的评估、绝当物的变卖拍卖处理，使之兼具较强的商业属性，连同其社会功能，同历代国计民生发生了不同程度的关联。因而，成为经济学与典当学共同的研究领域。

典当学与金融学。金融学是经济学的重要分支学科和相邻学科。典当作为一种主要以质押贷款为融资主式，其根本的属性是一种金融活动。传统典当业是现代金融业的鼻祖和雏型，现代典当行是非银行性质的金融机构。这些，决定了典当是金融学和金融史学的主要研究领域之一，典当学则是专门以典当和典当相关事物为研究对象的专业学科。

典当学与社会学等。典当活动是社会生活的一部分，一部完整的社会生活史之中包括着典当史。从社会价值观念、社会心理考察典当活动及其社会功能，从典当活动透析社会生活，是社会学的重要视点。长期以来，典当主要处于非主流的民间金融活动和机构的层面，这一定位以及传统典当业的行业社团组织、行规、行话、当行职事习俗等，均属民俗学所关注的研究领域。中国学术史上的第一部《中国典当史》专著，即出自民俗生活史视点对典当这一古老的民间金融商业行业的关注，撰写并作为《中国社会民俗史丛书》的一种出版。

相关科学领域有关典当的研究，为典当学的形成作了极有意义的科学积累，而且还将继续为典当学的科学体系的完善与深化源源不断地提供丰富的营养，不断充实典当学的建设与发展。

以中国典当业的历史与现实为文本构建的典当学理论体系，是中国典当学。中国典当学不是孤立存在的，是在世界典当史、典当理论与实践的背景下主要立足于中国典当研究的典当学。中国典当学在主要立足于本国典当研究的前提下，积极关注并借鉴、吸纳世界各国的典当理论与实践经验；作为具有悠久文明史和典当学发达史的国家的典当学，是世界典当学领域的一支重要的有机组成部分。中国典当学的建立与发展，将为世界典当研究和各国典当业做出有益的理论贡献，提供可资参考借鉴和交流的实践经验。

相关学科对同一事物的关注与研究，采取的是各自不同视点的需要；有关这一事物的专门学科的形成，要求其对这一事物进行多视点的综合性系统研究。典当学之于典当的研究，是对典当的多视点的综合性系统研究。典当学作为一个相对独立的科学系统，主要由典当史学、理论典当学、典当法学和应用典当学四个分支部分构成。每个分支领域的科学研究，均有其主要的研究对象、研究方法和科学意义。

第一，典当史学。典当史学以典当的产生、发展的流变历史为主要研究对象，通过对各类有关历史文献的发掘考证，正确地描述、阐释典当史，在分析、归纳中发现其运动规律，进而为理论典当学、典当法学和应用典当学研究奠定基础，提供借鉴和历史依据。很难设想，连一种事物的基本历史都未能廓清，如何进行其理论的和应用的研究。

在研究中国典当史的同时，也应进行世界典当史的研究，将本国典当史置于世界典当史中去进行纵横比较研究，从而把握典当业兴衰流变的总体规律和值得注意分析的个案案例。

第二，理论典当学。如果说典当史学相对是静态的研究领域，那么，理论典当学和应用典当学则属于相对动态的研究领域。理论典当学的研究对象，主要是典当的性质、原理、社会功能、活动机制、特点，典当在社会经济、金融乃至国计民生中的定位、作用，典当与社会生活的关系，既要发掘典当史上的零散的理论思想、观点，也要借鉴利用运用现代社会科学乃至自然科学的理论、方法和成果，还应注意关照并有选择地参考借鉴国外的典当理论研究成果。

如何把握理论典当学与现实应用的关系呢？典当学是一门偏重为现实应用服务的科学，因而其理论典当学研究必须关注典当活动在社会发展中的各种动态趋向和变化，并及时地给予科学的阐释、理论指导和预测，在社会实践中不断完善、深化和发展典当学理论。

第三，典当法学。典当活动和典当业的经营要依法行事。尽管目前我国尚未设立专门性的典当法，但典当行的注册成立和经营，均以有关法律、法规为依据进行，比较直接的是《中华人民共和国担保法》有关条款的规定，以及中华人民共和国公安部1995年9月15日颁布的《典当业治安管理办法》，中国人民银行1996年4月3日颁布的《典当行管理暂行办法》等。

典当活动和典当业的经营，涉及的法律、法规较多，例如民法、刑法、担保法、公司法、合同法、拍卖法、银行法，等等，主要是有关经济、金融方面的法律和法规。典当法学，是主要研究有关典当活动、典当业经营的法律、法规。物权法、担保法等有关质押、抵押的法理与规范，是典当法学研究的基本内容。因为，它直接关系典当的性质、经营机制及经营管理，以及有关典当法律、法规制度的制定和实施。

典当法学研究有关法律、法规制度的目的，既在于探讨相关的法理和法律依据，协助国家有关方面制定、完善有关典当的法律法规，以此来规范行业行为，规避、化解经营中的关系法律制度方面的风险；同时，也在于规范典当业市场，维护法律制度所规范的金融秩序和社会经济生活秩序。

借鉴古今中外有关典当的法律、法规制度，制定、完善合乎实际、切实可行的、科学的典当法律或法规制度，是典当法学长期的任务。在现行有关法律、法规尚未建立或有待完善的情况下，这个任务尤其繁重而富有实践意义。

第四，应用典当学。应用典当学以典当活动和典当业的经营管理为主要研究对象，是典当学直接介入并指导实践的分支研究领域，是典当学作为一门应用性较强的科学的直接体现，直接体现出典当学研究的主要科学价值和社会意义。

应用典当学突出关注的内容是典当业的经营管理，典当业务操作，典当行的设置布局与监管，典当业务的风险与防范，典当契约与财务制度，典当活动中的当物鉴定、评估和保管技术，典当市场分析，阶段性的典当业发展分析评价，行业总体发展的中短期预测，以及典当企业文化建设，等等。为此，应用典当学研究要根据具体的研究内容、目标，采用切合实际的科学方法，如实地调查法、问卷调查法、定量分析法、定性分析法、综合归纳法，乃至建立数理模型等。①

　　这一理论建设，已经获得了有关方面的响应和认可。有的高校的相关专业已经开设了典当学课程，也有的相关大学正在以此为基础积极创造条件设立典当专业。还有的典当行经营管理者在进行理论探索中，也开始切入了典当学的理论性思考②。凡此说明，中国典当学的适时建立是社会生活的要求，是典当科学理论研究发展到现阶段的结果，不仅适应了中国典当业适时复出与规范发展要求，也是对中国现阶段经济和金融体制改革的应有的支持和贡献。

# 二、港澳台三地典当业掠影
## ——《中国典当史话》书摘

　　由于政治与历史的缘故，在内地（大陆）典当业消失的数十年间，香港、澳门和台湾三地的典当业始终处于连续性存在的状况。而且，伴随着三地各自的社会、经济向现代化过渡与发展，

---

　　① 近年来，美、俄等国典当业均有采用建立有关数理模型进行典当财务管理和市场分析的实例。

　　② 例如，杭州国信典当行经理林日葵所著《现代典当拍卖收藏新论》的第八篇文章为《关于建立典当学的有关问题》。作者在自序中谈到"本书搜集了 21 篇短文和一个附录。其中有已经发表过的，有未曾发表过的。内容包括典当、拍卖和收藏三个方面。时间上集中在 1999 年和 2000 年这两年。本书实际上也是我研究典当、拍卖、收藏理论和实际问题的一个论文集。我出版这本书的目的是为了推动理论界、典当界、拍卖界和收藏界的同仁们共同探讨和研究典当、拍卖、收藏这方面的问题，促进典当和拍卖理论体系和学科的建立和发展"。《现代典当拍卖收藏新论》，中国商业出版社 2001 年 2 月出版。

典当业都找到了自身应有的市场定位，基本上实现了从传统经营方式向现代经营理念的转轨。其经营现状，既是当地市场经济的场景的一个方面，同时也为内地（大陆）典当业向现代化市场经济的转轨提供着很有现实意义的借鉴。

## （一）　从《第八号当铺》说起

近年里，香港和内地分别有两部贴着"典当"标签的流行文学作品风行一时。一部是香港新生代当红女作家深雪推出的《第八号当铺》，另一部是内地作家杜文和的《六女当铺》。

其中，《第八号当铺》的大致的剧情是这样的：故事开始于一个流传千百年的传说，相传只要找到第八号当铺，无论任何需求，都能够如愿以偿，但必须付出等值的代价。沿着一张地图，你会找到鬼魅的第八号当铺，这里可以实现你的所有欲望，只要你肯典当金银珠宝、地契、楼契，哪怕是你的四肢、内脏，还是运气、智力、理智、快乐、幸福、爱情，甚至价值昂贵的灵魂……在欲望的驱使下，第八号当铺成了一个人类贪欲的竞逐场，血淋淋、冷森森的交易常常在不动声色中进行，但是最终，当铺那一对俨然主宰着世人命运的男女，最终仍然放弃了当铺的经营，在火海中获得爱情的永生。第八号当铺其实是黑暗世界的主宰——黑影的阴谋。他利用人类无尽的贪婪和欲望，引诱人们前来交易，最终是想收取人类的灵魂，达成控制世界的目的。当铺老板由黑影亲自挑选，一旦成为当铺老板，除了可以长生不死，更有享之不尽的荣华富贵。明朝年间，当铺老板因私自将客人的典当物据为己有，被黑影发现，后来惨遭烈火焚身而死。失去老板的第八号当铺因此暂时在人世间销声匿迹，黑影只好重新挑选新任老板。转眼间来到清朝末年。新任老板虽不愿屈服却遭受黑影接二连三的胁迫，于是，为了家人安危，他被迫典当爱情以换取妻子一生幸福，同时和助手阿精一起成为长生不老的"第八号当铺"主人。他站在人性的尽头、欲望的深渊之间，一手掌管欲望与灵魂的黑暗交易，外表虽冷酷无情，但人性未失的老板，最后能否摆脱黑暗势力控制，找回失去的爱情？他又是如何对待每一位前来寻求典当的委托人呢？

## （二）香港开埠之先就有了典当业

香港是中国现代市场经济比较发达、活跃的地区，当地的现代银行当然也是比较发达的，在主流金融活动中起着十分重要的作用。不过，香港的传统典当业并未因此而消失或衰落。

典当业是香港最古老的行业之一。据历史文献记载，早在香港尚未开埠的 19 世纪 40 年代之前，当时还是新安县时，这里就已经出现了典当业。《广东通志》记载，清道光元年（1821 年），新安县在官府注册的当铺有 16 座，每年共计向官府缴纳税银 80 两。也就是说，每座当铺年课税银仅仅 5 两，显然都是一些规模较小的"当押"。若论迄今有据可证的香港最早的典当行，当属清康熙年间（1622—1722 年），新安县东南元朗（大致相当于如今的新界一带）大王古庙的功德碑上记载的"泰安押"和"普源押"两座当铺。

开埠之初，由于前来参加开发的劳苦民众人数骤增，元朗、大埔等墟市原有的当铺也瞄准商机纷纷来港岛发展业务。此时的香港虽说已在英国殖民者的统治之下，但迅速发展的典当业仍沿用着传统的经营方式开展业务。无论从管理到当票的样式，当铺的门面设计、装饰，以及当铺的招牌等等，都一仍传统习惯未改。直至今日，香港当铺使用的招牌，仍然是蝙蝠图案！门内，仍然有一块大木板作为"照壁"，仍然是高过人头的柜台，开当票仍用墨笔字，仍然使用传统的"当"字符号。

香港开埠之初，作为当时早期的本埠银行业尚不很发达，因而传统的典当业并未受到开埠的影响而萧条。反而，由于这个行业同市民生活关系密切，加之港、澳两地的赌博行业都十分活跃，赌徒经常需要到当铺解决赌资一时窘急的问题，于是这里的典当业便在后来本地银行林立的时代，以其融资便捷的优势仍然得以正常发展，历久不衰。并且随着新市镇的出现，形成了不断增加的趋势。1845 年英商创办的东方银行（金宝银行）登陆香港，打破了以往香港金融业由典当业一统天下的局面，遭遇到了强大的竞争对手。

换言之，时至今日的香港典当业，仍然保持或部分地沿用着开埠之前本地典当业的行业传统。中国传统的典当文化，仍然可以在此看到许多鲜明的遗迹。

## （三）"富辉押"风波

开埠之初，在殖民统治者英国人眼里，典当业还只是中国一般的传统店铺，没有规定当铺必须领取专业牌照。所以，从 1841 年到 1850 年这 10 年当中，香港典当业仍与普通店铺一样交纳一般的牌费和税项。当时有个规定，商店收售贼赃要治罪，当铺既与普通商铺一样，收售贼赃当然也应治罪了。

当香港还处于开埠初期，治安状况十分不好，由于当地典当业在习惯上并不要求当户出具真实姓名、住址之类就可以交易，所以，当铺就自然成了盗贼主要的销赃之处。后来，当警方发现了这一点，就经常到当铺查赃，或借此经常到当铺骚扰。于是，引发了 1858 年的"富辉押"风波。

1858 年 1 月，为抗议香港警务当局在查案名义下对当铺的骚扰，举行了全行业的总罢市。不过，这次罢市的积极参与者，被推举为与官方谈判的代表之一"富辉押"老板秦阿昌，被殖民当局根据窃贼的供词以收赃罪于同年 3 月重判充军 14 年。原本非恶意受了赃物的秦阿昌不服判决，于是当庭据理力争，再次在典当行业引发震动，甚至引发了全港的声援，被视为歧视华人、小题大做，坚决要求予以改判。《香港法制史实》有关于富辉押事件的记载。其中写道，1858 年，有积匪唐阿善以盗来时表一件质于富辉押，为警探查悉，人赃并获，复以该押当事人秦阿昌擅质贼赃，遂一并加以拘捕，被控盗窃接赃罪。三月一日解高等法院刑事庭审判。结果，经陪审员断定两被告罪名成立。承审官正按察司晓吾以案情重大，应处重刑。其判词有云："本案事关接赃，尤应加重罪行，盖盗窃案层出不穷，实因有接赃者间接助成之，惩一所以警百也。"及援最重刑律之条，选判第一被告唐阿善戍刑 15 年，第二被告秦阿昌戍刑 14 年。第二被告闻判，愤极抗言曰："轻罪重罚，与其流徙千里，毋宁甘受死刑?"坚请改判，屹然不愿行。嗣以警察六人之力，始曳之下庭去。

就这样，在行业自身的愤争之下，在全社会舆论的压力之下，由两个半月之后新上任的港督从轻发落，改判为两年有期徒刑。这场风波，促进了香港典当业管理的法制化进程。1858 年 7 月 6 日，香港的第一部典当业法规《当押商条例》发布实施。此后的 100 多年里，经过多次修订沿用至今。

这部《当押商条例》总共 10 条，具体规定：（一）凡开设当押，须先领取牌照，牌照以一年为期，上期缴纳，全年五百元。（二）所发牌照，只限于典押生意，不得兼营别业。利息则有如下之规定：甲、一元以内者，第一个月一分息算，下月每月三厘算。乙、一元以外，七元以内者，第一个月八厘息算，下月每月三厘算。丙、七元以外，一十四元以内者，第一个月五厘息算，下月每月三厘算。丁、一十四元以外，二十四元以内者，第一个月三厘算，下月每月二厘算。戊、四十二元以外，一百四十元以内者，第一个月二厘算，下月每月二厘算。巳、一百四十元以外者，第一个月二厘，下月每月一厘半算。庚、如当棉胎、鞋、皮杠、铜、铁、铅、锡、金银质、钟表、玉石，及各种宝石等，息假另议。（三）利息表须悬挂于铺内当眼地方，违者罚款五十元整，并将牌照取消。（四）取赎期限，以一年为期。（五）偶遇有失窃或抢劫案发生，警司有手谕着警察到店查赃时，须将所当物件及数部交出察看。关于当入失窃之物，物主得有裁判道批词在文件之上，有权取回，用银或不用银取赎，由裁判道决定。（六）所当之物，如期内被人偷取亏空，或私行转售，或毁坏有伤价值者，裁判道将损失之价值判定，当铺须照判定之价除还本息，照钱赔偿。（七）如押物期满不赎，当铺有权将所押之货物发卖。如押物人到期能将息项清缴，则可再赎期限。（八）凡所当物未到取赎时期，有接到当物人通告遗失当票者，则该物不可使别人取赎，并须将货物扣存，以便查究。（九）凡见有到当铺当物而行迹可疑者，当铺人员有权将之扣留，并交警察查询。（十）十岁以下之小童，不许当物。每日下午八时至晨早六时不得营业。

### （四）典当业危机与脱颖而出的"当铺大王"

20 世纪 30 年代之初，香港典当业出现了一次开埠以来的空前危机。

这次空前的危机，直接的导引线是重新修订的《当押商条例》。这个《当押商条例》自 1858 年出台之后，到此时已经 70 余年。港英当局除了充分肯定了典当业的高利贷，规定了当铺按农历计收月息的办法，同时也特别增加了对典当业牌照费等的课税。而当时，香港地区正受世界性的经济不景气大背景的影响，经济衰退也已达到了极点，市场价格不稳时常波动，当铺"绝当"物品难以保值。所以，本是"一本万利"的典当业出现了萧条景象，很多当铺出现了亏损，甚至停业、倒闭。于是，香港典当业出现了一次开埠以来的空前危机。

经济危机或是行业危机，虽说对全局、对大多数人来说是一场灾难。但"祸兮福所藏"，由于危急之中同样潜藏着大好的商机，故而也有因祸得福者。危机只能影响资本不足、经营不善者，实力雄厚的公司或个人，并不惧怕"危机"，典当业危机亦如此。在香港典当业的这场空前危机之中，脱颖而出了一位"当铺大王"，那就是著名的商人李右泉。

李右泉先生原名李肇源，右泉是他的别字。他十几岁就到香港谋生，学习经商，先后在香港创办了多家工厂，是位杰出的企业家。据说，他最先是在一间当铺当小厨，而后靠勤奋致富。早年，他曾开办了几座当铺，后来便分散投资经营一些其他商业项目，既过做地产、南北行，还开设过冰厂。同时，还热心于公益，先后出任过东华医院经理、华商总会主席等职位。当 1932

年本港出现典当业危机之际，在很多当铺倒闭的情势下，他所经营的当铺仍然坚持继续营业。由于港岛的当铺一时间减少了很多，他坚持继续营业的当铺生意也就格外地好于以往。在自己的当铺坚持继续营业的同时，他一方面积极与支撑十分艰难的当铺合作经营，另一方面就收购一些倒闭的当铺。就这样，他几乎拥有全港当铺80%的股权，危机促使他成了全港典当业的大股东，被誉为"当铺大王"的雅号。

## （五）环绕麻雀学校和投注站当铺

《香港赌博史》的作者鲁言说，作出当押业会被淘汰的结论，只是书生之见。因为他们没有研究过现时香港当押店的经营方法，也未深入调查过当押业与赌博业有共生的生存作用。很多人只见到近年来有很多当铺结束营业，却没有注意到也有新开业的当铺。新开的当铺数目虽然不多，但仍是有新开设的。新开设的当铺，多在场外投注站附近和麻雀馆附近。这一点，已足以证明典当业和赌场有共生性。鲁言经过长期的调查发现，投注站场外开设的地点，附近必有当铺。当铺是早已存在的，投注站是后来才开设的，为什么场外投注站选择的地点，附近必有当铺呢？这是巧合吗？为此，他在撰写《香港赌博史》的时候，曾经深入到很多麻雀学校去调查研究。他经过深入调查发现，是"麻雀学校必须支持当押业的生存"。由于麻雀学校是现金进行赌博的场所，赌徒输光了现金之后，就要离台，但赌徒意犹未尽时，希望赢回所输去的现金，就必须求借。求借的办法是将身上值钱的物品拿出来抵押以换取现金。例如将手上的手表，身上名贵的打火机、墨水笔等物品抵押。在麻雀学校内有一句术语形容此种行为，称为"落码"。"落"乃将身上的东西取出来之意,"码"是"银码"的简称。将身上的东西"落"下来,换取"银码",就是"落码"。麻雀学校如果不提供现金给赌徒周转,肯定失去很多赌客光顾,收入定受影响。但若提供现金给赌徒抵押物品,则必须有大量的现金周转,同时需要有认识物品的专业人士在场鉴定物品的价值,否则就不能进行"落码"的行动。因此,麻雀学校需要向当押业求取合作,他们要求当押店代理这种业务,使赌客能在麻雀学校内进行"落码"。于是麻雀学校内,设一间名为"码房"的房间,这间"码房"就是当押店派人长驻于麻雀学校的"办公室"。麻雀学校既要进行"落码"行为,就不能不要求有一位鉴定物品价值的专家长驻工作,更重要的是,要提供现金。这种功能,只有典当业才能胜任。所以,大多数麻雀学校,愿意每月提供一笔津贴给协商的当铺,求它派人到"码房"去,主持此项提供现金周转的功能。通常这笔津贴,每月为 15000 港元。麻雀学校当它是一种皮费,每日支出 500 元,作为"码房"的员工的支出,实则是给予当铺的津贴。所以,凡到麻雀学校去"落码"的人,他们输光了,无法即时赎回抵押的物品,他们就会得回一张当票,作为麻雀馆已将他的物品拿去当押店抵押。事实上,抵押品早已拿去当铺抵押,只是在抵押之初,未给当票,以便赌客赢了钱时,可立即免息赎回。当押店因有麻雀馆的津贴,对于当日供出的利息亦有着落,故能长期合作愉快。明白了这种情形,就知道香港的典当业不会被淘汰。除非全面禁赌,否则典当业仍是会生存下去的。他预言,假如赌风日炽,典当业还会大大地发展起来的。

## （六）稳定发展着的香港典当业

可以说，香港的典当业的发展，是在与银行业的竞争和反歧视的抗争之中一路走过来的艰难历程。1845 年，英国的东方银行（又称金宝银行）作为登陆港岛的第一家现代商业银行正式开业。随后，有利银行（1857 年）、渣打银行（1859 年）、汇丰银行（1865 年）等现代银行纷纷先后也登陆港岛，形成了一个强大的香港金融体系，彻底地打破了以典当业等民间金融业一度一统天下的"霸主"局面，成为港岛典当业多年来首次遭遇到的空前强大的竞争对手和商战劲敌。

如今，在全港银行、担保公司等各类金融机构多达数十家的情况下，1987 年，全港共有当铺 150 座。到了 2000 年时，已经多达 200 多座，平均几万人口就有一座当铺。这同北京、上海、南京、沈阳等内地大都市的上百万人口才拥有一座当铺相比，可谓发达得很。是什么使之在非常残酷的金融市场竞争中得以站稳脚跟稳定发展至今的呢？应当说，首先还是典当业为适应生存需要而进行的自身经营理念和经营方式的不断调整，再即市场对这个特别行业的切实需要。平民阶层对当铺便捷解困的市场需求，以及博彩业对当铺便捷融资功能的依赖，都是其保持强劲生命力的基础。即如《香港赌博史》的作者所预言的那样，除非全面禁赌，否则典当业仍是会生存下去的；假如赌风日炽，典当业还会大大地发展起来的。

而且，在如此开放、"西化"的地区，香港当铺的经营，古香古色的招幌、设施、铺面装饰，通常多为单层建筑，整体面积都不大，当厅也就有 8 至 10 平方米左右。突出的特点，就是

"小门脸儿、高柜台、大屏风"。一如旧时的当铺设施，内厅与当厅成二级阶梯结构，完全由铁栅栏的高约 2 米多的高营业柜台隔开，柜台外右侧有一个供员工拾级进出的小小便门。当户进店，仍须仰起头来才能与内厅里的"朝奉"说话、交易。营业厅的入门处，有的还设有一扇书写着当铺商号的木制大屏风。这种格局，可以使人油然联想到鲁迅笔下的传统老当铺的建筑风格。当然，这些当铺的装修远比旧时代要考究、气派得多得多，采用了大理石墙面等许多现代高级建筑装饰材料和工艺技术。

特别是，使用毛笔和"当"字书写当票不用计算机打印当票等等方面，仍然保持着中国典当业固有的传统特色，香港典当业从业人员仅书写"当"字、辨认"当"字这一功夫，不止非普通人所能，就是内地现今典当业的从业人员也极少有能读写的，除非为数甚少的个别专业学者。这个本身也可谓一大景观。大多只会讲广东话的这些"朝奉"，各有自己的一手鉴别金银珠宝等当物特殊的专业才能。一块劳力士手表递上去，只见那"头柜朝奉"麻利地打开表壳后盖，戴上专用眼镜仔细一验看，便可迅速地确定手表真伪，当即报出按市场现值估价以及打折之后的当金数额。同样一块劳力士手表，先后送进几家当铺所报的估价大体相近，足见当地当铺从业人员的鉴定、评估技能等业务水平的整齐和高超。

因而，港岛的当铺不仅可为世界各地前来旅游的人们便捷地解决一时窘困，同时也是一道可供观赏的历史文化风景线。

在香港，不仅由政府有关部门对典当业依法进行监管，作为香港行业自律组织、位于铜锣湾洛克道上的"香港九龙押业商会"，是依法注册登记的股份制社团法人，通常也代行政部分职能，如在全香港所有当铺中例须悬挂的《政府公告》和《押物人须知》。更多的，还是负责处理业内重大事务，如1999年5月1日，人们会发现港岛所有的当铺大门上都贴出了一张粉色告示，"五一劳动节休业一天"，落款正是"港九押业商会"。原来，自1997年香港回归以来，这一年是香港特别行政区政府首次安排社会各界放五一节公假，"港九押业商会"便特地印制格式化的告示执行政府的决定。

### （七）伴随博彩业而繁荣的澳门典当

澳门总面只有32.9平方公里，是个很小但很精致的小岛。不过，同内地相比，却是个设立当铺的数量最多也最红火的都市。而且，在新马路396号，由有着近百年历史的"德成按"改建的澳门"典当业展示馆"，还是全中国为数有限的几座典当博物馆之一。

明代开埠的澳门，清代开始出现了典当业。至清季民初，这里的典当业随着赌博业的发达得以进一步兴盛。为了规范行业的经营，澳门政府于1903年12月26日颁行了《澳门市当按押章程》。特别是到了抗战时期，随着内地居民的涌入，当铺的生意激增。全盛时期的澳门典当业，分为"当""按"和"小押"三种。其中，"当"的经营资金最雄厚、规模最大，当期可长达三年，利息也是最低的；"小押"的资本金和规模最小，当期仅有四个月至一年，但利息却较高；至于"按"，规模、当期和利息等，则居于两者之间。旧时澳门的典当业，以"按"为主流。在澳门的经济生活中，典当业与博彩业曾一度都是澳门的"巨富"行业。在20世纪50年代，澳门的30余座当铺几乎都是当时港澳大富豪之一高可宁一人的产业。时下已经被澳门文化局收购辟建为"典当业展示馆"的"德成按",原业主就是向有澳门"押业大王"之誉的富商高可宁。

全亚洲第一大赌城澳门的押当

在作为澳门首富的"第三代赌王"何鸿燊的记忆中,仍然记得他13岁时父亲投机破产,依靠母亲每天上当铺典当金饰度日的凄凉情景。说起来,"押业大王"高可宁在20世纪30年代本是澳门的赌王,澳门的典当业一向就同赌业如影相随。至当代,尽管银行业十分发达,但伴随着赌博业的持续发展,交易便捷的当铺仍然是不可替代的融资机构。任何手头一时窘迫的赌徒,都迫不及待地急需用身边能换钱的东西,如名表、金银首饰、名打火机、手提电话等,变现为赌资。于是,赌场周边也就自然而然地造就了一批应运而生的当铺群。赌场 24 小时不歇，"小押"则夜以继日营业。而且，与赌场相伴而生的"小押"群，数量的多少便因赌场的大小而异。在此出当的客户人员复杂，出当的物品也千奇百怪，真伪和品质优劣也参差不齐，因而当铺为了避免收当的风险，尤其注意货色的鉴别。通常店主、股东或资深店员担任担当的，本地俗称"二叔公""柜面"的典当鉴定师傅，至少要有 10 多年的经验才行。若是遇到一件价值昂贵的质押物品，总得经过两三位"二叔公"过目方才敢收下。这些当铺在经营上还有一个特点，那就是除了在铺面的当街高悬一个偌大的"押"字招幌，店门的两侧大都写着"昼夜服务，香港起货"字样的广告词。原来，这是为了适应从香港过境来旅游或赌博客户典当之后异地回赎的需要，这些澳门典当大都还在香港设立分号，或是

本书作者 2003 年 11 月 21 日在澳门"德成按"的客房考察

香港典当在此设立的分号。异地回赎起货，只需另行加付一定的手续费即可。至于逾期无人赎回的质押物品，自会有金银珠宝商或旧货商前来上门收购。

澳门现有的 40 余座"按、押"，在赌台数占全城过半的澳门第一大赌场葡京娱乐城的周边就多达十几座，诸如"兴富""洪发""大胜""必胜""永胜""金宝""百顺"等等，其押号的名

称，也大多取用赌场的口彩。再如金碧娱乐场附近有"荣丰""利顺""生昌""大荣"等押，皇宫娱乐场附近有"金富""和丰"，回力娱乐场附近有"合成""成发""和生"，金域娱乐场附近有"新安""永发"，等等，名称的寓意无不在"转运""发财"之类口彩上做文章。可以说，有赌场的地方定有当铺，当铺与赌场共生共存，这是当代澳门典当业的一大特点，也是澳门的一个独特的景观。

## （八）"德成按"：澳门近代典当业的缩影

曾经位居澳门四大当铺之列的"德成按"创设于民国六年（1917年），歇业于1993年。现在的澳门"典当展示馆"几乎完全保存了"德成按"的原貌，也就是说，是以"德成按"为"标本"设立的。现已改作文化会馆的当铺铺面的隔壁，乃当年当铺老板高可宁的住所。

典当招幌——澳门
"德成按"的招牌

港澳的当铺招牌，大都是采用蝙蝠造型再连缀着一个象征着钱币的圆圈。蝙蝠，取其谐音寓意着"福"，象征着钱币的圆圈寓意着"利"，合而便是"有福有利"之意。这种形制与风格，与广东传统典当业相一致。"德成按"的临街招幌，也是这样。其中西合璧的三层楼的外观，正是清季民初的澳门建筑风格。内地旧时的典当，铺门前面往往是一座影壁墙。临街而设的"德成按"，在营业大厅迎面立有一块大红屏风。屏风后面，则是那种传统的典型的铁栅栏、高柜台。从高柜台一侧的角门进入从前的内部营业厅，"二叔公"的高坐凳，摆设在柜台前的木制高台上面。柜台上，放着账簿、文具、印章和"试金石"等物件。右侧一角

澳门"德成按"的账簿

挂着取自《千字文》字序的号牌，"当簿"便以此为序编制。高台下，后堂一角是"卷当桌"，上面放着备用的卷当绳和包袱皮。业已卷好的收当物，在包袱皮上系着仍是记有《千字文》字序的号牌，正准备送入库房保管。"卷当桌"的墙壁上，挂着一块长方形红漆木牌，牌上写着"折货对牌，点明件数"八个颜体黄字。后堂墙上的一块提示牌，上面用中、葡两种文字写道："奉政府谕，按物人必须携备本人有相身份证或其他证件登记。特此通告。大按行启。"这块提示牌，想是原本挂在高柜台外面的厅堂给当客看的。至于另一块红漆黄字木牌，显然原本就是挂在后堂提示伙计们的。上面写的是："东家吩咐规矩：断期衣裳、镶石，不得私自拆看。东家与及伙伴与客买回自用，不得在铺议价。倘有违犯规例，立刻免职开除。务求各位遵守。司理人谨启。""司理人"，亦即俗称"二叔公"的"朝奉"，如今所说的经理。不许在铺内商议到期绝当之后处置的衣物价钱，显然由于

价钱不会高而避免使柜台外的客户闻之而影响收当生意。

作为当铺的重要组成部分，"德成按"庞大幽深的库房建得非常别致、精巧、牢固。说其"别致"，就在于它是由三层楼包建在当中的一座高耸着的多层塔楼。通往塔楼只有一个小门，又

澳门"德成按"通往库房的楼梯

窄又陡的木楼梯。每层四周通风用的小铁窗都厚重而狭窄，是狭小类似"枪眼"的铁枝窗口。塔楼的墙基用花岗石砌成，中间还夹着钢板。特厚的塔楼墙身，则用硬度高的青砖砌成。整个塔楼可以防火、防水、防盗、防土匪，就像一座碉堡似的。最为贵重的收当物品，存放在一楼"大夹万"密密麻麻的大小木柜里，其他的就依次存放到上面。塔楼内竖立着一个像图书馆中的书架似的，直达房顶的巨型木制货架。伙计们每天要多次爬上爬下迂回的窄梯，往返送放、查看或提取收当物品。"德成按"的建筑格局、外形风格和内部陈设，既体现着澳门典当业的地方特色、操作程序，也可谓中国近代典当业的一个时代的缩影。

## （九）台湾典当业及其五花八门的广告词

典当业在大陆曾一度消逝了 20 余年，但在台湾却一直是个长盛不衰的行业。大陆的当铺于 20 世纪 80 年代末复出之后，一度曾发展到 3000 多座。自 90 年代中期开始，经过多次清理整顿至今，则一直保持在 1000 多座。孰不知，这 1000 多座之数，也正与台湾近年来全岛公立和私营当铺数量的总和相当。

据媒体报道，近几年，受本岛的经济萧条以及银行"抢生意"等多种因素的影响，典当业出现了经营困境。过去以汽车、珠宝、金饰等典当项目为主，如今却扩展到手机、高级皮件、计算机、古董表及 DVD 等电器用品。由于社会经济的不景气，惨淡经营的台湾典当业为经营的长久之计和信誉着想，纷纷打出广告声称"万物皆当"。一些从业者说，早年生意好的时候，有的当铺平均一天有一两辆奔驰或宝马高级轿车典当，金额都在一二百万元（新台币，下同）之间，一般人典当至少也当个数千元。但近来拿低价移动电话典当 300 至 500 元应急者则日增，其中不乏当了一段时日就赎回者，且一当再当，每次周转几百元应急也好，这是经济好时所没有的现象。据了解，这类典当者主要都是年轻人，这些客户的典当原因，要以买毒品及失业急需用钱者居多。由于典当物品及型态也发生了变化，有的民众询问当铺收不收宠物猫狗，也有人到当铺问有否卖"流当猫狗"，而且询问的人愈来愈多。但是，猫狗等宠物的"活体典当"，涉及宠物照顾等专业及设备，操作起来并非易事。也就是说，"万物皆当"只能是广告炒作的噱头，并非真的什么东西都可以当。据报道，光是台北市就有 270 多座当铺。最近的一年当中，就有 30 多座因资金周转不灵而被迫停业。为了生存，各座当铺都使出浑身的解数苦心经营。且以台湾新竹市"民权当铺"为例，这家当铺网页的广告写道：

> 在大环境不景气的时机，常常会有现金不足、到处向亲朋好友周转的情形，要低声下气、看人脸色、欠人人情，甚至久而久之还让周遭的人避之唯恐不及。其实不用烦恼，想要灵活运用现有资源，只要您将一些很少穿戴的物品，如汽车、黄金、珠宝、钻石、名表、房地产，花少许的利息，就可以马上变成现金，轻轻松松渡过难关，能立即解决您的困难，更重要的是，您还是物品的主人。另外在目前，融资是一种最普遍的理财方式，台湾缺少一种"金融便利商店"的融资管道，有鉴于此，结合传统当铺与现代化科技的金融便利商店是我们的特色，借钱不用看别人脸色，随到随办，轻轻松松渡过难关，中小企业、工商融资，息低保密，马上取款，免除您为调借而面临尴尬的窘境。本公司为政府立案，一贯禀持诚信正派、透明化、制度化的经营理念为工商界、上班族及个人服务，手续简便，放款快速，欢迎来店参观，免费鉴价，网络估价。
>
> 本铺由政府于 1992 年核准立案，秉持着诚信理念的经营原则，为服务网友特设立此网站。在你急须周转的关键时刻，民权当铺给您最专业的服务。没有银行繁琐的手续，给您快速、简单便利、低利息的典当流程。
>
> 本铺凡是购买珠宝均特别的优惠，相当的便宜喔，而且一律回收，方便您急用时可周转现金。

若论台湾典当业的广告词，实在是五花八门、异彩纷呈。

台北的"贵人"当铺，向社会公众亮出"政府立案质借处"的招牌以提高市场的信誉度。为了提高典当企业知名度，扩大市场份额，台北的"联光"当铺，连同其在台南、桃园和新竹的几家分支机构，一律使用统一的商业口号，叫作"政府立案，息低保密"。坚持 24 小时营业的"茂顺"当铺的广告词说："来茂顺，保证给您惊喜！""您最安心的选择！"彰化县"九九"当铺的广告词称："正大光明的当铺，可信的心腹"，"手续简单，有求必应"，"低额利息、高额贷款"，等等，力图让当户产生温馨的感觉。彰化"嘉泰"当铺则声称："政府立案，专业经营，合法利息，即时放款"，亦在于欲从信誉上给当户吃颗定心丸。"淡海"当铺声称："估价最高，安全保密，金额大小不拘，免费代客鉴定"，显示出一切为当户着想的盛情。"中信"当铺，注意观照当户典当时往往碍于情面的心理状态，于是打出的广告词便是："金钱三不便，皇帝也会欠国库；周转临时失灵的朋友们，不用怕，我们随时会为您解决困难的；既不要背负人情包袱，也免除精神上的压力，何乐而不为呢？"

说来说去，其苦心和用意全在于设法招徕客户。甚至，当询问要典当宠物猫狗或要到当铺买"流当猫狗"的讯息渐增之际，有的当铺业则跃跃欲试欲增加"活物典当"业务了。据报道，高雄市当铺公会理事长曾向台湾媒体谈道，高雄市的 220 余家当铺，因受经济不景气、市场萧条、银行"抢生意"、大作汽车贷款业务以及发行现金卡影响，当铺业绩从四五年前就开始走下坡，至今已下滑约 60%。在此情况下，难怪有的业主打出了"万物皆当"的广告招徕客户了，实在是无可奈何。

# 三、略议东北亚典当业的现状和发展态势

## ——以中、日、俄和蒙古为例

典当,是主要以财物作为质押而有偿有期借贷融资的具有浓厚商业色彩的金融经营行为,是中国乃至世界历史上最为古老的非银行性质的金融行业,也是现代银行业的雏型和源头。

典当业作为历史悠久的融资行业,它孕育了近现代金融业。典当是社会发展到一定历史时期的产物。无论历来人们对典当业或贬或褒如何评说,这个非主导性的民间金融行业,一直延续了十几个世纪,直到现代银行等金融业比较发达的今天仍然在社会经济生活中占有一定的位置,充分说明典当以其低风险经营来便捷地调剂资金余缺缓急的功能特点,在古今社会生活中均难以为其他金融机构所取代。因而,目前各国的典当业依然保持着旺盛的生命力,发挥着自己独特的功能和作用。东北亚地区的典当业,也不例外。

这里,主要以中国、日本、俄罗斯和蒙古为例,就东北亚地区典当业的现状和发展态势作简要的分析和评述。

## (一)中国典当业的历史、现状与发展态势

中国的典当业,坎坎坷坷、起落沉浮,走过了 1600 年。我把中国典当业的历史总体地、简要地概括为八句话,这就是:初见萌芽于两汉,肇始于南朝寺库,入俗于唐五代市井,立行于南北两宋,兴盛于明清两季,衰落于清季民初,复兴于当代改革,新世纪有序发展。

任何商业机构的设立，都是适应市场经济需求的结果。如果不存在相应的市场需求，便失去了其设立之本。我国典当业的复出，亦不例外。复出之初，全国典当行一度多达五六千座。经过几次清理整顿和陆续审批，到目前为止，全国总有典当行大约1400 余座，注册资本金达几十亿人民币，从业人员一万多人。

如前所述，相去几十年前被取缔的传统典当业，重新复出的我国典当业业已具有当代社会经济、文化和市场需求与制度规范的印记，形成了一些新旧典当业的异、同之处。

经营典当行资金投入虽大但回报丰厚、回报快，而且风险较小，因而，全国各地商业资本纷纷看好典当市场的投资前景。由于时下中国典当业所处市场环境比较好，政策比较宽松，相关法规所允许的经营范围已经延伸到了房地产抵押、有价证券等国外大多数国家和地区典当业所不允许开展的业务，所以，许多外资已经开始试图进入我国典当业市场。可以预言，一当外资被允许进入我国典当业市场，或者放开典当市场的准入由市场自行调控的话，我国典当业，一定会出现一个前所未有的繁荣局面。

随着金融经济体制改革的不断深化和社会主义市场经济机制的日趋发育成熟与完善，我国典当业的市场亦必将进一步扩大和活跃，典当业还将向前发展。这一发展态势，是国家经济发展方针和市场经济规律所决定的。一些经济比较发达国家或地区典当业盛衰的经验，也已为此提供了借鉴、佐证。

## （二）日本典当业的历史、现状与发展态势

1989 年的 7 月 8 日，正当中国典当业刚刚复出（通常以 1987年 12 月 30 日四川成都成立了我国改革开放后复出的第一家典当

行"成都市华茂典当服务商行"作为新中国典当业的复出的标志)不足两个整年之际,日本确定了历史上第一个典当业的纪念日"当铺日",每年的这一天,日本全国的当铺都要大搞各种促销活动。

日本的典当业大体经历了这么几个阶段。

**一是发端阶段。** 中国的典当业发端于南朝佛寺,日本的典当业也同佛教有缘。作为中国近邻的日本,公元六世纪时频频派遣"遣唐使""遣唐僧"到中国学习中国的社会制度与文化以及佛教。其间,也把中国佛寺设立"质库"的做法移植到日本国内佛寺。日语至今仍把当铺叫"质屋",就是由此而来。次即日本学者藤野惠在《公益质屋法要论》中写的,"自奈良朝至五朝之间,留学中国之僧侣,将中国之无藏长生库之制度,传至日本。为日本寺院增值财产营造伽蓝之财源"。

日本的奈良朝相当于公元710—784年,是日本佛教文化十分繁荣的时期。日本典当业大约发端于公元九世纪前后,亦即日本的平安时期(794—1192年)。其间,日本的公卿贵族凭借强大的经济实力和在政府中日益显要的地位骄横专权、左右朝政,甚至达到了随意废立天皇的地步。因而,迫使皇室和一些权力较微的贵族往往假托出家,通过广为布施捐赠,笼络寺院僧人与之结为联盟,促使寺院经济逐渐发达,进而以其拥有的雄厚财力开办"寺库"(寺院的当铺)。

**二是走出寺院进入社会阶段。** 中国的典当业走出寺院进入社会是在唐代——"入俗于唐五代市井"。日本的民间资本开设典当,则起源于公元十二世纪前后即日本镰仓幕府时期(1192—1333年),当时称作"库仓"。此后,到了室町幕府时期

（1336—1573 年），开始大规模出现民间资本开设的典当。到十四世纪后期，伴随着商品经济的进一步发展，致富的商人纷纷拿出一部分资本开办典当，称作"土仓"。"土仓"的经营活动在收当金银珠宝、衣物、农具等常规质押品的同时，也往往接受土地抵押融资。这个时期，有鉴于当时典当业和其他高利商业资本的发达所带来的相关社会问题，政府曾先后颁发"德政令"限制土地的典押和开征重税以增加财政收入。

这期间，典当业的高利贷同广大下层民众当户之间的矛盾日趋激化，致使历次农民暴动中大都发生袭击当铺夺回典当物品、烧毁当票暴力事件，极大地冲击了当时典当业的发展。为此，室町时代之后，幕府以法律形式对典当经营活动作出一些规定。例如，规定可以收当个人日用品，但身上穿的衣服典当期限不得超过一年，至于武器之类物品则可达到两年当期。还于 1538 年作出规定，"当户如欲负债潜逃得依法论处，当铺取利须受政府监督，暴徒袭掠当铺得予制裁"，等等。

**三是稳步发展阶段。**德川幕府时期（1603—1867），是日本典当业的一个稳步发展的重要阶段。主要表现在相关法律进一步健全、当户社会身份的层面上升以及金融市场环境较好等三个方面。期间，先后有针对性地颁行了一些典当法律法规，使得典当法规进一步健全和完善。例如 1765 年的一项法规，针对大批盲人经营当铺的状况作出规定，禁止盲人从事典当业。1790 年颁行的《百项条款》，对过期当物的处置、典当行侵权行为的制裁等诸方面，作出了比较详尽的规定。再如，居武士、农民、手工业者和商人"四民"之首但俸禄低微难以维持家室温饱的武士，由于要经常性地应对经济拮据而频频出入典当，这时已经成为典当的稳定客源。另外，此间钱庄等城市金融业和典当业一样遍布城乡村镇，金融市场活跃，为典当业的发展创造了比较宽松的社会环境。

**四是历史上的巅峰阶段**。1868 年日本明治维新之后，确立并逐步实行了资本主义制度，这种社会制度促使典当业的发展进入了日本典当史上的顶峰时期。全国典当的座数，尤以明治初期为最多。十九世纪七十年代中期，当时全国共有大小当铺大约 2.5 万座，放款总额多达 2500 万日元，平均每座典当行放款 1000 日元。这个放款数总额虽说还不算很大，但已经在一定程度上能够满足农民、小商贩和手工业者等的社会融资需求。特别是当时的典当利率较低，月息仅仅一分六厘以上，很容易被当户接受，典当行的生意也就红火。一如《日本金融通史》一书所写，"当铺等下级金融机构，在整个明治时代中，有不少存在，其资金量视地方不同，竟有超越银行以上者"。到了明治后期，日本政府为不断扫除发展资本主义的各种障碍，在金融领域里采取了促使商业资本和高利贷资本向银行资本倾斜、转变的政策，客观上对典当业则是一种排斥，典当业开始走向衰落，生存、发展的空间逐步缩小。

**五是二十世纪以来继续繁荣的阶段**。20 世纪以来，日本典当业仍在金融领域发挥着自有的独特社会功能。社会的贫困化趋向导致平民们经常光顾典当，社会的需求要求典当业继续发挥其特有的便捷融资功能，使之继续繁荣发展。据统计，大正八年（1919 年）时，东京有半数平民家庭曾经利用典当方式融资，全年平均每户家庭出入典当行的次数达 24 次多，平均每月至少 2 次。若按典当者人次计算，则每人典当 89 次，每月多达 7 次半，也就是说，平均每 4 天便要出入一次典当行。据大正十二年（1923 年）日本内务省警保局的调查，当时全日本共有民办的营利性典当行 19649 座，个中尤以东京、大阪、神户、名古屋、京都、横滨等六大城市的典当行为最多，合计多达 2393 座。

二十世纪之初的大正元年（1912），受欧洲典当业的影响，日本开始出现了公益性典当行。昭和二年（1927），国家颁行了《公益质屋法》，完善了典当业管理法规。昭和四年（1929），短短的十多年里，全国的公益性典当行已经发展到了 210 座，质押融资总额达到了 823.3 万日元。

"二战"之后，作为战败国的日本，在国内经济凋敝、失业严重、社会贫困化迅速加剧的背景下，典当行交易额逐年递增，典当行也越开越多，典当业又得以从 20 世纪上半期的衰落态势重又逐渐走向繁荣。1960 年前后，日本典当行的数量再创新高，一时间达到两万多座，几与近百年前的明治时期的景象相媲美。

至当代，在日本商业银行等多种金融机构多头并举的金融市场的激烈竞争中，典当业经过不断调整，如公益性典当行已经退出了典当市场，营利性典当行始终占据着符合自身独特功能特点的、十分稳定的社会地位。现有的将近 5000 座（4750）典当行，都是私立的，规模不大，最大的典当行的注册资本金也仅仅一亿日元（约人民币不到 700 万元），大约平均三万多人口一座典当行。虽然不像美国那样有上市的典当行，但平均密度却是世界上较高的。典当业为了适应市场竞争中的生存，经营服务得到了极大的改善。今天遍布于日本城乡各个角落的典当业在为社会提供微利、便捷服务的过程中，业已摆脱了当初那种高利贷商人的社会形象。加之政府允许其扩大经营范围，可以经营房产抵押业务，可以向银行借贷融资，使之得以持续、稳定地占据着自身分内的那一块融资市场，即主要面向民众个人小额质押贷款，回归到这个行业兴起之初的那种原始的市场定位。这也是许多国家和地区现代典当业的基本发展态势和走向。

### （三）俄罗斯典当业的历史、现状与发展态势

俄罗斯的典当业发端比较晚，仅仅有几个世纪的历史。不过，无论社会政治经济制度如何更换、交替，俄罗斯的典当业始终没有中断，保持了连续性发展。

据史料记载，沙皇俄国时代，俄罗斯时兴官办当铺但仅仅限于首都圣彼得堡和中心城市莫斯科，分布范围较小，其他城乡各个地区则主要还是民办的私营典当行。当时实力最雄厚的质押贷款机构，要属国家抵押银行兼营的向社会公众发放贷款的典当行。

1917 年俄国十月革命之后，所有的旧式典当行完全被改造为国有企业，当物范围、当期以及利率等经营规则，统由各地方政府制定并报请中央政府财政委员会核准后才得实施。按照当时的规定，除有价证券外，其他的一般动产均在典当经营范围之内。折当率实行的是差别制，比如收当贵重物品，是按市场时值估价的 90% 折当；收当的其他物品，大都市场时值估价的 75% 左右的比例折当。当期，一般以 4 个月为限，不过允许在清偿利息之后续当展期至第 14 个月为止。至于典当利率，全国各地不一。苏联首都莫斯科，当物 1 卢布以上、5 卢布以下者，典当月利率从 1.5%、1.75% 到 2%，均视典当发生额而浮动。典当发生额在 1 卢布以上、5 卢布以下者，月利率往往是 1.5%。

同旧有的典当行相比，虽然经营方式并无大的改变，苏联国有性质的典当机构，商业信誉非常好。在公众眼里，这些典当行与国家银行没有什么不同，甚至有人干脆就把典当行视为"国家

的贷款银行"。一当人们生活拮据不便告贷时，就往往首先想到去典当行解急。这样，也就营造了一个符合市场需求的、很好的典当市场。20 世纪 80 年代后期，典当业在苏联仍很兴旺。1987年，莫斯科共有 8 家典当行，均属国有官办性质。当年典当金额累计高达 7800 万卢布（约合 4 亿元人民币），上交国库的利润也有 1000 万卢布。该市典当业之所以如此红火，有两个主要原因。当年约有 900 万人口的莫斯科，全市仅有 8 座典当行。每天清晨，典当行门口经常出现当户排队等候出当的情景，而这条排队的"长龙"几乎是整天都不会间断。正因这样，形形色色的莫斯科当户及其典当情结，把这里的典当生意惹得异常火爆。

1987 年 9 月，莫斯科政府曾经着手对典当业的经营管理进行改革。其主要的做法，是将典当行员工组织成作业队来集体承包该典当行，包死上缴利润等费用，其余部分则用于继续经营之需和典当行员工的福利支出，同时扩大经营自主权以增加典当行的营业收益。

苏联解体之后的九十年代初，俄罗斯的典当业进入了国有典当行改为民办典当行的崭新时期，使得私营典当行取代了众多的国有公营典当行，实现了所有制、资本金的根本性转变。比如圣彼得堡市由几位苏联空军部队官员建立的"伦巴蒂联合典当公司"，运营到 1995 年已经是拥有 3000 多名股东、持有 50 亿卢布（约合 230 万美元）资本金、占有该市 8% 的典当市场份额的大型典当行。该典当行通过招募专家开发财务数学模型分析当前市场状况，发掘最佳经营参数，设计交易策略等，从而赢得了典当经营的良好业绩。1996 年，该典当行增加了七万多位客户，并新开了两家典当行，平均每月交易 3 万余笔，进而以位居第二占有了全市典当市场份额的 39%。

如今，在不断加速私有化进程的俄罗斯，典当业正以前所未有过的速度繁荣发展，以其独有的功能为俄罗斯的经济改革与社会进步作出特有的贡献。

### （四）蒙古典当业的现状与发展态势

典当业是蒙古的一个新兴行业。

"典当"和"当铺"这个词不是蒙语的固有词汇。蒙古典当业发展较晚，但是普及得很快，几乎没遇到更多的常见障碍，这同当地蒙古人不存钱而可以靠借钱过生活、几乎每个家庭都有债务的社会生活习惯直接相关。甚至家里一时拮据没钱交水电费了，就当点东西先用着，待有了钱再赎回来。有人由于做生意的资金一时周转不开，或是孩子出国读书等原因而急需要大额现金，若从银行贷款，很可能因个人信用、偿还能力以及手续复杂等缘故而拿不到贷款误事。典当行的利息虽说高了一些，但办理的手续相对便捷许多，即或急需大额现金，只要拿得出相应的质押、抵押物品，办理好合同与公证，就可以把急等要用的钱拿到手。由于进典当行解决手头拮据问题的手续简便，典当也就渐渐地走进了人们的日常生活，为社会所认同。所以，蒙古的典当行座数颇多，仅其首都乌兰巴托就多达 1000 多座。这些全部是私营的典当行，营业面积都不大，主要集中在金店、大商店以及生活服务中心、茶馆一带。

蒙古典当行的营业面积一般都很小，也就大约在 10 平方米，在典当行门上有一个接取东西交易用的小窗口。因为蒙古语原本没有"典当"和"当铺"这个词，所以典当行招牌上写的是俄语文字，字母后面标着所收取的利息数额，使人一目了然。典当行收当的物品，主要是金银首饰，此外还有家电和地毯等生活日用品。月息，大都在10%—12%之间。在约定期限之内不能及时赎回的当物就成了"绝当品"，典当行则有权出售、处置。处置出售的绝当物品价格非常便宜，主要是根据收当时的折价外加利息。所以，几乎每天都有人专门上门询问收购东西，典当行根本不用担心绝当物的积压。

同各国、各地典当行业一样，收当赃物也曾经是蒙古典当行的一个通病、一种社会问题。2002年初，蒙古警察总局预防犯罪处在针对连续发生的当铺被盗案对首都乌兰巴托和其他大城市的典当行进行的防盗安全检查过程中，意外地发现许多典当行竟然存放着大量被盗赃物。据统计，由于典当可以当场给付现金，在蒙古发生的众多盗窃案件中，有20%—30%的赃物送进了典当行。于是作出规定：如果典当行收取赃物并进行转卖，警察机关将有权处以当事人刑事拘留、没收赃物乃至关闭典当行的处罚。其结果，致使典当行在收当时不仅要检验出当者的身份证，还要登记居住地址和身份证号码，以备检查之用。如果手续不全，无论东西多好多便宜，利益再大，也不敢收当，从而有效地扼制了典当行恶意收赃的问题，维护了社会治安秩序。

尽管典当业是蒙古的一个新兴行业，但发展态势较猛，前景看好。

## （五）关于东北亚典当业现状与发展态势的总体评价

其一，总而言之，东北亚各国的典当业尽管历史有的很长、有的非常短，一个共同的特点是，近年来发展的态势甚猛，发展前景看好，潜力颇大。其根本要素在于，即或是现代商业银行等金融业十分发达的现代社会生活之中，典当业仍有其不可替代的生存基础和发展优势，体现了社会生活的多元化与社会需求的多元化。

其二，在资本金和经营体制方面，都趋向于私有化经营，是个带有根本性的、主导的发展态势。这一发展态势，是市场经济规律所决定的。

其三，在真正实现"世贸协定"所认同和规定的公平、开放原则之后，典当业必然将突破国度和地域性障碍与限定跨国、跨地区经营或资本运作。对于业已加入了"世贸协定"的中国，尤其应当尽速地、积极地做好应对的准备。尽管这是个"永远难以做大的小行业"，也不容等闲视之。

这几点，就是我多年从事典当研究以及关于东北亚典当业现状与发展态势的总体思考和主要评价。

## （六）一项倡议：适时举行"世界典当论坛"

典当业原本是一个具有慈善性质的古老行业，一个始终与平民生活密切相关的全世界普遍共有的行业。

发端于宗教慈善活动的典当，是人类社会历史上历史最为悠久的融资行为和专业机构，是现代商业银行的源头。在人类社会现代化进程中，无论是东方文明还是西方文明的历史轨迹上，典当都留下了它特有的活动辙痕。特别值得注意的是，在全世界商业银行、证券公司等现代金融业都非常发达的、活跃的当今时代，典当行这种业已退位为非主流的商业融资机构，仍然在世界大多数国家和地区的经济生活中继续发挥着其便捷灵活、拾遗补缺的独到的融资功能，体现了其有别于商业银行的独特的、顽强的生命活力。即或是在经济与金融都很发达的美国、英国、法国等欧美西方国家，典当业也表现着顽强的活力，重新崛起于20世纪80年代末期的美国典当业，在最近10余年来，也成为拥有全球最大规模典当业的国度，无论是典当行数量、市场容量、发展战略，还是管理方式、营销手段、经营效益，都令世界各国的典当业瞩目。

被视为世界典当业最主要发源地的中国，典当业有着1600多年的悠久历史。目前，全国有典当行近3000座。在典当业从中国传入日本大约十个世纪之后的1989年7月8日，确定了世界典当史上的第一个典当业的纪念日——"当铺日"，每年的这一天，日本国都要大搞各种有意义的活动。这个举措，为我们提供了富有积极意义的启示和借鉴。

鉴于上述，作为中国建立最早的也是迄今全国唯一一个公立的典当学专业科学研究机构——辽宁社会科学院中国典当研究中心——的主持人，我和我的同事，特向东北亚以及世界各国、各地区的典当业、典当学者和与典当相关的组织、人士，包括各国的政府和非政府组织，发出倡议，倡议适时举行具有连续性的"世界典当论坛"的首届会议。

"世界典当论坛"的主旨精神应当是：弘扬传统典当文化，服务现代文明社会；让曾经比较封闭的典当业融入现代文明为现代社会进步服务，让全世界各国、各地区的典当业者和典当学者相互增强了解，促进信息沟通与合作，让古老的典当业通过现代文明的洗礼获得新生，更好地为平民、为需要它帮助的人们和企业服务。

我相信，全国各地的典当业同道、典当学者，都会为此作出积极的努力。

由于东方是世界典当业的主要发源地，我期望这个倡议能首先获得东北亚、亚洲各国政府和有关方面的积极支持。至于具体更多的未尽事宜，则有待我们共同进一步地协商、讨论决定。

让我们一起成为举办"世界典当论坛"这个具有非凡历史意义的公益活动的发起者，共同举办好这个别开生面的论坛。

# 四、几种辞书有关"典当"词条选辑

或可言之，辞书是一个时代凝结的历史。一个时代的辞书，反映着一个时代对于所关注的那种事物的认知。同样，一种视点下编纂的辞书，也反映着其特定视点对于所关注的那种事物的认知。对于具有 1600 多年发展历史的中国典当来讲，一向众说纷纭。梳理一部中国典当史的同时，再辑录数种关注到典当这种事物的辞书，与之相对照，不无益处。因而辑录十几种辞书的有关条目，供读者阅读本书、深入思考中国典当史一个便利的参考。

**《中国大百科全书·经济学卷》**（初版）

**典当**　一种以收取实物作抵押进行放款的高利贷机构。亦称典商、当铺、当店。中国近代在官银号和国家银行设立前，清政府官款多存某些典当生息，故又有公典、公当之称。

中国典当业原有典、当、按、质、押五种，以资本大小、期限长短、纳税多寡、利率高低互有区别。就其资本多寡、营业大小而论，则以典最大、当次之，以下为按、质、押。就营业范围言，原先典的范围较广，接受不动产和动产抵押，放款额一般不作限制，当只接受动产抵押，放款定有限额。近代这种区别逐渐消失，通行的是当和押两种。

清代典当业非常普遍，往往在一县之内便有当铺十余家乃至数十家。清政府对典当业征税。据征税册统计，光绪十四年（1888）北京以外的典当业约七千数百家。

向典当抵押借款的多数是农民和城市贫民，往往以衣物或粮食作质，当铺在验收后给予收据，俗称当票。当票记载所当物品及抵押款额，作为借款人到期赎取抵押品的凭证。抵押期各地规定不尽相同。广东省典当业的赎取时间分别为当三年、按二年、押一年、小押半年。通常的抵押期是从六个月到一年半。押款数额一般在抵押品价值的五成以下。利率极高，按月计算。清乾隆年间浙江《湖州府志》称"湖郡典息，向例十两以上者，每月一分五厘起息；一两以上者，每月两分起息；一两以下每月三分取息。贫民衣饰有限，每票不及一两者多"。一般情况是典当物的价值越小，取赎时间越短，利息率越高。而且过期不赎，即将抵押品没收。所以典当业是剥削贫民的信用机构。

中华民国时期，典当业仍然相当活跃。它同钱庄、银行建立借贷、转押关系。一些地方政府也开设公典、公当。不过从总的趋势看，这时大城市中典当业渐见衰落，农村仍有发展。据不完全统计，1935 年，上海、北京、天津等八大城市约有典当 1100家，农村约有 3500 家。

中华人民共和国成立后，旧典当一律停歇。

**《中国大百科全书·中国历史卷》**

**典当** 用实物抵押借贷融通，从事高利贷盘剥的形式，通指经营这种营利组织典铺、当铺的总称，亦称质库、解库、解典铺。

清代典当业活动范围由城市伸入农村，成为遍布全国城乡的重要借贷组织。康熙时，据税收资料估计，全国至少有典当二万余家。乾隆时，北京城内外有官民开设的大小当铺共六七百家。鸦片战争后，由于城乡人民生计日益贫困，典当业出现典、当、质、按、押不同等级的划分。最大的是典铺，资本较多，赎当期较长，利息较轻，接受不动产和动产抵押，对押款额不加限制；当铺只接受动产抵押，押款定有限额；再次为质铺（山西、安徽称质，广东、福建则称按）；押店最小，赎当期最短，利息也最高。由于清政府所征当税、帖捐不断增加，视营业规模大小而多寡不等的各项摊派日益繁多，商人为减轻负担，并摆脱典当行会业规的限制，后来新设典当多称质铺或押店，原有典当也有改称押店的，各类界限已难区分。此外，还有一种所谓"代当"，亦称"代岁"，或称"接典"，多设于乡镇，如为大典当的分店，称"本代"；与大当铺订立合同、经营质押的代理业务，则称"客代"。

借款人去当铺借贷，主要是应付家庭生活上的紧迫需要，也有个体小生产者用于小本经营，或农民用于生产的。借贷时先要送上实物验收作押，由当铺付给当票，载明所当物品及押借价款，作为当户到期赎取押品的凭证。为使业外人无法辨认，书写当票多用特殊字体。当物虽为新衣，必写成旧衣或注明"破烂"；对金银照例写成铜铅；对器皿则冠以"废"字。借款期限、押借金额和利息高低，根据押品性质和当铺大小因地而异。期限一般自六个月至二年不等。押借金额大多在押品价值五成上下，到期无力取赎，就成

"死当"，押品由当铺没收。清代官方规定，典当利息每月不得超过三分，实际上大大超过，利息须按月计算。过月几天，也加计一月息。当铺在收付款项时，又以所谓"轻出重入"或"折扣出满钱入"的手法，盘剥当户。贷出现金只按九四、九五甚至九折付款，当户赎当时则要十足偿付，利息也照当本十足计算。此外还有各项额外费用的征收。而且抵押品价值越小，赎期既短，利息也最高，故贫穷劳动人民所受剥削也最沉重。乡镇上的当铺还有以粮谷为当本或与大囤户勾结，进行粮食的贷放和买卖等投机操纵活动，农民又须承受实物损耗和进出差价等损失。典当业的残酷剥削，曾激起广大人民的反抗。尽管官府对当铺予以保护和扶植，各地抢劫、焚掠当铺一类事件仍时有发生。

　　早期典当业多系独资经营，资本自数千两至数万两不等，几乎为山西、陕西商人（俗称山陕帮）和徽商的专业。封建官府和贵族官僚也把它看作营运资本的有利处所。内务府曾在北京开设官当铺十几处，地方当局也有由官自行设典生息。国库和地方各库官款经常拨出一部分发交典商当商生息，称生息银，利率约七八厘至一分。大官僚大商人投资开设典当牟利的，亦屡见不鲜。康熙朝刑部尚书徐乾学曾将本银十万两交给布商陈天石经营典当；乾隆朝大学士和珅拥有当铺七十五座；光绪时大买办商人胡光墉有当铺二十余处，分设各省。典当业集中体现了官僚、地主、商人三位一体的高利贷资本的活动。官款存放生息曾是这种高利贷活动的有力支柱。一般当铺还可自己签发银票、钱票，作为信用工具，因而其贷出金额（俗称"架本"）远远超过自有资本。后来，官银钱号开设，票号、钱庄业务发达，官额存放减少，则依靠票号、钱庄转手借贷的支持，原有典铺、当铺逐渐衰落。光绪十四年（1888），北京以外各省典当共七千余家，较前期减少很多。1912 年，全国登记的典当数减至四千余家。押店则继续增加，其营业重点亦逐步由城市而转向乡镇。

**《中国大百科全书·中国历史卷》（初版）**

**质库** 中国古代进行押物放款收息的商铺。亦称质舍、解库、解典铺、解典库等。即后来典当的前身。在南朝时僧寺经营的质库已见于文献记载。唐宋以后，社会经济日益发展，质库亦随之发达。富商大贾、官府、军队、寺院、大地主纷纷经营这种以物品作抵押的放款业务，同时还从事信用放款。明代质库的经营者多为徽商，他们遍及许多城市，"每以质库居积自润"。明嘉靖间，礼部尚书董某"富冠三吴"，除田产外，"有质舍百余处，名以大商主之，岁得子钱数百万"。送入质库抵押的物品，除一般的金银珠玉钱货外，有时甚至还包括奴婢、牛马等。普通劳动人民则多以生活用品作抵押。质库放款时期限很短，利息甚高，往往任意压低质物的价格，借款如到期不能偿还，则没收质物，因此经常导致许多人家破产。

**《中国大百科全书·财税卷》（初版）**

**典当业** 以收取实物作抵押进行放款的行业。又称当铺或当店。中国历史上曾称质库、质肆、解库、长生库、典库等。典当规模较小而取利重者称押当铺、小押典。质库始创于南齐时代，由寺院经营，唐代改由贵族垄断，直至宋朝才由民间经营。明中叶后，典当业发展已非常普遍。

典当业按其资本额的多寡及营业范围的大小，依次可分为典、当、按、质、押、代当六种。原先典可接受动产、不动产抵押，放款一般没有限制。当只接受动产抵押，且质额有一定限度，逾限可以拒而不受。到近代，这种区别逐渐消失，当的家数已居首位，资本总额也在全体中占大部分。其次家数较多的为押。所以典当业的标志是"押当"。

在商业繁盛之地，典当的资本大部分来自商人，在经济较为落后封闭的农村则主要由地主投入。典当行资本额小的不过数百元，大的可达数十万元，其押放的资本总额往往超过其自有资本数额的几倍以上。

一般来讲，当铺多为小额资金抵押放款机构，其来往顾客多为乡村农民和城市贫民。他们往往以衣物或粮食作质。当铺在验收实物后，给予其收据，俗称当票，作为借款人日后赎取当物的凭证。当票记载抵押款额、所当物品。满当期限各地不同，最长者为 36 个月，最短的只有 3 个月，通常押期在 6—12 个月之间。押款数额一般是抵押品价值的五成以下，然而其利率却极高。典当按月计息，一般在 2—3 分之间，最高可达 8 分，最低只有 4 厘。典物的价值越小，则取赎的时间越短，利息率越高。如果当户越过满当期限而无力赎回当物，就只得以极低价值，将当票以当本的 1/10 至 7/10 的限价出售，否则就由当铺没收其押品，再按值出售，以收回本利。因此，中华人民共和国成立前的当铺是具有高利贷性质的信用机构。

### 《汉语大词典》第二卷

**典当**　以物抵押换钱。《后汉书·刘虞传》："虞所赉赏，典当胡夷，瓒数抄夺之。"萧乾《一本褪色的相册》十："可是三堂兄那时正失业，家里靠典当度日。"魏巍《状行集·春天漫笔》："生活穷得可怜，常常典当自己的衣服去做革命工作。"当铺，押店。旧时以收取衣物等动产作质押，通过放款进行高利贷剥削的店铺。清程趾祥《此中人语·张先生》："近来业典当者最多徽人。"鲁迅《伪自由书·从盛宣怀说到有理的压迫》："最近又在报上发现这么一段消息，大致是说：'盛氏家产早已奉命归还，如苏州之留园，江阴、无锡之典当等，正在办理发还手续。'"①

### 《汉语大词典》第七卷

**当铺**　旧时专营收取抵押品放高利贷的店铺。放款多少，按抵押品的估价而定。放款额一般在抵押品价值的五成以下，剥削严重。抵押期限自六个月到十八个月不等。押款人过期不赎，抵押品即归当铺所有。清陈康祺《燕下乡脞录》卷七："（和珅）通蓟地方，当铺、钱铺资本十余万，与民争利。"苏曼殊《碎簪记》："天明，余亟雇车驰至红桥某当铺，出新表典押。"茅盾《林家铺子》五："她那件大绸新旗袍，为的要付吴妈的工钱，已经上了当铺。"②

### 《中国风俗辞典》

**典当**　亦称"当铺""押店"。以收取衣物、首饰等动产作质押，向抵押者放款的机构。在旧中国，曾流行于全国大部分地区。起源于南朝，时称"质库"，唐代已盛行。"典当""当铺"之名，始见于明代。大的典当，又有典铺、当铺之分。典铺不仅接受动产，还接受不动产作抵押品，放款数额不限；当铺一般只接受动产作抵押品，放款数额有限制。此外，资本不多，临时经

---

① 《汉语大词典》第二卷第 117 页，汉语大词典出版社 1988 年出版。

② 《汉语大词典》第七卷 1400 页，汉语大词典出版社 1991 年出版。

营，取利最重的称小押当。乡镇小当铺，向城市大当铺领资，押得抵押品后转押给城市大当铺的称"代当"，主要为地主、官僚、商人三位一体的高利贷资本所经营。其营业对象主要是农民和城镇贫民。其收取的抵押品主要有服饰、古玩、字画、器皿、家具等。店内库房宽敞。店堂柜台一般高约四尺。当物人要高举出当。墙高、门大，门外标一大"当"字。清代，南方操此业者，多为徽州人；北京多为山西人。店内有"当家的"（经理）、"头柜""二柜""管库""看门""打杂"等。东家、店伙等众，日夜值班。彼此间说"行话"。资本雄厚。当品成交后，付一种专用约 32 开大小高丽纸印的当票，上面书写当物的名称、质量、当金、利率、期限等。当金数一般不足抵押品所值的一半，利率一般月息 2—3 分，且不断增高，有的高达 6 分以上。晚赎 1—2 天也按一月计息。押质期限一般为半年到一年半。到期无力赎回时，抵押品被没收，称"死当"。没收之物由其自行出售可赢高利，曰"作利"。解放后停业。20 世纪 80 年代中期起，某些地区利用典当形式作为融资的一种手段，其性质与旧时不同。①

### 《中国商业文化大辞典》

**质库**　亦称"质举"。当铺的旧称，以收取财物作抵借钱牟利的典铺。古代典当业起源很早，南北朝时期就已出现。《南史・甄法崇传》就有寺院经营质库的记载："（甄彬）尝以一束苎就州长沙寺库质钱，后赎苎还……"唐宋时期质库业已十分兴旺，其资财与当时鼎盛的柜坊业不相上下。唐德宗建中三年（公元 782

---

①　叶大兵、乌丙安主编《中国风俗辞典》528 页，上海辞书出版社 1990 年出版。

年）四月，"少尹韦祯又取僦柜、质库法拷索之，才及二百万。"（《旧唐书·德宗本纪上》）据孟元老《东京梦华录》记载宋代质库掌事，都须着皂衫角带，不戴帽子，质库并有质肆、大质库、长生库等名称。元代称质库为"解库""解典库""解典铺"。许多"解库"兼营高利贷。明代质库除以上旧称外，还有"当铺""典铺""解铺""典当""押店"等名称，清以后一般称"当铺"。一些规模小而取利又重的当铺称"押当铺"或"小押当""小押典"。质库的放款额一般在所当之物所值的五成以下，估价成交。质库所付收据称"当票"，交押款人收执，作为归款时赎回所当之物的凭证。质押期限由典押双方商定，一般自半年至一年半不等，取息二至三分，过期则物归质库，原物主不得再赎回。向质库借款的一般是农民、城市贫民或破产业主等，借钱是为了解燃眉之急，质库乘机对他们进行高利贷剥削。近代官僚资本有的也经营典当业，名称为"公当""公典"。新中国成立后，典当业被废止。①

### 《中国古代生活辞典》

**典当商**　以收取抵押品，放高利贷为业的商人。亦称"开当铺的""当主"，典当的过程是：当者以实物抵押当铺，典当商据其价值贷钱，同时开具当票作为凭证。当者到期凭当票取回原物时，除交回贷款外，还要付一定量的子息钱（利息）。超过期限，当者仍无力赎回抵押物品，所当之物则变为死当，可由当铺自由发卖。典当之物可以是土地、住房、衣被、家具以至口粮、犁

---

　　① 傅立民、贺名仑主编《中国商业文化大辞典》上册第172页，中国发展出版社1994年出版。

耙、牲畜等等。清代当铺遍布全国，典当商数量惊人。乾隆九年（1744年），"查京城内外，官民大小当铺，共六七百座"（《东华录》乾隆，卷二〇）。是时，典当商已成为社会上最重要的商业职业之一。其拥有的资金额和流通量都很大。典当商在封建经济中起到了一些调节银、钱、粮比价，疏通金融流通和承担某种社会救济的作用。但其经营，多以重利盘剥为目的。收取典当物时，尽可能压低物值，赎取则须付高额子息，使当者无力来赎，被迫断当。典当商便高价售出当物，转手之间利息数倍。有的典当商或借经营当铺之名，通过形式上的典当手续，大放高利贷，巧取高利，对社会经济发展有很大的消极作用，造成贫富分化愈益严重。①

### 《辞海》

**典当** 亦称"当铺"或"押店"。旧中国以收取衣物等动产作质押，向劳动人民进行放款的高利贷机构。最早的典当为南朝时寺庙所经营的当铺。历代名称不同，有"质库""质肆""解库""长生库"等。典当中规模较小而取利重者，称"押当铺"，亦称"小押典"或"小押当"。在乡镇中，领用典当之款以作资本，押得物品再转押于典当者，称"代当"，受押物品成交后，付以收据，称为"当票"，载明所当物品及抵押价款，交押款人收执。质押期限自六个月到十八个月不等。过期不赎，典当即没收其质押品。质押放款额一般在抵押品价值的五成以下，利率极高，剥削严重。解放后，典当停止营业。②

---

① 何本方等主编《中国古代生活辞典》第661页，沈阳出版社2003年出版。
② 《辞海》（缩印本）第291页，上海辞书出版社1979年出版。

### 《中国金融百科全书》

**典当**　亦称"当铺"或"当店"。历代名称不同，亦有称"质库""质肆""解库""长生库""典铺"以及典当中规模较小而取利重者，称"押当铺""小押典"，抗日战争期间在华北地区，吸毒者每以衣物向出售毒品（海洛英）者换取毒品，也称"小押"，其作价极低。是旧时一种以收取实物作押进行放款的机构。始创于南齐时代，由寺院经营，称"质库"。唐代改由贵族垄断，直至宋朝才有由民间经营的。明中叶后，典当业已非常普遍，往往在一县之内便有当铺十余家乃至数十家。据清代典业征税册统计：顺治九年（1652年）和康熙三年（1664年）全国估计有当铺上万家。光绪十四年（1888年）北京以外的典业有7000余家。在近代官银号和国家银行设立之前，清政府多把官款存入典当生息，故又有"公典""公当"之称。

典当业按其资本数额的多寡及营业范围的大小，依次可分为典、当、按、质、押、代当六种。原先典可接受动产、不动产抵押，放款一般没有限制。当只接受动产抵押，且质额有一定限度，逾限可以拒而不受。到近代，这种区别逐渐消失，当的家数已跃居首位，资本总额也占全体的大部分。其次家数较多的为押。所以典当业的标志是"押当"。据1931年对13省12市典业统计资料记载，在1408家典当中，当有745家，占52.9%，押439家，占31.2%，两者合计，即占整个典当业的84.1%。

典当的资本来源，在商业繁盛之地，大部分来自商人，在经济较为封闭的农村，则主要由地主投入。大典当的资本从数万元乃至数十万元，规模较小的则不过数百元、数千元。其押放总额，往往超过其自有资本数额的几倍以上。江苏浙江平均在1—2

倍间，广西及湖南平均 3 倍，如宁波当铺自有资本只 4 万—5 万元，营业额达 20 万—30 万元，超过资本达三倍。典当与钱庄、银行之间也建立起借贷、转押关系。典当获得一定的金融后盾，在营业兴盛时可扩大业务，在萧条期间也可用拆款来增加利息的收入。近代新式金融机构兴起后，典当在大城市中就渐渐衰落，农村却仍有发展。据粗略统计，1935 年上海、北京、天津等八大城市约有典当 1100 家；而农村则有 3500 余家。

一般来说，当铺多为小额资金抵押贷放机构，其来往的顾客，大多数为乡村农民和城市贫民。他们往往以衣物或粮食作质。当铺在验收实物后，给予其收据俗称当票，作为借款人日后赎取当物的凭证。当票记载抵押款额、所当物品。满当期限各地不同，最长者为 36 个月，最短的只有 3 个月。通常押期在 6—12 个月间，按其种类划分，则典当期限为长，质押较短。押款数额一般是抵押品价值的五成以下，然其利率却极高。典当是按月计息，最高月息八分，最低亦有四厘的，但大多在月息 2—3 分间。除规定利率及变相利息外，当铺对当户的盘剥，还有虚本足利的额外榨取，即"九八出，满钱八"和"九出十三归"，皆属当铺以虚额出本而十足收款的实例。通常，典物的价值越小，则取赎的时间越短，利息率越高。如果当户越过满当期限而无力赎回当物，就只得以极低价值，将当票以当本的 1/10 至 7/10 的限价出售，否则就由当铺没收其押品，再行按值出售，以收回本利。因之，典当被称为重利盘剥贫民的信用机构。

解放后，旧的典当业停歇，以后在中国人民银行有关分行的指导下，曾在一些城市设立"市民小额贷款处"，帮助居民摆脱暂时的困难。自然其性质与旧时典当业大大不同。1966 年"文化大革命"中均被迫停业。

**古代典当信用**

典当业亦称"当铺",是中国古老的信用机构。典当业经营的是一种高利贷资本,是以物品为抵押对个人的贷款。"典当"二字,随时代的不同有所演变。过去有将规模大的称"典",规模小的称"当",也有按其规模的大小和取赎时间的长短,分为典、当、质、按、押五种。自明代以来,对典当业曾称为:"解库""解铺""典库""解典库""质肆""质库""印子铺""长生库"等,名称繁多。直到近代,多把"典""当"二字连为一词。也有在"典"或"当"之前冠以名字,即成字号,如"大兴当""宝昌源当"等,成为一个企业的名称。

**古代典当业的发展**

典当业在古代就已有相当发展。业务经营也很兴盛。据考证,典当业在南北朝时期即已出现,到唐代已相当发展。唐代就出现过"质库",即后来的典当业。与宋朝同期的金朝,金世宗(公元1173年)年间,因民间质典利息太重,曾下令在汴京、东平、直定等处设质典库,规定押款照质物的七成估价。这一措施对民间的典当业有很大影响。明朝中叶以后,典当业又有新发展。万历三十五年(公元1607年),仅河南一省就有213家。这时的当铺,产生过"巨典""短押"之类,分等论级。在资本额方面,有一两千两至万两之多。清朝初叶,典当业继续发展。如康熙三年(公元1664年),全国有大小当铺两万多家,其中山西省最多有4695家,广东省有2688家。到清代中叶以后,典当业逐渐减少,光绪十四年(公元1888年)已减少为7000余家。

经营典当业有大利可图,因而很多地主、官僚、商人都争相投资经营。这也是古代信用活动的特点之一。典当最早多被商人、地主阶级操纵。发展之后，政府官僚也相继参与。明末清初，官府插手典当业的倾向日益明显。清乾隆年间，围绕京城开设大小当铺六七百家。朝庭企图利用当铺的力量稳定物价。道光二年（公元 1822 年），江西总督孙玉庭等奏请司库拨银 10 万两，发展典当生息，年得息银 12000 两。嘉庆年间，在宣布贪官和坤的罪状中，就有借款 10 余万两用于通州附近的当铺、钱店，从中牟取暴利这一条。由官府以库款投资开设当铺的情况，称为"官当"的屡见不鲜。典当业初为商人、寺院僧侣经营的行业，后来逐渐发展为商人与有势力的官员合作，或官府直接插手经营的一种古老的信用机构，并且成为对劳苦群众和小生产者进行剥削的手段。

**古代典当业的业务**

主要是收取实物为质押，按物折价借款给押物人，约定时间，到期还款赎回物品，当铺也有兼营存款，或各种副业的，如买卖粮食、兑换铜钱等。典当物的种类很多，其中以"估衣"为一大宗。此外，还有"首饰""铜锡""钟表""杂项"等。"杂项"范围较广，包括古董、字画、碑帖、家具、陶瓷器等。典当物的取赎时间，分为 6 个月、1 年、2 年等。典当物到期不能取赎时就成为"死当"，物品由当铺自行处理。当铺剥削之重，不仅在于利率之高，而且还在处理"死当"后，常收取高额的额外利益。据乾隆年间湖州府志记载，"湖郡当息，向例 10 两以上者，每月 1 分 5 厘起息，1 两以上者每月 2 分起息，1 两以下者每月 3 分取息，……本息计算不能取赎，每多没入"。清朝中叶以后，效法明朝的规定，每月取息不得超过 3 分。但典当利率远不

止于月息 3 分，因在接当时一般按物品的价值对半贷款，对旧物
有时按价值的 1/3 折算，到半年、1 年满期不赎时，由当铺转卖
后，可获一两倍的额外利益。因此，对经营典当业者来说，当铺
是可获高额利润的信用机构；对借债的劳苦群众来说，当铺是残
酷的剥削工具。

古代的典当业，常呈现出一定的季节性。一般有春当秋赎的
风气。腊月正月营业最为茂盛。每当年关，缺钱的平民及小工商
户，急于向当铺贷款；另一部分富户，为了装饰点缀，力求将所
当之物赎回，故此时当铺门庭若市，应接不暇。小生产者特别是
农民，为了生活需要或者为了交纳公赋私租，也常常不得不举借
高利贷或典当物品。①

### 《中国历史辞典》

**柜坊**　唐代大都市中为商人、官僚储存钱物的店铺。官僚、
富商为了安全或避免搬运的麻烦，常将钱物存于柜坊，柜坊设有
保管柜，并根据存放者所出凭证代为支付钱物，收取一定的柜
租，称僦柜。柜坊一般还以质库、质举、举贷等方式兼营高利
贷。借贷者以物送于库柜，质钱以归，以后付息还本，取回质
物，史称"僦柜质钱"，相当于后来的典当。唐后期柜坊业发达，
德宗时借长安富商钱，仅得八十余万缗，搜括僦柜钱物，借四分
之一，得一百多万缗。②

---

① 黄达、刘鸿儒、张肖主编《中国金融百科全书》上册第 167—168 页，经济
管理出版社 1990 年出版。
② 张作耀、蒋福亚、邱远猷等主编《中国历史辞典》第二册第 895 页，国际文
化出版公司 2000 年出版。

## 《中国历史辞典》第二册

**典当** 亦称"当铺"或"押店"。旧中国以收取物品作抵押进行高利贷剥削的信用机构。起源很早，南朝时已有寺院经营以衣物作抵押的放款业务。历代名称不同，有"质库""解库""质肆""长生库"等。以后，典当或当铺成为一般通称。典当规模较小而取重利者，则称"小押当"或"小押典"。在乡镇中，领用典当之款以作资本，押得物品再转押于典当者，称"代当"。物品估价成交后付以收据，称为"当票"，载明所当物品及抵押价款，交押款收执。质押期限自六个月到十八个月不等，到期加利息赎回，利率一般为月息二或三分；过期不赎，质物即被没收。[①]

## 《中国经济史辞典》

**典当** 旧中国高利贷机构。起源很早，旧称质库、解库，后称典铺、当铺、质押，此外还有借用资本临时经营的"小押"（押店）。封建性浓厚，多是官僚、地主、商人三位一体的高利贷资本。它的主要业务是按借款人质押品的价值打折扣、贷放现款并定期收回本利。主要剥削对象是农民和贫困市民。它的高利贷剥削十分苛重，对质押品压价并打很大折扣，借款期限短而利率极高，一般赎当期定为半年至一年，月息二三分。近代，典当剥削仍十分盛行。光绪十四年（1888）统计，北京以外的典当有7000余家。它们同银行、钱庄资本建立借款、转押关系，形成城乡高利贷网。民国时期，大城市中典当趋于衰落，但农村典当仍有很大势力。1935年，上海、北京、天津等八大城市约有典当

---

① 张作耀、蒋福亚、邱远猷等主编《中国历史辞典》第二册第938—939页，国际文化出版公司 2000 年出版。

1100家，农村约有典当3500家。新中国成立后，一律停歇。①

### 《物业管理辞典》

**房屋典当**　典当也叫典卖、活卖。典是到期可以回赎的意思，当是以实物作为抵押的信贷关系。房屋典当就是用房屋做抵押的借贷关系。具体地说，就是房屋业权人（也叫出典人）将房屋出典给承典人占有使用，承典人向出典人一次交付典金，并在典期届满时，将房屋返回给出典人，出典人是用钱不付息，承典人用房不出租。②

### 《中华文化精粹分类辞典》

**典当**　中国封建社会中以收取衣物等动产作抵押品发放高利贷的业户，也称"当铺""押店"。起源于南北朝时寺庙所经营的当铺，历代名称不同，有"质库""质肆""解库""长生库"等。典当一词始见于明代。大型典当曾有典铺、当铺之分。前者不仅接受动产，还接受不动产做抵押品，放款数额不限，后者只接受动产做抵押品，且放款数额有限制。还有一些资本不多，规模较小而取利重者，称"押当铺"，亦称"小押典"或"小押当"。在乡镇中，领用城市大典当之款做资本，押得物品再转押于典当者，称"代当"。典当主要为地主、官僚、商人三位一体的高利贷资本所经营，营业对象主要是农民和城市贫民，放款钱数一般不足抵押品实值的一半，利率通常月息二分，并不断提

---

① 赵德馨主编《中国经济史辞典》第781页，湖北辞书出版社1990年出版。
② 黄安永、叶天泉主编《物业管理辞典》第119—120页，东南大学出版社2004年出版。

高，有的高达六分，晚赎一两天也按一月计息。借款期一般半年到一年，到期无力赎回的即被没收，称"死当"。鸦片战争后，与银行、钱庄一起构成高利贷网。到国民党统治时期，一些官僚资本大量渗入典当业，开设所谓"公当""公典"，以发放高利贷，牟取暴利。①

### 《中华文化习俗辞典》

**典当** 以收取衣物、首饰等动产或不动产作抵押，向抵押者贷款的店铺。亦称"当铺"或"押店"。旧时曾流行于全国大部分地区。起源于南朝，当时称"质库"。唐代已盛行。杜甫《曲江》诗："朝回日日典春衣，每日江头尽醉归。"白居易《杜陵叟》："典桑卖地纳官租，明年衣食将何如？""典当""当铺"之名始于明代。大的典当，又分典铺和当铺。典铺不仅接收动产，还接收不动产作抵押，贷款数额不限；当铺一般只接收动产作抵押，贷款数额有一定限制。又，资本不多，临时经营，利息最重的称小押当。乡镇小当铺，向城市大当铺取资，押得抵押品后转押给城市大当铺的称"代当"。此多为地主、官僚、富商三位一体的高利贷资本所经营，营业对象主要是农民、城镇平民或破落世家等。其收取的抵押品主要有服饰、古玩、字画、器皿、家具等。店堂的柜台一般高约四尺，而且墙高、门大，门外标一个大"当"字。店内有"当家的"（经理）和"头柜""二柜""管库""看门""打杂"等。当家的和店伙们昼夜值班，彼此间用"行话"交谈情况或互通信息。当品成交后，付一种专用约三十

---

① 史仲文、胡晓林主编，冯大彪等本卷主编《中华文化精粹分类辞典·文化精萃分类》第91页，中国国际广播出版社1998年出版。

二开大小高丽纸印的当票，上面写有当物的名称、质量、当金、利率、期限等。当金额一般不足抵押品所值的一半，利率一般月息二至三分，且不断增高，有的高达六分以上。如晚赎一两天也按一月计息。押质期限一般为半年到一年半。如无力赎回，抵押品被没收，称为"死当"。被没收之物由当铺自行出售，可赢高利，名曰"作利"。解放后曾长期停止营业。①

## 《中国工人阶级大百科》

**典当** 旧中国高利贷的形式之一。它按借款人提供质押品的价值打折扣，贷放现款，定期收回本金和利息。旧称还有：质库、解库、典铺、当铺和质押的。又有小本钱临时经营的，叫小押。古代，历代贵族大官僚亦多经营典当。近代，钱庄、银号等的兴起，便以资金扶持典当，形成官僚、地主、商人三位一体的高利贷资本支持的典当。典当的借款对象多数是农民和城市穷人，并多以衣物或粮食作质。典当对其剥削的手法是：第一，对质品压低估价，大打折扣，甚至以十当一；第二，借款期限短而利率高，一般是一个月，长也不过年，利息按月计算，超过一天，也要付月息；第三，抵押之物，到一定时期不能赎回，就变成死当，质品便由典当铺没收，并有权处置。典当是独资或合伙经营，其中不乏由大资本操纵的。有的典当广设分店，分店所收贵重质品要交总店保管，借款人取赎时要经过转手手续，叫作本代。有的是小当铺向大当铺领用资本，并将所收质品的一部分转押给大当铺，叫作客代。还有大资本借钱给小户，经营小押，也

---

① 史仲文、胡晓林主编，祁庆富等本卷主编《中华文化习俗辞典·文化习俗》第68—69页，中国国际广播出版社1998年出版。

有的地方官僚以公债放给小押的。小押往往无固定营业，用赌博、鸦片等诱人押款，压物，欺压诈骗。中国近代，典当又同银行、钱庄资本建立借贷、转押关系，形成城乡高利贷网。官僚资本银行也插手其间，一些地方政府看到有利可图，又开设了所谓的"公典""公当"，实质仍是高利贷性质。[①]

**《中国中学教学百科全书》**

**典当**　一种以收取实物作抵押进行放款的高利贷机构。旧称质库、解库，后称典铺、当铺、押店、长生库等。典当中规模较小而取利重者，称"押当铺"。在乡镇中，领用典当之款以作资本，押得物品再转押于典当者，称"代当"。受押物品成交后，付以收据，称为"当票"，载明所当物品及抵押价款，交押款人收执。抵押期限自6个月到18个月不等。过期不赎，典当即没收其抵押品。历代贵族大官僚多经营典当，清代和珅拥有当铺75座，资本银3000万两。向典当借款者多数是农民和城市贫困户，以粮食或衣物作质。典当的剥削相当残酷，利率极高。中华人民共和国成立后，典当停止营业。[②]

---

①　汝信主编《中国工人阶级大百科》第209—210页，中国国际广播出版社1992年出版。

②　王德胜主编《中国中学教学百科全书·政治卷》第322页，沈阳出版社1990年出版。

# 初版跋

我多年的学术工作，大都是从事中华民族文化史（主要是古近代民间文化）的微观研究，这是有意识地通过一系列实证性的微观研究，为来日的有关属于宏观现象的科学研究课题，做一些自以为是、堪谓扎实一点的基础性准备工作，力求使之言之有据、论辩成理而不流于浮泛空论。

在此过程中，我试图"别辟蹊径"，选择一些以往学人涉猎较少、鲜为人注重而又颇具固有价值的近似"空白"的课题，从抉隐发微入手，进行实证性的研究。我以为，这种坐冷板凳式的选择，非但是进一步研究的基础工作，亦兼可通过拓荒填补某些文化史的空白，为促进文化史的研究做些知识积累。显然，对于弘扬中华民族传统文化，乃至促进人类多元文化的交流，均有其一定的实际意义。个中，有些创造性学说如"民俗语言学"的提出，亦是由这类实证性研究中产生，并以实证性方法进行基本理论构建的。

在某些专注于"思辨性"研究的学者看来，源于本民族学术传统的实证性科学研究，似乎太古老，颇不合现代学术潮流。我一向不排斥所谓思辨性的研究，我认为它是实证性研究而外的又一重要科学方法，二者具有互补作用，是相辅相成的，能将之有机结合综合运用好，既要有科学见识，又需兼具双向功底。对于有些课题及其某些阶段，侧重采用其中的一种研究方法，是必要的，是科学的选择。鉴于自己的学术思路和具体方向、选题，我从大量实证研究中感到所进行的选择是切合实际的。现在杀青的这部《中国典当史》著作，仍是上述这种选择的结果之一。

在这部《中国典当史》著作中，我原计划专门撰写一篇《典当论》，作为全书的末章，后来考虑对当代国内外典当业现状的调查研究尚嫌不够充分，亦需进一步做些理论方面的思考，于是暂付阙如，仅在这篇跋文中略述一点有关典当业前景的思索，作为余论罢。

历史上，天灾人祸频仍不绝，占人口比例较大地方的人们一直处于较低的经济地位上生活。这一历史事实，为中国典当业的兴盛、发展，提供了契机与条件。"济贫"这个为典当业一向所标榜的口号，即就此而生并显示其基本作用的，其显性的功能则表现为调剂一时缓急。

随着社会的发展，尤其到了社会生活趋向现代化的现今时代，以及传统自然经济逐渐消退，新的社会发展机制的建立与成熟，典当业的"济贫"性质已渐为其他的社会设施或经济结构机制所取代。而曾以此为基调派生的调剂缓急的社会作用，却日趋突出起来。而且，当代新兴典当业的服务对象，以个人与中小企业并重，甚至有的偏重于为企业调剂缓急、处理资产和原材料、滞销产品服务，也显示了其仍然富有生命力的功能。这种社会需要，如果以其他设施或通过其他渠道去解决，似乎多有不甚便利之处。除出现经济改革大环境的契机而外，其自身的固有功能，是典当业复出待兴的一个极重要因素。因为现行社会经济结构与运行机制中，尚需要这种特殊的、适合本土文化传统的灵活的随机性调剂设施。

在中国典当业的历史上，很早就形成了适应社会需要的管理经验。晚清张焘《津门杂记》所述，即有其例："天津县属城乡，典当凡四十余家，每年冬有减利之则，由藩司出示，惠及贫民。平时利息，绸布衣服、金银首饰，每两二分；羽纱绒呢皮货，每两三分，十两以上，则仍二分；若铜锡器皿，无论十两内外，概系三分。年例于仲冬十六日起，至年底为止，原利三分者让作一分五厘。在典商所损无多，而贫民大为方便。一进腊月，则烂其盈门，柜上伙计已有应接不暇之势，柜外人声鼎沸，乱如纷丝。从日出起直至日昃，迄无宁晷，至岁底数日，人数尤多，事情尤琐。大除夕，城乡当铺一律向不闭关，纷纭一夜，竟有守候终宵者。至元日出，人数始稀，其中大都转利者居多。因一逾此日，利息如故矣。"如此利率与营业时间的随时略作调解，虽逐利为本，也是其适应现实需要、加强自身作用而求存在与发展的一种积极措施。只是囿于历史条件等多种社会因素的制约，我国的典当业一时未能在加速自身改造和发展方面，迈出于未来更有意义的步伐。

据了解，国外一些典当业在传统的自然经济结构消退之后，便迅速调整经营方式、经营范围，以适应现代社会生活的需要，至今仍在几乎全新的经济结构中占有一席不败之地。被称为世界最大典当的墨西哥怜悯山典当，据说是在原由一位意大利血统的银矿主于1775年在古代王宫旧址上创设的福利中心基础上建立的。这座典当还兼事经营信托与销售业务，同时在本城另设14间分店，在国内一些主要城市开设有17个分号。举凡古玩、首饰、家具、电器、五金器材、卫生设备，均可收当押款。其月息为3%—4%，赎期一般以15个月为限。在不时因市场经济运行中的通货膨胀造成物价颇不稳定的情况下，很多人都以此作为调剂生活缓急的便利方式，因而生意十分兴隆，在每天有限的营业时间内，常有近千当户光顾。典当在获利甚丰的同时，还不时拨出一些资金资助社会救济、福利事业。

在东方，早年由日本僧侣从中国引入的佛寺质贷发展起来的日本典当业，至今仍很繁荣。据了解，现代日本典当业的基本经营诀窍是：改头换面，顺应民心，广集货源，推陈出新。为改变人们的传统观念，在竞争中生存，他们把店堂装饰得富丽堂皇符合新潮。收当估价时，使用现代技术对商品价格、折旧等项作出综合对比，提供当户参考。他们广觅当户兼营委托代售，并不失时机地推销名牌、时新的抢手商品。一些出国归来的人往往把那些藏储不便的商品、礼品送进典当，转手再就地在当铺中选购所需物品。实际上，适应潮流、多种经营，是其基本经验。

说起来，中国历代典当业均不乏兼营放款、存款、保管财物以及附代销售业务之例。近代一些中心城市的典当，还有集典当、信托及储蓄为一体的做法。当代中国某大城市国营信托公司在创办典当商行的同时，还创办有拍卖行与之配套。

上述古今中外典当业的经营发展轨迹，为当代典当业的复兴、开发，提供了一种综合经营、灵活适应、方便利用的可观前景。几十年前，我国的典当业是伴随取缔高利贷行业而消失的。伴之而来的，则是在以往人们对待典当的观念之外，又增加了一层暗淡色彩。然而，可以相信，一当人们发现新兴的典当业在现实生活中的作用时，这一切都会迅速改变。当然，这首先取决于典当业自身如何适应社会需求而开辟新的前景。至于旧有的高利盘剥当户之弊，在现行经济制度的基础上进一步完善有关管理制度即行解决，是毋庸担忧的。

时下，适值典当业刚刚复兴之际，亟需在充分调查研究的同时展开必要的理论研究，以利有关政策、制度的制定，指导其健康发展，在现实社会发展中发挥应有作用。在此意义上，本书的出版，正是在于完成一项基础性的准备工作。为现实服务，亦即我研究这一课题的初衷之一，期待它能发生这种效应。

在这一课题的选题构思与研究过程中，曾获得许多学界友人的鼓励与支持，令人难忘。著名明清经济史专家、多年注意清代典当研究的韦庆远先生，在就我致信讨论《红楼梦》薛家当铺性质问题的复信中即指出："您研究典当史与文化相关的问题，是一极好题目。"没有前人与时贤的有关建树，和诸位的鼓励、支持，很难想象会完成这个研究课题。上海文艺出版社委派曾经作为拙著《中国乞丐史》责任编辑的秦静先生专程来商谈本书的写作、出版事宜，进一步促进了本书的尽快问世。在此，一并表示感谢。

一如我每部著作杀青、出版后，自己每有未能满意的愧疚之感。积之既久，于是萌生一个计划，即在适当时机，拿出一些时间，根据时贤的指正和进一步研究的新见，就每一部著作（或专题）逐一撰写一篇专门论述文章，合集印行。这样做，既是一种力求提高的自我清理，更有益于学术。我想，这也是一项有意义的工作。因而，此书问世之后，尤盼时贤不吝赐教指正。

曲彦斌

1991 年 1 月 20 日于雅俗轩

# 增订版后记

这个年过得甚是惬意。昨天上午，责任编辑电话相告，拙著第二本关于典当史的小书《中国典当史话》已于日前开机付印，大约一周之后即可见到样书矣。今天，十几年前出版的第一部《中国典当史》专著的增订本，亦编入本人文集《雅俗轩文存》将由九州出版社付梓。

值此之际，自然应该有篇"增订本后记"之类文字付印于卷末。就此，则想写下两点说明。

首先是，本书出版十几年来，先后获得了一些值得欣慰的反应，应与读者共享。为此，且摘录不久前为《中国典当史话》撰写的小跋《从〈中国典当史〉说起》中的一段，则毋庸赘言矣。

拙著《中国典当史》小书，脱稿于1991年元月，出版于1993年元月，先后印行了万余册。这是继《中国乞丐史》之后的第二本关于中国社会风俗史、生活史研究著作。作为中国学术史上的第一部典当史专著，在海内外相关学术领域获得了较好的反响，并就此同日本（如独协大学齐藤博教授、日本输出入银行原监事浅田泰三教授等）、台湾（如台湾大学国际金融研究所等）等学术界的学者进行了交流。1997年秋，时任国务院副总理的朱镕基同志，对于一份反映当时国内典当业情况的材料上作了批示，指示典当业当时的政府主管部门中国人民银行邀请有关专家进行调查研究，以便修订典当行管理法规。但是，由于典当业是在中国大陆消失了几十年的"新行当"，国内几乎还没有哪个学术单位设有这个专业，专门的学术成果也寥寥无几。于是，中国人民银行非银行金融机构管理司的同志就"按图索骥"，通过出版《中国典当史》的上海文艺出版社和在沈阳的典当行找到了我。于是，我这个民俗学、语言学学者，竟"稀里糊涂""阴错阳差"地"误"闯进了"典当学"研究领域，竟然成了"典当专家"，开始了对典当的扩展性应用研究。为此，1997 年 11 月，成立了全国迄今第一个也是唯一的一个公立的专业典当研究机构：辽宁社会科学院中国典当研究中心。当时，作为一件新闻，新华社向海内外作了专题报道。随后，这个研究中心受中国人民银行非银行金融机构管理司的委托，于 1998 年 7 月组织编写出版了第一部《中国典当手册》和《典当研究文献选汇》，并于同年 9 月主办了历史上第一次全国典当理论研讨会。2002 年 9 月 15 至 17 日，辽宁社会科学院中国典当研究中心会同中国典当网联合主办了以"纪念中国典当业复出十五周年（1987—2002）"为主题的"2002 中国典当论坛"。在"论坛"的开幕词中，我提出了"弘扬传统典当文化，造就现代文明新典当"，倡导通过弘扬传统典当文化，提高行业素质，健康有序发展，正确处理好义与利的关系，规范经营，服务社会，为社会创造更大的效益。对此，《光明日报》内参作了报道。在此基础上，我率先提出了创建"中国典当学"学科，并于 1999 年主持编著出版了第一部典当学专著《中国典当学》，2002 年由河北人民出版社出版。等等这些，显然都源起于这部《中国典当史》。

还应提到的是，1996 年 4 月，我应邀出席 "96 首届潍坊典当业务专题研讨会"，作专题报告，并与台湾大学国际金融研究所所长陈希炤教授等作了学术交流。2004 年 8 月，在辽宁社科院主办的第二届东北亚经济社会发展国际论坛上，我在题为《略议东北亚典当业的现状和发展态势——以中、日、俄和蒙古为例》的发言中，第一次倡议并发起举办 "世界典当论坛"，获得了到会的日本等国专家的赞同，以及国内典当业的赞成。这些，亦缘于大会的主办方事先读到了《中国典当史》。

这些与之相关的社会效应，说明这部小书获得了社会的认可，还有其一定的学术价值，理应收入文存。

其次，关于收入文存的这个增订本。

由于时间不敷支用，加之作为文存首批书目面世的时间紧迫，已是无暇进行大修大改。于是，只好在对文字粗略校订一过的同时，尽可能地把历年持续研究积累的心得和新发现感到应予补充的文献补充一些。有的文献，本应作出专题研究文字列为专章或专节补充到适当的部分。但时间不允许，只好将之暂时辑录出来聊供参阅就是。再即，增加一点必要的附录。说起来，仅此而已。只是希望读者面对的这个增订本，能够感到比较初版似乎能够更丰富、充实一点。进一步更理想一点的修订，只有留待来日矣。

记得哪次外出旅游途中，同伴说，"留点遗憾，好下次再来不好么"，其实还是无奈之言也。事情多，又有些 "想法"，何况想做成点事情也实在不容易，无奈就多，遗憾亦多也。事已至此，还是暂且"无奈"就是了。权且说，"时间会有的，也会从从容容的"，但愿！

每逢此际，人家常说，"是为序"；余言之，是为后记。

曲彦斌

2007 年 2 月 28 日识于雅俗轩